2020
中国水利发展报告

中华人民共和国水利部　编

·北京·

图书在版编目（CIP）数据

2020中国水利发展报告 / 中华人民共和国水利部编
. -- 北京 : 中国水利水电出版社, 2020.4
ISBN 978-7-5170-8508-9

Ⅰ. ①2… Ⅱ. ①中… Ⅲ. ①水利建设－研究报告－中国－2020 Ⅳ. ①F426.9

中国版本图书馆CIP数据核字(2020)第060542号

书　　名	**2020 中国水利发展报告** 2020 ZHONGGUO SHUILI FAZHAN BAOGAO
作　　者	中华人民共和国水利部　编
出版发行	中国水利水电出版社 （北京市海淀区玉渊潭南路 1 号 D 座　100038） 网址：www. waterpub. com. cn E－mail：sales@ waterpub. com. cn 电话：（010）68367658（营销中心）
经　　售	北京科水图书销售中心（零售） 电话：（010）88383994、63202643、68545874 全国各地新华书店和相关出版物销售网点
排　　版	中国水利水电出版社微机排版中心
印　　刷	天津嘉恒印务有限公司
规　　格	170mm×240mm　16 开本　33 印张　507 千字
版　　次	2020 年 4 月第 1 版　2020 年 4 月第 1 次印刷
定　　价	**158.00** 元

《2020 中国水利发展报告》

编　委　会

前　言

2019年是新中国成立70周年，是决胜全面建成小康社会的关键一年，也是践行水利改革发展总基调的开局之年。这一年，习近平总书记专门主持召开黄河流域生态保护和高质量发展座谈会，对黄河流域生态保护和高质量发展作出重大战略部署，发出了“让黄河成为造福人民的幸福河”的伟大号召，为做好新时代黄河治理保护和管水治水工作指明了努力方向、提供了根本遵循。一年来，在习近平新时代中国特色社会主义思想指引下，我们认真贯彻落实党中央、国务院决策部署，坚持以政治建设为统领，全力落实水利改革发展总基调，真抓实干、攻坚克难，各项水利工作取得显著成效并呈现出高质量发展的良好态势。

这一年，水利工作重心全面向水利改革发展总基调转移。我们坚持用习近平总书记治水重要论述精神指导治水管水实践，深入落实习近平总书记“十六字”治水思路，牢牢把握水利工作转型升级的重大战略机遇，进一步深化认识，坚定不移地推动水利改革发展总基调落地生根。水利改革发展总基调践行一年来，水利系统的思想认识、发展方式、行业形象、工作作风发生深刻转变，总基调日益深入人心，行业上下高度认同，水利行业“重建轻管”的局面逐步转变，不敢管不愿管不会管的积弊正在加快破除，水利行业形象得到重塑，各方面对水利工作的认可度和支持率明显提高。

这一年，水利工程补短板提速提质。全年共落实资金7260亿元，达历史最高水平。水利扶贫攻坚扎实推进，解决了101.6万建档立卡贫困人口的饮水安全问题，投入和引进帮扶资金超过1亿元，超额完成定点扶贫县区人均增收目标。重大水利工程建设加快推进，23项重大水利工程开工建设，在建投资规模达到1.12万亿元，完成中小河流治理7000多km，对77座大中型水库、3511座小型水库实施除险加固，工程建设进度远超预期。农村水利建设全面提速，巩固提升5480万农村人口供水保障水平，解决615万氟超标人口饮水问题，完成150处大中型灌区、455处重点中型灌区节水配套改造及20处大型灌排泵站更新改造年度目标。水生态治理修复初见成效，华北部分地区实现地下水水位止跌回升，黄河连续20年不断流，东居延海连续15年不干涸，滹沱河断流40年后重现水流。水利信息化水平逐步提升，290个水管重要饮用水水源在线监测水质数据全部接入国控系统，270个水文测站和48个水文监测中心完成先进仪器设备更新，53条跨省江河省界监测站网建设完成。

这一年，水利行业强监管有力有效。监管法制体制机制加快健全，河道采砂、节约用水、河道管理、农村供水、水利监督等立法修法工作稳步开展；水利专项监督检查全面铺开，水利部全年共开展2035组次（批次）专项监督检查。水资源管理和节约保护力度加大，明确国家层面四大类147项节水标准定额体系，从严叫停25个节水不达标项目，逐一确定41个重点河湖生态流量保障目标，批复5条跨省江河水量分配方案，从严优化最严格水资源管理制度考核。河湖监管持续发力，全国共清理整治河湖“四乱”问题13.4万个；大力推行水土保持遥感监管，查处5.2万个未批先建、未批先弃项目。水利工程“重建轻管”状况逐渐扭转，首次安排农村饮水工程维修养护中央补助资金14.5亿元，启动农村供水工程规范化建设、深化小型水库管理体制改革示范县创建，在150处大型灌区、160多处灌排泵站开展标准化规范化管理试点。

2020年是全面建成小康社会和“十三五”规划收官之年。我们必须以习近平新时代中国特色社会主义思想为指导，牢牢贯穿学懂弄通做实习近平总书记治水重要论述精神这条主线，坚定不移戮力践行水利改革发展总基调，补齐补强脱贫攻坚、防洪安全、重大战略、农村水利、水生态保护修复、水利信息化六个方向短板，突出抓好水资源、河湖、水土保持、水旱灾害防御、小型工程运行、三峡和南水北调工程等六大领域监管，推动水利工程补短板再掀新高潮、水利行业强监管再上新台阶。我们要以更加坚定的决心，更加饱满的干劲，更加扎实的措施，把治水兴水这一关系中华民族永续发展的大事办好，为全面建成小康社会、实现中华民族伟大复兴中国梦提供坚实的水利支撑。

在《2020中国水利发展报告》的编辑及出版过程中，得到了许多领导的关心，凝聚了许多专家学者的心血，我谨代表编委会表示衷心的感谢！

水利部副部长　党组成员 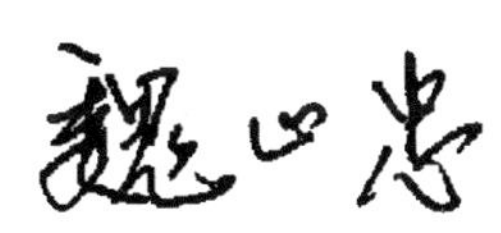

2020年3月

目　录

443 流域管理篇

综　述　篇

坚定不移践行水利改革发展总基调
加快推进水利治理体系和治理能力现代化

鄂竟平

一、积极践行水利改革发展总基调，2019 年水利工作取得明显成效

2019 年是新中国成立 70 周年，是决胜全面建成小康社会的关键一年，也是践行水利改革发展总基调的开局之年。党中央、国务院高度重视水利工作。过去一年，习近平总书记专门主持召开黄河流域生态保护和高质量发展座谈会，对黄河流域生态保护和高质量发展作出重大战略部署，多次就水利工作作出重要指示批示，对农村饮水安全、水旱灾害防御、水资源管理保护、河长制湖长制、水利建设等提出明确要求；李克强总理多次召开国务院有关会议，研究部署农村饮水、防汛抗旱等工作，亲自主持召开南水北调后续工程工作会议，部署加快水利工程建设；胡春华副总理多次深入实地考察指导水利工作、推动解决水利重大问题。一年来，在习近平新时代中国特色社会主义思想指引下，各级水利部门认真贯彻落实党中央、国务院决策部署，坚持以政治建设为统领，坚持水利改革发展总基调，坚持目标导向、问题导向、结果导向，真抓实干、攻坚克难，推动各项水利工作取得明显成效。

（一）水利工程补短板提速提质

面对经济下行压力，按照中央扎实做好“六稳”工作的要求，水利部与国家发展改革委、财政部等有关部门和地方共同努力，千方百计落实水利建设资金，全年共落实资金 7260 亿元，达历史最高水平。年度中央计划投资完成率超过 90%，充分发挥了水利建设的有效投资拉动作用。

一是水利扶贫攻坚扎实推进。聚焦“两不愁三保障”，坚持把农村饮水安全作为底线任务，解决了101.6万建档立卡贫困人口的饮水安全问题。协调落实“三区三州”以及云南昭通等深度贫困地区水源工程建设资金，加快推进31处大型灌区骨干灌排工程改造及用水计量设施配套、19个大中型病险水库（水闸）除险加固、44座小型水库等工程建设。深入实施定点扶贫“八大工程”，投入和引进帮扶资金超过1亿元，定点扶贫县区人均增收2719元，扶贫责任书指标任务全部超额完成。落实滇桂黔石漠化片区脱贫攻坚牵头联系责任，协调相关部委帮助解决片区困难和问题24项。建立重大水利工程移民搬迁进度协调机制，开展水库移民美丽家园建设行动，探索“飞地经济”“物业经济”等新型扶持方式，促进库区和移民安置区经济社会发展。水利援藏、援疆、援青工作深入推进，三峡库区对口支援和南水北调对口协作取得新的进展。

二是重大水利工程建设进度超预期。年内批复37项重大水利工程可研，南水北调东线一期北延应急供水、珠江三角洲水资源配置等23项重大水利工程顺利开工建设，重大工程在建投资规模达到1.12万亿元，大藤峡工程提前35天实现大江截流，河南出山店水库、江西廖坊灌区二期等一批工程建成并发挥效益。完成三峡升船机竣工验收和南水北调31个设计单元工程完工验收，三峡水运新通道项目前期工作以及南水北调中线尾工项目和配套工程建设步伐加快。印发《防汛抗旱水利提升工程实施方案》，加快防洪重大项目建设，完成中小河流治理大于7000km，对77座大中型病险水库、3511座小型水库实施除险加固。商国家发展改革委制定了2020—2022年重大水利工程建设实施方案，为开展更大规模水利建设奠定了基础。

三是农村水利建设全面提速。抓好农村饮水安全巩固提升工程建设，年初即全部下达“十三五”中央剩余补助资金76.7亿元，年内又下达新增补助资金45亿元，巩固提升5480万农村人口供水保障水平，解决615万氟超标人口饮水问题，提前超额完成年度目标任务。统筹推进灌区续建配套与节水改造，完成150处大中型灌区、455处重点中型灌区节水配套改造及20处大型灌排泵站更新改造年度目标，新增、恢复、改善灌溉面积

3100 万亩，新增年节水能力 12.4 亿 m^3。宁夏率先开展现代化生态灌区建设。实施农村水电增效扩容改造，累计完成 1067 条河流、1900 多个生态改造项目，修复减水脱水河段 2500km，创建 173 座绿色小水电示范电站。启动农村水系综合整治试点县建设，打造水美乡村。

四是水生态治理修复初见成效。开展河北地下水回补试点，滹沱河断流 40 年后重现水流，试点河段周边地下水水位较补水未影响区域相对上升 0.93m。印发实施《华北地区地下水超采综合治理行动方案》，采取“一减、一增”综合措施，推进地下水超采治理。截至 2019 年 11 月底，通过南水北调中线和东线北延、引黄入冀补淀工程和永定河综合治理与生态修复等，累计向京津冀地区 14 条河流、7 个湖泊生态补水 32.12 亿 m^3，在京津冀降水偏枯的情况下实现部分地区地下水水位止跌回升。南水北调受水区年压减地下水开采量 40 亿 m^3。北京密云水库最大蓄水 26.8 亿 m^3，为近 20 年来最好水平。强化水资源调度，实现黄河连续 20 年不断流，东居延海连续 15 年不干涸。开展东北黑土区、长江经济带坡耕地、黄土高原等重点区域水土流失治理成效评估，圆满完成年度 5.4 万 km^2 水土流失治理任务。在广西等 10 省（自治区）开展水土保持以奖代补试点，带动 1 倍以上的社会投入，工程建设成本降低 20%，治理面积增加 21%。江河湖库水系连通加快推进，完成重要饮用水水源地安全保障达标建设及评估，加强全国重要饮用水水源动态监控。总结推广水生态文明城市建设试点经验。建设了一批群众身边的水利风景区。

五是水利信息化水平逐步提升。印发实施《智慧水利总体方案》，启动水利网信水平提升三年行动（2019—2021 年）。基本完成国家地下水监测、水资源监控能力、防汛抗旱指挥系统二期、水利安全生产监管等信息化工程建设，290 个水管重要饮用水水源在线监测水质数据全部接入国控系统，270 个水文测站和 48 个水文监测中心完成先进仪器设备更新，53 条跨省江河省界监测站网建设完成，建设改造一批大江大河水文测站，水文测报新技术应用水平得到提升，水利信息感知网进一步完善。建立健全水利信息资源更新、共享与服务机制，发布 2019 版“全国水利一张图”，实现与四川、吉林等 21 个省级河长制湖长制、农村水利等系统数据联通。应用基于遥感影像的巡查、详查、核查、复查技术，有效支撑监管暗访行动。建设完善水利督查、河湖监管、水库大坝运行管理等 APP，以及全国大型水库大坝安全监测监督平台、水利建设市场监管服务平台、水利科技成果信息平台、三峡库区综合管理服务平台等应用，智慧水利建设加快推进。

（二）水利行业强监管有力有效

坚持以问题为导向，以整改为目标，以问责为抓手，从法制体制机制入手，基本建立务实管用的水利监管体系，实现水利行业强监管的平稳起步和重点突破。

一是监管法制体制机制加快健全。制定《水法规建设规划（2020—2025 年）》，加快《长江保护法》立法进程，配合完成两轮《地下水管理条例》征求意见和审查修改，起草《河道采砂管理条例》（送审稿）并报国务院，加大《珠江水量调度条例》《节约用水条例》《河道管理条例（修订）》《农村供水条例》等立法工作力度，有序开展相关法律法规立改废释工作。构建“2+N”水利监督制度体系，《水利监督规定》《水利督查队伍管理办法》2 个基础性制度、《水利部特定飞检工作规定》等7 个专项制度办法，以及一批重点领域监督制度印发实施。组建部本级 198 人的督查队伍，各流域管理机构采用“1+1+N”模式（1 个监督内设机构、1 个监督专职事业单位、N 个支撑单位）组建 395 人的督查队伍。省级水利部门基本上都设置了监督机构，福建建立“9 个设区市+2 个机动督查队+4 个联勤保障队”的监督架构，组建 800 多人的省级督查专家库。建成“12314”监督举报服务平台并上线试运行，织密自上而下与自下而上相结合的监督网。

二是水利专项监督检查全面铺开。水利部全年共开展 2035 组次（批次）专项监督检查，涵盖水利安全生产、水利工程质量、水利项目建设、小型水库安全运行、安全度汛、水闸安全、河湖管理、水资源管理、节约用水、南水北调运行管理、华北地区地下水超采综合治理等重点领域，发现各类问题 48145 个。加强水利扶贫监督检查，建立 22 个司局对 22 个省级水利部门的“一对一”水利扶贫工作监督机制，对 22 省的 64 个贫困县、186个村、1062个农户进行明察暗访，对6个水利定点扶贫县区和帮扶组长单位扶贫任务落实情况开展专项督查，有力推进了水利脱贫攻坚年度任务的完成。开展大规模农村饮水安全暗访和靶向核查，覆盖全国28个省份和新疆生产建设兵团3109个村、10454个用水户和2238处工程、889个水源地，设立监督举报电话和“红黑榜”，有力促进了农村饮水工程建设与良性运行。对6549座小型水库和1092座水闸开展运行安全专项检查，进一步摸清了风险底数。开展2轮河湖暗访督查，覆盖全国所有设区市的6679条河流（段）、1612个湖泊，督促推动了各级河长湖长履职尽责，各地问责河长湖长和有关部门责任人3961人次。完成水文测站“百站大检查”和地下水监测井“千眼大检查”，提升了水文测报质量和规范化管理水平。

三是水资源管理和节约保护力度加大。联合国家发展改革委启动实施国家节水行动，首次给20个地区安排5亿元节水补助资金。明确国家层面四大类147项节水标准定额体系，年内共编制修订国家和省级用水定额4920项，发布实施330项。构建节水评价制度框架，对1138项规划和建设项目开展节水评价审查，从严叫停25个节水不达标项目。大力推进高校合同节水和水利行业节水机关建设，年平均节水率分别为21%和29%。266个县区节水型社会建设达标，8处灌区被遴选为区域水效领跑者。发布第一批96项农业和服务业国家成熟适用节水技术目录、第三批128项国家鼓励的重大工业节水工艺、技术和装备目录。组织开展全国节约用水知识大赛等宣传教育活动，促进了全社会参与节水。新启动30条跨省江河水量分配工作，年内批复洮河等5条跨省江河水量分配方案。新启动8条跨省江河统一调度。选取41个重点河湖逐一确定生态流量保障目标，编制实施方案，落实责任主体和保障措施。制定《关于做好河湖生态流量确定和保障工作的指导意见》。建立第一批2500个全国重点监管取水口名录和台账，率先在长江流域核查登记17.5万个取水工程，筛选出1498个国家级重点监控用水单位。明确内蒙古西辽河流域水资源管控目标，制定地下水管控指标确定技术要求。优化最严格水资源管理制度考核内容和指标，改进考核方式方法，强化问题整改。水污染防治攻坚战等相关任务全面落实。

四是河湖和水土保持监管持续发力。印发进一步强化河长湖长履职尽责的指导意见，编制完成省级“一河（湖）一策”，压实河长湖长责任。加强正向激励，对真抓实干、成效明显的浙江、福建、广东、贵州、宁夏等5省（自治区）分别给予5000万元奖励，落实中西部贫困地区河长制湖长制补助资金2.5亿元。全力开展河湖“清四乱”专项行动，全国共清理整治河湖“四乱”问题13.4万个，长江岸线、黄河生态、大运河岸线、南水北调中线交叉河道等方面的突出问题得到清理整治，河湖面貌明显改善。实施河湖执法三年攻坚战，首次开展水事违法陈年积案“清零”行动，分级挂牌督办72件重大水事违法案件，现场制止违法行为10.8万起、立案查处违法案件2.2万件，向公安等机关移交涉黑涉恶线索1103条，陈年积案结案率达到76.5%。印发河道采砂管理指导意见，公布2339个重点河段和敏感水域4个责任人名单，以长江为重点开展非法采砂专项整治行动、“清江行动”、联合专项执法行动，查处了一大批涉砂违法案件，有力维护了长江河道采砂秩序。以生态流量为切入点开展长江经济带水电清理整改，10省市已有75%的电站完善了泄放设施，其他地区也开展了突出问题清理整改。印发全面加强水土保持监管的意见，创新手段大力推行水土保持遥感监管，覆盖全国647万km^2，目前已认定未批先建、未批先弃项目5.5万个，查处5.2万个，查处数量是2018年的3.9倍。首次对省级政府年度落实《全国水土保持规划》情况进行评估，评估结果报告国务院并作为全国生态文明建设年度评价水土保持指标的依据，水土保持方案审批和验收报备数量分别较上年增长27%和33%，实现了从“被动查”到“主动管”的转变。

五是水利工程“重建轻管”状况逐渐扭转。首次安排农村饮水工程维修养护中央补助资金14.5亿元，提前下达2020年中央补助资金20.08亿元，建立补助资金与水费收取、管护机制挂钩的激励机制，农村饮水安全工程税收优惠政策执行期限延长到2020年底。紧紧扭住水费收缴这个“牛鼻子”，加快推进成本核算、水价制定、财政补贴等，目前已有81%的县制定了水价政策，81%的千人以上工程完成定价，浙江、宁夏水费收缴

率超过 90% 。启动农村供水工程规范化建设。首次安排小型水库维修养护中央补助资金 14.5 亿元，撬动地方各级财政投入 8.9 亿元。启动深化小型水库管理体制改革示范县创建，浙江、福建、重庆等地积极探索政府购买服务、社会化规范化管理模式。开展堤防工程险工险段排查，强化堤防工程安全管理。在 150 处大型灌区、160 多处灌排泵站开展标准化规范化管理试点。加快信用体系建设，构建以信用为基础的水利建设市场监管机制，严格资质资格管理，建立“不良行为量化赋分”“重点关注名单”和“黑名单”制度，对 48 家水利工程建设监理单位和甲级质量检测单位开展“双随机、一公开”抽查，对问题严重的 18 家单位进行通报批评，对存在违法行为的 9 家单位给予行政处罚。水利建设质量管理处于可控状态，安全生产形势稳定向好，全年未发生重特大质量和安全事故。

六是三峡、南水北调大国重器综合效益进一步发挥。加强三峡工程运行安全管理，自蓄水以来，连续第十年达到 175m 正常蓄水位，库区库岸整体稳定，三峡枢纽各建筑物工作性态和设备运行正常，汛期累计拦洪运用 51 次、拦洪总量达到 1533 亿 m^3，枯水期为下游补水 2057 天、补水总量 2665 亿 m^3。大力推进南水北调工程运行管理标准化、规范化建设，东线已连续 6 年完成调水任务，中线已不间断安全供水 1800 余天，东、中线累计调水超 300 亿 m^3，水质分别稳定保持地表水Ⅲ类和Ⅱ类以上标准，直接受益人口超过 1.2 亿，中线工程已成为京津冀豫 4 省（直辖市）受水区的主力水源，从根本上改变了受水区的供水格局，为京津冀协同发展、雄安新区建设等重大战略实施，改善华北地区生态提供了可靠支撑。2019 年是三峡工程完成初步设计任务十周年、南水北调东中线一期工程全面通水五周年，两个大国重器发挥了巨大的经济、社会和生态效益，充分彰显了中国特色社会主义制度的显著优势。

七是水旱灾害防御夺取重大胜利。2019 年，长江等流域共发生 14 次编号洪水，全国共有 615 条河流发生超警以上洪水，119 条河流发生超保洪水，35 条中小河流发生超历史洪水。东北、华北、西南等地部分地区发生春夏旱，江南、江淮等地出现夏秋冬连旱。各级水利部门积极践行“两个坚持、三个转变”防灾减灾救灾理念，强化部门协同，精心组织水雨情监测预报，科学精细调度水工程，严格水库汛限水位监管，全力做好各项防御工作。七大流域2690座大中型水库（湖泊）参与汛期防洪调度，拦蓄洪水1518亿m^3，有效减轻下游防洪压力。湖南省科学调度五强溪、柘溪等骨干水库提前预泄、精准拦蓄，有效降低下游洪峰水位。干旱时期加大三峡、丹江口以及长江上游水库群下泄流量，保障长江、汉江中下游及两湖周边抗旱用水需求。狠抓山洪灾害防御，向180万名相关防汛责任人发送预警短信2195万条，启动预警广播55万次。2019年全国大中型和小（1）型水库无一垮坝，主要江河堤防无一决口，旱区群众饮水安全得到有力保障，最大程度减轻了洪涝干旱灾害损失。

八是水利行业发展能力不断增强。印发并跟踪落实京津冀协同发展、长江经济带发展、长江三角洲区域一体化发展、粤港澳大湾区建设水利工作落实方案，加快黄河流域生态保护和高质量发展水利专项规划编制工作，批复洮河等5项流域综合规划，印发珠江—西江经济带岸线保护与利用规划，为国家重大战略实施提供有力支撑。国家重大水利工程建设基金征收标准降低50%并延长至2025年底。深化“放管服”改革，大幅压缩行政审批时间，完成在线政务服务平台建设和“互联网+监管”阶段性目标，开展取水许可电子证照应用试点。稳步推进水权水价水市场改革，完成水资源税改革和水流产权确权试点总结评估，新增实施农业水价综合改革面积约1.2亿亩，继续推进中国水权交易所市场交易。大力提升水利科技支撑能力，启动21个重大科技问题研究，设立长江水科学研究联合基金并落实2.5亿元经费，加强重点实验室、工程中心、野外科学观测研究站建设，完成现行854项水利标准评估，新发布标准33项，推广转化113项先进实用技术。印发网络安全管理办法，开展水利网络安全实战攻防演练。水利国际交流合作成果丰硕，印发推进“一带一路”建设水利合作规划，成功举办首次澜湄水资源合作部长级会议等13次多双边高层交流会议，稳步开展跨界河流合作。建成“1+2+3+N”（1个办法、2个措施、3个细则、N个专项督查督办制度）的政务督办制度体系，水利公文、值守应急、会议培训、建议提案办理、安全保密、信访档案等管理进一步加强，绩效管理、预算执行、审计问责、国有资产监管力度不断加大。

（三）从严管党治党不断引向深入

一是党的政治建设全面加强。深入学习贯彻习近平新时代中国特色社会主义思想和党的十九届四中全会精神，切实强化思想理论武装，引导广大党员干部进一步树牢“四个意识”，坚定“四个自信”，做到“两个维护”。制定《习近平总书记重要指示批示办理和督办办法（试行）》，开展党的十八大以来习近平总书记重要指示批示贯彻落实情况“回头看”。印发水利部党组关于加强党的政治建设的落实措施、全面从严治党主体责任清单、贯彻落实《中国共产党重大事项请示报告条例》实施细则，严明党的政治纪律和政治规矩。出台水利部党建督查办法和党建考核办法，明确京外直属单位党建工作“双重领导、划清权责，加强协调、形成合力”机制，压实管党治党政治责任。以强烈的政治担当抓好中央脱贫攻坚专项巡视整改，针对巡视指出的35个问题分解制定91项整改措施，逐项明确了整改时间、责任领导、责任单位及责任人，做到时间、任务、责任、措施“四到位”，50项年度整改任务全部完成，41项长期整改任务进展顺利。积极配合中央脱贫攻坚专项巡视“回头看”。

二是“不忘初心、牢记使命”主题教育实现预期目标。按照中央统一部署，分两批开展“不忘初心、牢记使命”主题教育。水利部党组紧扣主线、聚焦主题，贯彻“十二字”总要求、围绕五个方面目标，派出12个指导组督促指导，部属58家单位共计2800多个基层党组织和4.5万多名党员参加主题教育。以“横不攀、竖不比，刀尖向内扎自己”的精神检视整改问题，水利部党组针对检视出的6个方面问题明确了35项具体整改措施，围绕8个方面专项整治制定了23项细化任务，部机关司局和直属单位领导班子检视问题1400多个，班子成员检视问题4000多个，在整改落实中取得一大批实践成果和制度成果。通过主题教育，水利系统广大党员干部提高了真信笃行、知行合一的能力，增强了守初心、担使命的自觉，提振了干事创业、担当作为的精气神。福建省长汀水土流失治理和木兰溪生态文明建设实践、浙江省生态治水、江苏省苏州市生态美丽河湖建设等入选中组部“不忘初心、牢记使命”主题教育案例。

三是整治形式主义官僚主义取得阶段性成果。水利部党组采取“四上四下”方式深入查找形式主义官僚主义具体表现，部机关司局和直属单位共认领查出问题3233条次，拟重点解决的问题108个，制定整改措施2134条次。水利部党组梳理反映比较集中、带有普遍性、亟待研究解决的6方面突出问题，制定可量化、可操作的措施办法，建立完善正面引导和负面鞭笞工作机制。认真落实中央解决形式主义、为基层减负有关要求，制定13条贯彻落实具体措施。印发《中共水利部党组贯彻落实中央八项规定精神实施办法》，对部直属系统出差人员交纳伙食费和市内交通费作出规定，认真开展违反中央八项规定精神突出问题专项整治、党员领导干部利用名贵特产特殊资源谋取私利问题整治、领导干部违规经商办企业问题专项治理。

四是廉政建设和反腐败工作不断深化。根据全面从严治党新要求和机构改革后职责任务新变化，全面深入排查廉政风险点，加强党规党纪教育和廉政警示教育，编制修订廉政风险防控手册。水利部党组先后3轮对11家部属单位开展巡视监督，共发现各类问题177个，提出整改意见63条，向有关部门移交问题线索65条，对31名司局级干部进行问责。制定监督执纪工作程序清单、职责清单及处理办法，组织对12家在京直属单位纪委和7家流域管理机构机关纪委执纪审查工作开展专项检查，梳理形成50条问题意见、44条建议。从严监督执纪问责，共立案17件，按程序给予17名司局级干部党纪政务处分。

五是基层党组织和干部队伍建设进一步加强。全面启动支部达标和先锋创建工作，开展软弱涣散基层党组织集中整顿，发挥支部战斗堡垒与党员先锋模范作用。印发水利部党组贯彻落实干部任用条例实施意见和选拔任用干部议事规则，将中央选人用人新要求落实到干部选拔任用各环节。印发《水利部年度考核办法（试行）》和《水利部机关公务员轮岗交流工作实施暂行办法》，改进干部考核方式方法，加强干部交流培养锻炼，激励干部担当作为。印发《新时代水利人才发展创新行动方案（2019—2021年）》，实施“1121”人才创新计划。利用国家留学基金资助首批40名水利高层次人才出国研修访学。全年共有24人入选国家级高层次人才，入选数量创历史新高。大力实施《贫困地区水利人才队伍建设帮扶方案》，全年共培训贫困地区干部4600余名，水利部党组选派21名干部到基层挂职扶贫。通过“订单式”等人才培养方式，着力提升水利人才能力素质。

六是新时代水利精神得到大力弘扬。正式公布“忠诚、干净、担当，科学、求实、创新”的新时代水利精神，通过全国巡回讲演、主题征文、原创歌曲歌词征集、文学作品创作等方式，进行全方位、多层次、立体式宣传，得到水利系统干部职工的广泛认知认同。遴选出大禹等12位“历史治水名人”，选树郑守仁等12位“最美水利人”，组织开展向“时代楷模”“最美奋斗者”余元君同志学习活动，联合开展全国水利系统先进集体和先进工作者、劳动模范评选表彰，激发广大干部职工干事创业热情。扎实推进水利精神文明建设和水文化建设，内蒙古河套古灌区和江西抚州千金陂灌渠入选世界灌溉工程遗产名录，水利宣传、出版、科普和文博工作成果丰硕，离退休干部、社团管理、后勤保障等工作有力有效。

2019年水利改革发展取得的成绩，得益于习近平新时代中国特色社会主义思想的正确指导，得益于党中央、国务院对水利工作的高度重视，得益于各有关部门、地方各级党委政府的鼎力支持，也得益于各级水利部门和广大干部职工的辛勤奋斗。在此，我代表水利部党组向各有关部门和地方各级党委政府表示衷心的感谢，向广大水利干部职工表示诚挚的问候！

我们也要看到，与中央要求和人民期盼相比，水利工作还有不少问题和差距，总基调的落地见效还存在不平衡现象，有的省份、有的单位差距还比较大。比如：**在工程建设资金保障方面，**湖北、安徽、福建、浙江等省份地方配套资金到位率、中央投资计划执行率都超过了90%，年度落实资金都在390亿元以上，其中湖北的地方配套到位率和中央投资计划执行率均达到100%；但部分省份投资计划执行率较低，个别省份地方配套资金到位率不到55%。**在饮水安全监管方面，**浙江、新疆、宁夏、重庆、安徽等省份总体较好，但部分省份问题较为突出，存在建设进度慢、运行管理不到位、供水保证率不达标等情况。**在水资源监管方面，**水资源监督检查发现，山东、重庆、浙江、广东等省份取用水管理、节水管理方面问题数量较少；但有一些省区问题数量超过100个，最多的省份是最少省份的10倍以上。**在节约用水监管方面，**山东建立了以省领导为召集人的省节约用水工作联席会议制度，各项工作比较扎实；但有的省份工作推进不力，县域节水型社会达标建设滞后，个别省份至今未开展高校合同节水工作。**在河湖监管方面，**黑龙江、山东、广东等省清理整治河湖“四乱”问题都在1.3万个以上；但有的地方对问题排查不用力、整改不到位，甚至存在虚假整改现象，个别地方对规模以下河湖没有按要求开展“清四乱”工作。在管理范围划定工作中，黑龙江、贵州、河南等19个省份规模以上河道、湖泊的划界完成率都达到100%；但有的地方划界进度严重滞后，政府公告完成率不到5%，个别地区为0。在水事违法陈年积案“清零”行动和河湖执法行动中，北京、河北、安徽、浙江、湖北等省份结案率均超过90%，但有的地方结案率仅为50%左右。**在水土保持监管方面，**水土保持遥感监管以及暗访检查表明，贵州等省份查处违法违规行为较好，查处项目2000个以上，查处率超过99%；但有的地方遥感监管现场复核工作滞后，违法违规项目查处不及时不到位，有的地方淤地坝安全运行管理还存在突出问题。**在水利工程运行监管方面，**对小型水库安全运行专项检查中发现的问题，天津、山西、福建等省份重视度较高，整改到位率都在70%以上；但一些地方只有12%。**在落实监管要求方面，**北京、山西、安徽等省份厅领导对暗访工作较为重视，主动带队暗访超过30人次，其中北京达到70人次；但个别省厅领导带队暗访还不到5人次。北京、山东、广西督查队伍建设力度比较大，督查人数都超过了140人；但有的省厅还不到5人。广东、广西、贵州、北京、海南、西藏、福建等地注重监管制度建设，出台制度文件都在8个以上；但有的地方还没有相关制度出台。这些问题，有的是受客观条件制约产生的，但多数是因为一些地方在践行水利改革发展总基调过程中，认识跟不上、行动有温差、措施不给力、工作不到位。各有关地区务必要深刻反思，认真整改。

二、牢牢把握水利改革发展新形势新机遇新要求，坚持和深化水利改革发展总基调

2019年是践行水利改革发展总基调的第一年，也是总基调接受实践检验的第一年。总基调这条路到底对不对、行不行、好不好，是水利部党组

最为关心的重大问题。为此，水利部党组部署开展了覆盖16个省市区和全部流域管理机构的总基调贯彻落实情况实地调研，面向全行业开展了10万多人参与的线上匿名调查，这次会前又邀请10个省市水利部门的同志到部里分别座谈，逐一听取了机关司局的汇报，深入了解水利行业的所思所做所盼，力求把总基调搞准做实抓好。

综合分析各方面情况，**水利部党组形成了一个基本判断，那就是水利改革发展总基调方向是对的，符合“十六字”治水思路；路子是可行的，符合治水管水工作实际；效果是明显的，符合人民群众期盼和水利部党组预期**。总基调践行一年来，行业上下高度认同，社会各界普遍支持，人民群众纷纷点赞，水利工作发生了深刻变化，一些变化可以说是根本性的。**一是思想认识和行为方式发生了深刻转变**。行业上下对水利改革发展总基调热烈响应，总基调日益深入人心，践行总基调的意识明显增强。不少同志认为，总基调体现了“十六字”治水思路的精髓，把握住了新时代治水的矛盾变化，确立了水利工作正确的主攻方向。大家普遍反映，总基调践行一年来，用事实教育了大家，用实践提升了认识，用成效统一了思想，从最初的不理解或有抵触到现在的形成共识、高度认同，从开始时的等待观望、被动执行到现在的踊跃参与、主动作为，促使自己在思想深处进行了一场自我革命。**二是发展路径和发展方式发生了深刻转变**。各级水利部门工作重心从只重视补短板开始向更加注重强监管调整，工作思路更多放在谋划监管上，工作精力更多投入到督促落实上，加快建立健全法制体制机制，组织开展史无前例的大规模暗访督查，强监管开始成为各流域、各地区水利工作的主旋律，重视水利监管的良好氛围逐渐形成。不少同志反映，总基调践行一年来，长期以来形成的水利发展方式和惯性路径正在发生根本扭转，正在从“重建轻管”向“以管促建、建管统一”转变，从行业监管整体弱向逐步强转变。**三是河湖面貌和行业形象发生了深刻转变**。各级水利部门针对督查、稽察、检查发现的重点问题，采取了通报、约谈、曝光、问责等一系列“动真格”的措施，释放了强监管、严追责的强烈信号，及时发现和推动整改了大量突出问题，有效消除了隐患、化解了风险。各地纷纷反映，总基调践行一年来，推进解决了一大批长期想解决而没有解决的难题，河湖面貌、水资源管理面貌、水利工程面貌正在发生多年未有的大变化，行业形象得到重塑，行业地位得到提升，各方面对水利工作的认可度和支持率明显提高。**四是工作作风和精神状态发生了深刻转变。**各级水利部门围绕践行总基调，力戒形式主义、官僚主义，在务实管用上下工夫，出实招、求实效，用真抓实干的行动开创水利工作的新局面。大家普遍认为，总基调贯彻落实一年来，太平官当不下去了、老好人行不通了、老套路不管用了，水利行业不敢管不愿管不会管的积弊正在加快破除，广大水利干部职工普遍感到行业有奔头、事业有干头、工作有劲头。**实践充分证明，水利改革发展总基调是完全正确的，是经得起各方面检验的，必须巩固良好态势，保持足够气势，把握正确趋势，坚定不移践行。**

当前和今后一个时期，是水利建设新一轮高潮期、水利行业监管持续攻坚期、水利发展方式深刻转型期。党中央、国务院高度重视水利工作，就水利改革发展作出了一系列重大决策部署，为水利工作赋予了新内涵、新任务。要坚持用习近平总书记关于治水工作的重要论述精神指导治水管水实践，全面贯彻落实党中央、国务院决策部署，牢牢把握水利工作转型升级的重大战略机遇，进一步深化认识，坚定不移地推动水利改革发展总基调落地生根。

（一）从深入贯彻“3·14”重要讲话精神看，水利改革发展总基调贯穿了调整人的行为、纠正人的错误行为这一主线，必须坚定不移践行

习近平总书记“3·14”重要讲话是新时代水利工作的根本遵循，也是水利改革发展总基调的理论来源，水利改革发展总基调是贯彻落实“3·14”重要讲话精神的根本保障。“3·14”重要讲话内涵丰富、指向明确，贯穿其中的一条主线就是要调整人的行为、纠正人的错误行为。深入贯彻落实“3·14”重要讲话精神，必须清醒认识治水主要矛盾的深刻变化，正确处理人与自然的关系，在通过补短板治河理水、调整自然关系的同时，把工作重心转移到强监管纠偏扶正、调整社会关系上来。水利改革发展总基调就是奔着这个方向去的，一年来的实践取得了有目共睹的成效。

调整人的行为、纠正人的错误行为，意味着治水管水的思路必须实现革命性转变，水利行业的工作必须进行系统性重塑，加强行业监管必须作为长期性任务。各级水利部门都要从这个角度来认识和把握水利改革发展总基调。**一是要从革命性来认识水利改革发展总基调。**长期以来，征服自然、改造自然的思想根深蒂固。习近平总书记明确提出“节水优先、空间均衡、系统治理、两手发力”的治水思路，强调要调整人的行为、纠正人的错误行为，这是针对新老水问题开出的治本之方，是对传统治水思路的革命性转变。明确总基调特别是强监管主调，本质上就是按照习近平总书记的要求，把治水思路的革命贯彻到水利工作之中，从兴建水利工程为主，转为更加重视强监管。一年来，我们通过一系列刀尖向内的雷霆措施，初步扭转了行业监管弱的被动局面，但也有一些地方一些同志不适应、有怨言。有的管别人行，轮到真正扎自己时就怕疼，担心对自己不利；有的把难题推给别人去管，自己想找缝隙躲避、找捷径溜号；有的认为搞暗访、强监管不仅容易得罪人，也把自己弄得灰头土脸、又苦又累。所有这些，根子上都是没有深刻理解习近平总书记“3・14”重要讲话的精髓，没有准确把握总基调的革命性特征，没有认识到不得罪少数人就会得罪广大人民群众。践行总基调绝不可能是轻轻松松、敲锣打鼓就能实现的，需要我们从思想、行动、方式、作风上都来一个革命性的大转变。**二是要从系统性来认识水利改革发展总基调。**调整人的行为、纠正人的错误行为，意味着人水关系的变革、生产关系的调整。因此，践行总基调是一项十分复杂的系统工程。从工作领域看，不仅水利业务工作需要强监管，党的建设、行政管理、干部人事、廉政建设等方面也需要强监管。从工作层级看，不仅中央层面、省级层面的水利部门要强监管，市县一级、基层水利单位也要强监管，形成上下联动、同频共振的格局。部机关司局、流域管理机构，包括多数省级水利部门都动起来了，但个别省份还相对滞后、市县一级普遍薄弱，需要整理行装、加紧跟上。从工作环节看，督查暗访和整改问责是最直接的强监管，其他工作，比如机构设置、人员调配、制度建设、技术支撑、资金保障、精神激励、后勤服务等各方面各环节都要服从总基调大局、为总基调出力。各级水利部门都要把自身摆到总基调中去，搞清楚践行总基调需要做什么、靠什么做，按照总基调要求，对水利工作进行理念更新、业务重塑、流程再造。**三是要从长期性来认识水利改革发展总基调**。处理好人与水的关系是人类生存发展的永恒课题。调整人的行为、纠正人的错误行为，不可能一蹴而就，必须持之以恒、久久为功。补短板、强监管特别是强监管，不是刮一阵风，更不是一句口号。总基调对准的是治水主要矛盾变化，解决这个主要矛盾，使水资源水生态水环境问题根本好转，充分满足人民群众对水资源水生态水环境的需求，需要相当长时间的艰苦努力。当前，践行总基调还处于开局起步阶段，有一定成绩但不能估计过高，接下来还要爬坡过坎、滚石上山。必须做好打攻坚战、打持久战的准备，绝不能有见好就收的想法，绝不能有歇脚松气的想法，绝不能有骄傲自满的想法。这是事关水利事业长远发展的斗争，是一场不能输也输不起的斗争。

这里，我还要特别强调，坚持和深化总基调，必须正确认识两个关系：**一是补和强的关系**。调研座谈中发现，一些同志对总基调是认同的，但是担心强监管会干扰补短板。对于这个问题，我在2019年全国水利工作会议上已经做过分析，补短板、强监管是解决新老水问题的“两翼”，相互联系，相互支撑，相互补充。水利部党组提出的水利改革发展总基调，包括水利工程补短板、水利行业强监管两个方面，两者不是矛盾对立的关系，更不是非此即彼的关系。我们强调强监管这一主调，绝不是要忽视补短板。实际上，2019年水利部党组对这一块工作从来没有放松过，反而抓得更紧、更实。一年来的实践也充分证明水利部党组的判断是科学的，把“补”与“强”割裂开来甚至对立起来是完全错误的。从全国看，2019年水利投资规模创历史新高，投资计划执行效果最明显，重大工程开工数量也远超预期，这一组“新”“最”“超”就是最好的诠释。之所以能有这么好的结果，就是因为水利改革发展总基调抓住了水利相关的痛点、堵点、难点，特别是通过强监管，相关部门深切感受到把资金投向水利有成效、能放心，赢得了各方的有力支持。从地方看，凡是强监管有力的地区，补短板成效也比较明显。比如福建，强监管工作走在前，补短板工作也位列第一方阵，2019年落实水利投资超过390亿元，投资完成率超过95%。反之，强监管乏力的地区，补短板也比较弱，有的地方工程、河湖管得不好，投资计划完成率也不高。强监管是总基调的主旋律，是当前和今后一个时期水利工作的首要任务，是现在就要花主要精力抓紧办的事，各级水利部门在工作布局上一定要牢牢把握这一条。**二是监和管的关系。**监管就是“监+管”，既有行业监督，要“刀刃向内”，也有社会管理，要“长牙带电”。但是有的同志认为强监管就是搞明察暗访、追责问责等监督工作，把强监管等同于强监督，忽视了水资源、河湖、工程等方面的日常管理。有的同志认为强监管要“枪口对外”，重点抓对社会的监管，不能“自己人搞自己人”。这些想法都是片面的。无论是行业监督，还是社会管理，目的都是调整人的行为、纠正人的错误行为。各级水利部门认真履行管理保护职责，严格执行法规制度，守护河湖、保护水资源、维护工程，这是社会管理。水利部、各流域管理机构、地方上级水利部门对下级水利部门进行明察暗访，这是行业监督，是通过加强行业监督促进各级水利部门加强社会管理，并非不信任基层水利单位，而是“信任不能代替监督”。各级水利部门对此要有正确的认识。

（二）从建设造福人民的“幸福河”看，水利改革发展总基调反映了我国治水主要矛盾变化，必须坚定不移践行

习近平总书记在黄河流域生态保护和高质量发展座谈会上的重要讲话，深刻阐述了事关黄河流域生态保护和高质量发展的一系列根本性、方向性、全局性重大问题，发出了“让黄河成为造福人民的幸福河”的伟大号召。在今年1月3日召开的中央财经委员会第六次会议上，习近平总书记强调，黄河流域必须下大气力进行大保护、大治理，明确提出了黄河流域生态保护和高质量发展的“四个坚持”重大原则，为解决六个突出重大问题指明了方向。习近平总书记的重要讲话思想十分深邃、内涵十分丰富、导向十分鲜明，蕴含了对治水规律的深刻揭示与科学把握，具有很强的政治性、思想性、理论性和指导性，不仅是黄河流域、与黄河有关的工作要认真遵循，全国其他流域、其他地区水利工作都要认真遵循。习近平总书记关于黄河的重要讲话与“3·14”重要讲话一脉相承，不仅告诉我们大江大河治理的使命是为人民谋幸福，大江大河治理的定位事关中华民族的伟大复兴和永续发展千秋大计，还告诉我们大江大河治理不仅要满足人民群众对除水害兴水利的需求，也要满足人民群众对水资源水生态水环境的需求，再次昭示治水的主要矛盾发生了重大变化。

水利改革发展总基调的提出，就是基于治水主要矛盾从人民群众对除水害兴水利的需求与水利工程能力不足的矛盾，转变为人民群众对水资源水生态水环境的需求与水利行业监管能力不足的矛盾这一判断。践行水利改革发展总基调的目的，就是要通过水利事业的高质量发展，更好满足人民群众对美好生活的向往。从这个角度来看，习近平总书记关于黄河的重要讲话精神，赋予了水利改革发展总基调新的内涵，也坚定了水利行业积极践行总基调的决心。

一是坚持和深化总基调要把握一个总体目标。这个总体目标就是建设造福人民的幸福河。实现这一目标，就必须做到防洪保安全、优质水资源、健康水生态、宜居水环境、先进水文化，一个都不能少。防洪保安全，就是要着眼保障江河长治久安，加快实施防汛抗旱水利提升工程，完善防洪减灾工程体系，提高江河洪水的监测预报和科学调控水平，全面提升水旱灾害综合防治能力。优质水资源，就是要统筹生活、生产、生态用水需求，兼顾上下游、左右岸、干支流，通过强化节水、严格管控、优化配置、科学调度，为经济社会高质量发展提供优质的水资源保障。健康水生态，就是要把河流生态系统作为一个有机整体，坚持山水林田湖草沙综合治理、系统治理、源头治理，坚持因地制宜、分类施策，统筹做好水源涵养、水土保持、受损江河湖泊治理等工作，做到还水于河，促进河流生态系统健康。宜居水环境，就是要通过部门、流域、区域的联防联控、共保共治，进一步加大对江河湖泊的监管力度，努力实现河畅、水清、岸绿、景美，建设美丽河湖，打造美好家园。先进水文化，就是要宣传展示我国长期治水实践形成的灿烂文化，深入挖掘水文化内涵及其时代价值，讲好治水故事，营造全社会爱水节水惜水的良好氛围，进一步坚定文化自信。

防洪保安全、优质水资源、健康水生态、宜居水环境、先进水文化，是造福人民的幸福河的内在要求。无论是补短板，还是强监管，都要按照这一总目标和大方向来聚焦用力。是不是造福了人民，是不是建成了幸福河，人民群众最有发言权，不能光靠水利部门说了算。坚持和深化水利改革发展总基调，必须把人民满意不满意、赞成不赞成、答应不答应作为评判工作成效的最高标准，让人民群众在水利改革发展中体验到真真切切、实实在在的获得感、幸福感、安全感。

二是坚持和深化总基调要把握一项战略要求。这项战略要求就是“重在保护、要在治理”。“重在保护”是指，江河治理最重要的是生态保护，不能有水生态问题，水质不仅不能超标还应向好，水土流失不仅不能加重还应减轻，建成绿水青山，实现人民幸福、河湖健康、人水和谐。“要在治理”是指，江河治理最关键的是针对群众有意见、河湖不健康、人水不和谐的情况，重塑人与水的关系，加快完善水利工程网络体系，不断调整人的行为、纠正人的错误行为，既防止水对人的侵害，又防止人对水的侵害。

“重在保护、要在治理”，体现了当前和长远的辩证统一、目标和路径的辩证统一、去存量和遏增量的辩证统一、治已病和防未病的辩证统一。落实好“重在保护、要在治理”的战略要求，必须坚持和深化水利改革发展总基调，遵循自然规律、经济规律、社会发展规律，摒弃征服水、征服自然的冲动思想，综合运用行政手段、法律手段、工程手段、科技手段、经济手段，把工程短板补齐，让行业监管强起来，推进水资源节约集约利用，加强水生态环境保护，保障河湖长治久安。落实“重在保护”，关键是要提出实现人民幸福、河湖健康、人水和谐的量化指标，当前要重点做好河湖生态流量确定、不同区域水土保持率确定工作。落实“要在治理”，关键是要通过实施深度节水控水行动，合理分水、节水评价、管住用水以及河湖监管、水土流失监管，遏制水资源过度开发利用，管住人为新增水土流失行为。同时，针对河湖萎缩、地下水超采、水土流失等长期积累形成的问题，加快推进水生态修复工程建设，通过综合治理、系统治理、源头治理，遏制问题发展势头，补上历史欠账。

三是坚持和深化总基调要把握一条重要原则。这条重要原则就是“把水资源作为最大的刚性约束”。当前我们面临的水资源短缺、水生态损害、水环境污染三大新问题，既相互关联、相互交织，也有因果关系。水资源是水生态水环境的基本依托，没有了水资源，水生态和水环境都无从谈起。很多水生态、水环境问题的产生，都是由水资源过度开发利用造成的。坚持和深化水利改革发展总基调，解决四大水问题特别是三大新问题，必须抓住问题产生的症结所在，厘清矛盾的主要方面和次要方面，不折不扣落实好“把水资源作为最大的刚性约束”这一要求。

“刚性约束”就是必须这么做，而不能那么做。落实最大刚性约束的核心要义是“以水而定”，促进经济社会“量水而行”。过去之所以造成水资源过度开发利用，根本上就是没有以水定需，而是以需定水。不能把水当作无限供给的资源，必须做到以水定需，也就是以水定城、以水定地、以水定人、以水定产，防止和纠正过度开发水资源、无序取用水等行为。一方面，要把“最大的刚性约束”落实到补短板中。统筹考虑上下游、左右岸、干支流，统筹考虑生活、生产、生态用水，统筹考虑调出区和调入区，按照确有需要、生态安全、可以持续的原则，在充分节水的前提下，研究谋划优化水资源配置的战略格局。另一方面，要把“最大的刚性约束”落实到强监管中。在全国可用水总量的框架下，统筹考虑自产水和外调水，明确各地可用水量，研究清楚不同区域条件下每个用水单位所需要的用水量。在此基础上，结合当地经济社会发展战略布局，提出每个区域城市生活用水、工业用水、农业用水的控制性指标。以此为依据，加强对取用水行为的监管，坚决抑制不合理用水需求，推进水资源节约集约利用，真正做到以水定需、空间均衡，确保人口规模、经济结构、产业布局与水资源水生态水环境承载能力相适应、相协调。

（三）从贯彻党的十九届四中全会精神看，水利改革发展总基调突出了制度治水制度管水，必须坚定不移践行

党的十九届四中全会就坚持和完善中国特色社会主义制度、推进国家治理体系和治理能力现代化作出重大部署。全会作出的《决定》，全面回答了在我国国家制度和国家治理系统上应该“坚持和巩固什么、完善和发展什么”这个重大政治问题，为推动各方面制度更加成熟更加定型明确了时间表、路线图。水利治理体系和治理能力是国家治理体系和治理能力的重要组成部分。一方面，我们要深刻认识到，确立总基调，目的是从根本

上扭转水利行业重工程项目轻法规制度、重建设轻管理的问题，推动实现“制度治水”“制度管水”。另一方面，我们要深刻认识到，践行总基调，也要靠制度来规范，否则就会走偏、走不下去。这正是坚持和深化水利改革发展总基调的核心要义。

受多重因素影响，长期以来，水利行业在水资源节约保护、江河湖泊管理、水利建设和运行管理等领域的监管失之于宽松软，积累了一大批矛盾和问题。究其原因，根子上还是制度建设滞后，突出表现在四个方面：一是少而不够用，一些重要领域和关键环节还存在制度空白，导致有的问题说不清道不明，监管起来腰杆不那么硬；二是老而不适用，部分已有的制度跟不上形势发展需要，有的甚至几十年没有修订，执行起来会引发一系列问题；三是粗而不实用，有的制度过于原则、宽泛，实践中无法操作；四是软而不管用，一些制度不长牙、不带电，震慑力不足，对社会违法行为缺乏约束。坚持和深化总基调，必须按照十九届四中全会要求，把制度建设摆在更加突出的位置，这是事关水利长远发展的根本性问题。

一是要抓紧补上重点领域制度空白。总体上看，治水管水的制度空白还比较多，不仅在行业监管中发现很多领域缺乏制度规定，比如节水标准、定额、评价方面的制度，水资源管理中的生态流量管控制度等等，就是在补短板中也有不少制度亟待修订，比如规程、规范、造价、定额等等，有的已经严重脱离当前水利建设实际；不仅省级层面的治水管水制度建设普遍薄弱，就是国家层面的涉水制度建设也比较滞后。为此，我们要在抓好制度建设顶层设计的同时，本着急用先行的原则，认真梳理制度建设中存在的突出问题，聚焦水旱灾害防御、水资源管理、河湖管理保护、水生态水环境治理、水利工程建设和运行管理等五个方面，抓紧填补制度空白，及时修改完善相关制度，加快构建系统完备的涉水法律法规体系、务实管用的规章制度体系、科学有效的行业标准体系，使各项工作都有法可依、有规可守、有章可循，使法规制度长牙、带电、有震慑力。

二是要发挥强监管在促改革方面的重要作用。通过开展大规模暗访督查和集中整治行动，我们发现和解决了大量问题。这是践行总基调取得的重要成果，但并不是我们的最终目的。发现问题、整改问题只是治标，防止同一问题再次发生、解决多地都有的共性问题才是治本。对于那些反复出现的问题、带有普遍性的问题要格外注意，必须找出其背后存在的体制机制方面原因。比如，农村饮水安全工程建设和管理方面的问题，资金不到位、工程不配套、管护跟不上只是问题的表象，其深层次原因是水费收缴没做好；比如灌区“最后一公里”问题，其深层次原因是产权不明晰。解决这些问题，治本之策是要靠改革。因此，要通过强监管发现问题、举一反三、形成概念，针对存在的顽固性、普遍性、长远性问题，深入分析问题产生的根源，有针对性地提出解决措施，推动相关领域改革，破解深层次体制机制问题。

三是要推动专项监督向常态监管转变。水利行业监管缺失问题积弊很深、强监管任务极其繁重，在践行总基调的开局之年，我们只能先抓住最薄弱、风险最大、必须保底线的领域进行重点专项监督，比如对小型水库、农饮工程、河湖“四乱”等开展大规模暗访。今年还要抓住几个重点问题开展专项行动。但这只是应急之举，长久之计是必须推动强监管常态化、规范化、法治化，向更高层次、更高水平迈进。因此，要在继续突出重点专项监督的同时，总结一年来水利行业强监管的实践，把行之有效的监管做法固化为制度，进一步建立健全“2+N”的监督制度体系，防止监管的随意性，减少自由裁量权，实现水利强监管从整体弱到全面强的根本性转变。

（四）从推动经济高质量发展看，水利改革发展总基调符合党和国家的战略部署，必须坚定不移践行

水利工程补短板，是解决水灾害和水资源水生态水环境问题、保障国家水安全的重要途径，同时具有覆盖范围大、产业链条长、带动能力强的优势，没有重复建设的弊端，能有效拉动相关产业发展，促进就业和农民增收，对经济拉动作用十分明显。因此，加快水利工程补短板，供需共同受益，在推动经济高质量发展中可以发挥乘数效应。在当前形势下，坚持水利改革发展总基调，抓好水利工程补短板，十分重要也非常迫切。

一是支撑经济社会持续健康发展必须加快补短板。当前，我国经济由高速增长阶段转向高质量发展阶段，经济运行稳中有变、稳中有忧，“六

稳”任务十分艰巨。中央经济工作会议明确提出要着眼国家长远发展，加强战略性、网络型基础设施建设，加快自然灾害防治重大工程实施，加快水利等设施建设。习近平总书记对做好“三农”工作作出重要指示，要求集中资源、强化保障、精准施策，加快补上“三农”领域短板。李克强总理专门主持召开南水北调后续工程工作会议，强调要以历史视野、全局眼光谋划和推进南水北调后续工程等具有战略意义的补短板重大工程，要求把水利工程及配套设施建设作为当前扩大有效投资的突出重点，抓紧启动和开工一批成熟的重大水利工程及管网、治污设施等配套建设，促进项目早建成早见效。中央农村工作会议对加大水利建设力度作出了安排部署。这些都是中央对水利工程补短板提出的明确要求，必须不折不扣地落到实处。

二是补短板的根本目的是完善水利基础设施体系。当前，我国水利基础设施体系还不完善，防洪减灾、供水保障、水资源配置等还存在不少薄弱环节，部分地区河湖萎缩、地下水超采、水土流失等水生态损害问题突出，水利工程体系的综合作用还没有充分发挥。一方面要立足当前，快上项目、多上项目；一方面要着眼长远，针对解决四大水问题，谋划应对大江大河特大洪水、水资源优化配置的战略布局，形成布局合理、设施完备、质量优良、运行规范、保障有力的水利基础设施网络，为国家重大战略实施和经济高质量发展提供有力支撑。水利部结合“十四五”规划编制，以全面提升国家水安全保障能力为目标，明确了今后一个时期水利工程补短板的方向和重点。各地也要立足当前、着眼长远、服从全局，深入研究水利工程补短板的阶段目标、总体布局和重点任务，形成水利工程补短板的“全国一盘棋”。

三是加快补短板要抓住重大历史机遇。机遇从来都只会青睐有准备的人。做好准备，抓住机遇，水利基础设施体系就会再上一个大台阶。能不能抓住机遇，是对我们政治意识、担当精神、能力水平、工作作风的重大考验。我们要抢抓机遇，乘势而上，掀起新一轮水利建设高潮，加快补齐水利工程短板，完善水利基础设施网络体系，增强水安全支撑保障能力，同时更好发挥水利建设对拉动有效投资、稳定经济增长、增加就业、造福民生的重要作用。

三、对标对表全面建成小康社会目标，扎实做好 2020 年水利各项工作

2020 年是全面建成小康社会和“十三五”规划收官之年，必须深刻认识做好全年水利工作的特殊重要性。2020 年水利工作，要以习近平新时代中国特色社会主义思想为指导，全面贯彻党的十九大和十九届二中、三中、四中全会精神，全力落实中央经济工作会议、中央农村工作会议部署，深入学习贯彻习近平总书记关于治水工作的重要论述精神，坚持以党的政治建设为统领，对标对表全面建成小康社会和“十三五”规划目标任务，主动担当作为、忠实履行职责，推动水利工程补短板再掀新高潮、水利行业强监管再上新台阶，为全面建成小康社会和圆满完成“十三五”规划提供坚实的水利支撑。

（一）抢抓机遇补齐水利基础设施体系短板

按照高质量发展要求，牢牢把握将水利工程建设作为当前扩大有效投资突出重点的重大机遇，补齐补强水利工程短板。

1. 聚焦六个方向，加快推进水利基础设施建设

第一，聚焦脱贫攻坚补短板。打赢脱贫攻坚战是全面建成小康社会的重中之重，必须坚决完成水利脱贫攻坚硬任务。一是全面解决贫困人口饮水安全问题。按照“两不愁三保障”目标，把全面解决贫困人口饮水安全问题作为水利扶贫头号工程，紧盯剩余未解决饮水安全问题的建档立卡贫困人口，建立台账，重点督战，确保 2020 年 6 月底前贫困人口饮水安全问题全部解决。二是全面推进重点区域水利扶贫工作。加大“三区三州”深度贫困地区水利扶贫力度，如期完成水利定点扶贫三年工作方案任务，抓好滇桂黔石漠化片区牵头联系、对口支援和支持革命老区水利帮扶工作，增强贫困地区内生动力，巩固脱贫攻坚成果。按照中央接续推进减贫工作的要求，谋划 2020 年后解决农村相对贫困问题长效机制方面的水利保障思路和措施。三是全面落实“十三五”水利扶贫专项规划和水利扶贫行动三年实施方案。加快推进贫困地区农田灌排、水旱灾害防御、水土保持和重

大水利工程建设，加大资金、项目、人才、技术等倾斜支持力度，持续改善贫困地区水利基础设施条件。四是全面推进移民后期扶持工作。坚持“政策导向、经验导入、信息导出”，拓宽移民增收渠道，加大后期扶持资金倾斜力度，做好三峡库区对口支援和南水北调对口协作，推动水库移民与全国人民同步迈入全面小康社会。

第二，聚焦防洪安全补短板。积极推进防汛抗旱水利提升工程建设，着力解决大江大河防洪、病险水库、中小河流和山洪灾害等方面的安全问题。一是继续推进大江大河大湖防洪治理，加快大江大河堤防达标建设和河道整治，推动控制性枢纽建设和蓄滞洪区建设与调整，完善流域防洪体系。二是继续推进病险水库除险加固，抓好水库除险加固遗留问题整改，尽早实施已完善前期工作的病险水库除险加固，制定《病险水库除险加固指导意见》，编制小型水库除险加固攻坚行动方案，力争用 2 ~ 3 年时间全面解决存量问题，建立除险加固长效机制，彻底消除水库安全隐患。三是继续推进中小河流治理，制定《中小河流系统治理指导意见》，按照整体性规划、全流域推进、整河流治理、分阶段实施的思路，推进中小河流治理工作。四是继续推进山洪灾害防御，系统分析典型山洪灾害特点，制定相关防御标准，提出应对措施；科学谋划“十四五”山洪灾害防治，加强山洪灾害防治建设，做好山洪灾害监测预警，推动山洪灾害防治体系从“有”到“好”的转变，全面提升预警系统防灾避灾效益。

第三，聚焦重大战略补短板。围绕京津冀协同发展、黄河流域生态保护和高质量发展等五大国家战略，牢牢抓住基础设施建设机遇期，抓紧推进一批战略性重大水利工程。要及时开工前期工作已全部完成的项目；对已完成可研的项目，要尽快协调环评、用地等审批工作，力争南水北调东线二期、中线调蓄水库以及黄河古贤水利枢纽、引江补汉等重大工程顺利开工建设。加快实施南水北调东线一期北延应急供水、引江济淮、滇中引水等工程建设，逐步完善全国水资源配置总体格局。加快重大水利工程验收工作进度，力争完成南水北调 34 个设计单元工程的验收任务。

第四，聚焦农村水利补短板。全面建成小康社会最突出的短板在“三农”。要着力抓好农村水利基础设施建设，全面完成“十三五”规划的各项农村水利建设任务。一是完成农村饮水安全巩固提升任务。坚持水源保护和水质处理并重，大力推进城乡供水一体化和农村供水工程规模化建设，基本完成饮水型氟超标改水任务，农村集中供水率达到87%，自来水普及率达到83%，圆满完成5480万农村人口供水保障水平目标任务。二是完成大中型灌区续建配套节水改造任务。按期完成434处大型灌区、358处重点中型灌区续建配套节水改造目标任务。推进灌区泵站标准化规范化管理，力争150个以上灌区、泵站标准化规范化管理取得明显效果。三是完成农村水电增效扩容改造任务。组织开展“十三五”农村水电增效扩容改造总结验收工作，会同财政部审核绩效等次，清算奖惩资金。

第五，聚焦水生态保护修复补短板。水生态保护修复需要做的事很多，要突出重点。一是抓好地下水超采综合治理。落实华北地下水超采治理行动方案，开展治理区现状地下水超采评价，加快南水北调东中线一期工程受水区地下水压采，补充水文监测站网，有序做好内蒙古西辽河流域“量水而行”工作。二是抓好水土流失治理工作。研究制定进一步加强长江经济带坡耕地水土流失综合防治的指导意见，编制黄河流域水土流失治理专项规划，抓好长江、黄河中上游坡耕地治理，加大东北黑土区侵蚀沟和6度以上坡耕地治理力度，做好贫困地区小流域综合治理，总结推广以奖代补试点经验，完成年度5.4万km^2新增水土流失治理任务。三是抓好农村水电绿色发展。长江经济带省份要全面落实小水电站生态流量，完成生态流量泄放设施改造，积极稳妥实施“退出类”电站退出工作，力争年底前完成清理整改任务。再创建一批绿色小水电示范电站。四是抓好水美乡村建设。做好水系连通及农村水系综合整治试点县实施方案编制、申报立项等工作，开展水系连通及农村水系综合整治试点县建设，各地要抓好组织实施和建设管理，确保试点成效。

第六，聚焦水利信息化补短板。水利信息化建设的顶层设计已基本完成，今年要重点抓好各项任务的落地见效。一是落实智慧水利建设任务。推进遥感监测、视频监控智能应用。总结智慧水利经验，形成一批可复制、可推广的优秀案例和解决方案，并在全国推广。二是落实大数据共治共享任务。启动国家水利大数据中心和水利部综合监管平台建设，建立信息资源协同共享与更新机制，完善水利数据目录服务体系，率先实行水库、水闸、堤防、农村供水工程四类基础数据动态更新。实施国家水文数据库建设。推广应用“全国水利一张图”、水利蓝信。扩大信息资源整合共享范围，完成主要业务系统整合，实现一张网、一张图、一套基础数据、一个门户。三是落实信息技术应用和推广任务。充分运用云计算、大数据、物联网、移动互联、人工智能、5G、BIM、电子签章、区块链等技术，推动信息技术与水利业务深度融合。实施《水利网信水平提升三年行动方案（2019—2021 年）》，加强关键信息基础设施保护，提升水利行业网络安全整体防护水平。

2. 狠抓四个环节，提高补短板的质量和水平

第一，抓好顶层设计。科学编制“十四五”水安全保障规划，编制完成黄河流域生态保护和高质量发展水利专项规划、长三角区域一体化发展水安全保障规划，加快编制七大江河主要支流流域综合规划，抓紧完善粤港澳大湾区水安全保障专项规划、大清河流域综合规划。加快全国水资源配置总体布置格局研究，全面开展水利基础设施空间布局规划编制，努力将涉水空间纳入国土空间“一张图”。

第二，抓快前期工作。围绕国家区域发展战略、国家安全、粮食安全、脱贫攻坚、防灾减灾能力提升等要求，聚焦流域和区域发展全局，落实“确有需要、生态安全、可以持续”和“三先三后”原则，以“打基础、管长远、迟早要干、早干比晚干好”的项目为重点，综合考虑建设需要、基础条件等因素，深入做好南水北调西线规划方案比选论证，加快推进雄安供水工程、海河流域重要蓄滞洪区、黄河古贤水利枢纽、淮河入海水道二期等一批具有战略意义重大项目前期工作，加强移民管理，协调解决移民征地工作中遇到的重大问题，为加快工程建设提供充足的项目储备。

第三，抓实资金保障。紧紧抓住当前投资拉动的大好形势，加强与发展改革、财政等部门沟通协调，争取各级财政投入。目前，水利工程建设利用地方政府专项债券、金融信贷和社会资本仍然偏少，各地要切实用好水利融资政策，争取加大信贷资金投入规模，用好金融资金、地方政府专项债券，吸引社会资本投入，保证大规模水利建设资金需求。继续做好投资计划执行调度会商，抓好中央水利投资计划执行，提高投资使用效率和效益。

第四，抓强工程质量。水利工程关系人民群众生命财产安全和社会稳定，水利工程质量管理永远不能放松。当前，大规模水利工程建设正在进行，工程质量更要抓得紧而又紧。要出台水利工程项目法人管理指导意见，改革完善建设监理制，启动《水利工程质量管理规定》《水利工程建设项目招标投标管理规定》修订，改进水利建设质量工作考核方式，强化水利建设市场准入和行为监管，推进水利建设市场信用体系建设，严查各类违法违规行为，切实保证水利工程建设质量。

（二）持续发力全面强化水利行业监管

坚持标本兼治重在治本、长短衔接防止反弹、点面结合实现联动，抓重点、强弱项、打基础、带全面、促长效，坚定不移推进水利行业强监管。

1. 突出六大领域，推动行业强监管取得更大成效

第一，突出水资源监管。坚持“节水优先”，落实国家节水行动方案，按照“把水资源作为最大的刚性约束”要求，抓好八个方面的重点工作。一是抓节水标准。加快制定修订节水标准定额，开展省级用水定额评估，对重点高耗水行业开展用水定额执行情况检查。二是抓节水评价。修订完善《建设项目水资源论证导则》《水利水电工程可行性研究报告编制规程》等制度规定，开展规划和建设项目节水评价和节水评价监督检查，完善节水评价工作机制。三是抓生态流量。抓好41个重点河湖生态流量目标落地实施，强化水量调度管理，提高生态流量保障水平。制定全国河湖生态流量确定工作方案，编制生态流量保障重要河湖名录，推进重点跨省江河和地方管理的重点河湖生态流量目标确定。四是抓江河分水。做好跨省江河水量分配工作，加快推进跨市县河流水量分配，做到应分尽分。划定地下水水位、水量双控指标，构建地下水超采治理监管体系。五是抓取用水管控。针对水资源管控指标不清、取用水管理不严、取用水数据不实等突出问题，开展取用水管理专项整治行动。做好长江流域取水工程核查登记整

治提升工作，实施用水统计调查制度。以钢铁、宾馆、高校等用水大户为重点，做好用水定额和计划监督管理，加强用水统计管理。强化水资源管理监督检查，做好最严格水资源管理考核。对新增用水严格水资源论证和取水许可管理，抑制不合理用水需求。全面推行取水许可电子证照。六是抓水文支撑。加快调整水文站网布局，强化水资源监测体系建设，组织做好水生态水环境监测评价，加强江河水量分水水文水资源监测与分析，为合理分水、管住用水提供支撑。七是抓节水载体。推进县域节水型社会达标建设，加大评估考核监管力度。全面推进节水型机关建设，县级以上水利机关要全面建成节水标杆单位，出台水利职工节约用水行为规范。推进节水型高校建设，调动社会资本和专业技术力量参与节水。八是抓节水宣传教育。开展“世界水日”“中国水周”和节水科普周等宣传活动，推进节水护水志愿行动，推动节水进教材、进校园、进机关、进社区，引领社会形成珍惜水、节约水和爱护水的良好风尚。

要全面贯彻黄河流域生态保护和高质量发展座谈会及中央财经委员会第六次会议精神，把以水而定、量水而行的要求落实到黄河流域水资源监管过程中。一是明确各地区可用水量。尽快确定黄河干流及重要支流生态水量，加快推进跨行政区河流水量分配，确定地下水水位、水量管控指标，明确黄河流域各地市可开采利用的地表水量、地下水量和非常规水利用量。二是确定务实管用的用水定额。黄河流域各省区要尽快修订完善地方用水定额，建立覆盖主要农作物、工业产品和生活服务业的务实管用的用水定额体系。三是健全水资源监测体系。以黄河干支流重要断面、重点取退水口、地下水水位作为主要监测对象，分析监测需求，优化监测站网和设施布局，提升动态监测能力，尽快实现流域内重要断面、规模以上地表取退水口和地下水取水全覆盖。四是严格取用水监督管理。在黄河流域尽快开展取水工程核查登记，摸清取水工程家底，推进整改提升，促进规范取用水行为。对纳入取水许可管理的存量用水，通过抽查、暗访等方式进行监督检查，督促问题整改。对增量用水，严格水资源论证和取水许可审批，根据可用水量指标严格约束，坚决抑制不合理用水需求。对当前水资源过度开发利用问题突出的河流和地区，要尽快摸清问题现状，提出问题清单，相关地区要制定治理目标和措施，加快推进治理。

第二，突出河湖监管。河湖管理是水利强监管的一张名片，必须通过立规矩、固基础、建机制、强督查、求创新，巩固深化河湖监管成果。一是发挥好河长湖长作用。加强河长湖长考核，促进各级河长湖长履职尽责，鼓励每位河长湖长多走“一公里”。推动各级河长办机构设置规范化。开展优秀河长湖长表彰、“寻找最美河湖卫士”“逐梦幸福河湖”等活动。二是划定好管理范围。2020 年基本完成河湖划界工作，明确河湖管控边界，利用“全国水利一张图”及河湖遥感本底数据库，加快推进划界成果上图，同步推进水利工程划界工作。三是编制好河湖规划。抓紧编制完成大江大河大湖岸线保护利用规划和河道采砂管理规划，以及《大运河河道水系治理管护规划》，强化规划约束，落实河湖空间管控要求。严格规范涉河建设项目许可，按照谁审批、谁监管的原则，加强许可项目实施的全过程监管。四是巩固好治理成果。深入推进“清四乱”工作，将清理整治重点由大江大河向中小河流、农村河湖延伸。组织开展 17 条示范河湖建设，总结提炼成熟先进做法，指导全国河湖建设。对重要河湖涉及的 8 个省份开展进驻式专项督查。加强河道采砂综合整治，探索疏浚砂综合利用，推广机制砂应用，推动河道砂石资源科学有序开发，严厉打击非法采砂。开展河湖健康评价体系研究，推动水利风景区建设提质增效。

第三，突出水土保持监管。以提高水土保持率为目标，重点健全三方面体系，推进水土保持监管工作，坚决遏制人为水土流失。一是健全制度体系。修订《生产建设项目水土保持方案编报审批管理规定》，健全水土保持方案承诺、区域评估等制度。制定生产建设项目水土保持监测“三色”评价管理办法、黄土高原淤地坝工程安全度汛监督检查办法。建立水土保持信用评价机制，实施联合惩戒。二是健全责任体系。开展水土保持履职情况逐级督查，确保监管责任落实到位。以黄河流域为重点，开展生产建设项目水土保持专项整治。各地要切实履行生产建设活动监管责任，严肃查处人为水土流失违法违规行为，对一批重大违法违规案件要挂牌督办。要落实水土保持工程监管责任、淤地坝安全运用管理主体责任、“三

个责任人”责任，对发现问题严格追责。三是健全支撑保障体系。开展全国水土保持规划2019年度实施情况评估，推动省级政府对市县级政府的水土保持目标评估。继续开展全国水土流失动态监测，推进监测点优化布局。抓好人为水土流失卫星遥感常态化监管，组织开展覆盖全国范围的生产建设活动卫星遥感监管，各地要至少加密一次，确保人为水土流失违法违规行为都能及时发现并依法查处。

第四，突出水旱灾害防御监管。以水工程防洪抗旱调度为核心，全力做好水旱灾害防御工作，确保大江大河、大型和重点中型水库防洪安全，努力保证中小河流和一般中小型水库安全度汛，切实保障人民群众生命安全和城乡居民生活用水安全，最大程度降低水旱灾害损失。一是加强工程调度监管。抓紧修订完善《水工程防洪抗旱调度运用监督检查办法》《汛限水位监督管理规定》，加强线上线下全方位监管，确保水工程调度运用规范科学高效。继续推进水工程防灾联合调度系统建设，修订完善水工程防洪抗旱联合调度及应急水量调度方案，开展防洪调度演练。二是抓好监测预报预警。开展水文测报汛前准备工作，完善测报方案等。监督检查水文站网运行及信息报送情况，做好有关问题整改，保障信息监测和信息报送达到规定要求。加强督导检查，确保山洪灾害监测预警平台运行正常。三是做好灾害防范应对。组织开展汛前检查，及时修复各类水毁工程，压实水旱灾害防御相关责任，作出防御工作部署，做好堤防、水库、闸坝、蓄滞洪区等工程运用准备。系统分析历史大洪水、特大干旱和山洪灾害特点，深入研究各流域特大洪水致灾风险，提出现状防御体系下的应对措施。汛期密切关注雨情、水情、汛情、旱情和工程运行、出险等情况，及时有效处置各类突发事件。

第五，突出小型工程运行监管。水利工程的最大风险点集中在小型工程，特别是小型水库、农村饮水工程、灌区“最后一公里”工程，运行管理隐患多、问题比较普遍。必须坚持底线思维，增强风险意识，着力防范化解这些风险。一是加强小型水库运行管理。全面落实小型水库防汛“三个责任人”和“三个重点环节”，逐库明确责任人、落实重点环节工作，确保“三个责任人”有名有实。做好小型水库专项督查发现问题整改。组织实施水库大坝水闸安全鉴定，开展水库降等报废，推进水利工程标准化管理。二是加强农村饮水工程运行管理。按照水费必须收、要按成本收、不足部分由地方补齐的原则，下大工夫做好算成本、定水价、收水费、财政补的工作。制定农村供水工程水费收缴工作问责实施细则，积极争取中央财政支持，发挥财政资金激励机制作用，督促地方各级财政加大维修养护经费投入力度，努力实现到2020年底农村集中供水工程基本收费、用水户基本缴费的目标，集中供水工程收费处数占比95%以上，水费收缴率达到90%以上。三是加强灌区末端运行管理。针对近年来旱情暴露出的灌区突出问题，深入研究灌区“最后一公里”管理方面的难题，进一步划清事权，落实配套工程和运行维护主体、责任和经费，创新管理体制和机制，打通灌区毛细血管，发挥灌区应有效益。推进重点中型灌区供水成本测算，结合灌区改造进一步完善供水计量设施，并维护这些设施正常可用。

第六，突出三峡和南水北调工程监管。三峡、南水北调工程的效益发挥好不好，关系国家经济社会发展全局，必须将这两大工程打造成水利工程的样板、大国重器的品牌。一是加强三峡工程有关工作管理。深入开展运行安全检查和蓄退水安全巡查，完善三峡工程运行安全综合监测系统，提升工程综合管理能力。积极推进三峡工程整体竣工验收，组织修编三峡后续工作规划，加快三峡水运新通道和葛洲坝航运扩能工程有关前期工作。科学实施三峡工程和长江上游水库群联合调度，深化库区生态环境监测和支流系统治理，开展生态调度试验，加强下游崩岸治理，发挥工程综合效益，助推长江经济带发展。进一步加强三峡后续工作项目实施管理，促进三峡移民安稳致富。二是加强南水北调工程管理。定位“高标准样板”，进一步提升工程运行管理水平，完善相关制度规定，落实运行安全监管责任，严格实施水量调度，全力做好冰期、汛期等重要节点输水工作。健全工程运行安全监管工作体系，强化日常监督和过程监管，持续推进工程运行管理标准化、规范化，稳妥做好工程检修工作，确保完成2019—2020年度东线一期向山东调水7.03亿m^3，中线一期调水70.84亿m^3的任务，保持供水水质稳定向好。

2. 紧盯四个风险，保持行业强监管的高压态势

今年，水利部将紧紧围绕防范化解水利关键风险，紧盯大个头问题，统筹资源、集中力量、重拳出击，开展重点专项监督行动，查处整改违法违规行为，巩固拓展强监管成果。**一是紧盯农村饮水和水利扶贫风险开展专项监督行动**。以农村供水工程水费收缴为重点，聚焦贫困人口饮水安全问题，关注饮水型氟超标改水工作，抽查暗访农村供水工程水价制定和水费收缴情况，对氟超标改水任务较重省份和地区进行暗访抽查。开展水利扶贫综合监督检查，加大对水利定点扶贫工作的监督检查力度，加强水利扶贫日常监督检查。**二是紧盯工程质量和资金风险开展专项监督行动**。对15个省级水利部门质量监督工作情况开展巡查，对40项重大水利工程组织开展80组次以上水利项目稽察，同时以内控建设监督检查为重点，进一步扩大水利资金使用情况检查覆盖面，现场检查单位数量在2019年的基础上增加50%。**三是紧盯河湖管理风险开展专项监督行动**。围绕“四乱”、采砂、河长湖长履职等情况进行暗访，重点查处虚假履职、虚假整改、久拖不改等问题，在“清四乱”方面全年检查河湖总数不少于6000条（个）。**四是紧盯水利工程安全运行风险开展专项监督行动**。开展不少于6500座小型水库、4000座水闸、1000处堤防工程险工险段运行安全重大问题检查，做好南水北调东中线运行督查和在建项目督查，统筹抓好水利工程安全度汛督查，对重点大中型水库防洪调度、山洪灾害防治开展专项督查暗访。针对这几个方面风险，地方各级水利部门也要结合本地实际开展相应的监督行动。

3. 打牢四个基础，推动强监管工作规范化常态化

第一，加快监管体系建设。紧紧围绕涉水制度不够用、不适用、不实用、不管用问题，积极推进水利制度建设。一是加快补齐水利立法欠账。实施水法规建设规划，配合做好《长江保护法》起草审议和《河道采砂管理条例》审查工作，力争2020年上半年出台《地下水管理条例》，形成《珠江水量调度条例》《节约用水条例》等立法项目送审稿并报国务院。推进《河道管理条例（修订）》《农村供水条例》重点问题研究和草案审查工作，加快水利工程建设和运行管护规章制定修订工作。开展《中华人民共和国水法》修订和《黄河法》立法前期工作。二是继续推进行业监管体制机制建设。制定出台关于加强省级水利部门强监管工作的指导性意见，进一步明确监管权责清单、工作流程和评价依据。各级水利部门都要加强监管队伍建设，建立、优化监督机构设置和内部配置，有条件的地方要加快水利监督综合信息平台建设，配齐现代化监管装备，为强监管提供可靠保障。强化年度监督工作统筹，优化资源配置，加强沟通协调，引入社会监督，做好 12314 监督举报问题办理，提升监管效能。

第二，强化水行政执法。强化水法规执行及监督，维护水法规权威性、严肃性。一是加强水行政综合执法。梳理水行政执法权责清单，做强做实流域和地方执法队伍，推动水行政执法领域地域全面覆盖。健全完善流域与区域、区域与区域、水利部门与其他部门联合执法机制，推进水行政执法与水利行业强监管有效衔接，完善水行政执法与刑事司法衔接机制。二是严格规范公正文明执法。全面推行水行政执法"三项制度"。制定出台水行政执法监督检查办法。制定水行政执法装备配备标准，持续推进水政监察队伍执法能力建设。在长江、黄河两大流域开展水行政执法情况专项调研监督，解决执法"宽松软"的问题。三是加大违法行为查处力度。把查案办案结案作为重点，持续推进河湖执法三年行动，案件查处率超过 90%；完成水事违法陈年积案"清零"行动目标任务。落实水利扫黑除恶专项斗争各项任务。

第三，深化重点领域改革。推进"放管服"改革，实施 6 项涉企行政许可事项"证照分离"，整治各类变相审批。强化水行政审批事中事后监管，提高水利行业"互联网+监管"水平。深化小型水利工程管理体制改革，开展改革示范县创建，健全小型水利工程管理体制和运行机制，解决管护责任不实、资金投入不足等问题。加强农田水利工程运行维护监管，保障工程良性运行。加快实施农业水价综合改革，2020 年底前，北京、上海、浙江等要率先完成改革任务。推进水资源税改革，实行差别化税率，完善税收征管模式，探索税收优惠政策，妥善处理好水资源费改税过程中水资源管理保护工作经费问题。完善水利工程供水价格形成机制，积极培育水市场，完善水权交易规则。开展调水机制改革，深化跨流域跨区域调

水工程论证，说清楚哪些水可以调出、能调多少，说清楚哪些区域需要调水、为什么调水。

第四，提升行业支撑能力。实施水利标准化工作三年行动计划，发布不少于30项水利技术标准，修订发布《水利技术标准体系表》。深入开展水利重大问题研究，启动实施长江水科学研究联合基金，加强科技创新基地建设，新建一批水利重点实验室和野外科学观测研究站。围绕节水和水生态修复等重点领域，推广运用一批成熟适用水利技术成果。加快国家基本水文站提档升级，填补大江大河主要支流、重点中小河流和中小水库水文监测设施空白，加大水文现代化技术装备应用力度。制定加快水利人才创新发展的指导意见，完善人才培养、使用、评价和激励等机制，建设水利高层次人才库，组建部级人才创新团队，建设人才培养基地，加快推进水利人才队伍建设。继续发挥中国-欧盟水政策对话机制、中欧水资源交流平台、澜湄水资源合作工作机制作用，深化水利国际合作，服务“一带一路”建设。进一步加强水利政务督办、档案、信访、后勤服务等工作，推动综合政务标准化、规范化建设，保障各级水利机关有序高效运转。

（三）坚定不移推动水利系统全面从严治党向纵深发展

党的十九大以来，以习近平同志为核心的党中央带领全党重整行装再出发，全面贯彻新时代党的建设总要求，开创了全面从严治党新局面。全国水利系统各级党组织要深入贯彻落实中央全面从严治党的部署要求，切实履行好管党治党主体责任，以永远在路上的执着把全面从严治党引向深入。

一是提高政治站位，坚决做到“两个维护”。中央和地方各级机关本质上都是政治机关，有着鲜明的政治属性。要增强“四个意识”，坚定“四个自信”，做到“两个维护”，坚持用习近平新时代中国特色社会主义思想武装头脑，深入学习习近平总书记关于治水工作的重要论述精神，坚决贯彻习近平总书记重要指示批示，全面落实党中央、国务院决策部署。落实党中央《关于加强党的政治建设的意见》，严格执行党内政治生活、重大事项请示报告等制度，始终在政治立场、政治方向、政治原则、政治道路上同以习近平同志为核心的党中央保持高度一致。要持续推进中央脱贫攻坚专项巡视整改，发挥好水利部党组负总责、扶贫领导小组协调抓、整改调度会督促推进的联动机制作用，把讲政治的要求落实到具体行动上、贯穿于日常工作中、体现在实际成效上。

二是牢记初心使命，持续深化作风整治。始终把不忘初心、牢记使命作为加强党的建设的永恒课题，作为全体党员、干部的终身课题，紧盯水利部党组专项整治方案和整改落实方案，逐项盘点梳理任务清单，毫不含糊兑现承诺，巩固深化主题教育成果。进一步强化政务督办，推动各单位以务实高效的作风，抓好中央和水利部党组各项决策部署贯彻落实。扎实推进形式主义、官僚主义集中整治，聚焦查找的带有普遍性、大个头、影响全局的6类共性问题，采取可量化、操作性强的措施，着力解决部直属系统职责范围内、工作领域内存在的形式主义官僚主义问题，确保集中整治工作取得实在成效。坚决落实中央八项规定及其实施细则精神和水利部党组实施办法，旗帜鲜明纠治“四风”，对部直属各单位伙食费和市内交通费收缴管理情况开展集中检查，严肃查处违反中央八项规定精神问题。积极开展“让党中央放心、让人民群众满意的模范机关”创建活动，推动改认识、改态度、改方法，转文风、转会风、转作风，建立健全作风建设的长效机制。

三是强化组织建设，不断夯实基层基础。突出政治功能、强化政治引领，深入推进党支部标准化、规范化建设，开展首届“水利先锋党支部”评选表彰，组织党支部达标创优，严格执行“三会一课”等制度，推动基层党组织全面提升、全面进步、全面过硬。充分发挥水利部党组对党建工作的领导作用，加强对京外直属单位党建工作的指导，完善水利国有企业、水利社团党的组织体系，扩大党的组织覆盖和工作覆盖。以直达基层支部、直面党员干部的方式开展党建督查，着力发现和解决党支部建设中的弱化、虚化、边缘化问题，推动形成大抓基层大抓支部的良好态势，切实发挥基层党组织战斗堡垒作用。进一步抓好工青妇等组织建设，提高服务能力。强化社团管理，积极发挥社团作用。

四是抓好廉政建设，严格监督执纪问责。正确认识当前水利行业反腐

倡廉严峻复杂的形势，坚持把管行业和管行风结合起来，加强对基层单位的指导监督，层层压实党风廉政建设政治责任。加强廉政警示教育，大力培育倡导廉政文化，进一步增强广大党员干部的党章意识、纪律意识、规矩意识。用好廉政风险防控手册，针对关键领域、关键环节、关键岗位完善防控措施，加强对权力运行的制约和监督。加大巡视巡察工作力度，狠抓巡视发现问题的整改，严肃追究有关责任人的责任，发挥震慑遏制作用。注重抓早抓小，运用好监督执纪“四种形态”，对苗头性倾向性问题及时进行约谈函询、诫勉谈话，实现惩处极少数、教育大多数的政治效果。突出抓好扶贫领域腐败和作风问题专项治理，进一步减轻水利扶贫领域基层负担。坚持惩防并举、打防结合，落实“一案双查”，严格责任追究，一体推进不敢腐、不能腐、不想腐，严肃查处顶风违纪行为，坚决惩治各类腐败问题。

五是坚持党管干部，加强干部队伍建设。深入贯彻新时代党的组织路线，突出选人用人政治标准，加强政治监督。注重干部一贯表现，选拔贯彻执行中央路线方针政策和水利部党组决策部署坚决、忠诚干净担当、水利事业发展需要的新时代好干部。加大优秀年轻干部发现培养选拔力度，优化领导班子结构，增强整体功能。强化正确导向，健全干部考核评价体系，严管厚爱、奖优罚劣，推进干部能上能下。认真执行《中国共产党党员教育管理工作条例》，严把发展党员关口，深化党员教育管理，严肃党内组织生活。继续选派优秀干部到脱贫攻坚一线，落实好保障支持政策和相关待遇。用心用情做好离退休干部工作，引导老同志为水利改革发展增添正能量。

六是突出文化引领，弘扬新时代水利精神。认真落实意识形态工作责任制，着力强化水利宣传工作，充分展示水利改革发展成就，统筹做好出版传媒、文博科普、舆情监测、舆论引导、水情教育工作，主动发出水利声音，努力讲好治水故事，全面弘扬管水治水正能量。着力推进水文化建设，充分发掘和弘扬黄河、大运河等江河水文化，宣传治水历史名人，延续历史文脉，坚定文化自信。推荐一批水利系统全国文明单位，确认一批全国水利文明单位，深化群众性文明创建活动。持续弘扬“忠诚、干净、担当，科学、创新、求实”的新时代水利精神，广泛宣传郑守仁等“最美水利人”的感人事迹和崇高精神，发挥先进典型引领作用，凝聚起新时代水利改革发展的强大力量。

（编者注：本文选自水利部部长鄂竟平 2020 年 1 月 9 日在全国水利工作会议上的讲话）

弘扬新时代水利精神
汇聚水利改革发展精神力量

鄂竟平

习近平总书记指出，“一个国家、一个民族不能没有灵魂”“精神是一个民族赖以长久生存的灵魂”。国家和民族要有精神，行业同样也要有精神。行业精神如行业之灵魂，代表行业形象，彰显行业特色，引领行业未来。水利行业是一个具有悠久历史的古老行业，自大禹开始的历代治水人，不仅传承发展了丰富的治水经验和先进的治水技术，还孕育形成了独具特色的水利精神。

2018年机构改革后，原水利部、国务院三峡办、国务院南水北调办组建新水利部。为加强部风行风建设，水利部党组在全行业开展了新时代水利精神总结凝练工作，并在2019年1月召开的全国水利工作会议上，确定了“忠诚、干净、担当，科学、求实、创新”的新时代水利精神。“忠诚、干净、担当”是做人层面的倡导，水利人以忠诚为政治品格，以干净为道德底线，以担当为职责所在。“科学、求实、创新”是做事层面的倡导，水利事业以科学为本质特征，以求实为作风要求，以创新为动力源泉。

“忠诚、干净、担当”是新时代水利干部队伍建设的本质要求

“对党忠诚、个人干净、敢于担当”是新时代好干部标准的核心要素。机构改革后，水利部机构职能得到优化调整，水利事业开启了新的征程。建设一支忠诚、干净、担当的水利干部队伍，既是贯彻落实习近平总书记对干部队伍建设提出的重要要求，又是推动新时代水利改革发展的迫切需要，也是新时代水利干部队伍建设的重要目标。

当前，全党正在开展“不忘初心、牢记使命”主题教育，这次主题教育的根本任务是深入学习贯彻习近平新时代中国特色社会主义思想，锤炼

忠诚干净担当的政治品格，确保思想意志统一、行动步调一致。在中央和国家机关党的建设工作会议上，习近平总书记特别强调，要大力加强对党忠诚教育，正确处理干净和担当的关系，践行新时代好干部标准，不做政治麻木、办事糊涂的昏官，不做饱食终日、无所用心的懒官，不做推诿扯皮、不思进取的庸官，不做以权谋私、蜕化变质的贪官。水利干部要自觉在思想上政治上行动上同以习近平同志为核心的党中央保持高度一致，牢记初心使命，推进自我革命，把忠诚干净担当的政治品格锤炼得更加坚强，以干事创业的实际行动践行好新时代水利精神，为实现“两个一百年”奋斗目标提供坚实的水利保障。

忠诚为本。忠诚，自古至今都被看作为最重要的道德规范。古人云：“天下至德，莫大乎忠”。水利干部的忠诚，是一种更为无私、更为可贵的忠诚，是对党的信仰忠诚，对党组织忠诚，对党的路线方针政策忠诚，对党和国家事业忠诚，对人民忠诚。“忠”是永远跟党走，信党为党，与党同心；“诚”是表里如一，言行一致，不当两面人。水利干部将忠诚作为首要政治原则、首要政治本色、首要政治品质，增强“四个意识”、坚定“四个自信”、做到“两个维护”，时刻对标对表，经常校正偏差，真正做到信赖党中央、拥护党中央、紧跟党中央，不折不扣地贯彻好执行好落实好党中央的决策部署，确保水利事业始终沿着正确的政治方向前进。

干净为先。干净即廉洁，干净对水利干部来说是不可触碰的底线。水利系统相对封闭，资金比较密集，特别是水利工程建设领域，每年有近7000 亿元的资金投入，重大项目多、资金量大、廉政风险高。此外，水行政许可、水行政执法、资金使用、干部人事管理等领域也都存在权钱交易风险，水利基层违法违纪问题呈多发频发态势，水利行业反腐败形势相当严峻。树立干净廉洁之风，对于水利干部个人，对于水利系统各级单位，对于整个水利行业来说都十分必要。水利干部将干净作为道德底线，正确看待名利得失，不掺私心杂念、不动非分之想，做到心底干净；严格按照党纪国法办事，不搞特权、不谋私利，做到用权干净；从小事做起、从自身做起，不贪图享受、不随波逐流，做到品行干净，树立清正廉洁、干净干事的良好形象。

担当为要。担当就是敢于承担责任、担负任务。当前，水利系统正在深入贯彻落实习近平总书记治水重要论述精神，水利改革发展面临的新情况、新问题、新挑战层出不穷。从改变自然、征服自然转向调整人的行为、纠正人的错误行为，特别是纠正人的错误行为，是非常困难且有风险的，不可能轻轻松松实现，是要啃硬骨头、破坚冰的。水利干部要以滚石上山、攻城拔寨的拼劲，履职尽责、勇于担当，攻坚克难、锐意进取，特别是在关键时刻豁得出来、顶得上去，全力推进水利改革发展迈上新台阶。同时，正确处理干净和担当的关系，绝不能把反腐败当成不担当、不作为的借口，通过约束激励机制，让想担当、会担当、敢担当的干部受到重用，让不思进取、“爱惜羽毛”、消极怠工的人在水利系统无立足之地。

“科学、求实、创新”是新时代水利事业改革发展的价值取向

中国特色社会主义进入新时代，我国社会主要矛盾已经转化为人民日益增长的美好生活需要和不平衡不充分的发展之间的矛盾。新时代标定了水利事业新方位，我国治水的主要矛盾也发生深刻变化，从人民群众对除水害兴水利的需求与水利工程能力不足的矛盾，转变为人民群众对水资源水生态水环境的需求与水利行业监管能力不足的矛盾。其中，前一矛盾尚未根本解决并将长期存在，而后一矛盾已上升为主要矛盾和矛盾的主要方面。

随着社会主要矛盾、治水主要矛盾、水利改革发展形势和任务的变化，治水思路也必须调整和转变。在习近平新时代中国特色社会主义思想的引领下，水利部积极践行“节水优先、空间均衡、系统治理、两手发力”的治水方针，把调整人的行为、纠正人的错误行为贯穿始终，提出了“水利工程补短板、水利行业强监管”的水利改革发展总基调。治水思路的调整和水利改革发展总基调的确立，充分体现了新时代水利精神在做事层面倡导“科学、求实、创新”的价值取向。

以科学严谨的态度治水。水是重要的自然资源，有其自身运行的自然规律、生态规律；水进入了人类社会，治水活动又需要遵循经济规律和社会规律。自古以来，人类治水实践就是不断发现规律、认识规律、遵循规

律、利用规律的过程。由于人们长期以来对经济规律、社会规律、自然规律、生态规律认识不够，发展中没有充分考虑水资源水生态水环境承载能力，造成水资源短缺、水生态损害、水环境污染的问题不断累积、日益突出，成为常态问题。解决这些问题，必须坚持实事求是、科学治水，坚持一切从客观实际出发，深入实际调查研究，搞清楚工作的全貌和真相，搞准确问题的本质和规律，准确把握局部和全局、普遍和特殊、主要与次要、偶然与必然、当下与趋势的关系，统筹处理干流与支流、上游与下游、左岸与右岸的关系，切实把准脉、问准症，为认识当下、规划未来、制定政策找到客观基点，不断提高水利工作的科学性。

以真抓实干的韧劲治水。我国自然地理和气候特征决定了水旱灾害长期存在，并伴有突发性、反常性、不确定性等特点。古往今来，治水兴水艰苦卓绝，古有大禹治水“三过家门而不入”，李冰父子“利济斯民”“利济全川”，今有杨贵带领林县人民修建红旗渠自力更生、艰苦创业，中华民族抗击 1998 年特大洪涝灾害坚韧不拔、顽强拼搏。水利人的事业是奉献的事业，水利人的精神是实干的精神，这种真抓实干的精神在新的历史时期应继续发扬光大。特别是面对新老水问题复杂交织、水安全已亮起红灯的严峻形势，新时代水利工作更加需要下一番苦功夫真功夫硬功夫，不做表面文章、不搞花架子，以踏石留印、抓铁有痕的韧劲落实水利工程补短板，以刀刃向内、壮士断腕的决心落实水利行业强监管，将水利改革发展总基调变为实实在在的工作成效。

以开拓创新的精神治水。过去，人们对水的需求主要集中在防洪、饮水、灌溉。现阶段，人们对优质水资源、健康水生态、宜居水环境的需求更加迫切。从低层次上的“有没有”问题转向高层次上的“好不好”问题，人民群众对水利提出了新的更高需求，但水利事业的发展还存在着不平衡不充分的问题。问题是实践的先导，创新是发展的源泉。水利实践无止境，水利创新无止境。新时代水利工作需进一步解放思想、开拓进取，全面推进理念思路创新、体制机制创新、内容形式创新、方法手段创新，重点补好防洪工程、供水工程、生态修复工程、信息化工程方面的短板，重点加强江河湖泊、水资源、水利工程、水土保持、水利资金、政务行为

方面的监管，建立完善水旱灾害防御体系、水资源配置体系、水资源保护和河湖健康保障体系、水利行业监管体系等四大水安全保障体系，走出一条有中国特色的水利现代化道路。

伟大事业需要伟大精神。新时代水利精神不是从天而降，不是简单口号，而是传承于五千年治水文化，立足于新时代水利实践，是社会主义核心价值体系在水利行业的具体体现，也是水利人践行初心使命的重要标尺。我们将弘扬“忠诚、干净、担当，科学、求实、创新”的新时代水利精神，汇聚水利改革发展的强大精神力量，创造水利事业更加美好的明天。

（编者注：原文刊载于《学习时报》2019年9月16日A3版）

坚持节水优先　强化水资源管理

——写在2019年世界水日和中国水周之际

鄂竟平

今天是第二十七届世界水日，第三十二届中国水周的宣传活动也同时拉开帷幕。联合国确定今年世界水日的宣传主题是“不让任何一个人掉队”，我国纪念世界水日和开展中国水周活动的宣传主题是“坚持节水优先，强化水资源管理”。

水是万物之母、生存之本、文明之源。我国人多水少、水资源时空分布严重不均，水安全问题事关我国经济社会发展稳定和人民健康福祉。党的十八大以来，习近平总书记多次就治水发表重要讲话、作出重要指示，深刻指出随着我国经济社会不断发展，水安全中的老问题仍有待解决，新问题越来越突出、越来越紧迫，明确提出了“节水优先、空间均衡、系统治理、两手发力”的治水方针，突出强调要从改变自然、征服自然转向调整人的行为、纠正人的错误行为。这是习近平总书记深刻洞察我国国情水情、针对我国水安全严峻形势提出的治本之策，是习近平新时代中国特色社会主义思想在治水领域的集中体现。党的十九大作出我国社会主要矛盾已经转化为人民日益增长的美好生活需要和不平衡不充分的发展之间的矛盾的重大论断，把坚持人与自然和谐共生纳入新时代坚持和发展中国特色社会主义的基本方略；国务院对实施国家节水行动、统筹山水林田湖草系统治理、加强水利基础设施网络建设等提出明确要求，进一步深化了水利工作内涵，指明了水利发展方向。

破解水问题、保障国家水安全，必须坚持以习近平新时代中国特色社会主义思想为指导，全面贯彻党的十九大和十九届二中、三中全会精神，积极践行“节水优先、空间均衡、系统治理、两手发力”的治水方针，准确把握当前水利改革发展所处的历史方位，清醒认识我国治水的主要矛盾

转变为人民群众对水资源水生态水环境的需求与水利行业监管能力不足的矛盾，按照“水利工程补短板、水利行业强监管”的水利工作总基调，加快转变治水思路和方式，把坚持节水优先、强化水资源管理贯穿于治水的全过程，融入经济社会发展和生态文明建设的各方面，不断提高国家水安全保障能力，以水资源的可持续利用促进经济社会可持续发展，为建设美丽中国、实现“两个一百年”奋斗目标奠定坚实基础。

一是把节约用水作为水资源开发利用的前提，实施国家节水行动，全面提升水资源利用效率和效益。深入贯彻“节水优先”方针，以实施国家节水行动为抓手，完善节水制度标准，加强节水宣传教育，强化节水监督管理，使节约用水真正成为水资源开发、利用、保护、配置、调度的前提。重点抓好四个“一”：打好一个基础，制定完善节水标准定额体系。建立节水标准定额编制工作机制，推动不同区域不同行业节水标准制定工作，动态修订节水标准定额，严格标准定额应用。建立一项机制，建立节水评价机制。在出台节水评价指导意见、规划和水资源开发利用建设项目节水评价编制指南的基础上，编制节水评价技术要求，从严叫停节水评价审查不通过的项目，从源头上把好节水关。打造一个亮点，实施高校合同节水。会同教育部等部门，制定并颁布节水型高校评价标准，通过合同节水引入社会资本加大投入，尽快建成节水型高校。树立一个标杆，开展水利行业节水机关建设。从水利部和地方各级水利部门机关做起，建成一批节水标准先进的节水单位，带动全社会节水。

二是处理好水与经济社会发展的关系，落实以水定需，严格控制水资源开发利用上限。坚持以水定城、以水定地、以水定人、以水定产，发挥水资源的刚性约束作用，抑制不合理用水需求，倒逼发展规模、发展结构、发展布局优化，推动经济社会发展与水资源水环境承载能力相适应。狠抓江河生态流量确定与管控，建立健全生态流量（水量）监测预警机制，严控河湖水资源开发强度，保障河湖基本生态流量（水量）下泄，维护河湖健康生命。加快推进重要江河流域水量分配，制定并落实监管措施，在满足生态用水基本需求的前提下，明晰流域区域用水权益，加强省界断面监测，落实空间均衡要求。制定规划水资源论证管理办法，推进重大规划和产业布局水资源论证，严格实行流域区域用水总量控制和取水许可限批政策，对达到或超过水资源承载能力的流域区域，实施取水许可限批，促进实现水资源动态监管。

三是处理好水与生态系统中其他要素的关系，统筹推进水生态治理与修复，恢复扩大江河湖泊生态空间。坚持山水林田湖草系统治理，把治水与治山、治林、治田、治湖、治草结合起来，促进生态系统各要素和谐共生。在全国江河湖泊全面推行河长制湖长制，以地方党政领导负责制为核心，发挥水利、生态环境、住建、农业农村等部门的协同作用，构建责任明确、协调有序、监管严格、保护有力的河湖管理保护机制。聚焦管好“盛水的盆”和“盆里的水”，通过专项行动，集中解决河湖存在的乱占、乱采、乱堆、乱建等突出问题，恢复扩大江河湖泊生态空间。推进地下水超采区综合治理，抓好华北地区河湖生态补水和地下水回补试点工作，采取区域内节水、水源置换、种植结构调整等措施，遏制地下水超采局面，逐步实现地下水采补平衡。优化水资源配置格局，连通江河湖库水系，加强饮用水水源地管理与保护，实现水量充足、水质优良、水生态良好、水环境优美。

四是处理好政府与市场的关系，充分发挥“两手”作用，促进用水方式根本性转变。水关系国计民生、不可替代，政府该管的要管严管好，同时也要充分发挥市场在资源配置中的决定性作用。要建立健全节约用水、河湖管理、地下水管理等方面的法律法规体系，提高国家水治理的法治保障水平。加快智慧水利建设，提高水资源监管信息化水平。深化水利投融资体制改革，继续加大财政资金投入力度，积极争取金融信贷支持，鼓励和引导社会资本参与节水供水项目建设运营。完善水资源有偿使用制度，深化水资源税改革，利用税收杠杆促进水资源优化配置、节约保护。继续推进农业水价综合改革，推行农业用水总量控制和定额管理，建立健全农业水价形成机制和精准补贴机制。持续推进生活用水和工业用水水价改革，落实用水总量控制和超定额累进加价制度。积极稳妥推进水权确权，培育发展水市场，开展多种形式的水权交易，促进水资源从低效益领域向高效益领域流转。

（编者注：原文刊载于《人民日报》2019 年 3 月 22 日 12 版）

谱写新时代江河保护治理新篇章

鄂竟平

习近平总书记在黄河流域生态保护和高质量发展座谈会上发表的重要讲话，站在实现中华民族伟大复兴的战略高度，深刻阐述了事关黄河流域生态保护和高质量发展的根本性、方向性、全局性重大问题，发出了“让黄河成为造福人民的幸福河”的伟大号召。习近平总书记的重要讲话思想十分深邃、内涵十分丰富、导向十分鲜明，蕴含了对治水规律的深刻揭示与科学把握，具有很强的政治性、思想性、理论性和指导性，不仅是黄河流域、与黄河有关的工作要认真遵循，全国其他流域、其他地区水利工作都要认真遵循。党的十九届四中全会明确提出，加强长江、黄河等大江大河生态保护和系统治理。当前，水利部门坚持把深入贯彻落实习近平总书记重要讲话精神与贯彻落实党的十九届四中全会精神、习近平总书记“节水优先、空间均衡、系统治理、两手发力”治水思路紧密结合起来，制定分工方案，狠抓任务落实，奋力谱写新时代江河保护治理新篇章。

深刻领会“让黄河成为造福人民的幸福河”的丰富内涵

习近平总书记发出的“让黄河成为造福人民的幸福河”的伟大号召，具有鲜明的时代特征、丰富的思想内涵、深远的战略考量，不仅告诉我们大江大河治理的使命是为人民谋幸福，大江大河治理的定位事关中华民族的伟大复兴和永续发展千秋大计，还告诉我们大江大河治理的主要矛盾发生了重大变化，实现“幸福河”目标是贯穿新时代江河治理保护的一条主线。对于黄河而言，要抓住水沙关系调节这个“牛鼻子”，做到确保大堤不决口、确保河道不断流、确保水质不超标、确保河床不抬高。对于全国江河而言，要做到防洪保安全、优质水资源、健康水生态、宜居水环境，四个方面一个都不能少。

一是防洪保安全。就是要着眼保障江河长治久安，加快实施防汛抗旱水利提升工程，完善防洪减灾工程体系，提高江河洪水的监测预报和科学调控水平，全面提升水旱灾害综合防治能力。

二是优质水资源。就是要统筹生活、生产、生态用水需求，兼顾上下游、左右岸、干支流，通过强化节水、严格管控、优化配置、科学调度，为经济社会高质量发展提供优质的水资源保障。

三是健康水生态。就是要把河流生态系统作为一个有机整体，坚持山水林田湖草综合治理、系统治理、源头治理，坚持因地制宜、分类施策，统筹做好水源涵养、水土保持、受损江河湖泊治理等工作，促进河流生态系统健康。

四是宜居水环境。就是要通过部门、流域和区域的联防联控、共保共治，进一步加大对江河湖泊的监管力度，努力实现河畅、水清、岸绿、景美，打造人民群众的美好家园，建设美丽河湖。

准确把握“重在保护，要在治理”的战略要求

“重在保护，要在治理”是习近平总书记提出的具有方向性的战略要求。对水资源管理而言，“重在保护”是指，江河治理最重要的是生态保护，不能有水生态问题，水质不仅不能超标还应向好，水土流失不仅不能加重还应减轻，建成绿水青山；“要在治理”是指，江河治理最关键的是调整人的行为、纠正人的错误行为，遏制水资源过度开发利用、防治水污染。贯彻落实这一战略要求，当前要重点做好以下几项工作：

坚持落实节水优先。把节水作为解决水资源短缺问题的根本之策。制定不同区域不同行业节水标准，从严核定用水户取水规模。建立节水评价制度，使节水真正成为水资源开发、利用、保护、配置、调度的前提条件，推动各领域、各行业提高用水效率，形成节水型生产生活方式。

扎实推进合理分水。在合理确定生态用水的前提下，综合考虑人口、耕地、GDP 和工业产值等要素开展江河水量分配，明确区域用水总量控制指标、江河流域水量分配指标，把可利用水量逐级分解到不同行政区域。当前要把确定河湖生态流量作为水资源保护的基础性工作，结合每条河湖

实际，加快确定全国河湖生态流量，严格生态流量管控。

切实做到管住用水。加快建成全天候的实时动态水资源监测体系，将江河重要断面、重点取水口、地下水超采区作为主要监控对象，提升水资源开发利用的动态监测能力。加强对各行业、各领域取用水行为监管，纠正无序取用水、超量取用水、超采地下水、无计量取用水等行为。

全面加强河湖监管。深入推进河长制湖长制，落实各级河长湖长主体责任，发挥部门协同作用，推动河长制湖长制从“有名”向“有实”转变。抓紧划定河湖管理范围，强化水域、岸线空间管控与保护，严格规范采砂等涉水活动。健全水利监管体系，加强监督执法，大力整治侵占、破坏河湖的行为，持续开展河湖“清四乱”（乱占、乱采、乱堆、乱建）行动，管好“盛水的盆”和“盆里的水”。

扎实推进水土保持。以提高水土保持率为目标，实施分区防治、分类施策，坚持宜林则林、宜草则草，人工措施与自然修复相结合，科学布局淤地坝、坡耕地改造和封育保护，加强水土流失预防监督，严控人为新增水土流失。实施生态脆弱河流和重点湖泊生态修复，强化饮用水水源地保护，开展地下水超采综合治理，推动河湖生态系统持续向好。

认真落实“把水资源作为最大的刚性约束”的重要原则

习近平总书记明确指出，要把水资源作为最大的刚性约束，合理规划人口、城市和产业发展，坚决抑制不合理用水需求。这是经济社会发展的一条重要原则。“刚性约束”就是必须这么做，而不能那么做。对一个地区来说，可用水量就是“刚”，不能突破可用水量就是“刚性约束”；对一个行业来说，用水定额就是“刚”，把用水量控制在定额以内就是“刚性约束”。

落实最大刚性约束的核心要义是“以水而定”，促进经济社会“量水而行”。过去之所以造成水资源过度开发利用，根本上就是没有以水定需，而是以需定水。不能把水当作无限供给的资源，必须做到以水定需，也就是以水定城、以水定地、以水定人、以水定产，防止和纠正过度开发水资源、无序取用水等行为，倒逼发展规模、发展结构、发展布局优化，促进经济社会发展与水资源水生态水环境承载能力相协调。重点要做好三个方面工作：

研究明确各地可用水量。在全国可用水总量的框架下，统筹考虑自产水和外调水、调出区和调入区，明确各地可用水量的控制范围。按照确有需要、生态安全、可以持续的原则，在充分节水的前提下，研究谋划优化水资源配置的战略格局，确定能否调水、调多少水。

加快健全用水定额清单。按照务实管用、全面覆盖的原则，研究清楚不同区域条件下每个用水单位所需要的用水量，如一个人一年最高用水量、不同企业单位产值一年最高用水量，不同作物单位面积一年最高用水量，从而作为约束用水户用水行为的依据。

坚决落实以水定需要求。按照确定的可用水总量和用水定额，结合当地经济社会发展战略布局，研究提出每个区域城市生活用水、工业用水、农业用水的控制性指标，确保人口规模、经济结构、产业布局与水资源水生态水环境承载能力相适应。对水资源超载地区暂停审批建设项目新增取水许可，对临界超载地区暂停审批高耗水项目取水许可，坚决抑制不合理用水需求，真正做到以水定需、空间均衡。

（编者注：原文刊载于《人民日报》2019 年 12 月 5 日 14 版）

水利改革发展总基调理念与实践

水利部办公厅

中国特色社会主义进入新时代，水利事业发展也进入了新时代。2018年机构改革以来，水利部党组进一步提高政治站位，认真学习贯彻习近平新时代中国特色社会主义思想和党中央决策部署，对标对表，审时度势，统筹谋划，提出了“水利工程补短板、水利行业强监管”的水利改革发展总基调。这是水利工作的重大转折，开创了水利事业新的局面。

一、水利改革发展总基调的形成

进入新时代，世情国情社情水情发生了深刻变化，我国社会主要矛盾转化、发展模式转换、社会环境和现实条件转变等一系列新情况新形势，对水利改革发展提出了一系列前所未有的新要求新任务。党中央的治水思路和决策部署怎么更好地贯彻落实，未来水利改革发展怎么走，成为在新的时代条件下必须回答的重大课题。围绕回答这一重大理念和实践问题，在深入研究讨论、广泛征求意见的基础上，水利改革发展总基调应运而生。水利改革发展总基调坚持辩证唯物主义和历史唯物主义，体现了理论逻辑、历史逻辑与现实逻辑的辩证统一。

从理论渊源看，总基调根植于习近平总书记关于治水的重要论述精神。思想是行动的指南。党的十八大以来，习近平总书记作出了一系列关于治水的重要论述，特别是在“3・14”重要讲话中，明确提出“节水优先、空间均衡、系统治理、两手发力”的治水思路，这是习近平总书记深刻洞察我国国情水情、针对我国水安全严峻形势提出的治本之策，为新时代水利改革发展提供了根本遵循。“十六字”治水思路字字千钧，每句话都有丰富内涵和明确要求，贯穿其中的一条主线就是要从改变自然、征服自然转向调整人的行为、纠正人的错误行为。调整人的行为、纠正人的错误行为，意味着人水关系的变革、生产关系的调整，是我国传统治水思路的重大革命。水利部党组深入学习领会习近平总书记“3·14”重要讲话以及关于长江经济带发展、京津冀协同发展、黄河流域生态保护和高质量发展等一系列重要讲话精神，紧密结合新的时代特点和实践要求，以全新的视野深化对治水规律的认识，提出并不断丰富完善水利改革发展总基调。确立水利改革发展总基调特别是强监管主调，本质上就是深入落实习近平总书记关于治水的重要论述精神，把治水思路的革命贯彻到水利工作之中，正确审视人与自然的关系，在通过补短板治河理水、调整自然关系的同时，把工作重心转移到强监管纠偏扶正、调整社会关系上来。践行总基调就是贯彻习近平总书记关于治水的重要论述精神最根本、最直接、最有效的举措。

从历史方位看，总基调来源于对我国治水主要矛盾转化的准确把握。在工作中抓住主要矛盾和矛盾的主要方面，是唯物辩证法的要求，也是我们党一贯倡导和坚持的方法论。要成功推进水利事业，就必须准确认识和把握我国的治水主要矛盾，并围绕这个矛盾来安排思路。回顾新中国治水历程，人民对除水害兴水利的需求与水利工程能力不足的主要矛盾持续了很长时间。随着改革开放后的快速发展，这一形势逐步发生了重大变化。现阶段，从供给侧方面看，我国水利工程体系已基本形成，防洪能力和供水保障能力均已升级到较安全水平，但是水利行业监管能力仍然整体薄弱；从需求侧方面看，在除水害兴水利的需求得到可靠保障的基础上，人民对水资源水生态水环境的需求更加迫切。水利部党组立足我国社会发展的历史方位，从坚持以人民为中心的发展思想出发，把握我国水问题的阶段性特征，找准了影响人民美好生活的主要水利制约，作出了我国治水主要矛盾转化的新判断，并由此提出了水利改革发展总基调。这个总基调坚持辩证唯物主义，既坚持了全面的观点，紧盯老问题不松懈，持续推进补短板；又抓住了主要矛盾和矛盾的主要方面，顺应规律，强力推进水利监管，明确了水利发展的路径和目标。

从实践基础看，总基调发端于近年以来积累的宝贵治水经验。实践是理念之源。解决问题的答案蕴藏在实践之中。多年来，水利行业不仅在工程建设中积累了丰富经验，在强化行业监管方面也开展了广泛探索。如实施最严格水资源管理制度，部分地方探索建立河长制推进河湖监管等。实践经验最为典型、最为集中、最为成功的是南水北调工程建设和管理。2010年以来，南水北调工程建设和管理克服世界罕有难题，如期建成通水并安全稳定运行，取得了“通水提前、质量可靠、投资不超、水质达标、移民稳定、干部没倒”的突出成效。关键原因是在工程进度管理、质量管理、资金管理、运行管理和干部队伍管理上，建立了完善的责任体系、制度体系、督查体系、考核体系、奖惩体系，采取强有力措施进行全领域全链条全周期监管。但要看到，在多年的水利工作中，“重建轻管”的问题仍然没有得到根本扭转，水利行业监管的思想认识、制度标准、能力手段、机构队伍等与经济社会发展的要求还不适应，已经到了非改不可的地步。水利部党组总结正反两个方面的经验教训，提出了水利改革发展总基调特别是强监管主调，通过加强监管不断提升行业治理能力和治理水平。一系列实践积累和启示表明，在新的时代条件下，践行水利改革发展总基调有基础、有经验、有条件，既切实可行也十分必要。只要牢牢坚持“十六字”治水思路，认真落实水利改革发展总基调，水利的路就会越走越宽。

二、水利改革发展总基调的特点

水利改革发展总基调紧扣时代特征，把握时代脉搏，是解决水利发展不平衡不充分问题的关键一招，贯穿着强烈的风险意识、危机意识、忧患意识，体现出鲜明的问题导向、目标导向、结果导向，具有很强的现实针对性和长远指导性。

体现了鲜明的问题导向。习近平总书记“十六字”治水思路为新时代治水指明了前进方向。水利部党组遵循这个方向，围绕回答新时代水利怎么走而形成了水利改革发展总基调。这是水利改革发展总基调最根本的问题导向。水利改革发展总基调聚焦新老四大水问题，抓住治水主要矛盾变化，针对水利建设与管理弱项，明确了为什么补、为什么管。具体来说，“水利工程补短板”是聚焦薄弱环节，着力防范和化解风险，完善水利基础设施体系，确保江河安澜。“水利行业强监管”是聚焦涉水沉疴积弊，通过一系列监督检查，摸清底数、发现问题、督促整改，完善法制体制机制，推动制度治水制度管水，加快推进水利治理体系和治理能力现代化。

体现了鲜明的目标导向。习近平总书记发出了“让黄河成为造福人民的幸福河”的伟大号召，告诉我们江河治理的使命是为人民谋幸福。建设造福人民的幸福河就是我国江河治理的总体目标。防洪保安全、优质水资源、健康水生态、宜居水环境、先进水文化，是造福人民的幸福河的内在要求。水利改革发展总基调按照这一总体目标聚焦用力，明确了补什么、管什么，即四个方面突出短板和六个方面监管重点，通过水利事业的高质量发展，推动实现河湖健康、人水和谐、人民幸福，更好满足人民群众对美好生活的向往。

体现了鲜明的结果导向。水利改革发展总基调是一项系统性、长期性、艰巨性的任务，不是刮一阵风，不是一句口号，最终要以成效论英雄，以短板补没补齐、监管强不强作为检验标准。水利改革发展总基调既描绘了发展蓝图，又给出了实施路径，明确了怎么补、怎么管，即补短板要紧盯顶层设计、前期工作、资金保障和工程质量；强监管要通过健全法制体制机制，建立一整套务实高效管用的监管体系。总体上说，就是综合运用行政手段、法律手段、工程手段、科技手段、经济手段，对水利工作进行理念更新、业务重塑、流程再造，把工程短板补齐，让行业监管强起来。

三、水利改革发展总基调的实践

水利改革发展总基调提出一年多来，水利行业上下认真践行，长期以来的固有发展模式正在扭转，水利事业呈现出崭新气象。

思想认识上对总基调广泛认同。水利改革发展总基调的提出在全国水利系统引发了热烈反响，得到干部职工普遍认同，提振了行业发展信心，激发了从业人员踊跃参与、主动作为的责任担当。覆盖水利行业 10 余万人次的线上调查显示，95% 的受访者认为总基调符合当前水利实际，90% 的受访者认为所在单位贯彻落实总基调态度积极。大家普遍认为总基调体现了“十六字”治水思路的精髓，把握住了新时代治水的矛盾变化，确立了水利工作正确的主攻方向。大家普遍反映，总基调提出以来，用事实教育了大家，用实践提升了认识，用成效统一了思想，从最初的不理解到现在的高度认同，从开始时的等待观望、被动执行到现在的踊跃参与、主动作为，促使自己在思想深处进行了一场自我革命。

工作重心上强监管成为主旋律。水利改革发展总基调提出以来，水利部开展了史无前例的大规模暗访督查，2019 年仅针对重点领域的专项监督检查就开展了 2035 组次（批次），发现问题 48145 个。各级水利部门纷纷行动，从过去的一心补短板转向更加注重强监管，在健全法制体制机制上下功夫，成立了监督机构，明确了支撑单位，组建了监督队伍，水利监督体系不断健全，重视水利监管的良好氛围加速形成。线上调查显示，87%的人员认为近两年水利行业监管力度增强。不少同志表示，长期形成的水利发展方式和惯性路径正在发生根本转变，正在从“重建轻管”向“以管促建、建管统一”转变，初步扭转了行业监管弱的被动局面。

行业面貌上水利形象得到重塑。各级水利部门通过明察暗访、“四不两直”等方式开展高强度的监督检查，采取了通报、约谈、曝光、问责等一系列雷霆措施，释放了强监管、严追责的强烈信号，及时发现和推动整改了大量突出问题，有效消除了隐患、化解了风险，水利行业不敢管不愿管不会管的积弊正在加快破除。比如，2019 年水土保持项目查处数量是 2018 年的 3.9 倍；河湖“清四乱”专项行动清理整治问题 13.4 万个。同时，强监管也有力促进了补短板，2019 年全国水利投资规模创历史新高，投资计划执行效果最明显，重大工程开工数量也远超预期。总的看，水利改革发展总基调提出以来，推进解决了一大批长期想解决而未解决的固瘴难题，水利工作正在发生一系列根本性变化，各方面认可度和支持率明显提高，水利行业地位明显提升。

实践充分证明，水利改革发展总基调符合“十六字”治水思路，符合治水管水工作实际，是经得起各方面检验的，是完全正确的，必须巩固良好态势，保持足够气势，把握正确趋势，坚定不移践行。

王　凯　陈泓亮　李发鹏　执笔

李训喜　王　鑫　审核

水利规划计划工作综述

水利部规划计划司

一、2019 年水利规划计划工作进展和成效

2019 年，水利规划计划工作坚持以习近平新时代中国特色社会主义思想为指导，深入贯彻落实“十六字”治水思路，坚定不移贯彻“水利工程补短板、水利行业强监管”的水利改革发展总基调，砥砺奋进、攻坚克难，圆满完成水利规划计划年度目标任务，为全面加快水利改革发展提供有力支撑。

（一）狠抓前期工作，重大水利项目储备超预期

针对重大项目前期工作周期长的特点，超前谋划，做好项目储备。2019 年审查重大项目 67 项，是 2018 年的 2 倍多。同时，结合补短板总体方案编制，提前筹划“十四五”重大水利项目，提出储备项目 400 多项，为“十三五”规划的 2 倍，并从中筛选出对保障国家水安全有重要作用的重大水利工程 150 项，作为 2020—2022 年拟新开工项目重点推进，为开启更大规模水利建设新篇章奠定了基础。

（二）狠抓关键环节，重大工程开工数量超预期

加快要件办理和项目审查审批，逐项跟踪督促，为项目开工创造条件。2019 年批复重大水利工程可研 37 项，其中南水北调东线一期北延应急供水等 23 项已开工建设，开工数量是 2018 年的 2 倍多，圆满完成《政府工作报告》提出的“再开工一批重大水利工程”的任务。

（三）狠抓资金落实，水利建设投资规模超预期

在积极争取中央资金的同时，采取专项调度、培训交流等方式，指导各地积极争取财政投入，通过政府专项债券、开发性政策性金融、社会资

本投入等方式拓宽资金渠道，扩大有效投资。在当前经济下行压力较大的形势下，2019 年全国落实水利建设投资 7260 亿元，创历史新高，为水利工程补短板提供了资金保障，为经济平稳运行提供了有力支撑。

（四）注重宏观指导，补短板顶层设计实现良好开端

针对短板“怎么找、补什么、怎么补”的问题，系统谋划补短板顶层设计，提出了“1+1+N+1”的推进方案（即 1 个指导意见、1 个总体方案、N 个专项方案和 1 个重点项目清单）。其中《指导意见》明确了工作的方向和重点，解决了补短板的方法问题；《总体方案》作为顶层设计的重要成果，为防汛抗旱水利提升工程等 N 个专项方案编制提供了依据。

（五）注重绿色发展，水生态治理修复实现良好开端

围绕乡村振兴战略，启动农村水系综合整治试点，打造一批各具特色的县域综合治水示范样板，建设河畅、水清、岸绿、景美的水美乡村，拓展了中央水利投资新渠道，开辟了农村水利新领域。采取“一减、一增”措施，系统推进华北地区地下水超采综合治理，成效逐步显现。在 2019 年京津冀地区降水偏枯情况下，治理区地下水位降速明显减缓，部分地区止跌回升。如北京浅层地下水位回升 0.66m，天津深层地下水位回升 0.9m，断流近 40 年的滹沱河实现复流。

（六）注重制度建设，监管能力建设实现良好开端

围绕强监管要求，首次制定了水利规划实施监督检查办法、基本建设项目初步设计文件实施监督检查办法，建立防范和惩治水利统计造假弄虚作假责任制，填补了规划设计方面监管的制度空白。优化改进投资计划执行调度会商方式，打出综合调度、专项调度、现场调度“组合拳”，2019 年中央水利投资计划完成率达 95.2%，超额完成年度目标。

（七）强化底线思维，水利扶贫攻坚取得新成效

加大对贫困地区支持力度，2019 年安排贫困地区中央预算内水利投资 557 亿元，占年度总规模的 61%，较 2018 年增加 28 亿元。特别是在提前下达“十三五”剩余 76.7 亿元中央补助投资的基础上，新增农村饮水安全巩固提升工程中央补助投资 60 亿元，重点用于深度贫困地区、氟改水任

务较重地区和边境地区农村饮水安全巩固提升工程建设，101 万建档立卡贫困人口饮水安全问题妥善解决。水利扶贫“六大工程”（重大水利工程、农村饮水安全巩固提升工程、农田水利设施建设工程、防洪抗旱减灾保障工程、水土保持和生态建设工程、农村小水电和移民扶贫工程）加快建设，重庆丰都定点扶贫成果持续巩固，水利援疆援藏援青工作深入开展。

（八）强化规划引领，水利规划体系建设取得新成效

印发国家水安全战略规划，明确国家水安全保障主要目标、总体布局、重大举措等。批复了洮河、伊洛河等流域综合规划。全面开展水利基础设施空间布局规划编制。启动“十四五”水安全保障规划、黄河流域生态保护和高质量发展水利专项规划、长三角区域一体化发展水安全保障规划等编制，完成了粤港澳大湾区水安全保障专项规划编制，为国家重大战略实施提供水安全保障。

（九）强化统筹协调，水利重点领域改革取得新成效

认真履行水利部改革办职责，加强统筹协调和重点任务跟踪，推动国家节水行动、河长制湖长制及“放管服”改革等重点改革任务加快落地见效。围绕贯彻落实总基调，聚焦督查暗访发现的带有普遍性和通过常规工作无法解决的问题，全面梳理需调整利益关系、转变体制机制和修改法规制度的改革事项，提出了今后一个时期深化水利改革重点事项清单。

二、2020 年水利规划计划工作重点

2020 年是全面建成小康社会和“十三五”规划的收官之年，是“两个一百年”奋斗目标的历史交汇点。水利规划计划工作将以习近平新时代中国特色社会主义思想为指导，全面贯彻党的十九大和十九届二中、三中、四中全会精神，坚持“十六字”治水思路，按照全国水利工作会议部署，紧扣坚定不移贯彻水利改革发展总基调这一主线，抓好七项重点工作，为全面决胜建成小康社会提供坚实水利支撑。

一是全力做好“十三五”规划收官，如期完成水利脱贫攻坚任务。加大力度保障贫困地区水利建设资金，确保 2020 年年底前完成 6000 万农村

人口饮水安全巩固提升、434处大型灌区续建配套节水改造等硬性任务。推进定点扶贫丰都县各项工作圆满收官，继续做好援疆援藏援青、对口支援西藏阿里和青海贵德等水利扶贫工作。

二是以“十四五”规划编制为重点，扎实做好重点水利规划编制。基本编制完成“十四五”规划，加快全国水利基础设施空间布局规划编制，全力做好第三次全国水资源调查评价成果完善及报批工作。加快编制和完善七大江河主要支流综合规划及环境影响评价报告，协调推进规划技术审查和环评审查，争取再审批一批流域综合规划。

三是抓住扩大有效投资的重大机遇，加快补齐补强水利工程短板。紧紧抓住当前投资拉动的大好形势，围绕国家发展战略、脱贫攻坚、防灾减灾能力提升等要求，积极谋划今后三年重大水利工程建设任务，做好项目储备。特别是加快推进南水北调后续工程建设，力争2020年东、中线后续工程顺利开工建设，有序推进西线一期工程前期工作。

四是突出综合治理、系统治理，全力推进重点流域区域水生态修复。抓好华北地区地下水超采综合治理，扎实推进永定河综合治理与生态修复，加快实施农村水系综合整治试点，按照绿色发展和系统治理理念，继续抓好重点流域区域水生态修复。

五是以推进黄河流域生态保护和高质量发展为重点，扎实做好国家重大战略水安全保障。重点围绕贯彻落实习近平总书记在黄河流域生态保护和高质量发展座谈会上的重要讲话精神，持续深化“幸福河”“重在保护、要在治理”内涵要义、最大刚性约束的实现途径等重大问题研究，力促黄河保护治理取得突破性进展。同时，服务于国家重大战略，做好长三角区域一体化发展水安全保障规划等的编制工作。

六是深化水利重点领域改革，推进水治理体系和治理能力现代化。以深化小型水利工程管理体制、推动河长制湖长制从“有名”向“有实”转变等10项深化水利改革重点事项清单任务为重点，以健全体制机制和调整利益关系为目标，持续深化水利重点领域和关键环节改革攻坚，加快破解制约水利发展的体制机制障碍。

七是聚焦水利行业强监管要求，切实做好水利规划计划相关支撑工作。加强水文监测、水利信息化、水政监察等水利行业监管能力建设，制定水利规划实施监督检查办法、水利基本建设项目初步设计文件实施监督检查办法、水利建设投资统计数据质量核查办法，完善规划计划工作管理制度。继续做好投资计划执行调度会商，加强水利投资计划执行监管，提高资金使用效率和效益。

汪习文　张光锦　刘　品　李　聪　执笔

谢义彬　审核

专栏一

“十四五”水安全保障规划编制工作全面启动

水利部规划计划司

2019年3月，国家发展改革委部署开展“十四五”规划编制工作，由国家发展改革委和水利部按国家级重要专项规划共同编制“十四五”水安全保障规划。按照与国家发展规划“同步部署、同步研究、同步编制”的要求，2019年重点任务是编制完成规划思路报告。2019年11月，向国家发展改革委报送了纳入国家“十四五”规划《基本思路》水安全保障重点内容的意见，为下阶段规划报告编制工作奠定坚实基础。

一是准确把握规划定位。这次规划是我国开启现代化新征程的第一个五年规划，需要围绕“两步走”战略，对标对表党中央要求和习近平总书记“3·14”“9·18”等重要讲话精神，全面梳理水利改革发展遇到的问题，准确把握水利当前的发展阶段和定位，谋划好未来五年水利蓝图。这次规划也是全面贯彻落实水利部党组提出的水利改革发展总基调的第一个五年规划，要聚焦治水矛盾变化，在着力补齐水利工程短板的同时，更要下大力气强化水利行业监管。鄂竟平部长批示“要努力务实”。规划编制过程中要做到站位高、接地气、有创新、出实招，提高规划的前瞻性、指导性和可操作性。

二是切实加强组织领导。2019年5月，水利部召开“十四五”水安全保障规划部署启动会，成立了规划编制工作组。印发“十四五”规划编制工作方案，明确了规划编制的目标任务和具体工作安排。11月，鄂竟平部长主持部长办公会，专题听取了“十四五”水安全保障规划思路报告送审稿的汇报，对下一步规划编制工作提出明确要求。期间叶建春副部长、汪安南总规划师多次听取汇报，研究规划编制工作。

三是创新工作方法。坚持开门编规划，在网上公开征集重大研究专题，确定了水利发展阶段研判与“十四五”发展重点等16项专题研究，通过专家评审，从行业内外择优选择承担单位开展重大专题研究。围绕重大水利工程、节水、水生态保护修复、灌区现代化改造、农村供水、水土保持、水利网信、水利科技、人才等方面，组织编制专项规划（方案）。规划编制过程中，多次征求有关单位和专家意见。

梅一韬　袁　浩　王九大　执笔
乔建华　审核

南水北调工程全面通水五周年

水利部南水北调工程管理司

南水北调工程是实现我国水资源优化配置、促进经济社会可持续发展、保障和改善民生的重大战略性基础设施。南水北调东、中线一期工程全面通水五年来，发挥了巨大的经济、社会和生态效益，充分证明党中央、国务院的决策是完全正确的，充分体现了中国共产党集中统一领导的政治优势和社会主义集中力量办大事的制度优势。

一、工程建设情况

南水北调工程2002年开工建设后，建设和管理紧紧围绕通水目标，大抓工程进度、狠抓质量安全、严抓投资控制、细抓征地移民、深抓治污环保、强抓技术攻关，强化协调统筹，营造良好环境。科学高效抓管理，实行直管、代建、委托相结合的建管模式。高压严管保质量，探索实施具有南水北调特色的“查、认、罚”三位一体监管新机制，实施“三查一举”，严肃追责质量问题。以人为本迁移民，采取大分散小集中、整建制的有土安置方式，实现丹江口库区34.5万移民和东、中线沿线9万征迁群众平稳搬迁安置的目标。壮士断腕促环保，强力推进治污和水质保护，确保水质达标。严管投资不超概，建立并实施规范的资金拨付和支付、严格的资金监管等制度，保障了工程如期高质量建成通水。工程质量可靠、投资不超、水质达标、移民安稳、干部没倒、群众叫好，创造了一项项工程建设奇迹、技术创新奇迹和制度创新奇迹。

二、工程运行管理情况

2014年，习近平总书记在中线一期工程正式通水时强调指出，南水北调工程功在当代，利在千秋。要求继续坚持“先节水后调水、先治污后通水、先环保后用水”的原则，加强运行管理，深化水质保护，强抓节约用水，保障移民发展，做好后续工程筹划，使之不断造福人民。

水利人牢记总书记嘱托，加强南水北调工程运行管理规范化、标准化建设，积极运用大数据、云技术、物联网等技术手段，提升工程管理现代化水平，工程运行安全平稳，经受住了特大暴雨、台风、寒潮等极端天气考验，未发生任何安全事故和断水事件，供水量持续增长，水质稳定达标，已由原规划的受水区城市补充水源，转变为多个重要城市生活用水的主力水源，南水北调成为这些城市供水的生命线。持续深化移民帮扶工作，逐步实现“搬得出、稳得住、能发展、可致富”的目标，移民生活水平比搬迁前有大幅度提升。扎实开展后续工程规划，有序推进重点项目建设，为京津冀协同发展、雄安新区建设等国家重大战略实施提供可靠的水资源支撑。

三、综合效益发挥情况

东、中线一期工程的建成通水，初步构筑了我国南北调配、东西互济的水网格局。全面通水五年来，工程累计调水总量近 300 亿 m^3，经济、社会和生态效益发挥显著，沿线人民群众获得感、幸福感、安全感持续增强。

（一）改变供水格局，水资源配置得到优化

南水北调东、中线工程从根本上改变了受水区供水格局，受水区 40 多座大中城市的 260 多个县区用上了南水北调水，南水已成为许多城市供水新的生命线。其中，北京市城市用水量七成以上为南水；天津市包括全部主城区在内的 14 个行政区居民用上了南水；河南省受水区城市的 59 个县区全部受益，多个城市主城区 100% 使用南水；河北省邯郸、石家庄沿线城市及沧州、衡水等市 90 多个县区受益；江苏省形成双线输水格局，受水区供水保证率提高 20% ~ 30% ，提升了苏中、苏北地区的防洪排涝和抗旱能力；山东省形成“T”型骨干水网布局，成为胶东半岛的供水大动脉。南水北调东、中线一期工程有效地提高了受水区城市供水保证率，确保了这些城市供水安全，直接受益人口超过 1. 2 亿人。

（二）改善供水水质，人民群众获得感幸福感增强

按照“三先三后”原则要求，中线全面做好水源地水质保护各项工作，鄂豫陕三省联动协作，制定水污染治理和水土保持规划，推进产业转型升级，探索生态补偿机制，夯实了水源地水质保护基础。东线强力推进治污工作，苏鲁两省将水质达标纳入县区考核，实施精准治污，实现水质根本好转，创造了治污奇迹。通水五年来，丹江口水库和中线干线供水水质稳定在Ⅱ类标准及以上，东线工程水质稳定在Ⅲ类标准。沿线群众饮水质量显著改善，河北省黑龙港区域500多万人告别了饮用高氟水、苦咸水的历史。

（三）修复生态环境，促进沿线生态文明建设

东、中线一期工程的建成，有效增加了华北地区可利用水资源。通过置换超采地下水，实施生态补水，限制开采地下水等综合措施，使河湖、湿地面积明显扩大，有效遏制了地下水水位下降和水生态环境恶化趋势，促进了沿线生态文明建设，生态环境大为改善，得到了水源区、受水区人民群众的普遍欢迎和广泛赞誉。

（四）优化产业结构，推动受水区高质量发展

受水区实行区域内用水总量控制，加强用水定额管理，带动发展高效节水行业，淘汰限制高耗水、高污染产业，使受水区节水水平达到全国先进水平，有效提高了用水效率和效益。深入开展治污工作，关停并转一大批污染企业，加快了产业结构调整的步伐。通过实行“两部制”水价，依据成本核定水价，有力推动受水区水价改革，为工程良性运行创造了条件，同时进一步提升节约用水意识，促进了节水型社会建设。

（五）拉动内需、扩大就业，保障经济社会协调发展

经国家有关权威研究机构评估，建设期间，南水北调工程投资平均每年拉动我国国内生产总值增长率提高约0.12个百分点，工程投资对经济增长的影响通过乘数效应进一步扩大。东、中线一期工程参建单位超过1000家，建设高峰期每天有近10万建设者在现场施工，加上相关行业的带动作用，每年增加数十万个就业岗位。

通水后，北京、天津等大中城市基本摆脱缺水制约，同时为保障京津冀协同发展、雄安新区建设等重大国家战略的实施提供了可靠的水资源保障。以 2016—2018 年全国万元 GDP 平均需水量 73.6m^3 计算，南水北调为北方增加的近 300 亿 m^3 水资源，可为受水区约 4 万亿元 GDP 的增长提供优质水资源支撑。

水资源格局决定着发展格局。南水北调工程管理工作将认真贯彻习近平总书记“十六字”治水思路，深入学习领会党的十九届四中全会精神和习近平总书记在黄河流域生态保护和高质量发展座谈会重要讲话精神，落实好李克强总理在国务院南水北调后续工程工作会议上的指示要求，牢记使命、勇于担当，补短板、强监管，持续推进标准化、规范化管理，完善监管体系，确保工程安全平稳运行，全面提升工程效益。建立水质保护机制，确保水质持续向好；做好节水和地下水压采工作，加大生态补水力度，助力生态文明建设；深化帮扶，确保移民稳定发展。尤其要采取得力举措，全面加快推进后续工程建设，早日构建完善的“四横三纵，南北调配，东西互济”的水资源总体格局，持续提高水资源支撑、保障我国经济社会发展和国家重大战略实施的能力，为确保国家水安全作出新的更大贡献。

梁　祎　蔡喆伟　执笔
袁其田　审核

数说70年水利发展成就

水利部发展研究中心

新中国成立以来，在水资源时空分布极度不均、人均水资源量严重不足的情况下，中国共产党带领一代又一代水利人锐意进取、改革创新、攻坚克难、勇于拼搏，掀起了一次又一次兴修水利的热潮。水利建设投资完成额增长了3000多倍，洪灾死亡人口减少了九成以上，南水北调等水资源配置工程相继建成并发挥效益，《中华人民共和国水法》《河道管理条例》等颁布实施。水利事业加速发展，初步建成了防洪抗旱减灾体系、水资源合理配置和高效利用体系、水资源保护和河湖健康保障体系、水利科学发展制度体系等4大体系，实现了从工程水利向民生水利、现代生态水利的转变。

一、水利基础设施建设实现蓬勃发展

70年来，面对水利设施残破不全、江河泛滥成灾的落后局面，党和国家领导人民开展了波澜壮阔的水利建设。一座座大坝拔地而起，一道道堤防加高培厚，一条条输水渠穿山越岭，水利基础设施网络体系逐渐完善，在中华大地上绘就了气势磅礴的美丽画卷。

（一）江河治理工程建设稳步推进

水旱灾害历来是中华民族的心腹之患。新中国成立以来，按照“除害与兴利相结合”的方针，对大江大河大湖进行全面系统治理。堤防达标建设、水库水闸、中小河流治理、病险水库除险加固等项目加快实施，江河湖泊的防灾减灾能力明显增强。

一是江河堤防加固加长。1973年全国已建成江河堤防长度为11.3万km，其中主要堤防4.9万km，一般堤防6.4万km。“75·8”淮河大水后，对重要江河湖泊堤防开展了新一轮的加固、整修工作。截至2018年底，全国已建成5级及以上堤防31.2万km（见图1），达标堤防21.8万km。可保护人口由2000年的4.6亿人，增长到2018年的6.3亿人；保护耕地面积由1974年的2900万hm^2，增长到2018年的4100万hm^2，为成功防范重要江河大水作出了巨大贡献。

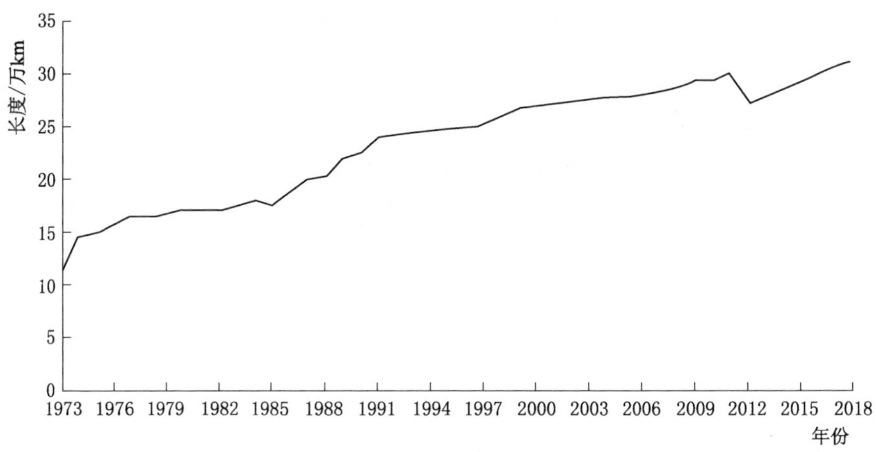

注：2011年以前各年堤防长度含5级及以下江河堤防长度。

图1　全国已建成5级及以上堤防长度[1]

二是水库水闸加快建设。1973年全国已建成水库72131座，总库容为3650亿m^3，其中大型水库283座（库容2767亿m^3），中型水库1833座（库容436亿m^3）；建成水闸16942座，其中大型水闸160座，中型水闸1088座。1998年长江、松花江大水结束后，防汛抗旱工作思路“由控制洪水向洪水管理转变，由单一抗旱向全面抗旱转变”，水库工程体系不断完善，水库联合调度等洪水管理能力得到加强。截至2018年底，全国共建成水库达到98822座，总库容为8953亿m^3，是1973年的2.5倍（见图2），其中，大型水库736座（库容7117亿m^3），中型水库3954座（库容1126亿m^3）；共建成过闸流量5m^3/s以上的水闸104403座，其中大型水闸897座，中型水闸6534座，为大洪水的错峰、削峰以及洪水资源开发利用起到了积极作用。

三是防洪短板加速补齐。经过多年努力，江河干流防洪减灾体系基本形成。但部分中小河流漫堤溃堤、中小水库出险等防洪薄弱环节仍然存

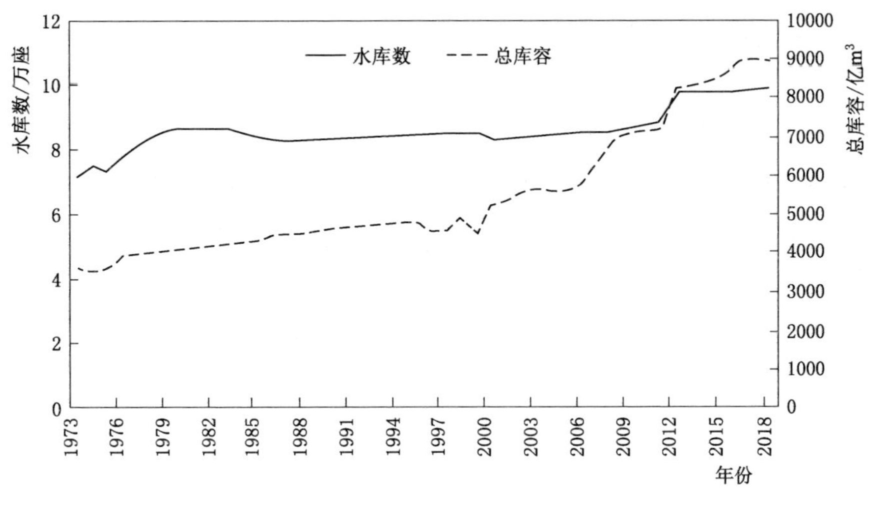

图 2　全国已建成水库情况[1]

在。为保障人民群众生命财产安全，1998 年以来，中央和地方不断加大投入力度，积极推进中小河流治理、病险水库除险加固等项目建设，不断补齐防汛薄弱环节短板。2018 年，完成中小河流治理 1.9 万余 km，实施大中型病险水库（水闸）除险加固 157 座、小型病险水库除险加固 5300 余座，全面推进 75 个长江中下游重点易涝片排涝能力建设以及 190 个县农村基层防汛预报预警体系建设。2013 年以来全国中小河流累计治理项目数量如图 3 所示。

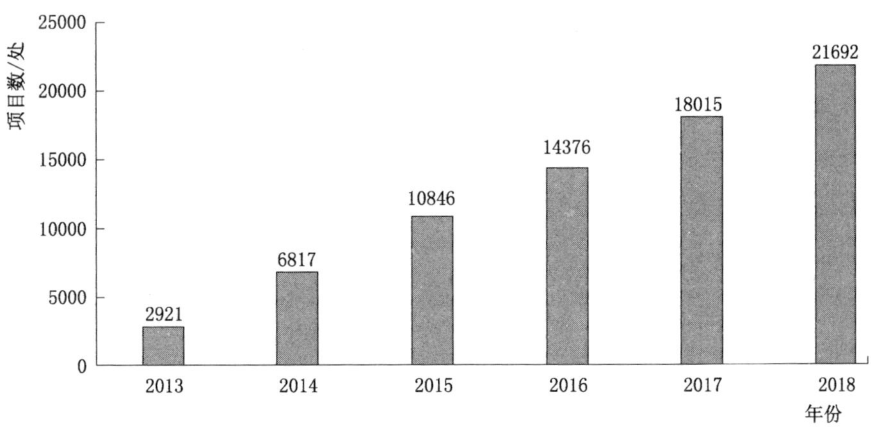

图 3　2013 年以来全国中小河流累计治理项目数量[2]

（二）水利枢纽体系渐趋完备

70 年来，国家集中力量修建了一大批蓄引提调工程，以满足各地日益增长的生产生活生态用水需要。20 世纪 90 年代以后，三峡、南水北调、小浪底、万家寨、飞来峡、江垭等一批重点水利枢纽工程开工建设并投入使用，对国家水安全、国民经济发展、生态环境改善等提供了重要的支撑和保障作用。

一是三峡工程综合效益显著发挥。为缓解长江上游洪水来量大与中下游河道特别是荆江河段过洪能力小的矛盾，充分发挥长江水资源的发电、航运、灌溉、供水等综合经济效益和社会效益，1992 年，全国人民代表大会审议通过了兴建长江三峡工程的议案。1994 年，三峡工程正式开工；2006 年，三峡大坝全线修建成功。此后电站机组、升船机等设施陆续建成并投入使用。截至 2018 年底，三峡水利枢纽工程已连续 9 年圆满完成 175m 试验性蓄水任务，连续 15 年实现安全、高效、畅通的通航目标，多次为长江中下游拦洪、削峰、错峰，年平均发电量达 882 亿 kW · h，在冬春供水、生态补水、防洪减灾、清洁能源等方面发挥了巨大的作用（见图 4、图 5）。

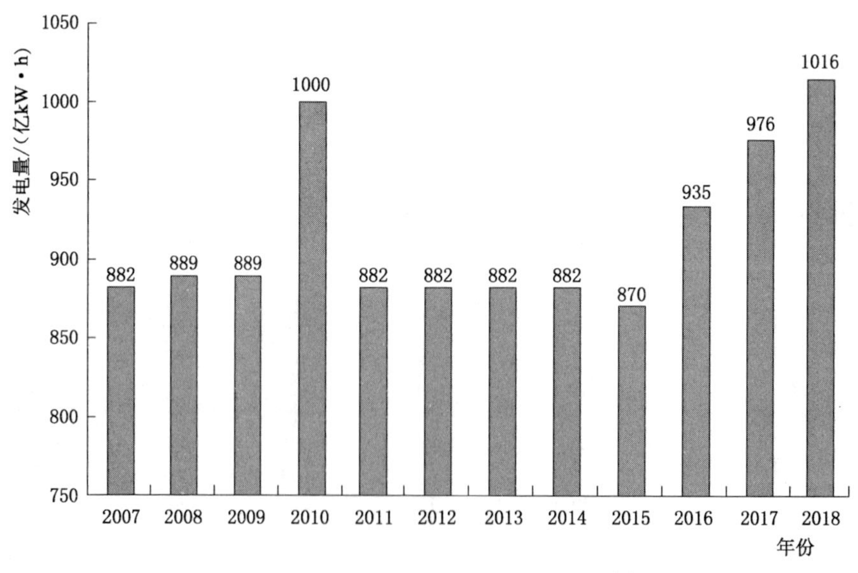

图 4　长江三峡水利枢纽工程年发电量[3]

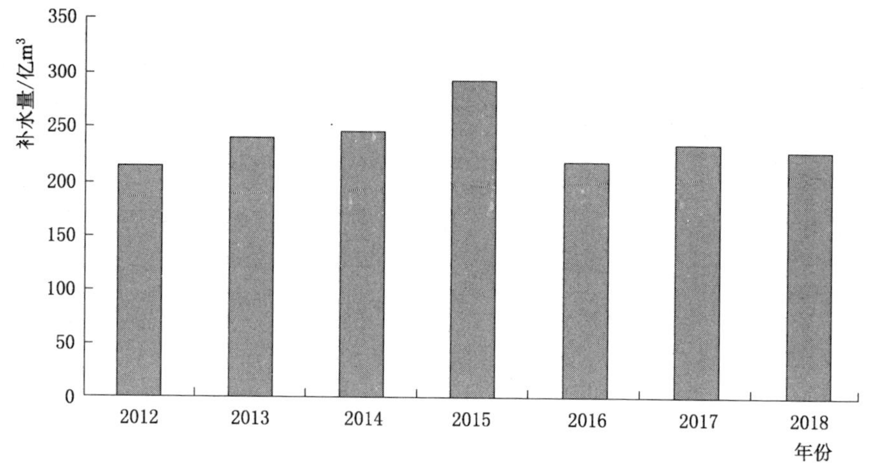

图5 长江三峡水利枢纽工程补水总量[3]

二是南水北调工程运行平稳向好。1952年毛泽东主席提出“南方水多，北方水少，如有可能，借点水来也是可以的”设想之后，在大量的野外勘查和测量基础上，形成了南水北调东线、中线和西线调水的基本方案。2002年南水北调工程正式开工，经过12年的艰苦建设，2014年开始向北京市、天津市等地供水。截至2018年底，东线工程连续5个年度圆满完成调水任务，中线工程已不间断安全供水1480余天，东中线工程累计调水220多亿m^3，直接受益人口超过1亿人（见图6）。

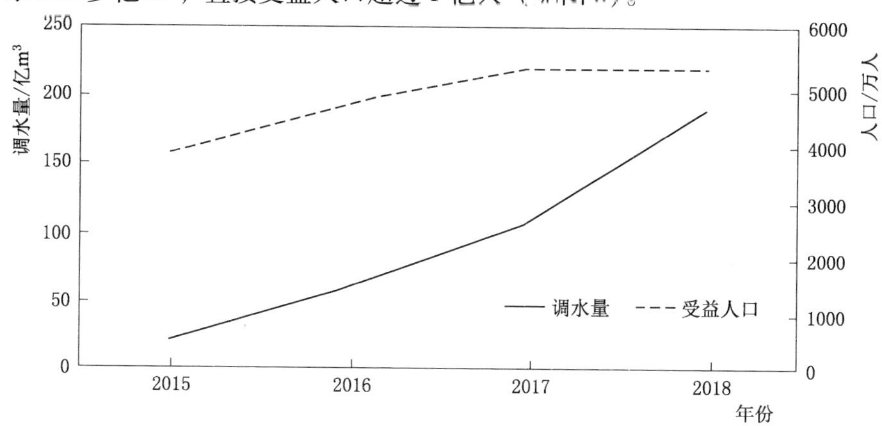

注：数据来源于南水北调中线干线工程建设管理局网站相关报道。

图6 南水北调中线一期工程累计调水量和受益人口

三是172项重大水利工程加快建设。2014年党中央、国务院作出了加快推进172项节水供水重大水利工程的决策部署，集中力量建成一批打基础、管长远、惠民生的重大水利工程。截至2018年底，重大水利工程建设全面提速且进展顺利，国务院确定的172项重大水利工程已批复立项134项，累计开工132项，其中河北引黄入冀补淀、天津永定新河治理二期、新疆卡拉贝利等23项基本完工并发挥效益，在建工程投资规模超过1万亿元（见图7）。重大水利工程的建设拉动了设备制造、水泥、钢筋等产业的高速发展，对稳增长、扩内需、稳就业发挥了积极作用。

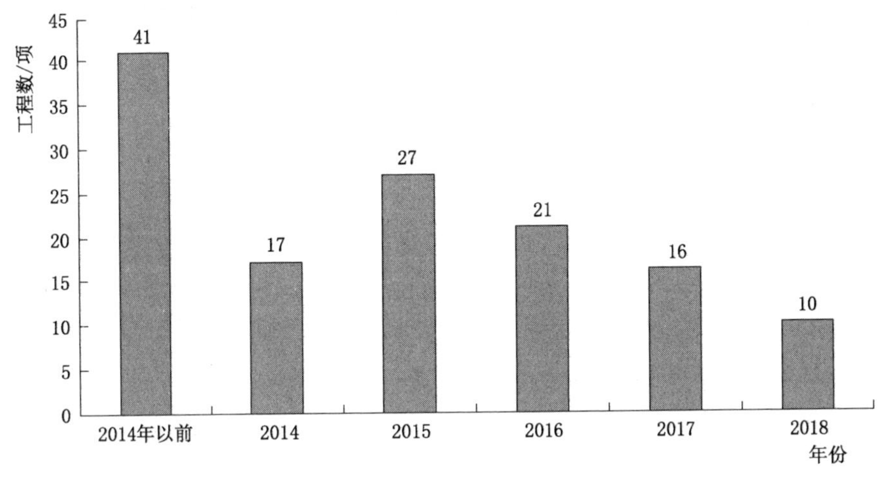

图7　全国新开工重大水利工程数量[4]

（三）农村水利工程繁荣兴盛

新中国成立后，农村水利得到空前重视，广大群众在党和政府的带领下，兴修农田水利、改善农村人居环境、推动农业水价改革，掀起了一轮又一轮的建设高潮和创新变革。农村水利事业的高速发展，不论在工程数量上还是在效益发挥上，均超过了历史上任何一个时期。

一是耕地灌溉面积逐步扩大。1949年以来，党和政府把农田水利建设作为整个国民经济恢复的重要环节和任务来抓，1958年的“大跃进”和人民公社运动中，农田水利建设更是一马当先，截至1965年，耕地灌溉面积已从1949年的1592.9万hm^2增长至约3203.6万hm^2。1966年开

始的“文化大革命”把整个国民经济推到了崩溃边缘，农田水利事业也遭受大量损失，建设进展缓慢。1978 年农村联产承包责任制实行后，部分农田水利设施无人负责，导致损坏失修情况日益加剧，耕地灌溉面积增速缓慢。截至 1989 年，全国耕地灌溉面积约 4833.7 万 hm^2，仅比 1977 年增长了 15.0 万 hm^2。进入 21 世纪后，我国逐步进入了“以工补农”“以城带乡”的经济社会发展新阶段，农田水利建设和改革步伐全面加速，截至 2018 年底，全国共有耕地灌溉面积 6827.2 万 hm^2，占全国耕地面积的 50.7%（见图 8）。

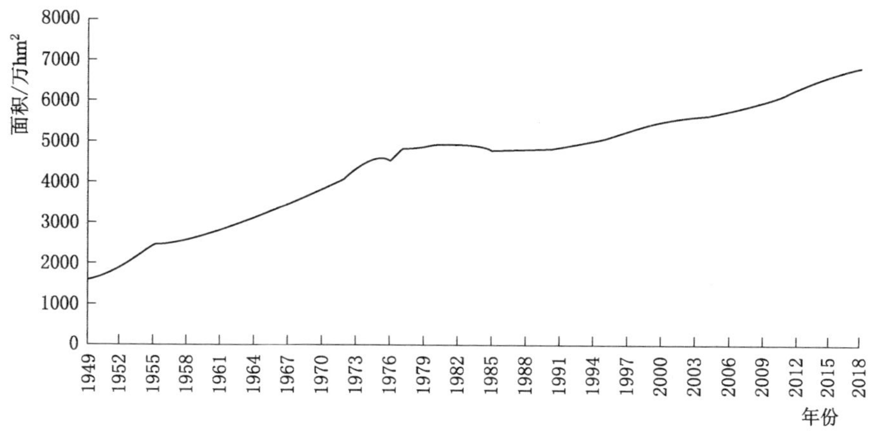

图 8　全国耕地灌溉面积[1]

二是灌区建设稳步推进。农耕文化始终伴随着华夏文明的发展，战国末期修建的都江堰灌区、秦汉时期修建的河套灌区一直沿用至今。截至 1978 年，全国共有万亩以上灌区 5249 处，其中 50 万亩以上灌区 74 处，30 万～50 万亩灌区 74 处。改革开放后，灌区建设以巩固提升、完善配套为主，灌区规模和数量稳步推进，截至 2018 年底，全国已建成设计灌溉面积万亩及以上的灌区 7881 处，其中 50 万亩以上灌区 175 处，30 万～50 万亩灌区 286 处（见图 9）。

三是农村小水电高速发展。新中国成立初期，主要围绕建设 32 个商品粮棉基地的提水灌溉用电开发小水电。截至 1979 年，全国农村小水电装机容量达 633 万 kW，发电量达到 119.2 亿 kW·h。改革开放后，国家的工

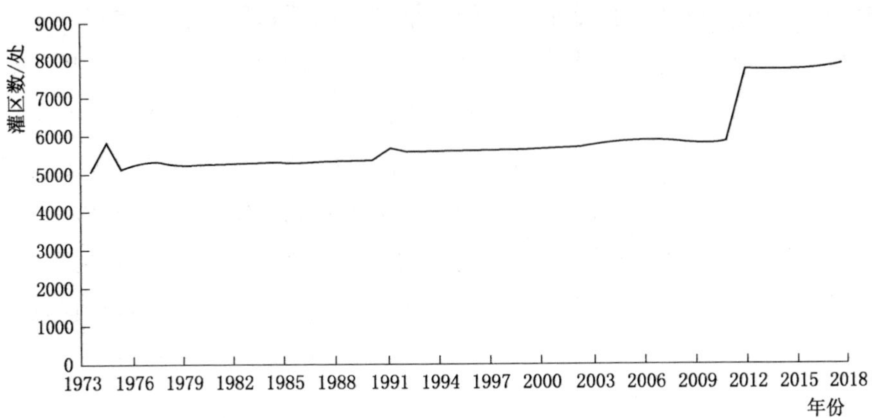

注：2011年前灌区统计口径为耕地灌溉面积达到万亩以上，2012年灌区统计口径调整为设计灌溉面积达到2000亩及以上。

图 9　全国灌区数量[1]

作重点转向以经济建设为中心，为缓解电力基础设施薄弱与用电需求激增之间的矛盾，国家采取各类措施，鼓励地方政府和农民自力更生兴办小水电，小水电得到高速发展。截至 1999 年，全国小水电装机容量达到 2348 万 kW，年发电量 720 亿 kW · h。进入 21 世纪后，农村水电事业由过去单纯建设向绿色、生态、可持续的发展道路转变，为充分发挥小水电替代化石能源、减少污染物排放的作用，小水电得到空前发展。截至 2018 年，全国小水电装机容量达到 8043. 5 万 kW，年发电量达到 2345. 6 亿 kW · h（见图 10）。

二、水利社会效益发挥展现惊人成绩

70 年来，水利事业始终坚持以人民为中心，把人民的长远利益和根本利益作为水利工作的出发点和落脚点，坚持人与自然和谐共生，突出防汛抗旱减灾，保障城乡供水安全，狠抓水生态环境保护，在经济社会发展历史上书写了浓墨重彩的篇章。

（一）防汛抗旱减灾夺取接连胜利

我国是一个水旱灾害多发的国家。新中国成立以来，党和国家把治水兴水摆在关系国家事业发展全局的战略位置，确立了“蓄泄统筹，以泄为

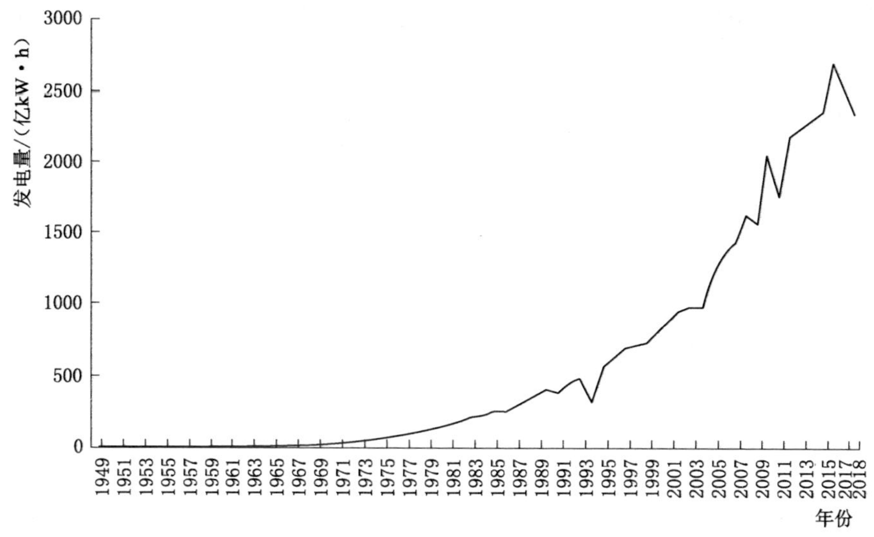

图 10　全国农村小水电年发电量[1]

主”的重要江河治理方针，带领全国人民开展了声势浩大的江河治理和防汛抗旱工作。随着三峡水利枢纽等重要工程的相继建成，江河防洪标准不断提高、蓄滞洪区建设逐步完善、预警预报系统加快部署、抗旱服务组织全面加强。在国家防总的统一指挥下，通过多部门相互协作、水文信息精准预测、上下游水库联合调度等措施，成功抵御了北方春旱、南方夏伏旱，战胜了 1954 年江淮大水，1957 年松花江大水，1958 年黄河大水，1963 年海河大水，1991 年江淮大水，1994 年珠江大水，1998 年长江、嫩江、松花江大水，1999 年太湖大水，2010 年长江大水……为人民群众生命安全、社会稳定和国民经济发展提供了有力保障。

一是保护人民生命财产。新中国成立前，我国防洪抗旱基础设施薄弱，1931 年大洪水仅长江流域泄洪区的死亡人数就高达 14.5 万人。1942—1943 年的河南大旱，150 万人死于饥饿和饥荒引起的疾病。新中国成立后，有效应对洪旱灾害能力大幅提升，没有 1 人因干旱死亡。防洪相关工程措施和非工程措施不断完善，特别是 1998 年大水后，水利事业的发展，使每 10 年增加 5000 人免受洪涝灾害影响，受灾人口由 1994 年的 21523 人，降至 2018 年的 5577 人，死亡人口从 1998 年以前平均每年 5000

多人降至2000人以下，人民的生命财产得到了更有力的保护。1999—2013年期间，平均每5年死亡人数下降300人左右。2014年以后防汛成果更为明显，平均每年死亡人数低于400人（见图11）。

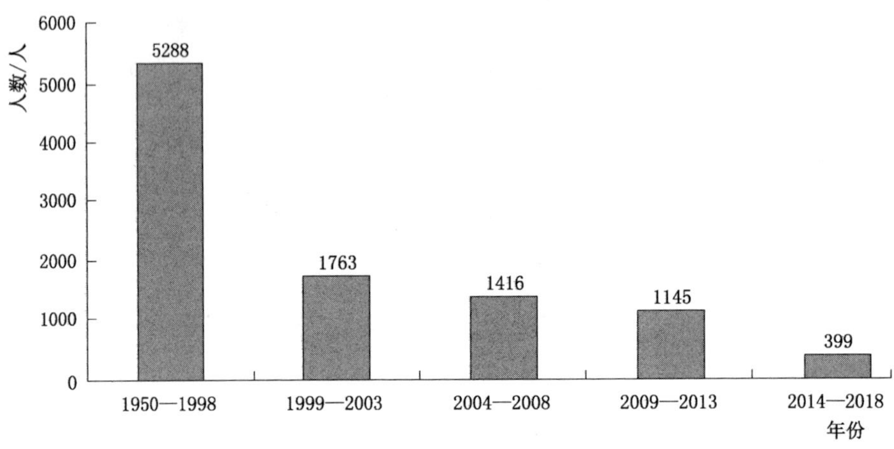

图11　全国洪灾平均年死亡人数[1]

二是保障旱期人畜饮水。1998年以前，全国平均每年有3200多万人和2800多万头大牲畜因干旱出现饮水困难。1998年以后，水利工程体系的不断完善和抗旱队伍建设的推进使旱期饮水问题得到了一定程度的解决，1999—2013年因旱饮水困难人口数平均每年在2500万人以下，饮水困难大牲畜数平均每年在1800万头以下。2014年末，备受瞩目的南水北调中线工程正式实现通水，北方缺水地区的饮水困难得到缓解，2018年饮水困难人口和大牲畜数量下降至历史最低的300多万人和400多万头（见图12、图13）。

三是减少房屋农耕损失。1998年以前，全国因干旱平均每年受灾面积为200多万 hm^2。1999年我国出现了严重的旱灾，此后的3年，我国大部分地区降水偏少，导致我国1999—2003年因为干旱平均年受灾面积达到470多万 hm^2，造成了极大的经济损失。之后，我国积极采取抗旱应对措施，2004—2008年的干旱平均年受灾面积下降至200万 hm^2 以下，之后因旱受灾面积持续下降（见图14）。因洪倒塌房屋在1998年以前平均每年有200多万间。1999年之后，每5年因洪水平均倒塌房屋数量持续下降。

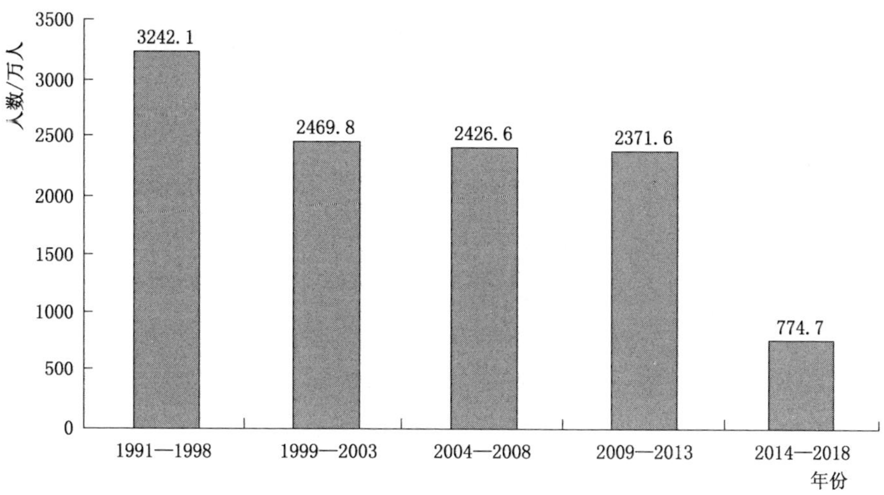

图 12　全国因旱平均年饮水困难人口数量[1]

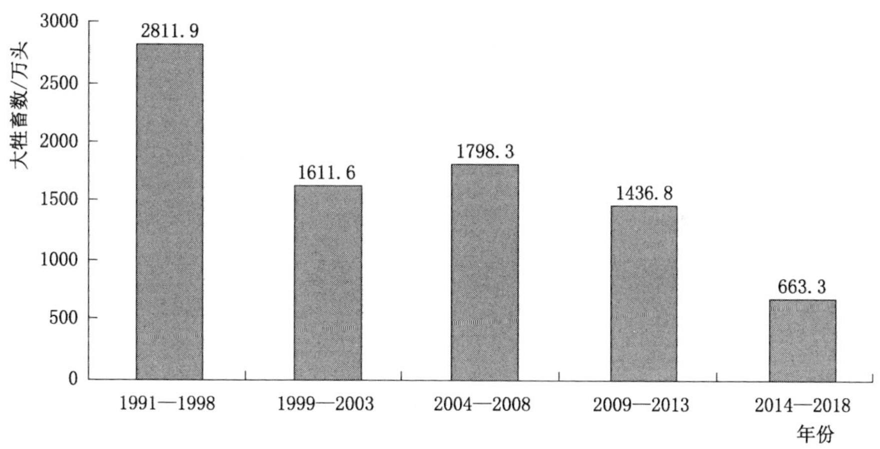

图 13　全国因旱平均年饮水困难大牲畜数量[2]

2014—2018 年，因洪水平均每年倒塌房屋数量不足 25 万间（见图 15）。防汛工程建设，挽回了人民群众的经济损失。

（二）供水保障能力获得显著提升

水资源时空分布不均是我国的基本水情。为合理利用水资源，有必要兴修一批蓄水、引水、提水工程和调水工程，以解决季节性、地域性缺水问题。70 年来，在保护生态前提下，密云水库、潘家口水库、大伙房水库

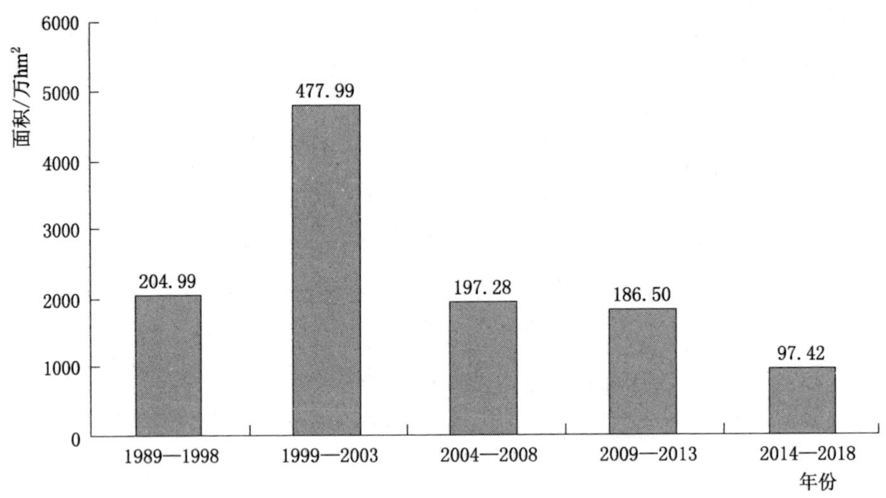

图 14　全国因旱平均年绝收面积[5]

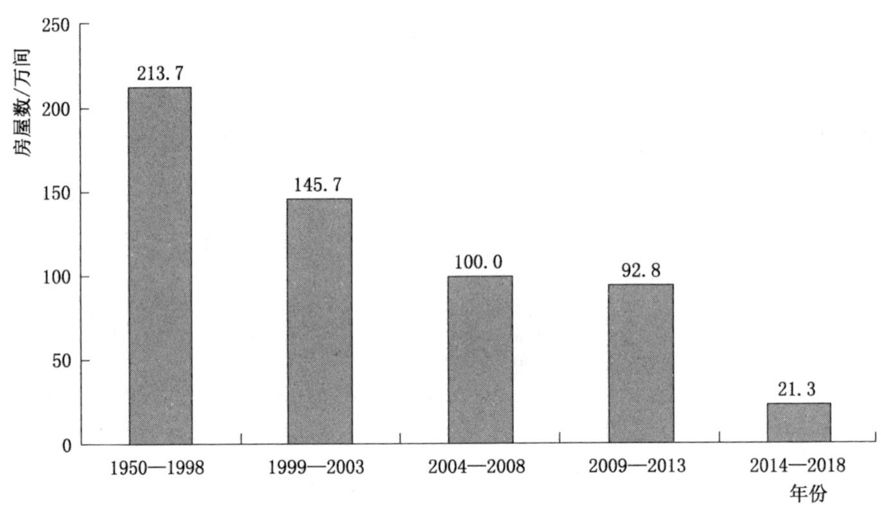

图 15　全国因洪平均年倒塌房屋数量[2]

等一批重点水源工程相继建成，引滦入津、引碧入连、引黄济青等一批引水供水工程成为受水地区发展的生命线，特别是南水北调东中线的建成通水，极大地提高了我国水资源空间调控能力，水资源配置格局不断完善优化。

一是地表水调控能力进一步增强。我国人多水少、水资源短缺，多年

平均地表水资源量约为 2.7 万亿 m^3。水库的蓄洪补枯，对地表水资源具有重要的调节作用。1998 年以前，我国水库总库容平均每年增加 46 亿 m^3，调控能力（水库库容/地表水资源量）由 1978 年的 0.15 增加至 1998 年的 0.18；1998 年以后，水库建设加速，总库容平均每年增加 200 亿 m^3，调控能力增加至 2018 年的 0.33，超过 1978 年的 1 倍（见图 16）。但与水资源利用较高国家相比，我国地表水调控能力还处在较低的水平。

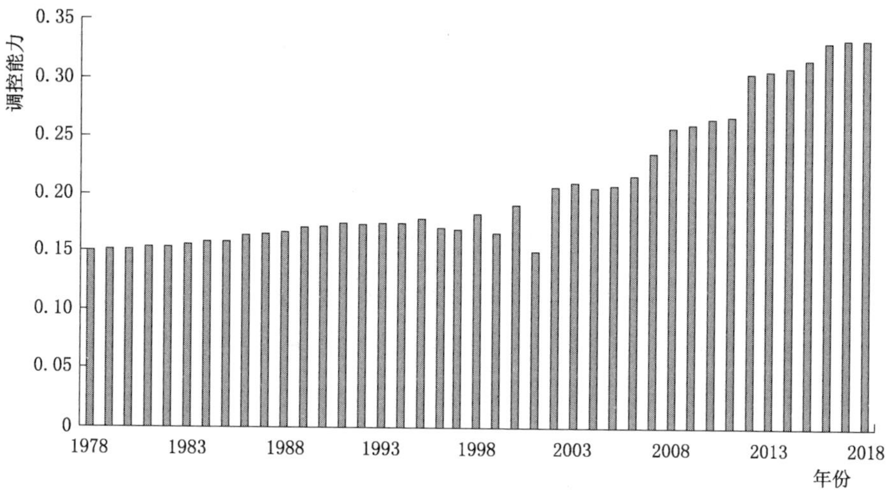

图 16　全国地表水资源调控能力[1,6]

二是工程供水开发利用模式多元化。2008 年，全国水利工程年供水能力达到 7491 亿 m^3，主要为区域内水资源配置。此后，水利工程建设在强化区域内水资源配置的同时，加强了区域、流域间水资源配置的顶层设计。2018 年，全国水利工程年供水能力达到 8674 亿 m^3，其中 567 亿 m^3 为跨区域、跨流域的供水。此外，非常规水源的开发利用也越来越得到重视，2000—2006 年非常规水源的年供水量基本保持在 20 亿 m^3 左右；2006 年以后，海水淡化、再生水、雨水等非常规水源得到进一步开发利用，截至 2018 年非常规水源的年供水能力达 168 亿 m^3，年供水量达 86 亿 m^3，其中最为缺水的海河区域年供水量达 24 亿 m^3（见图 17）。

三是农村饮水安全保障巩固提升。饮水安全是最基本的民生问题。新中国成立初期，农村饮水主要靠蓄、引、提等灌溉工程建设，以自然发展

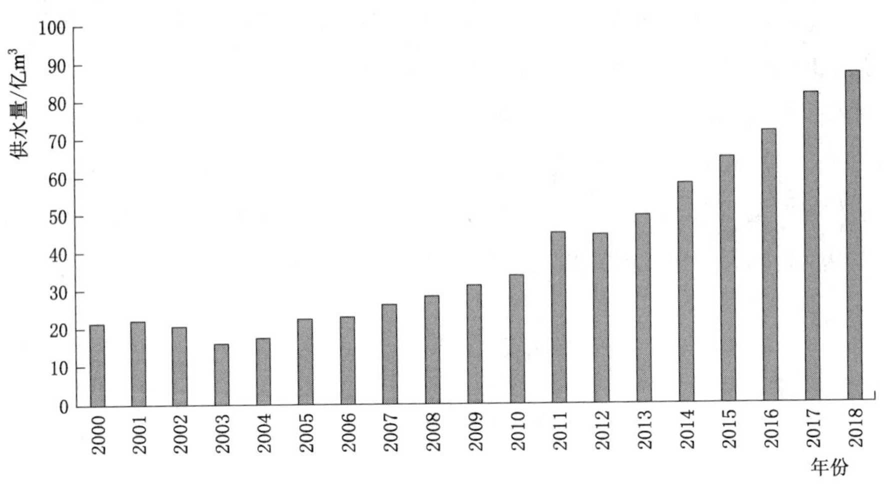

图17　全国非常规水源年供水量[6]

的方式解决了一些地方农民的饮水困难问题。20世纪70年代开始，采取以工代赈方式和在小型农田水利补助经费中安排专项资金等措施解决农村饮水困难问题并持续加大投入力度。1977—2005年，以平均每年解决1000万人饮水困难问题的速度推进农村饮水安全工程建设，解决饮水困难问题人口数量由1977年的3431万人增长至2005年的30355万人（见图18）。2005—2015年两个“五年规划”的全面实施共解决了全国5.2亿农村居民和4700多万农村学校师生的饮水安全问题，我国农村饮水安全问题基本得到解决。2016年以后，为进一步提升农村集中供水率、自来水普及率、供水保证率和水质达标率，农村饮水安全保障工作转入巩固提升阶段。截至2018年，农村饮水安全巩固提升受益人口达7800多万人，农村自来水普及率达到81%。

四是经济社会用水得到有效保障。70年来，水利全力支撑了我国经济社会的高速发展，工业用水在2011年达到了巅峰为1461.8亿m^3，农业用水在2013年达到了巅峰为3921.5亿m^3。此后，我国转型进入高质量发展时代，随着供给侧结构性改革和节水理念深入生产各环节，生产用水逐年下降，2018年我国经济社会总用水量为6016.0亿m^3，其中农业用水下降至3693.1亿m^3、工业用水下降至1261.6亿m^3（见图19、图20）。水利工

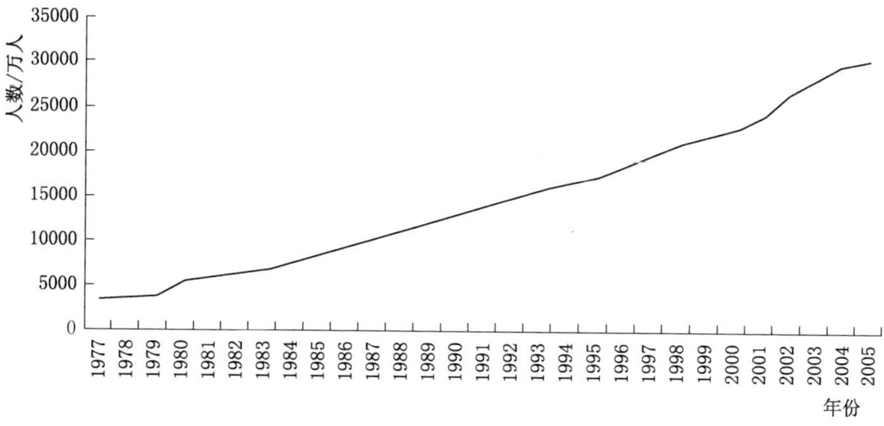

图18 全国累计解决农村饮水安全问题人口数量[1]

图19 全国农业用水量[6]

程供水能力在2018年达到8677.0亿m^3，且仍在不断提升，为我国经济社会用水提供了有力保障。

（三）水生态环境治理初显成效

随着经济社会的发展，围垦湖泊、河湖非法采砂取土、河湖管理范围内乱扔乱堆垃圾、违法违规建设涉河项目等问题日渐突出，优良的水生态环境遭到人为破坏。近年来，党和政府高度重视河湖生态环境，全面推行河长制、湖长制，推进水生态环境保护治理。2016年，29个湖泊蓄水总量

图 20　全国工业用水量[6]

增加 11.0 亿 m^3；2017 年，56 个湖泊蓄水总量增加 2.5 亿 m^3；2018 年，56 个湖泊蓄水总量增加 42.4 亿 m^3。

一是地下水超采得到积极控制。经济社会的高速发展对水资源的需求量越来越大。2003 年开始，我国地下水供水量持续上升。2003—2012 年期间，我国地下水供水量平均每年增加 13 亿 m^3，地下水超采严重，全国地下水资源状况不容乐观。2013 年之后，地下水超采情况得到了有效治理，地下水供水量平均每年减少 26.2 亿 m^3（见图 21、图 22）。我国对地下水开采量的控制取得了初步成效。

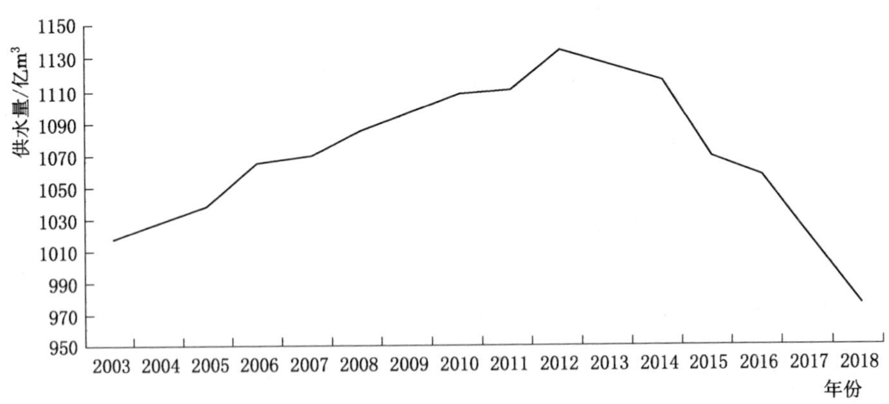

图 21　全国地下水供水量[6]

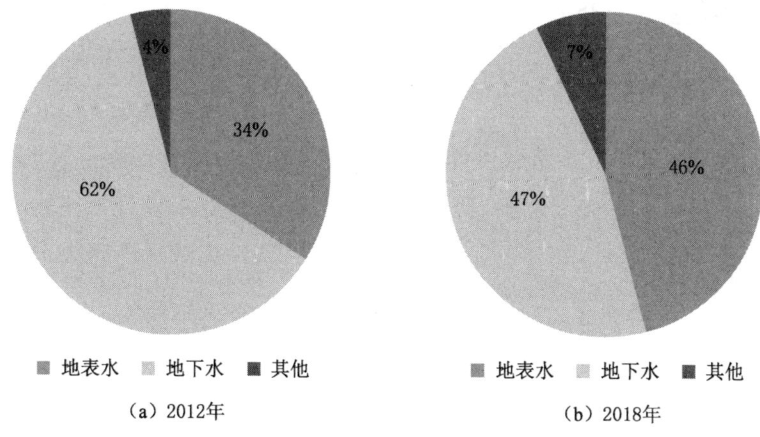

图 22 海河供水量情况[6]

二是水土保持面积稳步增长。我国是世界上水土流失最严重的国家之一，全国水土流失面积达 356 万 km^2（数据来源于 2011 年第一次全国水利普查结果），超过国土面积的 1/3。新中国成立后，颁布实施了《中华人民共和国水土保持法》，建立完善了水土保持机构，培育锻炼了水土保持队伍，水土保持工作得到不断加强和发展。1974 年水土流失治理面积为 3842.3 万 hm^2，此后平均每年以 203.3 万 hm^2 的增速对水土流失进行治理，截至 2018 年治理面积达到 13153.2 万 hm^2（见图 23）。

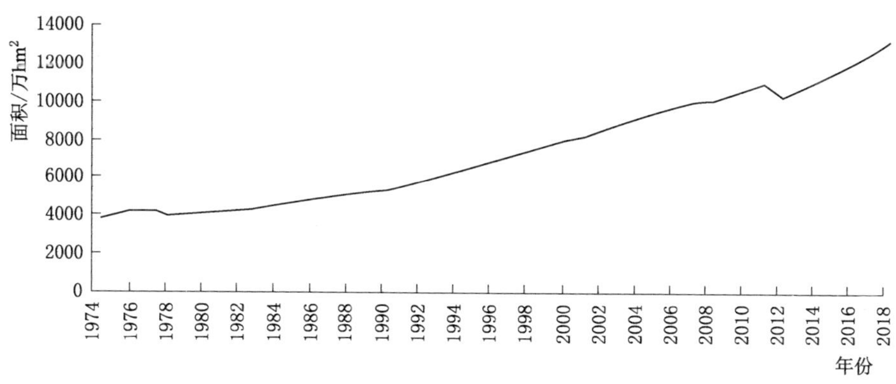

图 23 全国水土流失治理面积[1]

三是违法行为得到及时遏制。《中华人民共和国水法》颁布后，水利部门逐步推进执法队伍建设和水行政执法工作。截至 2018 年，全国共有水行政执法队伍 3505 支，水政监察人员 55647 人，形成了一支规模合理、组织有序、执法有力的坚强队伍。此外，执法力度不断加大，2018 年共巡查河道 1385.8 万 km，巡查水域 410.3 万 km^2，监管对象 32.5 万个，出动人员 321.0 万人次，出动车辆 79.9 万车次，出动船只 11.8 万航次，现场制止违法行为 12.0 万次，立案查处各类水事违法案件 23578 件（见图 24）。

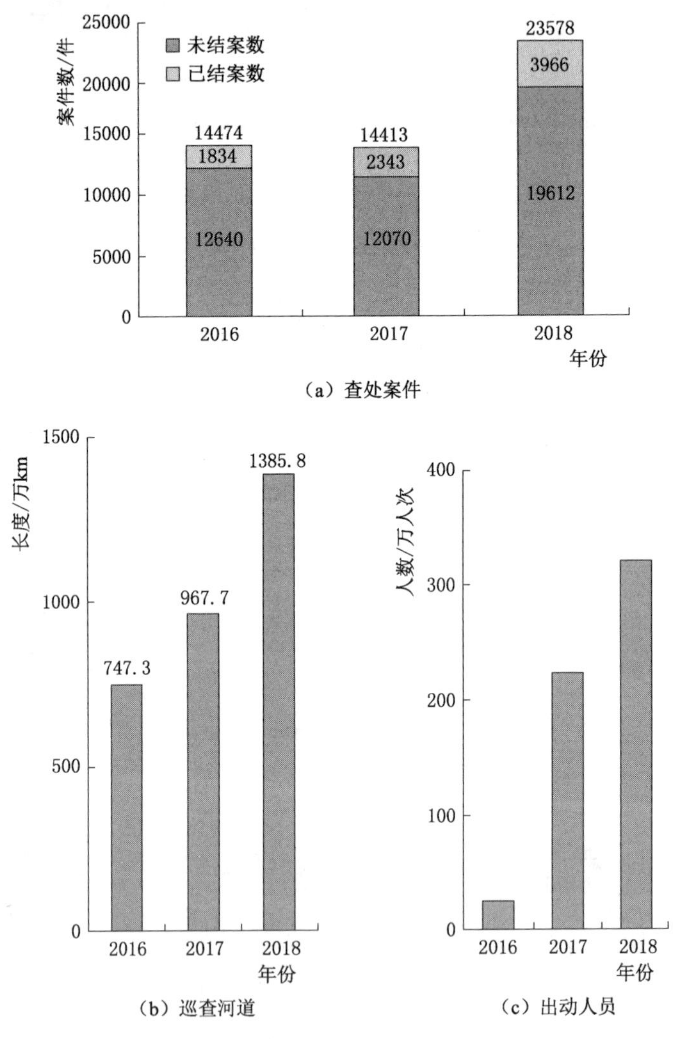

图 24　全国水事违法案件查处情况[2]

三、水利事业转型发展拥有十足底气

5000年的锤炼和沉淀，造就了新时代水利人“忠诚、干净、担当，科学、求实、创新”的可贵品质和价值取向。新中国成立以来，水利事业始终坚持自身能力建设，不断完善规范制度体系，加快科学技术创新，全面提升水利改革发展的内生动力和活力。

（一）行业能力不断提升

打铁还需自身硬。水利事业的迅猛发展，离不开强有力的行业能力支撑和保障。70年来，水利事业始终坚持一手抓业务发展，一手抓能力建设，在人才队伍结构、固定资产投入等方面不断适应新形势新要求。

一是人才队伍快速优化。70年来，水利部门大力实施水利人才战略，建设党政干部人才、经营管理人才、专业技术人才和技能人才4支队伍，水利系统干部职工队伍素质和能力不断提高。截至2011年，全国水利从业人员中共有高、中、初级职称职工35.5万人（其中高级职称4.6万人、中级职称13.9万人），占全部从业人员的33.3%。技师及以上技术工人3.4万人，占技术工人总数的6.3%。2012年后，人才培养力度不断加大，拥有职称的从业人员和技师及以上的技术工人以年均1%左右的增速上升。截至2018年，全国水利从业人员中拥有职称的职工占全部从业人员的37.8%（见图25）；技师及以上技术工人有4.4万人，占技术工人总数的12.6%（见图26）。

二是固定资产投资规模大幅增长。新中国成立初期，水利投资以国家财政预算内拨款和农民投工为主。改革开放后，水利投资渠道拓宽为预算内固定资产投资、专项资金、以工代赈、贷款、利用外资、社会集资等多种形式，水利建设投资完成额稳步上升。1998年大水暴露了我国经济社会发展中的水利基础设施短板，中央持续加大水利投资力度，各地纷纷开拓渠道筹集资金用于水利建设，水利建设投资完成额从1998年的467.7亿元增长到2008年的1088.2亿元，翻了1倍多，首次突破1000亿元。2008年全球经济危机爆发，中央实施扩大内需促进经济平稳较快增长的战略部署，水利基础设施建设高速发展，投资完成额迅速增

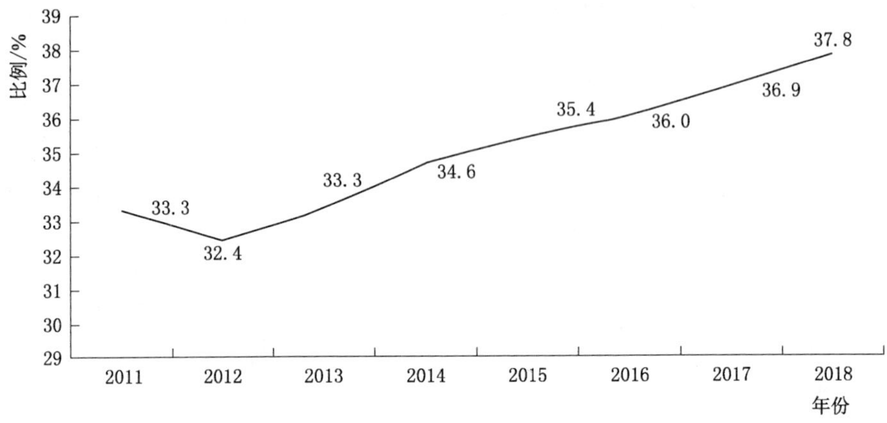

图 25　全国拥有职称的水利职工占全部从业人员的比例[1]

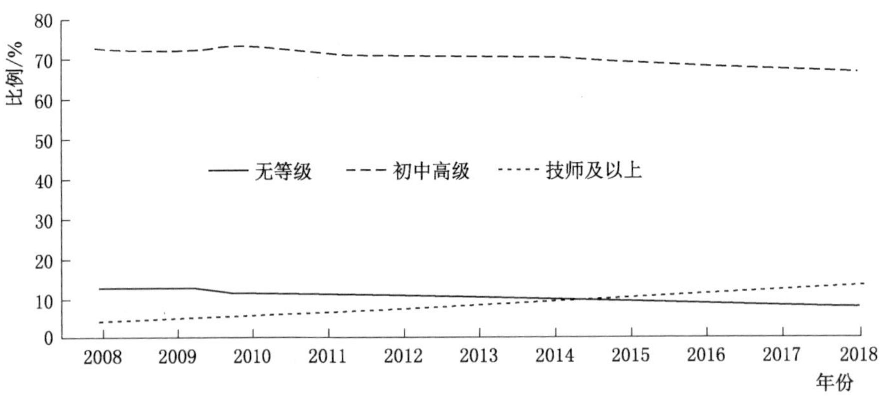

图 26　全国技师及以上技术工人占全部技术工人的比例[1]

长至 2018 年的 6603 亿元，年均增长投资完成额达 551.2 亿元，年均增速为 17.6%（见图 27）。

三是单位结构持续完善。随着国家对水利工作的不断重视，水利工程建设与运行管理等任务加重，水利单位数量持续增加。截至 2014 年底，全国水利部门共有单位 44739 个，其中水利部机关及部属单位 791 个，地方水利部门 43948 个。水利部门落实国务院"放管服"相关要求，将部分职能下放，取消了水利旅游项目审批等事项，精简机构，截至 2018 年底，全国水利部门共有单位 42977 个，其中水利部机关及部属单位 841 个，地方

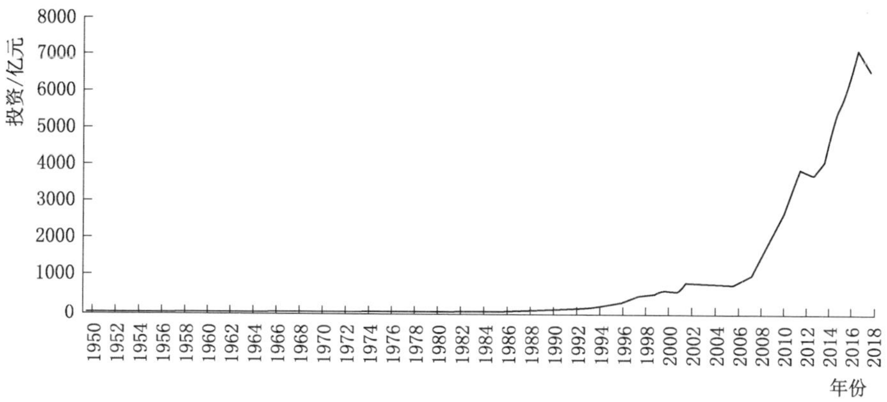

图 27　全国历年水利建设投资完成情况[1]

水利部门 42136 个（见图 28）。根据 2018 年国务院机构改革方案，原三峡办、原南水北调办并入水利部，水利部部分职能转出，地方参照方案也进行了调整，单位结构进一步得到优化。

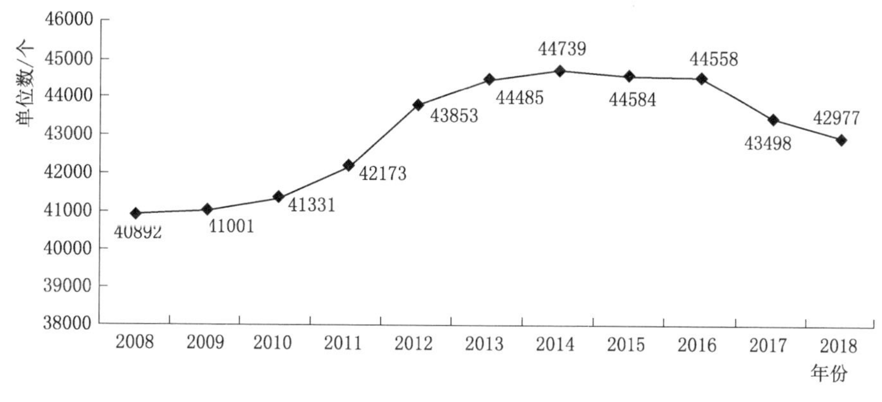

图 28　全国水利单位数量[1]

（二）水治理体系不断完善

70 年来，特别是改革开放以来，随着依法治国基本方略的深入实施，水利工作逐步走上了依法治水管水的轨道，形成了以《中华人民共和国水法》为基础的水法规体系，编制实施了一大批水利规划，建立了以河湖长制为核心的河湖治理模式，有力规范了各类水事活动，从根本上保障了水利事业持续、健康发展。

一是水利法规体系日趋健全。1978 年，水利部开始组织起草《中华人民共和国水法》，并启动了水土保持、水源保护等方面的立法工作。1982 年、1985 年国务院分别发布了《水土保持工作条例》《水利工程水费核定、计收和管理办法》，1988 年新中国第一部规范水事活动的基本法——《中华人民共和国水法》颁布实施。1989 年水利部制定了《水法规体系总体规划》，随后推动了《中华人民共和国水土保持法》《中华人民共和国防洪法》《河道管理条例》《取水许可制度实施办法》《河道管理范围内建设项目管理的有关规定》等法规的颁布出台。2002 年，《中华人民共和国水法》修订通过，水利部修订了《水法规体系总体规划》，推动颁布或修订了《防汛条例》《取水许可和水资源费征收管理条例》《大中型水利水电工程建设征地补偿和移民安置条例》《黄河水量调度条例》《水文条例》《抗旱条例》等。2009 年、2016 年《中华人民共和国水法》再次被修订通过。其中几部主要法律的颁布修订情况如表 1 所列。水利部紧盯形势，进一步完善《水法规体系总体规划》，积极推进《河道管理条例》的修订以及《地下水管理条例》《长江保护法》《节约用水条例》《河道采砂管理条例》《农村供水条例》等法规的立法进程，水法规体系建设步伐明显加快。截至 2018 年，我国已形成了以《中华人民共和国水法》为核心的 4 部法律、20 件行政法规、56 项部门规章和 700 余项地方性法规及政府规章，涵盖了水资源开发利用与保护、水域管理与保护、防汛抗旱、水土保持、水利工程建设管理、执法监督管理等领域，构建了较为完备的水法规体系。

表 1　　主要法律颁布修订情况

法 律 名 称	颁布或修订年份
《中华人民共和国水法》	1988 年、2002 年、2009 年、2016 年
《中华人民共和国水土保持法》	1991 年、2010 年
《中华人民共和国防洪法》	1997 年、2007 年、2016 年
《中华人民共和国水污染防治法》	1984 年、1996 年、2008 年、2017 年

二是水利规划体系逐渐完备。新中国成立初期，为改变江河治理的落

后局面，开展了大江大河、主要河流的防洪、灌溉、供水等研究，编制了相关规划报告，形成了七大江河流域控制性工程规划布局。改革开放后，特别是《中华人民共和国水法》颁布后，基本确定了全国、流域、区域三级和综合、专项两类的水利规划体系框架。20 世纪 90 年代后，我国水利建设和发展进入了一个黄金期，七大江河流域及主要河流防洪规划以及塔里木河、黑河、石羊河近期治理规划等相继编制完成。同时，为适应经济社会发展的新形势和水资源面临的新问题，组织开展了地下水利用与保护规划、水土保持规划、水中长期供求规划、水资源保护规划等编制工作。70 年来各地积极推进水利开发利用的综合规划和专项规划编制工作，形成了比较完整的水利规划体系，对水利改革发展起到了重要的指导作用。中央层面审批水利规划数量如图 29 所示。

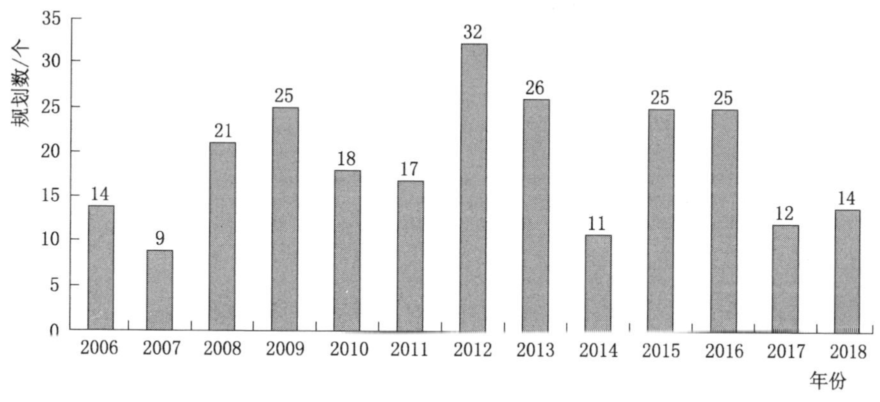

图 29　中央层面审批水利规划数量[2]

三是河湖长制体系全面建成。全面推行河长制是落实绿色发展理念、推进生态文明建设的内在要求，是解决我国复杂水问题、维护河湖健康生命的有效举措，是完善水治理体系、保障国家水安全的制度创新。2016 年、2017 年中共中央办公厅、国务院办公厅分别印发了《关于全面推行河长制的意见》和《关于在湖泊实施湖长制的指导意见》。各地深入推进河湖长制建设，截至 2018 年底，全国共明确省市县乡 4 级河长 30 多万名、4 级湖长 2.4 万名，设立村级河长 93 万多名、村级湖长 3.3 万名，打通了河湖长制的“最后一公里”（见图 30）。

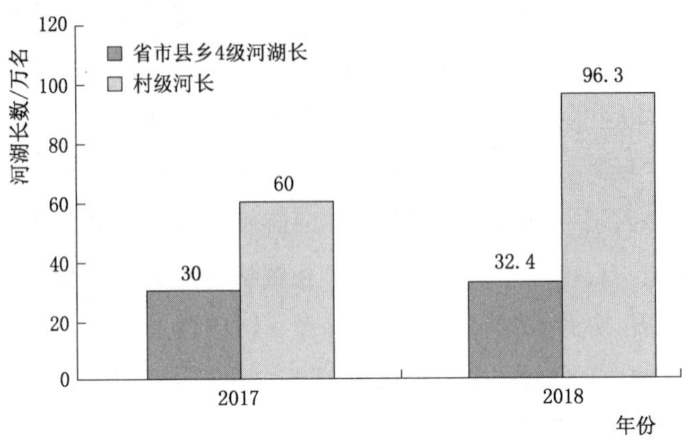

图 30　全国河湖长数量[2]

（三）科技创新动能持续提升

70 年来，水利事业始终在不断自我革新中砥砺前行，水利科技发展和信息化建设不断推进，成功攻克了发展进程中的一个又一个难题，成为水利事业跨越式发展的强有力支撑。

一是科研成果日新月异。受政治经济及科技发展水平较低等因素影响，新中国成立初期水利科技领域发展较缓。1995 年“科教兴国”战略和 2006 年全国科技大会后，水利科技进入了蓬勃发展的高潮。2012 年《水利科技成果公报》收录的科技成果数量（162 项）相当于 2000—2003 年 3 年收录的成果数量。截至 2018 年完成验收并形成验收或结题报告的科技项目共 4318 项；发表科技论文 19738 篇，其中 SCI、EI 收录 6360 篇；获得省部级以上科技奖励（主持）271 项，其中获得国家科学进步奖二等奖 3 项、国家技术发明奖二等奖 1 项；获得各项专利授权 3047 项，其中发明专利 1070 项。

二是信息化水平不断提升。由于通信和信息化技术的限制，改革开放以前，水利部门没有专门的通信系统，仅靠常规邮电业务实现通信。1975 年 8 月淮河大水人民生命财产损失巨大，充分暴露了水利信息技术在采集、传输、处理等方面的薄弱环节，此后水利通信网从无到有，逐步建成了包括有线、短波、超短波等方式的通信系统。20 世纪 90 年代，通信技术高

速发展，微波、卫星、无线接入、模拟集群等技术在水利通信网中得到运用，为防汛指挥决策赢得了时间。1999 年以后，水利信息中心的成立和第一次全国水利信息化大会的召开，标志着水利信息化工作进入了全面快速发展阶段，除了防汛抗旱相关信息系统外，电子政务、灌区信息化、水资源管理调度、数字水利等信息化项目全面上线，呈现出百花齐放的景象。特别是2013 年后，大数据时代的来临为水利信息化发展增添了新的动能。截至2018 年底，省级以上水利部门配置各类服务器 5764 台（套），形成存储能力 18PB，存储各类信息资源总量达 2.4PB；全国县级以上水利部门配置各类卫星设备 3895 台（套），具备北斗卫星短报文传输能力的报汛站超过6549 个，配置应急通信车 48 辆、无人机 819 架、集群通信终端 5313 个；全国省级以上水利部门各类信息采集点达 45 万处，其中水文、水资源、水土保持等采集点约 22.76 万个，大中型水库安全监测采集点约 22.5 万个（见图 31）。

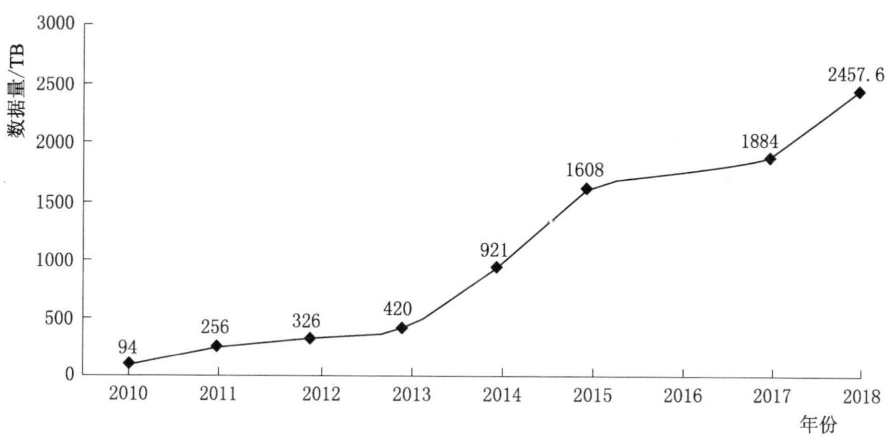

图 31　全国水利信息资源数据总量[2]

三是水文站网覆盖更加广阔。1950 年成立水文局后，水文工作得到迅速发展，水文、水位、雨量站（以下简称“三站”）数量由 1949 年的 353 处增长至 1960 年的 10699 处。1960 年全国出现了新中国成立以来最严重的经济困难，水文工作也陷入困境，“三站”数量降至 1963 年的 9938 处。1966 年“文化大革命”使水文事业发展放缓，“三站”数量在 1966—1975

年维持在14000处左右。改革开放以来，特别是20世纪90年代以后，经济社会的高速发展对水资源的需求越来越大，地下水超采、水环境污染等问题逐渐显现并日益严重，地下水监测站和水质站得到快速发展，分别由1978年的11326处和758处增长至2018年的26550处和14286处，增长了2.3倍和18.8倍。“三站”数量也由1978年的17551处增长至2018年的76291处，增长了4.3倍（见图32）。

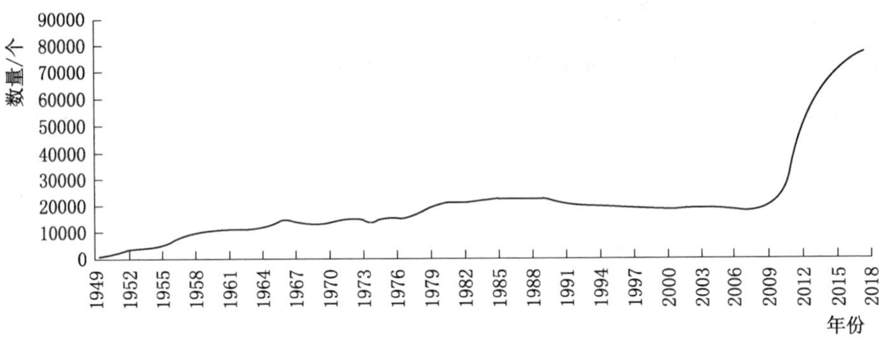

图32　全国水文、水位、雨量站数量[2]

70年水利发展的伟大成就已经载入祖国的光辉史册。当前，我国正处于近代以来最好发展时期。让我们更加紧密地团结在以习近平同志为核心的党中央周围，积极践行“十六字”治水思路，按照“水利工程补短板、水利行业强监管”的水利改革发展总基调，凝心聚力、锐意进取，努力开创水利改革发展新局面，为决胜全面建成小康社会、夺取新时代中国特色社会主义伟大胜利、实现中华民族伟大复兴的中国梦、实现人民对美好生活的向往做出新的更大贡献！

参　考　文　献

[1]　中华人民共和国水利部. 中国水利统计年鉴［M］. 北京：中国水利水电出版社，1973—2019.

[2]　中华人民共和国水利部. 全国水利发展统计公报［M］. 北京：中国水利水电出版社，1991—2018.

[3]　中国长江三峡集团有限公司. 2018年中国长江三峡集团公司年度报告［R］. 北京：中国长江三峡集团有限公司，2018.

[4]　中华人民共和国水利部规划计划司. 2018年水利规划计划工作报告［R］. 北

京：中华人民共和国水利部，2018.
[5] 国家防汛抗旱总指挥部，中华人民共和国水利部. 中国水旱灾害公报［M］. 北京：中国水利水电出版社，1989—2018.
[6] 中华人民共和国水利部. 中国水资源公报［M］. 北京：中国水利水电出版社，1978—2018.

张　岚　张岳峰　郭　悦　执笔

吴　强　审核

2007—2018年水利发展主要指标

水利部规划计划司

指标名称	单位	2007年	2008年	2009年	2010年	2011年	2012年	2013年	2014年	2015年	2016年	2017年	2018年
1. 耕地灌溉面积	万亩	86674	87708	88892	90522	92522	93737	95210	96809	98809	100711	101724	102407
其中：本年新增面积	万亩	2016	1977	2300	2582	3195	3227	2328	2472	2696	2342	1605	1243
2. 节水灌溉面积	万亩	35234	36653	38633	40971	43769	46826	40663	43528	46591	49270	51479	54202
3. 除涝面积	万亩	32129	32137	32376	32538	32582	32786	32915	33554	34069	34600	35736	36393
4. 水土流失治理面积	万 km^2	100	102	104	107	110	103	107	112	116	120	126	132
其中：本年新增面积	万 km^2	3.9	3.9	4.3	4.0	4.0	4.4	5.3	5.5	5.4	5.6	5.9	6.4
5. 万亩以上灌区	处	5869	5851	5844	5795	5824	7756	7709	7709	7773	7806	7839	7881
其中：30万亩以上	处	294	325	335	349	348	457	456	456	456	458	458	461
万亩以上灌区耕地灌溉面积	万亩	42512	44160	44343	44123	44623	45287	45324	45384	48453	49568	49893	49986
其中：30万亩以上	万亩	22001	23102	23363	23487	23679	16890	16877	16877	26530	26647	26760	26698
6. 水库总计	座	85412	86353	87151	87873	88605	97543	97721	97735	97988	98460	98795	98822

续表

指 标 名 称	单位	2007 年	2008 年	2009 年	2010 年	2011 年	2012 年	2013 年	2014 年	2015 年	2016 年	2017 年	2018 年
其中：大型	座	493	529	544	552	567	683	687	697	707	720	732	736
中型	座	3110	3181	3259	3269	3346	3758	3774	3799	3844	3890	3934	3954
总库容	亿 m^3	6345	6924	7064	7162	7201	8255	8298	8394	8581	8967	9035	8953
其中：大型	亿 m^3	4836	5386	5506	5594	5602	6493	6529	6617	6812	7166	7210	7117
中型	亿 m^3	883	910	921	930	954	1064	1070	1075	1068	1096	1117	1126
7. 堤防长度	万 km	28.4	23.7	29.1	29.4	30.0	27.2	27.7	28.4	29.1	29.9	30.6	31.2
保护耕地	万亩	68277	68568	69821	70247	63938	63896	63896	64191	61266	61631	61419	62114
保护人口	万人	56487	57289	58978	59853	57216	56566	57138	58584	58608	59468	60557	62837
8. 水闸总计	座	41110	41626	42523	43300	44306	97256	98191	98686	103964	105283	103878	104403
其中：大型	座	438	504	565	567	599	862	870	875	888	892	893	897
9. 水灾													
受灾面积	万亩	18823	13469	13122	26801	10787	16827	17851	8879	9198	14165	7795	9640
成灾面积	万亩	8954	6810	5694	13092	5090	8807	9934	4245	4581	7595	4172	4697
10. 旱灾													
受灾面积	万亩	44079	18206	43889	19889	24456	14000	16830	18408	15101	14809	14920	11096
成灾面积	万亩	24255	10196	19796	13481	9898	5263	10457	8516	8366	9196	6735	5501
11. 年末全国水电装机容量	万 kW	14523	17090	19686	21157	23007	24881	28026	30183	31937	33153	34168	35226

续表

指 标 名 称	单位	2007 年	2008 年	2009 年	2010 年	2011 年	2012 年	2013 年	2014 年	2015 年	2016 年	2017 年	2018 年
全年水电发电量	亿 kW·h	4870	5614	5055	6813	6507	8657	9304	10661	11143	11815	11967	12329
12. 农村水电装机容量	万 kW	4739	5127	5512	5924	6212	6569	7119	7322	7583	7791	7927	8044
全年水电发电量	亿 kW·h	1437	1628	1567	2044	1757	2173	2233	2281	2351	2682	2477	2346
13. 水利工程供水量	亿 m^3	5819	5910	5965	6022	6107	6131	6183	6095	6103	6040	6043	6016
14. 完成水利基建投资	亿元	944.9	1088.2	1894.0	2319.9	3086.0	3964.2	3757.6	4083.1	5452.2	6099.6	7132.4	6602.6
按投资来源分：													
（1）政府投资	亿元	787.41	915.79	1654.17	1879.29	2659.07	3497.71	3271.84	3511.00	4785.88	4577.44	5335.31	5012.29
其中：中央政府	亿元	355.04	416.96	845.37	960.48	1435.40	2033.21	1729.84	1648.51	2231.24	1679.23	1757.12	1752.73
地方政府	亿元	432.37	498.83	808.81	918.81	1223.67	1464.50	1542.00	1862.49	2554.64	2898.21	3578.19	3259.56
（2）利用外资	亿元	9.48	10.51	7.57	1.31	4.42	4.13	8.57	4.33	7.57	6.98	8.04	4.89
（3）企业和私人投资	亿元	38.35	35.87	41.40	48.01	74.92	113.38	160.71	89.94	187.91	424.71	600.79	565.06
（4）国内贷款	亿元	83.36	96.95	152.86	337.44	270.31	265.50	172.69	299.64	338.64	879.55	925.77	752.45
（5）债券	亿元	0.04		6.39	2.53	3.86	5.19	1.72	1.72	0.45	3.83	26.54	41.59
（6）其他	亿元	26.22	29.08	31.63	51.35	73.45	78.33	142.10	176.51	131.70	207.08	235.92	226.27
按投资用途分：													
（1）防洪	亿元	298.57	346.52	628.74	663.59	996.23	1394.28	1304.46	1467.45	1879.12	1942.50	2237.52	2003.72
（2）灌溉	亿元	103.92	116.59	248.23	334.27	469.12	634.47	671.72	823.05	1391.77	1359.90	1370.62	1172.45

续表

指标名称	单位	2007 年	2008 年	2009 年	2010 年	2011 年	2012 年	2013 年	2014 年	2015 年	2016 年	2017 年	2018 年
（3）除涝	亿元	19.91	23.52	46.07	21.06	22.08	31.68	31.31	55.10	51.13	134.51	201.27	171.63
（4）供水	亿元	301.17	351.26	617.81	736.27	815.02	1277.09	1061.41	1029.11	1316.57	1225.26	1334.29	1377.56
（5）水电	亿元	66.49	77.37	72.04	105.39	109.01	117.20	164.42	216.90	152.09	166.65	145.85	121.00
（6）水土保持及生态	亿元	60.32	76.87	86.74	85.90	95.39	118.12	102.89	141.30	192.94	403.72	682.64	741.49
（7）水利基础设施	亿元	8.85	10.60	10.60	19.56	40.25	59.55	52.54	40.94	29.24	56.93	31.49	47.00
（8）前期	亿元	11.60	16 04	15.88	24.87	42.04	40.74	40.73	65.06	101.92	174.02	181.23	132.02
（9）其他	亿元	74.02	69.42	167.92	329.02	496.91	291.10	328.15	244.22	337.44	636.09	947.47	835.71

注 1. 本表不包括香港特别行政区、澳门特别行政区以及台湾省的数据。

2. 节水灌溉面积 2013 年统计数据与第一次全国水利普查数据进行了衔接，其他水利发展主要指标 2012 年统计数据已与第一次全国水利普查数据进行了衔接；其中，堤防长度与水利普查成果衔接后，进一步明确为 5 级及以上堤防。

3. 2011 年及以前万亩以上灌区处数及灌溉面积按有效灌溉面积达到万亩以上进行统计，2012 年以后按设计灌溉面积达到万亩以上进行统计。2015 年，经各省（自治区、直辖市）核实，对 30 万亩以上灌区耕地灌溉面积（设计）进行了更正。

4. 农村水电的统计口径为装机容量 5 万 kW 及 5 万 kW 以下水电站。

5. 政府投资指中央及地方各级政府完成的水利建设的各项财政资金（包括预算内非经营性基金、国债专项资金和水利建设基金等）和政府部门自筹投资等。

张光锦　张　岚　李　聪　执笔

谢义彬　审核

深化改革篇

深化水利改革工作综述

水利部规划计划司

2019 年，水利部坚持以习近平新时代中国特色社会主义思想为指导，全面贯彻党的十九大和十九届二中、三中、四中全会精神，坚决落实中央全面深化改革的决策部署，围绕“十六字”治水思路和“水利工程补短板、水利行业强监管”的水利改革发展总基调，着力加大水利重点领域和关键环节改革攻坚力度，制定印发《水利部深化水利改革领导小组 2019 年工作要点》，研究提出深化水利改革重点改革事项清单，突出抓好已出台改革政策措施落地见效，建立完善支撑和保障水利行业强监管的体制机制和法规制度，推动实施国家节水行动、严格水资源和河湖管理保护、深化水利“放管服”改革等水利重点领域改革取得新成效。

一、大力推进节水体制机制改革

联合国家发展改革委制定印发《国家节水行动方案》《〈国家节水行动方案〉分工方案》，明确节水行动目标任务和责任分工。推动建立国家节水行动部际协调机制，统筹协调节水行动实施工作中的重大问题。制定完善节水定额标准体系，组织编制宾馆等三项服务业、钢铁等十八项工业、小麦等十项不同行业的取用水定额标准，推动省级用水定额制修订工作。制定印发《关于开展规划和建设项目节水评价工作的指导意见》，建立节水评价机制，组织指导各地各级开展节水评价工作。实施高校合同节水，开展水利行业节水型机关建设。

二、深入推行河长制湖长制

以河长制湖长制为平台，深入开展河湖“清四乱”专项行动，对河湖管理范围内乱占、乱采、乱堆、乱建等“四乱”问题开展集中清理整治。

印发《关于加快推进河湖管理范围划定工作的通知》，指导各地持续加快河湖管理范围划定工作。组织指导地方编制“一河（湖）一策”，为河长制湖长制管理提供技术支撑。组织开展重要江河采砂管理规划编制，印发《水利部关于河道采砂管理工作的指导意见》，进一步加强河道采砂监督管理。加大河湖执法工作力度，推进河湖执法及河湖违法陈年积案“清零”行动，全年现场制止违法行为10.8万起、立案查处违法案件2.2万件，向公安等机关移交涉黑涉恶线索1103条。

三、着力强化最严格水资源管理

制定印发最严格水资源管理制度年度考核方案，优化了考核内容和指标，强化了问题整改落实。完善分水原则和操作规则，组织修订水量分配技术大纲，加快推进跨省江河流域水量分配。组织编制《内蒙古西辽河流域“量水而行”以水定需方案》，明确了内蒙古西辽河流域的水资源管控指标。推动将取水许可证纳入全国第一批重点推进的高频电子证照清单，颁布实施取水许可电子证照标准规范，选取北京等5省（直辖市）开展电子证照应用试点。

四、切实加强水生态文明制度建设

制定印发《2019年重点河湖生态流量（水量）研究及保障工作方案》，推进河湖生态流量确定与管控。印发《关于做好饮用水水源保护相关工作的通知》，加强饮用水水源地管理保护。加强人为水土流失监管，制定人为水土流失问题清单，制定印发《生产建设项目水土保持问题分类及责任追究标准》。印发《水利部办公厅关于印发小水电站生态流量监管平台技术指导意见的通知》，推动各地小水电绿色发展。会同财政部印发《“十三五”农村水电增效扩容改造绩效管理办法》，稳步推进以河流为单元实施的农村水电增效扩容改造。

五、加快完善水利工程管理体制机制

印发《水利部关于建立农村饮水安全管理责任体系的通知》，健全完善农村饮水工程运行管理机构、运行管理办法和运行管理经费“三项制度”。印发《水利部办公厅关于开展深化小型水库管理体制改革示范县创建的通知》，促进小型水库进一步落实责任主体、管护人员和管护经费。制定印发《加强水库移民工作监督管理的指导意见》，优化水库移民工作监督管理机制。积极推进大中型灌区骨干工程标准化规范化管理，印发《关于加强大中型灌区、灌排泵站标准化规范化管理的指导意见》，明确了标准化规范化管理的具体要求。

六、深化水利“放管服”改革

制定实施《水利部贯彻落实全国深化“放管服”改革优化营商环境电视电话会议重点任务的工作方案》，从简政放权、公正监管、优化政府服务三个方面，提出了26项具体措施。结合水利部政务服务事项梳理，进一步清理论证现有行政许可事项，明确水利部行政许可事项16项。完成水利部政务服务事项和监管事项的梳理工作，明确水利部政务服务事项22项，监管事项29项。印发《水利部政务服务事项服务指南和工作细则》，实现办事要件和办事指南标准化、规范化。强化水利部行政审批服务大厅建设，推进水利部政务服务平台建设，实现行政审批事项“一网一门一次”办理。推进水利部“互联网+监管”系统建设，编制水利部监管事项行政检查实施清单，并录入国家“互联网+监管”系统。

七、积极探索水权水市场机制改革

结合灌区项目建设，完善灌区骨干工程和供水计量设施，灌区用水计量率进一步提高。指导各省（自治区、直辖市）完成灌溉用水定额梳理，11省（自治区、直辖市）提出修订建议。组织426个大型灌区完成供水成本核算，提出反映灌区运行维护成本的建议水价。目前全国累计实施农业水价综合改革的灌溉面积已达2.9亿亩，其中2019年实施改革面积1.3亿亩。组织开展水流产权确权试点总结评估工作，全面分析试点任务完成情况、取得的成效和经验、存在的问题及原因，初步探索出了水流产权的确权路径模式。配合财政部对北京市、天津市、河北省、山西省等10个水资源税改革试点进行总结评估，在此基础上，与财政部、税务总局联合研究起草全面推开水资源税改革试点实施办法。进一步深化与金融机构的合作，推动国家开发银行、中国农业发展银行、中国农业银行加大水利信贷支持力度，2019 年 3 家银行共发放水利贷款 1591.91 亿元，较 2018 年全年增长 70%。截至 2019 年底，3 家银行水利贷款余额 8117.81 亿元，为水利工程建设提供了信贷资金支持保障。

八、健全水利监管制度和科技创新体制机制

加强水法规制度建设顶层设计，修订《水法规体系总体规划（2020—2025)》。配合司法部完成两轮《地下水管理条例》征求意见和审查修改工作。配合全国人大环资委推进《长江保护法》起草工作，对框架和草案提出修改意见。《河道采砂管理条例》（送审稿）已报送国务院，《珠江水量调度条例》起草审查工作取得重要成果，稳步推进《节约用水条例》修改完善工作，提出《大中型水利水电工程建设征地补偿和移民安置条例》等 10 部法律法规的修改意见。组织起草《水利部党组关于加快水利人才创新发展的指导意见》，鼓励支持水利人才投身水利事业发展实践。制定《水利部专家库专家入选原则》，建立水利科技专家库。制定科技创新基地评估方案和评估指标体系，开展水利部科技创新基地评估，初步建立以评估结果为依据的创新基地动态调整机制。

2020 年，水利部将按照党中央、国务院对全面深化改革的决策部署，深入贯彻落实“十六字”治水思路，坚定不移践行“水利工程补短板、水利行业强监管”的水利改革发展总基调，统筹推进水利重要领域和关键环节改革攻坚，创新体制机制，积极推动已出台政策措施落实落地，更好地促进水利改革发展。

韩 涛 潘 惠 张 栋 执笔

乔建华 审核

专栏三

开展水流产权确权试点总结评估工作

水利部规划计划司

开展水流产权确权试点是中共中央、国务院《生态文明体制改革总体方案》和《中央全面深化改革领导小组2016年工作要点》确定的重要改革任务。2016年11月，水利部、原国土资源部联合印发《水流产权确权试点方案》（以下简称《试点方案》），选择在陕西省渭河、江苏省徐州市、丹江口水库开展水域、岸线等水生态空间确权试点；在宁夏回族自治区、湖北省宜都市开展水资源确权试点；在甘肃省疏勒河流域开展水资源和水域、岸线等水生态空间确权试点，通过2年左右的时间，探索水流产权确权的路径和方法。

按照《试点方案》安排，2019年1月，水利部办公厅、自然资源部办公厅印发《关于做好水流产权确权试点总结评估工作的通知》（办规计函〔2019〕132号，以下简称《通知》），部署开展试点总结评估工作。水利部发展研究中心、自然资源部不动产登记中心组织评估组，在试点地区和单位自评估基础上，于2019年4—5月，前往6个试点地区和单位，通过查看资料、现场考察、质询答疑等方式进行试点总结评估，形成了水流产权确权试点总结评估报告。

总体上看，各试点地区和单位加强组织领导，健全工作机制，围绕水生态空间划界，权籍调查、登记、监管和用水总量控制指标分解、水资源使用权确权等重点任务开展了大量工作，基本完成了试点目标任务，在水生态空间确权和水资源确权方面形成了路径方法。

在水生态空间确权方面，初步探索出了水域、岸线等水生态空间确权的路径模式。一是结合区域特点，探索构建了水库，有堤防、有规划河段和洪积扇区无堤防、无规划河段等不同类型河流水生态空间划定方法。二是充分利用已有测图，形成水域、岸线等水生态空间确权“一张图”。三是统筹考虑生态空间完整性、行政监督管理便利性等因素，确定登记单元和权属关系。四是结合河长制等相关专项工作，构建水域、岸线等水生态空间监管体系。

在水资源确权方面，初步探索出了水资源确权的路径模式。一是通过区域用水总量控制指标和江河水量分配指标分解，为水资源使用权确权奠定基础。二是基本探明了取水权确权的路径和方式。取水许可是取水权确权的途径和方式，取水许可证是取水权的权属凭证。三是重点针对灌区内农业用水户用水、农村集体经济组织及其成员使用本集体经济组织的水塘、水库中的水，探索出了农业用水确权路径和方式。四是强化计划用水和水资源用途管制，为取用水户权益和公共利益提供重要保障。

韩　涛　潘　惠　张　栋　执笔

乔建华　审核

持续推进水利“放管服”改革

水利部政策法规司

2019 年，水利部围绕深化简政放权、加强公正监管、优化政府服务的目标任务，结合水利部工作职责印发《水利部办公厅关于贯彻落实全国深化“放管服”改革优化营商环境电视电话会议有关工作的通知》，将需要落实的 15 项重点任务细化为 26 项措施，同时加强组织领导、跟踪督办考评、严把质量关口、严格时限要求，全力推动各项改革任务落地见效。

一、深化简政放权

（一）清理规范各类审批、认定等管理措施

按照国务院部署，对水利部实施和中央指定地方水行政主管部门实施的行政许可事项，逐项梳理论证并提出处理意见。全面摸清水利部直属检验检测机构底数，共计 41 家，将研究提出处理意见。开展减证便民行动，取消 5 个证明事项。配合国家发展改革委、商务部修订发布《市场准入负面清单（2019 年版）》。按照国家职业资格改革政策要求，拟将水利 2 项 4 个工种的技能人员职业资格认定于第 3 批次退出《国家职业资格目录》。

（二）推进“证照分离”改革

将 6 项水利涉企行政许可事项纳入全国“证照分离”改革全覆盖试点，制定实施《在自由贸易试验区开展“证照分离”改革全覆盖试点水利系统实施方案》。其中，水利工程质量检测单位资质认定（乙级）1 项事项实行告知承诺，印发改革工作意见，将实施范围由自由贸易试验区扩大至全国；其他 5 项实行优化审批服务，制定了优化审批的具体措施和事中事后监管措施。

（三）开展水利招投标领域专项整治

水利部与国家发展改革委等 7 个部门联合印发《工程项目招投标领域

营商环境专项整治工作方案》，组织各级水行政主管部门对 44130 个水利工程建设项目招标投标进行自查自纠，对广东、湖南、云南 3 个省份自查自纠问题进行调研和抽查检查。

（四）做好工程建设项目审批制度改革水利工作

进一步简化取水许可、生产建设项目水土保持方案审批流程，压缩审批时限。对征占地面积不足 0.5hm^2 且挖填土石方总量不足 1000m^3 的项目不再审批水土保持方案，推行承诺制。开展水土保持区域评估。

（五）清理规范水利有关基金和收费

按照财政部要求，水利部自 2019 年 7 月 1 日起，将国家重大水利工程建设基金征收标准，在 2017 年、2018 年连续降低 25% 的基础上，再统一降低 50% 。10 个省份水资源税改革试点成效明显，水利部总结经验，与财政部、国家税务总局起草了推开试点办法。组织水利系统清理规范涉企经营服务性收费，将结果在水利部门户网站集中公示。指导地方水行政主管部门对涉企收费、中介机构收费等开展自查自纠。

二、加强公正监管

（一）创新监管机制模式

制定出台各类强监管文件 19 件，初步构建了业务监管、专业监督、行政执法“三位一体”的监管体系，探索推行从行政审批到工程建设到运行维护，从水上到水面到水底的全覆盖立体式监管。

（二）梳理规范监管事项

依据水法规和水利部“三定”，梳理确定水利部监管事项 29 项，其中行政许可已取消但仍需监管的 9 项，确保监管全覆盖。编制水利部监管事项检查实施清单，依法明确监管方式、监管内容、监管流程，制定事中事后监管措施，并录入国家“互联网+监管”系统。加强行业指导，梳理确定地方水行政主管部门监管事项 36 项。

（三）开展“双随机、一公开”监管

分两批次对 48 家水利工程建设监理单位和水利工程质量检测单位

（甲级）开展“双随机、一公开”监管，通报批评18家单位，组织有关地方对9起违法行为依法实施行政处罚。对148个重大水利工程项目的建设质量与安全生产进行了“双随机、一公开”检查，“一省一单”反馈检查结果并督促落实整改。

（四）推进信用监管

修订《水利建设市场主体信用信息管理办法》和《水利建设市场主体信用评价管理办法》，建立“重点关注名单”和“黑名单”制度，首次推出不良记录量化计分。持续升级完善水利建设市场信用信息平台，实现与天津、青海、新疆等省（自治区、直辖市）级监管平台互联互通，累计收录和发布水利建设市场主体信用信息110万条。

（五）规范行政执法行为

制定并组织实施《全面推行行政执法公示制度执法全过程记录制度重大执法决定法制审核制度实施方案》，行政许可、行政处罚、行政检查等执法工作基本做到执法信息及时公开、过程留痕、法制审核全覆盖。

（六）加快水利部“互联网+监管”系统建设

按照国务院部署，实现水利部“互联网+监管”系统与国家系统的初步对接，完成2019年监管行为存量数据向国家系统的报送汇聚，开发部署了服务界面和工作界面，年度建设任务全部完成。

三、优化政府服务

（一）梳理规范政务服务事项

依法梳理确定水利部政务服务事项22项，对16项行政许可事项制定了统一的办事指南和审查工作细则，进一步减少申请材料、优化审批流程、统一审批规则，实现了同一审批事项无差别受理，推动了办事要件和审批工作的标准化、规范化。指导地方水行政主管部门统一政务服务事项的名称、编码、依据、类型等基本要素。

（二）加快水利部在线政务服务平台建设

改造水利部行政审批在线监管平台，加快水利部政务服务平台建设并与国家政务服务平台互联互通，2019 年 9 月 1 日实现生产建设项目水土保持方案审批、取水许可等 4 项行政许可事项一网通办，其他 12 项行政许可近期实现一网通办。将取水许可证纳入第一批全国重点推进共享应用的高频电子证照，开发完成了取水许可电子证照系统，推进取水许可电子证照全国标准化应用和互信互认，2019 年 11 月 4 日发放全国第一张取水许可电子证照。

（三）提升服务能力水平

结合“不忘初心、牢记使命”主题教育行政审批专项整治，将生产建设项目水土保持方案审批、河道管理范围内建设项目工程建设方案审批等 4 项行政许可事项的承诺审批时限由法定 20 个工作日压减至 14 个工作日。2019 年 1—12 月，共受理行政许可事项 1667 件，办结 1328 件，按时办结率 100%，无逾期办结情况。按季度通报行政许可事项办理情况，随机回访满意率 100%。加强水利部行政审批受理大厅建设，实现线上线下融合。

（四）指导地方优化农村供水服务

会同财政部首次将农村饮水工程维修养护纳入中央财政支持范围，下达补助资金 14.5 亿元，指导各地全面落实农村饮水安全地方人民政府主体责任、水行政主管部门行业监管责任和千人以上供水工程运行管理责任，促进工程建设与良性运行。2019 年 6 月至 12 月中旬，各地恢复正常供水的工程 1777 处。

周　玉　赵　鹏　执笔
王爱国　李晓静　审核

水资源税改革试点成效明显

水利部财务司　水利部水资源管理司

2019年，按照党中央、国务院关于水资源税改革的决策部署，财政部、国家税务总局、水利部（以下简称“三部门”）密切协作，认真总结评估水资源税改革试点情况，及时研究解决试点遇到的问题，水资源税改革平稳有序推进。

一、水资源税改革试点工作进展

三部门与试点地区密切配合、上下联动，协同做好水资源税改革工作。

（一）完成试点总结评估

三部门组织对河北、北京、天津、山西、内蒙古、河南、山东、四川、陕西、宁夏10个水资源税改革试点省（自治区、直辖市）进行第三方评估。评估组在与地方财政、税务、水利部门和用水户代表座谈交流，实地考察典型自来水公司、用水企业、施工现场等并深入分析评价的基础上形成评估结果，认为水资源税改革总体达到改革预期目的。三部门与评估组密切沟通，就有关问题深入交流意见，认真总结试点的经验做法。

（二）加强试点跟踪指导

加强对试点省份跟踪指导，赴山东省、河南省等典型市县实地调研，了解改革实践进展。印发通知专题调研水资源税改革试点过程中遇到的问题和困难，指导落实水资源税改革有关政策。针对水资源费改税后经费保障问题，赴四川、河北等省份进行专题调研，与财政部共同研究解决。三部门召开座谈会听取31个省（自治区、直辖市）和新疆生产建设兵团财政、税务和水利部门对推进水资源改革的意见建议。

（三）起草推开试点办法

三部门工作层面多次座谈，联合开展阶段性集中办公，聚焦试点过程中普遍存在的税额标准、征税环节、纳税主体、征管机制、优惠政策、经费保障等共性问题和一些个性突出问题进行研讨，结合试点经验联合起草了推开水资源税改革试点实施办法，作为下步推开改革的依据。

（四）试点地区平稳推进改革

各试点省份扎实推进改革工作，有的进一步落实和完善试点政策，如内蒙古自治区总结盟市试点共性问题，研究制定《〈内蒙古自治区水资源税改革试点实施办法〉政策补充规定》，推进万家寨、尼尔基等跨省水电站的水资源税收入分配工作；有的推进信息系统和在线监控建设，如河南省和宁夏回族自治区部署和试运行了全国水资源税征收取用水信息管理系统，山东省组织对市、县已有的水资源监控系统进行整合，实现对地表水许可水量 300 万 m^3、地下水量 50 万 m^3 以上的重点用水户在线监测。截至 2019 年前三季度，10 个试点省份收缴水资源税 168.53 亿元，较 2018 年同期增长 30%。

二、水资源税改革试点取得成效

通过三部门和试点地区共同努力，水资源税改革工作在促进节水压采、用水方式转变、用水效率提高、水资源管理等方面取得明显成效。

（一）地下水开采得到遏制，用水方式开始转变

试点省份改革后地下水与地表水的税负差由改革前的 3.7 倍扩大到 4.3 倍，一般超采区、严重超采区地下水平均税额分别为非超采区的 1.5 倍、2.6 倍，促使用水户水源转换，减少取用地下水。河北省唐山市某企业处于地下水严重超采区，改革后地下水取用量比重从改革前的 60% 下降到 8.7%；天津市以地下水为水源的行业取用地下水量较改革前下降 30.5%；山西省阳泉市某煤矿企业中水回用量同比增加 54.25%，自备井取水量同比减少 20.67%；内蒙古自治区兴安盟 36 户取用地下水企业主动向水政部门申请取消自备水源并入城镇公共供水管网；山东省潍坊市某纸

业集团以中水替代地下水，取用地下水比改革前下降 61%；宁夏回族自治区某石化公司关停 27 口自备井，地下水取用量同比减少 40 万 m^3。

（二）企业革新和节水动能增强，特种行业节水明显

试点省份对中水等非常规水源免征水资源税，引导企业积极利用非常规水源，通过大幅提高特种行业取用水税额标准，倒逼特种行业节约用水。北京市某高尔夫球场通过建立雨水收集设施、引入中水等多种节水措施，用水量同比减少 24.9%；内蒙古自治区某铝电公司加大节水投入，配备先进的污水处理和水循环利用系统，全年取用地下水量同比减少 56%；河南省新乡市某煤矿企业，改革后节水意识明显提高，投资 950 万元建设矿井水处理系统，促进矿井排水回用，优先满足选煤厂用水。

（三）水资源管理得到强化，取水许可有效规范

在水资源税的刚性约束下，水资源管理得到进一步加强和规范。北京市改革前，部分取用水企业由于各种原因一直未按规定办理取水许可证，改革后已有 900 余户无取水许可证的纳税人到水务部门申领取水许可临时编号；河北省实施一系列管控措施，全省年取水量 5 万 m^3 以上非农纳税人在线计量监控率达到 90% 以上，推进南水北调中线工程受水区供水范围内自备井 7792 眼关停；内蒙古自治区新发和补办取水许可证 2647 套，全区新发工业取水许可证同比增长 496%；四川省新发取水许可证 1696 套，是 2017 年的 3.6 倍。

三、水资源税改革试点改革经验

（一）做好顶层设计、加强制度建设

试点工作取得成功得益于党中央、国务院高度重视，对改革方案的制定、实施全面领导、全力推进。三部门分工负责、密切协同、全程跟进，及时研究解决试点过程中的难点问题并制定有针对性的对策措施，为试点有序推进提供政策支持。试点省份对标水资源税改革总体要求，均出台了本地试点实施办法，进一步细化水资源税改革制度规定、方法举措，为推进改革落地落实提供制度保障。

（二）加强组织领导、部门地方协同推进

三部门密切协作，定期会商、分析问题、研判形势、联合调研，切实加强对水资源税改革试点工作的指导。试点省份按照国家推进水资源税改革试点安排部署，强化组织领导、深化部门协作，河北、山西、山东、宁夏4省（自治区）成立分管领导挂帅的领导小组，其他省份财政、税务、水利等多部门成立试点工作小组，建立税收征管和信息共享等工作机制，凝聚改革合力，保障试点平稳推进。

（三）坚持因地制宜、创新方法举措

三部门在制定水资源税改革试点方案时，充分考虑水资源条件、改革工作基础等区域差异，为地方因地制宜预留空间。试点省份紧密结合实际，发挥主观能动性，在水资源税征管、收入分配体制、改革配套机制、信息化管理等方面探索创新适合本地的路径、方法、举措，确保水资源税改革试点政策措施落地生效。

2020年，三部门将按照党中央、国务院决策部署和《中华人民共和国资源税法》要求，进一步完善推开试点实施办法，与地方密切配合，共同做好水资源税改革试点推开工作，充分发挥税收杠杆在促进水资源节约保护、高效利用方面的作用。

姜　楠　毕守海　马　超　周　飞　执笔

周明勤　郭孟卓　审核

持续加大金融支持水利基础设施补短板力度

水利部财务司

2019 年，水利部继续深化与国家开发银行、中国农业发展银行、中国农业银行等战略合作，围绕“水利工程补短板、水利行业强监管”的水利改革发展总基调，以重大水利工程、农村饮水等项目为重点，继续加大融资力度支持水利基础设施补短板，加强政策研究和新型金融工具应用，帮助指导地方水利部门、各级分行解决金融支持水利方面的重点问题，共同推进水利工程建设，提高国家水安全保障水平，为经济社会可持续发展提供有力的水利支撑和保障。

一、共同推进水利基础设施补短板工作，满足补短板融资需求

2019 年，水利部持续加强与银行的沟通合作，高位推动金融支持水利基础设施补短板工作，充分发挥金融信贷资金支持水利建设的重要作用。一是高层联动，明确重点支持方向。鄂竟平部长与国家开发银行领导召开高层联席会议，共同商讨深化部行战略合作、开发性金融支持水利补短板等工作，双方将加强重点项目推进和融资模式研究，进一步发挥银行融资融智优势，着力保障重点工程融资需求，不断加大开发性金融支持水利力度。二是政策引领，明确重点合作内容。水利部、国家开发银行签订《开发性金融支持水利基础设施补短板合作备忘录》，重点聚焦加大重大引调水等重大水利项目建设，结合脱贫攻坚和实施乡村振兴战略，着力推进农村饮水安全等水源工程建设，支持防汛抗旱水利提升工程建设，加快补齐防洪排涝短板，提升防灾减灾能力等六大领域不断深化合作。截至 2019 年底，3 家银行水利贷款余额 8117. 81 亿元，全年累计发放贷款 1591. 91 亿元，较 2018 年度增长 70. 3%，实现了金融支持水利信贷规模较大幅度增

长，进一步发挥了水利建设对保障民生、稳定投资的重要作用。

二、加强重点项目推进和融资模式研究，共同探索金融支持水利新模式

在严控地方政府债务、切实防范金融风险前提下，水利部会同3家银行积极开展创新性融资模式研究，推进重点项目融资工作，探索创新金融支持水利新模式。在水利部大力支持下，国家开发银行完成《重点区域河湖防洪与水生态治理思路与政策研究》等课题研究，从项目建设重点、融资模式设计、配套政策制定等方面提出意见建议，并提出重点项目清单，为后续推动项目融资提供基础支撑和指导。中国农业发展银行以长江大保护为重点召开基础设施信贷业务培训班，邀请专家对长江经济带发展等国家宏观政策和规划进行解读，推选支持长江大保护工作亮点突出的分行进行经验分享与业务研讨，进一步推动全行长江大保护业务高质量发展。中国农业银行先后推出《水利建设贷款管理办法》和《支持重大水利建设的若干信贷政策》等政策制度，明确了水利客户和项目准入标准，在贷款额度、期限、利率、担保等方面进行了积极创新，为全行服务水利建设搭建了制度框架。

三、坚持精准扶贫，发挥金融支持水利脱贫攻坚作用

为贯彻落实中央打赢脱贫攻坚战决策部署，水利部会同3家银行，充分发挥金融支持水利脱贫攻坚重要作用，精准对接水利扶贫重点领域，落实金融支持水利扶贫开发各项优惠政策，助力贫困地区夯实水利基础设施，不断加大金融支持水利扶贫力度。2019年，中国农业银行河南分行投放贷款2.5亿元，支持“引鲇入固”PPP项目，解决当地50万人口安全饮水问题，有效带动487户建档立卡贫困户脱贫致富；湖北分行授信1.5亿元支持国定贫困县“房县城乡供排水一体化PPP项目”建设，受益人口达48.9万人，为1325个贫困户提供了就业岗位。国家开发银行贵州分行投放贷款16亿元，贷款期限20年（含宽限期3年），支持铜仁市水务一体化项目，该项目建成后可解决铜仁市中心城区17.16万贫困人口饮水安全

问题。同时，项目采用城镇供水管网向农村延伸方式，有效解决中心城区周边乡镇农村居民饮水问题，对推进铜仁市城乡供水一体化和农村供水规模化发展具有重要意义。

四、强化沟通合作，积极推动地方水利项目融资进展

水利部积极邀请国家开发银行、中国农业发展银行、中国农业银行参加水利部农村饮水安全工程培训班、基建财务培训班等，宣传水利行业信贷政策和融资案例，了解水利改革发展重点任务和资金需求。通过现场对接、深入调研、深化合作，持续跟踪地方水利工程建设进展，指导地方分行为项目量身制定融资方案，有力保障了工程融资。国家开发银行为推动渝西水资源配置、新疆大石峡等重大项目开发评审，多次赴重庆等地与项目业主沟通交流，宣传介绍信贷政策，积极提供融资服务。中国农业发展银行多次赴湖北和重庆调研指导长江大保护工作，多方共同努力推动下，长江大保护工作取得初步成效。

2020 年，水利部将继续加大与 3 家银行的战略合作力度，围绕水利基础设施补短板融资重点，不断加强沟通协调，完善协作机制，积极争取更多金融信贷资金支持水利建设，为如期完成脱贫攻坚目标奠定坚实的水利基础设施保障。

霍静怡　刘艺召　执笔

杨昕宇　付　涛　审核

专栏四

全国水权交易进展

水利部财务司　水利部水资源管理司　中国水权交易所

一、全国水权交易平台建设情况

近年来，各地陆续开展了水权交易实践探索，水权水市场建设不断深入，据不完全统计，国家、省级和省级以下均成立了不同类型的水权交易平台，平台总量70余家，其中国家级平台1家，为中国水权交易所；省级平台9家，分别为河北省环境能源交易所、山西省水权交易平台、内蒙古自治区水权收储转让中心、黑龙江省水权交易平台、江西省公共资源交易平台、山东省水发水资源管理服务有限公司、河南省水权收储转让中心、广东省环境权益交易所、宁夏回族自治区公共资源交易平台；省级以下60余家，主要为河北、山西、山东、湖南、陕西、甘肃、宁夏、新疆等省（自治区）的市县级水权交易平台、水权收储交易中心和众多乡镇、村级水权交易平台。区域分布上，水权交易平台主要在北方地区，其中90%的平台集中在西北和华北地区（见表1）。

表1　　全国水权交易平台信息

平台层级	数量	所在省（自治区、直辖市）	平台名称
国家层面	1家	北京	中国水权交易所
省级层面	9家	河北	河北省环境能源交易所
		山西	山西省水权交易平台
		内蒙古	内蒙古自治区水权收储转让中心
		黑龙江	黑龙江省水权交易平台
		江西	江西省公共资源交易平台
		山东	山东省水发水资源管理服务公司

续表

平台层级	数量	所在省（自治区、直辖市）	平 台 名 称
省级层面	9 家	河南	河南省水权收储转让中心
		广东	广东省环境权益交易所
		宁夏	宁夏回族自治区公共资源交易平台
省级以下	60 余家	河北	成安县水权交易平台
			元氏县水权交易平台
		山西	清徐县水权交易平台
		山东	宁津县水权交易平台
			胶州市水权交易平台
			东平县水权交易融资平台
		湖南	长沙县桐仁桥灌区水权交易平台
		陕西	白水县水权交易平台
			榆阳区水权交易平台
			洛川县水权交易平台
		甘肃	疏勒河流域水权交易平台
			石羊河流域水权交易平台
		宁夏	红寺堡区水权交易中心
			利通区水权交易平台
			中宁县水权交易中心
		新疆	鄯善县水权收储转让交易中心
			呼图壁县水权交易中心
			玛纳斯县塔西河流域水权交易中心
		众多乡镇、村级水权交易平台	

注 省级以下平台为不完全统计数。

二、全国水权交易平台交易情况

各级水权交易平台有效促进了水权交易的开展，水市场活力进一步激发。国家级平台中国水权交易所自2016年运营以来，累计成交329单，交易水量28.89亿m^3，交易金额17.50亿元，其中区域水权交易7单，取水权交易81单，灌溉用水户水权交易241单（见表2），业务范围已覆盖北京、河北、河南、山东、山西、新疆、内蒙古、甘肃、宁夏、贵州、湖南

11个省（自治区、直辖市）。2019年中国水权交易所累计成交237单，交易水量1.15亿m^3，交易金额6472.69万元，其中取水权交易12单，交易水量1.08亿m^3，交易金额6417.42万元；灌溉用水户水权交易225单，交易水量743.26万m^3，交易金额55.27万元（见图1）。

表2　　中国水权交易所水权交易情况

按类型划分	交易单数		交易水量		交易金额	
	单	占比/%	亿m^3	占比/%	亿元	占比/%
区域水权交易	7	2.13	4.76	16.48	2.94	16.80
取水权交易	81	24.62	23.96	82.94	14.53	83.03
灌溉用水户水权交易	241	73.25	0.17	0.58	0.03	0.17
合计	329	100	28.89	100	17.50	100

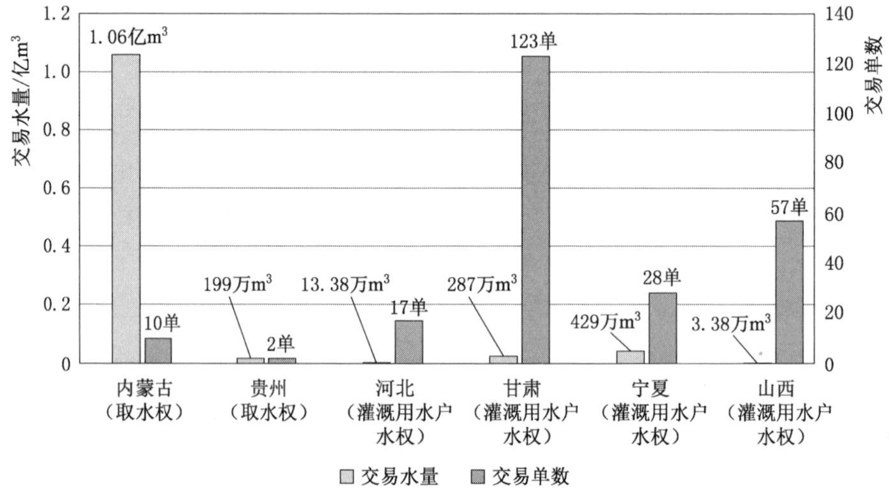

图1　2019年中国水权交易所交易情况

各地积极发挥本地平台作用，如2019年宁夏回族自治区在红寺堡区水权交易中心进行水权交易，成交39单，交易水量201.69万m^3，交易金额1352.47万元，包括取水权交易1单，交易水量25.69万m^3，交易金额1246.47万元，灌溉用水户水权交易38单，交易水量176万m^3，交易金额106万元。

姜　楠　毕守海　马　超　周　飞　高　磊　执笔

周明勤　郭孟卓　审核

链接

宁夏回族自治区：从向政府“要水”到向市场“找水”

宁夏回族自治区深处西北内陆，是全国水资源最为匮乏的地区之一。从2004年开始，宁夏回族自治区率先实施水权转换、水资源确权试点，主动探索水权交易，建立了用水总量控制、水资源用途管制、水权收储、水权交易等7项管理制度，实现了水权动态化管理，着力破解工业发展用水指标的困局。

宁夏回族自治区累计批复实施水权转换工程23项，转换协议资金14.84亿元，转换黄河水量1.64亿m^3，水权转换实现的工业增加值占全自治区工业增加值总量的1/3以上。在用水总量不增加的情况下，宁夏回族自治区积极引导水资源使用权由农业向工业企业转化，有力保障了重大战略、重大决策、重大产业和重大项目的发展用水，同时促进了现代节水农业的发展。

2014年、2016年，宁夏回族自治区相继被列为全国水权改革试点和水流产权确权试点，水资源使用权确权到各乡镇、农民用水户协会、工业企业等，共发放取水许可证2039本、水权证471本，签订协议1904份。两项试点现均已顺利通过国家评估。

在明晰水权的同时，宁夏回族自治区公布了各级用水户的水权水量和相应的权责，使水权约束力进一步强化，全社会水权意识显著增强，实现了由“以需供水”向“以水定产”转变。

通过发挥市场配置水资源的有效作用，探索多种形式的水权交易，宁夏回族自治区初步形成了新增用水项目必须通过有偿交易获得水权的意识，实现了从向政府“要水”到向市场“找水”的转变。

2018 年 10 月，吴忠市利通区政府与宝丰集团成功签约，由宝丰集团出资 3.82 亿元购买利通区灌区节约出来的 1484 万 m^3 农业黄河水使用权，初步实现了水资源配置由“政府主导、市场调节”向“市场主导、政府调节”的根本性转变。

按照“放管服”改革要求，宁夏回族自治区水利厅还下放部分取水许可管理权限，将宁东地区取水许可量 100 万 m^3 以下的项目取水许可管理审批下放到宁东能源化工基地管理委员会经济发展局，并打包审批通过 103 个中小型项目的水资源论证和水权交易方案，“一揽子”解决了宁东地区未获得水权指标的项目用水需求。

孟砚岷　执笔

李顺卿　李　攀　审核

专栏五

水利部预算整体绩效评价为“优”

水利部财务司

2019年，在财政部开展的2018年部门预算整体支出绩效评价中，水利部评价等级为“优”，成为年度唯一一家被评为“优”的中央部门。

一、高度重视，积极配合做好整体支出绩效评价工作

水利部党组历来高度重视预算绩效管理工作，把整体绩效评价工作作为2019年水利部重点工作来抓。鄂竟平部长亲自作出批示，强调加强支出绩效管理、保障资金安全。叶建春副部长亲自组织召开整体支出绩效评价工作启动会，制定工作方案，明确目标任务，落实工作责任。在为期8个多月的时间里，财政部绩效评价工作组现场调研了水利部相关司局、黄委等流域管理机构和直属单位、所属企业等105家单位，涉及一般公共预算财政拨款覆盖率达到40.17%，此外，还对取水用户、信息系统内部用户进行满意度问卷调研。水利部积极配合财政部完成了资料收集、绩效指标确定、现场调研、满意度调查、评价组和专家评议等多个环节，在时间紧、任务重、要求高的情况下，圆满配合完成了首次整体支出绩效评价工作。

二、建章立制，构建全面实施预算绩效管理制度体系

根据党中央、国务院加强预算绩效管理的决策部署，水利部积极探索推进水利预算绩效管理工作。2005年，出台《关于进一步加强预算项目成果管理和绩效考评的通知》，初步明确了绩效评价的组织管理、工作程序和结果运用。从2009年起，水利部推动预算绩效评价工作进入新阶段，从对重点项目进行试点，不断拓宽范围，工作重点逐步转移到绩效目标和绩

效评价指标确定。2016 年，编制印发《水利部重点二级项目预算绩效共性指标体系框架》，此后逐年进行修订。2018 年，在中央部门中率先印发《水利部关于贯彻落实〈中共中央 国务院关于全面实施预算绩效管理的意见〉的实施意见》，明确了水利预算绩效管理的工作任务、目标和保障措施。2019 年，印发了《水利部部门预算绩效管理暂行办法》，进一步明确了预算绩效管理体制和工作机制，加快构建具有水利特色的预算绩效管理工作体系，推进全面实施预算绩效管理落地生根。经过多年的探索，水利部已基本形成了一套较为完善的预算绩效管理制度体系，为今后的绩效管理工作奠定了坚实的制度基础。

三、以改促进，推动水利各项改革发展事业更上台阶

水利部党组对整体绩效评价结果整改工作高度重视，接到财政部绩效评价反馈结果后，鄂竟平部长立即做出批示，强调要继续保持好成绩，对发现的问题要抓好整改落实。2019 年 11 月 8 日，叶建春副部长主持召开部门预算整体绩效评价问题整改布置会，对抓好整改落实工作进行安排部署，并强调实施预算绩效管理是党中央提出加快建立现代财政制度的要求，是提高财政资金使用效益的要求，是保证水利资金安全、高效贯彻落实水利改革发展总基调的要求，各司局各单位务必要提高站位，高度重视预算绩效管理，将水利财政资金预算绩效管理工作作为推进水利治理体系和治理能力现代化的重要内容，作为推进水利改革发展的重要抓手，切实抓紧抓实抓出成效。各司局、各直属单位迅速行动，加强统筹谋划，制定详细方案，明确目标时限，确保了整改工作取得实效。2019 年 12 月，水利部正式向财政部提交了 2018 年部门预算整体支出绩效评价整改落实情况报告。

水利部将以此次整体支出绩效评价整改为契机，认真检视，举一反三，消除隐患，建立长效机制，以整改促进水利各项业务工作整体预算绩效的不断提升，为水利改革发展提供坚实保障。

许　娟　执笔

郑红星　审核

持续深化农业水价综合改革

水利部农村水利水电司

2019年，水利部认真贯彻党中央、国务院关于推进农业水价综合改革的决策部署，坚持目标导向，因地制宜推进改革，改革基础不断夯实，制度建设不断完善，改革典型不断涌现，改革成效逐步显现。目前，全国已累计实施改革面积约2.5亿亩，其中2019年实施改革面积约1.2亿亩，完成年度改革目标任务。

一、2019年工作措施及成效

（一）做好工作部署

配合国家发展改革委等部门联合印发《关于加快推进农业水价综合改革的通知》，将2019年计划新增改革实施面积分解到各地，进一步明确改革范围、验收标准以及机构改革后部门任务分工。水利部办公厅印发《关于进一步做好大中型灌区农业水价综合改革有关工作的通知》，指导各地以大中型灌区为重点推进农业水价综合改革，抓紧开展大中型灌区供水成本核算、灌区骨干工程和计量设施建设、灌溉用水定额修订等工作；印发《关于做好已建高效节水灌溉工程有关工作的通知》，督促在已建高效节水灌溉工程项目区全面深化农业水价综合改革。

（二）夯实改革基础

中央财政水利发展资金安排15亿元，用于支持各地推进农业水价综合改革，探索建立农业用水精准补贴和节水奖励机制。统筹推进150处大中型灌区、455处重点中型灌区节水配套改造，通过大中型灌区节水配套改造同步推进农业水价综合改革有关工作，共新增、恢复、改善灌溉面积3100万亩，新增年节水能力12.4亿m^3，为农业水价调整创造了条件。组织426处大型灌区完成供水成本核算，提出反映灌区运行维护成本的建议水价。结合灌区续建配套与节水改造项目新建供水计量设施约3.78万处，灌区骨干工程计量水平进一步提高。联合国家发展改革委组织开展灌区水效领跑者引领行动，公告首批8处区域灌区水效领跑者名单，充分发挥典型示范、引领带动作用。

（三）加强农业用水管理

完善国家层面用水定额体系，编制水稻、小麦等8种主要农作物用水定额，对包括灌溉用水定额在内的有关省级用水定额进行评估，提出省级用水定额评估意见“一省一单”。结合全国取用水管理专项整治，核查农村地区取水工程现状，依法规范农业取用水行为，严格取用水总量控制和定额管理，明确灌区以及各用水主体取水权。引导农业用水户将水权额度内结余水量进行交易，指导中国水权交易所建立应用平台系统和交易APP，在河北、山西和甘肃3个省开展灌溉用水户水权交易示范推广。

（四）做好经验交流和督导调研

2019年6月底在陕西省渭南市组织召开了全国水利系统农业水价综合改革工作座谈会，实地学习当地改革做法，统一认识，增强改革信心。指导灌排中心分片区召开3次研讨会，交流改革经验。配合国家发展改革委组织各地总结试点地区探索的好经验、好做法，将21个典型材料汇编成册，印发各地推广。指导江苏、辽宁等省份研究制定农业水价综合改革验收办法，深入北京市和海南省两个重点联系点，指导和督促地方开展有关工作。组织开展100多处大中型灌区农业灌溉水价与水费专题调研，深入查找制约灌区良性运行的主要因素。

二、下一步工作打算

一是组织做好年度总结和考核工作。督促指导各地做好2019年农业水价综合改革年度总结，拟定2020年度实施计划。按照最严格水资源管理制度考核和粮食安全生产责任制考核的要求，对各省农业水价综合改革年度任务完成情况进行评价，进一步督促各地增强推进改革的主动性和紧迫性。

二是持续夯实改革基础。加快实施大中型灌区节水配套改造，按期于2020年完成434处大型灌区、358处重点中型灌区节水配套改造任务，解决“卡脖子”问题，并同步建设计量设施。推进大型灌区标准化规范化管理，加强灌区末端运行管理，研究制定加强农田水利工程运行维护监管的指导意见，建立监管工作机制。组织编制马铃薯、油菜、花生、甘蔗4项国家农业灌溉用水定额和节水型灌区评价标准，推进用水定额管理和节水型灌区建设。

三是推动调整农业水价。推动已完成大型灌区成本水价核算的地区，开展成本监审和水价调整，充分利用灌区改造腾出的节水空间将供水价格调整到运行维护成本水平。指导各地大力推进重点中型灌区供水成本测算，为水价调整做好基础工作。

四是指导率先完成改革地区做好验收工作。指导北京、上海、江苏、浙江等省（直辖市）制定印发改革验收办法，有序推进验收工作。同时，全面总结改革的好做法、好经验，为其他地区提供借鉴。

夏明勇　刘国军　执笔

陈明忠　张向群　审核

农村供水工程水费收缴工作取得明显进展

水利部农村水利水电司

2019 年，水利部将水费收缴作为解决农村供水工程运行管护问题的“牛鼻子”，强化政治担当，坚持高位推动，明确目标任务，建立财政资金补助与激励机制，加强监督检查，推动农村供水工程水费收缴工作取得了明显进展。

一是坚持高位推动。2019 年 9 月 9—10 日，水利部在甘肃省、宁夏回族自治区召开农村饮水安全工作推进会，水利部党组书记、部长鄂竟平，副部长田学斌出席会议。鄂竟平部长作重要讲话，对加快推进农村供水工程水费收缴和促进工程长效运行工作进行全面部署，提出到 2021 年底实现农村集中供水工程全面收费、用水户全面缴费的目标。2019 年 12 月 28 日，水利部在重庆市梁平区召开农村供水工程水费收缴工作交流推进会。田学斌副部长在会上对农村供水工程水费收缴工作进行了再动员，再部署，要求各省（自治区、直辖市）提高认识，完善激励和奖惩机制，摸清底数，创新收缴机制和方法，建立工作台账，加强督导检查，确保按时完成水费收缴工作各阶段目标任务。

二是强化制度建设。2019 年 10 月，水利部印发《关于加快推进农村供水工程水费收缴工作的通知》（办农水〔2019〕210 号），进一步明确农村供水工程水价制定和水费收缴时间表、路线图。督促指导全国 29 个省份（上海市无农村供水，天津市收费已全覆盖）制定了省级农村供水工程水费收缴工作方案，细化目标任务，明确改革举措。全国有 19 个省份出台了农村（城乡）供水工程建设管理相关法规文件，均涉及农村供水水价，其中湖南、安徽、吉林等省份专门出台了农村集中供水价格管理办法。

三是与激励奖补挂钩。水利部会同财政部在安排中央财政农村饮水工程维修养护经费时，将各地水费收缴工作推进情况作为资金分配的重要因素，对暗访抽查发现万人工程不收水费，以及水费收缴率较低的地区进行了资金扣减，用于奖励水费收缴工作开展好的地区。各省（自治区、直辖市）也积极落实农村饮水工程维修养护经费，完善奖补政策，推动水费收缴工作。湖南省将农村供水工程维修养护资金的20%，用于奖励水费收缴率90%以上的市县。浙江省级财政2019—2020年两年安排8.9亿元，对工程建设快、县级统管实、水费收缴好的30个县（市、区）进行农村饮用水达标提标奖补。2019年，重庆市区落实财政补贴1.15亿元，并提前安排2020年第一批财政补贴1.52亿元，主要用于维修养护和平抑高扬程、长管网、高海拔等地区农村水价，减轻老百姓负担，促进城乡供水服务均等化。

四是创新水费收缴机制与方式。水利部组织有关单位，大力推广便民收费服务厅、预付费、银行转账、微信与支付宝、手机APP等便捷支付方式，降低水费收缴成本，提升工作效率和服务水平。宁夏、内蒙古、新疆等多省（自治区）大力推广应用智能水表，通过预付费、网上缴费、银行代扣等方式提升水费收缴率。重庆市梁平区实行小型工程有偿供水，不收水费不建工程，区财政每年安排300万元，对每处小型工程补贴1万~3万元。浙江省衢州市推出积分兑换水费制度，村民每缴纳100元水费返点5%。山东省平原县创新“梯次奖补”，引导群众主动缴费。

五是加强监督检查。2019年，水利部组织开展了农村饮水安全大规模的暗访调研工作，随机抽取了28个省（自治区、直辖市）和新疆生产建设兵团的154个县（市、区）、864个乡镇、3109个行政村，对2238处农村供水工程的水价制定及水费收缴、财政补助等情况进行了全面摸底，对不同区域、不同供水方式的农村供水成本进行了分析。为督促各地强化水费收缴工作，水利部于10月组织5个调研组，对河北、辽宁、安徽、山东、河南、陕西6个省进行了专题调研。各省（自治区、直辖市）纷纷建立分级监管制度，通过“四不两直”等方式，对县（市、区）水费收缴工作推进情况进行了专项督导检查，以“一县一单”形式反馈问题，督促整改。山西、黑龙江、浙江、河南、湖南、陕西等省份通过现场暗访和随机抽查等方式，对县（市、区）水费收缴工作推进情况进行了专项督导检查，以“一县一单”形式反馈问题，督促整改。

截至2019年12月底，全国86%的县（区、市）制定了水价有关政策制度，94%的千人以上供水工程已定价，86%的千人以上供水工程已收水费，已收费的千人以上供水工程水费收缴率为87%。其中北京、山西、辽宁、黑龙江、江苏、浙江、安徽、福建、山东、河南、湖北、广西、贵州、重庆、甘肃、青海、宁夏17个省（自治区、直辖市）和新疆生产建设兵团全面出台水费收缴政策。北京、辽宁、黑龙江、江苏、浙江、安徽、福建、江西、湖南、广西、重庆、甘肃、青海、宁夏、新疆15个省（自治区、直辖市）和新疆生产建设兵团千人以上供水工程全面完成定价工作。江苏省、新疆维吾尔自治区实现千人以上工程水费收缴全覆盖。

下一步，水利部将重点开展以下工作：

一是建立工作台账，加大推进力度。按照统一部署的既定路线图和时间表，对有关水价政策制度、水费收缴状况、财政经费补助等工作，统一建立任务台账。根据各地报送情况，建立问题清单，按月开展调度，及时发现工作推进过程中的困难和问题，采取有针对性的措施，加强对各地的督促、指导和帮扶，推进完成水费收缴任务。

二是落实财政补助，完善激励机制。督促指导各级水行政主管部门加强与财政部门的沟通协调，落实农村供水工程财政补助资金，以县为单位落实农村供水工程财政补助资金，对于“特殊地区”“特殊工程”“特殊群体”给予财政补助。将各地是否如期完成核定水价、是否足额收缴水费作为资金安排的重要依据，对工作推进力度大、任务完成好的，在资金支持上给予适当倾斜。

三是加强监督检查，严肃追责问责。把水费收缴工作作为“水利行业强监管”的一项重点督查内容。组织流域管理机构和相关支撑单位进行大规模暗访和随机抽查，了解各地工作进展和推进情况。对各地水费收缴工作不力、渎职失职的责任人或责任单位，采取批评、约谈和通报等方式问责，进一步加强督导问责，发挥震慑作用，以强力问责倒逼各地履职尽责。

四是加大宣传力度，形成良好氛围。推进多种途径进行宣传，逐步提高农村群众节约用水和水是资源、水是商品、用水缴费的意识，提升群众对农村供水工程合理水价的接受程度，改变部分群众长期以来吃水不花钱的传统理念。指导各地推行水务公开，水量、水费、水账公开公示，增加水费收缴的透明度，夯实水费收缴的群众基础，逐步形成用水户自觉缴纳水费、参与水费管理监督的良性循环机制。及时宣传各地推进水费收缴的做法和经验，形成良好的舆论氛围。

王　欢　张贤瑜　徐楠楠　执笔

张敦强　审核

水利行业强监管改革工作进展

水利部监督司

2019 年，水利行业积极践行“水利工程补短板、水利行业强监管”的水利改革发展总基调，面对行业强监管的全新课题，水利部深入学习贯彻习近平新时代中国特色社会主义思想，深入学习习近平总书记“3·14”重要讲话精神，深刻领会新时代水利改革发展主要矛盾变化对水利行业强监管的要求，牢牢抓住“调整人的行为，纠正人的错误行为”这一要点，探索行业强监管的路径方法，加强监督的法制、体制、机制建设，初步建立起水利行业监督体系框架，实现了水利行业强监管的平稳起步。

一、强监管的路径方法逐步摸清

在深入学习领会习近平总书记“十六字”治水思路，深刻领会水利改革发展总基调的内涵和本质要求的基础上，围绕强监管主基调，积极思考，经过深入调研和广泛讨论，提出了水利行业强监管要遵循的基本路径“一二三四五”，即坚持以问题为导向的一个原则，处理好综合监督与专业监督、部委监督与地方监督的两个关系，加强制度建设、队伍建设、信息化建设等三个建设，关注查、认、改、罚等四个环节，实现统一指挥、统一计划、统一要求、统一平台、统一管理等五个统一的要求。通过实践这一基本路径，基本实现了监督工作的步调一致，各级水利监督部门落实监管责任，较好地完成了全年的监管任务。

强监管过程中，分领域建立正反监管清单，充分利用两方面清单的作用，使水利监督工作条理更明晰，依据更充分。正面清单体现了任务分工和责任落实，安全生产监管、水利项目稽察、工程质量监督分别订立了正面权责清单，明确了职责边界和责任分工；各业务领域的监督检查细化了步骤程序流程，明确了检查方法措施及注意事项，这些都充分发挥了正面清单的作用，有效提升了监督工作的规范化水平。各专业领域建立了反面问题清单，明确了问题性质和程度，检查方可以问题清单作为监督检查和责任追究的依据，被检查方也可以问题清单作为自查自纠和问题整改的对照。正反两方面清单的有效利用，不仅发挥了标杆和尺子的标准作用，也起到了示范引领的导向作用。

二、水利监管体系基本构建

从法制、体制、机制三方面入手，研究制定了一系列监督制度，组建监管队伍，开发应用水利督查信息平台和水利安全生产信息系统，初步建立起水利监管体系，搭建了水利监督的“四梁八柱”，实现了水利监管工作有章可循、有人做事、程序清晰。

制度方面，由水利部监督司牵头构建“2+N”水利监督制度体系，全面打造水利监督的尺子和标准，在充分调研的基础上，制定印发了《水利监督规定》《水利督查队伍管理办法》和《小型水库安全运行监督检查办法》等9项制度办法，明确了相应的问题清单和问责标准，并在实际应用中不断进行检验；补充完善安全生产监督、工程质量监督等领域制度标准，编制修订稽察常见问题清单，制定印发《水利建设工程质量监督工作清单》。水利部农水水电司、水库移民司、水资源管理司等业务主管司局，相继印发了《农村饮水工程监督检查办法》《水库移民工作监督检查办法》《水资源管理监督检查办法》等多个业务领域监督制度，逐步树立了水利行业强监管的严肃性和权威性。

体制方面，在水利部水利督查工作领导小组的领导下，组建各级监督队伍，水利部本级组建部本级督查队伍，主要由建安中心、灌排中心、河湖中心等督查人员组成，专职从事水利行业监督检查工作；各流域管理机构成立监督局（处）和河湖建安中心，相继组建流域管理机构督查队伍；省级水利部门大多设置了监督部门，水利行业各级部门从无到有组建了督查队伍，监督力量得到大幅增强。

机制方面，统筹制定2019年水利部督查检查考核实施计划，落实《中共中央关于统筹规范督查检查考核工作的通知》，对水利部需开展的各类监督检查考核需求进行摸底统计，统筹、合并、压减督查检查考核事项，有计划地开展各项监督检查。搭建了水利监督信息平台，在水利安全生产监管信息系统基础上，拓展开发水利督查信息平台，推广使用，并根据实际应用情况不断更新完善，目前可支持15类督查业务和项目稽察业务现场发现问题的留证填报、离线存储、上传、处置、统计、成果导出等，以及计划制定和任务下发、基于水利一张图的数据库创建、项目定位和导航、人员定位和督查轨迹查询、综合展示和查询、视频会商和即时通讯等功能，并对各流域管理机构及部分省级水利部门开通了平台试用窗口。水利安全生产信息系统用户总数2019年达5万个，可实现线上信息采集、安全监管、监测预警和安全生产状况评估等，并首次对行业安全生产状况开展了线上评估，积极推进安全生产监管线上线下齐发力，促进实现安全生产风险预控和关口前移。

同时，强化新技术在监督工作中的应用，运用遥感技术对河湖疑似“四乱”、新疆退地减税等问题进行巡查，2019年开展了23项有针对性的问题核查和举报调查。信息系统和新技术的应用，有效利用了信息资源，提升了监督能力，大大提高了监督效率和准确性。

三、水利监督的震慑作用得到发挥

2019年，水利部监督司、督查办协调各流域管理机构，共派出2035个督查检查组次，紧盯水利行业各类风险，开展了水利项目稽察、小型水库、水闸运行安全专项督查、安全度汛专项督查暗访、水利工程质量安全监督巡查、水资源管理和节约用水监督、农村饮水安全监督、水利资金监督等一系列监督检查，共发现各类问题48145个，会同相关业务主管部门对发现问题梳理归纳，分析原因，督促整改，实施责任追究，共发出责任追究文件39份，实施各类责任追究单位810家次，督促责任单位整改，消除风险隐患。

2019年开展的各类监督检查，已经覆盖到全行业各项重点工作，渗透到各层级各岗位，对发现的问题严格责任追究，全行业都明显感受到强监管带来的压力，初步发挥了水利监督的震慑作用，有效推动了全行业工作

做实做细。

四、强监管的行业氛围日渐形成

一年来，水利部通过各种方式、从各个层面解读水利改革发展总基调、宣传强监管。深入挖掘强监管宣传素材，从宏观和微观多视角宣传报道强监管案例、强监管给行业带来的变化和成效。系统梳理行业强监管的意义、目标、思路、措施，精心制作培训课件及网络课程，对部本级公务员、相关直属单位和流域管理机构监督部门和督查队伍以及部分省市县水利干部职工进行培训宣讲，对各项监督检查办法进行宣贯释疑，回答了为什么要强监管、怎样才能做到强监管、强监管的目标目的是什么等一系列基本问题。同时，在现场调研和监督检查工作实践中，注重对行业强监管理念的宣传和业务指导，把“信任不能代替监督”“监督是为了更好的保护”这些理念传达到全行业的每个角落，让水利从业人员在工作中不但感受到来自监督的压力，也感受到来自监督的安全感和踏实感。

通过正向阐释、交流互动、答疑解惑，以及在实际监督检查工作中手把手地传帮带，全行业全系统更加深刻地理解了新时期治水矛盾转变的现实意义，更加深刻地理解了部党组提出水利改革发展总基调的良苦用心，行业强监管的理念在全行业全系统上下引起共鸣和共识，得到了广泛的认同和理解，逐步从书面概念转变为行业内的行动理念。

2020 年，水利部将加快健全监管体系建设，凝聚行业共识，补齐补强监管法规制度短板，创新监管方式方法，制定和出台加强省级强监管工作指导意见，压实各级监管责任，持续发力行业强监管，做到真监管真问责，进一步发挥强监管的震慑作用。强化业务培训宣贯，提高监管人员业务能力，夯实监管工作基础，不断提升监督工作标准化、规范化、程序化水平，为水利改革发展再上新台阶提供有力支撑和保障。

赵　镝　执笔

满春玲　审核

水利法治篇

水利立法工作进展

水利部政策法规司

2019 年，水利立法工作紧紧围绕深入贯彻“十六字”治水思路和各项决策部署，全面落实水利改革发展总基调，采取超常规措施加以推进，重点项目取得重要进展，立法基础工作有效夯实，为强监管提供强劲法治支撑。

一、切实加强立法顶层设计

全面总结水法规建设实践经验，深入分析全面依法治国、加强和改进立法工作、生态文明建设、“十六字”治水思路、水利改革发展总基调等新形势新要求，在系统梳理立法需求基础上，制定《水法规建设规划（2020—2025 年）》，提出当前和今后一个时期水利立法的主要目标，按照综合与监督、水旱灾害防御、水资源管理、河湖管理、水生态保护、水工程管理等六个领域明确重点任务、实施安排和工作机制，不断加强水法规建设顶层设计，用以指导今后一段时期水利立法工作。

二、积极配合立法机构开展法律法规起草审查

一是配合全国人大环资委开展《长江保护法》起草工作。魏山忠副部长参加了全国人大环资委牵头的《长江保护法》立法工作领导小组，多次参与审议讨论。水利部积极参与法律草案起草工作，重点就长江保护标准体系和监测体系、水资源配置调度、河湖岸线管控、生态水量保障、水工程统一调度、水能资源开发、河道采砂管理等与长江保护密切相关的水行政管理领域相关制度设计提出意见建议。2019 年 12 月底，全国人大常委会对《长江保护法》进行了第一次审议。

二是配合司法部做好《地下水管理条例》审查工作。配合司法部完成

两轮征求中央有关部门和省级地方政府意见工作，条例聚焦控制地下水超采和污染防治，拟建立的地下水统一管理监督、调查评价与规划、超采治理、污染防治、监测体系建设等重要制度趋于成熟，符合中央改革精神。

三、大力推进重点立法工作

一是《河道采砂管理条例》送审稿报国务院。就河道采砂管理体制、许可方式、监督管理和法律责任等问题开展专题调研，增强立法的针对性、操作性和有效性。2019 年 10 月，条例送审稿经部务会审议通过，报送国务院。送审稿分为总则、采砂规划与计划、采砂许可、监督管理、法律责任、附则共六章 45 条。司法部已经开始征求中央有关部门和省级地方政府意见。

二是《珠江水量调度条例》起草审查工作取得重要成果。对标中央《粤港澳大湾区发展规划纲要》和《粤港澳大湾区建设三年行动方案》要求任务，加快条例起草和审查工作，征求 39 个中央部门和省级政府及有关单位意见，形成较为成熟的草案。条例充分总结了近年来珠江水量调度实践的成功经验，以实现流域水资源优化配置、保障珠江流域及粤港澳大湾区供水安全、促进珠江流域经济社会可持续发展为目标，统筹粤港澳大湾区与其他区域的用水需求，统筹生活、生产、生态等用水，从方案制定、组织实施、监督管理、责任追究等环节明确水量调度管理的内容和要求。

三是《节约用水条例》《河道管理条例》《农村供水条例》起草审查工作持续推进。大幅修改完善《节约用水条例》，与国家发展改革委、住房和城乡建设部建立联合起草工作机制，召开 4 次联合起草工作会议，根据机构改革后节水职责调整情况，调整草案结构和主要制度。《河道管理条例（修订）》起草工作取得重要成果，开展现行条例实施情况评估、河湖管理法律体系和法律责任、河长制湖长制入法研究、河湖水域岸线等水生态空间管控制度等专题研究，形成修订草案文本。加强《农村供水条例》前期立法研究，形成农村供水工程投入机制与产权界定、农村供水管护模式和管护机制、水价形成和水费收缴机制、农村供水工程建设管理现状和需求分析等专题报告，为下一阶段条例起草工作奠定基础。

四、加快制定相关配套规章

一是完成《水文监测资料汇交管理办法》起草审查工作，已提请部务会议审议。该办法充分借鉴了气象、测绘、地矿等行业的相关管理制度，对汇交范围、管理职责、汇交程序、汇交方式、汇交期限、资料保管、资料使用进行了详细的规定，是对《水文条例》明确规定的水文监测资料统一汇交制度的细化完善，有利于提升水文监测资料的可靠性、完整性、一致性。

二是着手《水利工程建设项目验收管理规定》修订工作。根据管理实际对验收分类及责任主体进行调整，强化验收监督管理和违规追责，扩大验收规定适用范围，进一步规范验收行为，全面加强水利工程建设项目验收管理工作。该规定修订草案已征求了相关部门和省级政府意见，开展了重大问题研究，进入审查阶段。

五、研究提出其他法律法规修改完善工作意见建议

研究提出《大中型水利水电工程建设征地补偿和移民安置条例》涉及移民安置规划及大纲条款的修改方案，报送司法部。提出涉及机构改革的《防汛条例》《抗旱条例》等 8 部行政法规的修改意见。落实“放管服”改革修法要求，研究提出《中华人民共和国水法》《中华人民共和国防洪法》关于河道围垦、《水土保持条例》关于开垦荒坡地等条款的修改意见。组织开展基于保障水安全的水法规体系构建研究。

六、不断夯实立法基础工作

召开水法规体系座谈会，进一步明晰新时代水利立法工作思路。聚焦基于保障国家水安全构建系统完备的水法规体系重大问题，部署开展《中华人民共和国水法》修订前期研究等重大课题。按照习近平总书记黄河流域生态保护和高质量发展重要讲话精神，提出《黄河法》立法前期研究建议。积极支持和参与中国水利学会水法研究专业委员会工作，致力打造水法治建设理论研究平台。面向水利系统征集水利立法咨询专家，掌握全国

水利立法专家情况，为成立水利立法专家库奠定基础。

2020年，水利立法工作要以习近平新时代中国特色社会主义思想为指导，深入贯彻党的十九届四中全会精神，全面落实部党组水利改革发展总基调，坚持问题导向、需求导向、目标导向，着力固根基、扬优势、补短板、强弱项，全力抓好《水法规建设规划（2020—2025年）》落地实施，加快推进重点立法进程。配合做好《长江保护法》起草审议和《河道采砂管理条例》审查工作，力争2020年出台《地下水管理条例》。切实做好《珠江水量调度条例》《节约用水条例》等立法项目起草工作。大力推进《河道管理条例（修订）》《农村供水条例》重点问题研究和草案审查工作。加大《中华人民共和国水法》《黄河法》《中华人民共和国防洪法》《中华人民共和国河道管理条例》等重大基础性、支柱性法律修订的前期研究工作力度，夯实立法理论基础，着力加固水法规体系的“四梁八柱”。跟进落实机构改革和“放管服”改革所涉相关法律法规的改废释工作，完善和发展水利改革发展总基调急需的配套规章制度，出台一批部门规章文件，为推进水治理体系和治理能力现代化提供坚强法治保障。

姚似锦　李　达　执笔

李　鹰　审核

水行政执法工作扎实有效推进

水利部政策法规司

2019年，水行政执聚焦非法侵占河湖、非法采砂、非法取水、违法涉河建设、违法设障、人为造成水土流失、扰乱水利建设市场秩序和破坏水利工程等水利行业强监管重点领域，加大执法和违法行为查处力度，让水法规制度“带电”“长牙”，为水利行业强监管实现重大突破发挥了有力的推动和保障作用。

一、水行政执法责任感明显增强

2019年，水行政执法工作坚持以习近平新时代中国特色社会主义思想为指导，深入学习习近平总书记“3·14”重要讲话精神、在黄河流域生态保护和高质量发展座谈会上的重要讲话，深入领会全面依法治国新理论新思想新战略，全面贯彻党的十九大和十九届二中、三中、四中全会精神，聚焦水利行业强监管，深刻吸取祁连山生态环境破坏、秦岭北麓违建别墅、洞庭湖矮围侵占湖面等案件的教训，以“零容忍”的态度，从严打击各类水事违法行为。鄂竟平部长亲自过问、指导和推动河湖执法三年攻坚战，强调要建立健全水利部河湖执法核查和重大违法案件挂牌督办机制，切实做好采砂领域的扫黑除恶工作。魏山忠副部长出席河湖执法推进会并讲话，对打赢河湖执法三年攻坚战再部署、再督促。各流域管理机构和江苏、浙江、江西、安徽、福建、湖北、广东等省水利厅一把手，亲自谋划推进河湖执法工作和水事违法陈年积案“清零”行动。浙江省把“无违建河道创建”作为考核市政府“五水共治”的重要指标，把水资源执法监督专项行动作为最严格水资源管理制度考核重要内容；重庆市把河湖执法和水事违法陈年积案“清零”行动作为“禹王杯”评比表彰的重要内容；山西省和安徽省分别将河湖执法作为“水利法治示范创建县”和“市级水利目标绩效”考评重点。河南、湖南、广东、四川等省建立非法采砂“有奖举报”制度，发挥群众监督作用。各级水行政主管部门和各流域管理机构水行政执法的责任感明显增强。

二、水事违法查处力度明显加大

2019 年 4 月，在持续推进河湖执法三年攻坚战的同时，以《中华人民共和国水法》等法规颁布实施后“应立未立”“已立未查”的水事违法案件为重点，首次在全国部署开展水事违法陈年积案“清零”行动。综合运用督查指导、挂牌督办、明察暗访、专项调查、复核抽查、信息通报、问责问效等措施，推动水行政执法顺利开展并取得显著成效。特别是顶住压力、动真碰硬，采取“分级督办、挂牌督办、提级查办”等，督促流域管理机构和地方严查实处水事违法行为，尤其是对挂牌督办的 72 件大案要案，落实“一案三主体”、一查到底。其中，水利部首次挂牌督办的 5 件案件，如期完成查处整改并复核验收。挂牌督办产生了较好推动作用和较强震慑力，执法在强监管中发挥了重要作用。

各地认真贯彻落实水利部部署要求，聚焦水行政执法的源头、过程、结果等关键环节，以严格规范公正文明执法为重点，压实执法主体责任、巡查排查责任、重大违法案件首问负责制和执法台账销号管理制度，查案办案结案实现新突破。2019 年，全国河湖执法累计巡查河道 1521 万 km，水域面积 447 万 km^2，监管对象 47 万个；出动执法人员 34 万人次，车辆 83 万次，船只 12.5 万航次；现场制止违法行为 11.7 万起、立案查处 2.5 万件，结案率 91.3%，较 2018 年提高 8.1%。水事违法陈年积案“清零”行动，短短半年时间就结案 3784 件，占比 89%。同时，各方面检查、暗访等发现的河湖、水资源、水土保持、水利建设与工程管理等违法案件，也得到及时有力查处。责令停止违法行为 18036 次，限期拆除 3286 次，赔偿损失 1.2 亿元，罚款 8.1 亿元，查封设施或者财物 1458 次。

2019 年，水利部组织 7 个流域管理机构采取“四不两直”方式，对 23 个省（自治区、直辖市）的河湖执法、水事违法陈年积案“清零”行动和水利扫黑除恶专项斗争，进行了专题调研和暗访抽查复核，督促各地扎实开展水行政执法工作，做到有法必依、执法必严、违法必究，让水法规制度优势转化为水利治理效能。

三、水行政执法能力和水平明显提升

积极争取国家有关部门的支持，以提升信息化、配套完善装备设施和提高监管能力为重点，组织编印了《流域管理机构水政监察队伍执法能力建设规划（2020—2025 年）》。各地想方设法持续加大水行政执法装备建设和投入力度，安徽、广东、贵州等地实施执法装备建设专项规划，江苏省在全国率先出台 4 类 34 项水行政执法专业资产配置标准。目前，全国共有水上陆上执法交通工具 4013 艘（辆），通讯器材 18971 台，调查取证工具 22252 台，其中执法记录仪和无人机年度增量分别达到 1000 余台和 100 架左右。

积极推行“互联网+水政执法”，江苏、江西、湖北、长江委、黄委、海委、太湖局等省和流域管理机构建立了集巡查监控、立案查处、跟踪督办、执法统计于一体的执法管理系统，提高执法效能。其中，长江委基于流域一张图推进管理信息化，既为河湖执法提供了平台支撑，也为其他业务监管提供便利。在执法过程中运用卫星遥感监测、无人机航拍、视频监控等信息技术发现制止查处违法案件的比例超过 70%。江西推行立体执法，实现从岸上（水保监管）到水体（水资源监管）再到水底（河道采砂监管）、从审批（许可监管）到建设（建设市场和项目监管）再到运管（工程和设施保护监管）的全覆盖。

水行政执法规范化建设扎实推进，落实水政监察人员岗前岗位培训及水行政执法人员持证上岗和资格管理制度，以落实水行政执法公示、全过程记录、重大执法决定法制审核“三项制度”为重点，举办全国水利系统政策法规局（处）长培训班。审核颁发 4047 名和注销 3024 名水政监察人员监察证件。

四、水行政执法机制创新明显突破

水政监察队伍统一对外执法的体制基本形成，江西省市县三级水行政主管部门成立主要负责人为组长、水政监察队伍牵头、各相关业务处

（科、股）参加的河湖卫士监督执法工作领导小组，实现水利管理、监督与水行政执法无缝对接，为合力强监管提供了示范。

依托河长制平台，流域与区域、区域与区域、水利部门与公安等部门联合执法机制得到推广和复制。部分省份和长江委、黄委与公安部门联合执法、打击水事违法行为已成常态。长江委牵头实行的“3 省 5 市”联席会议制度，为丹江口水库库区联合执法提供了机制保障。海委牵头建立的京津冀省际边界河流联合执法与巡查机制，切实维护了海河流域特别是京津冀地区良好水事秩序。太湖局牵头建立太湖跨省湖长协商协作机制和“一湖两河”联合执法机制，有效保护太湖水域岸线。各地各流域管理机构积极探索推行在水利部门派驻警务室（站）、检察室等机制。辽宁省水行政执法与公安机关建立联合执法机制，全省公安机关共设立四级河湖总警长、副总警长、警长 6013 名，设立三级河湖警长办公室 135 个。黄委和流域 9 省（自治区）水利部门、河长办与当地检察机关建立了“河长+检察长”机制，北京、福建、江西 3 省（直辖市）检察机关向水利部门派驻检察室并实现省市县全覆盖。浙江等地积极探索建立与地方综合执法体制改革相衔接的水行政执法体制机制，确保法定执法职责落实到位。

水利系统专门部署，深入开展扫黑除恶，抓好主题教育水利领域扫黑除恶专项斗争专项整治，向公安等机关移交涉黑涉恶线索 1103 条。指导各地运用“两高”河道采砂司法解释，10 个省（自治区）出台河道砂石价值认定和河道非法采砂危害防洪安全鉴定规范性文件，严厉打击非法采砂行为。

2020 年，水行政执法将按照全国水利工作会议部署，坚定不移贯彻落实水利改革发展总基调，加强水行政综合执法，全面推行水行政执法“三项制度”，抓好黄河等流域水行政执法专项监督，加大查案办案结案力度，持续推进河湖执法三年行动，完成水事违法陈年积案“清零”行动目标任务，深入开展水利重点领域扫黑除恶专项斗争。

周　玉　赵　鹏　执笔

王爱国　李晓静　审核

专栏六

72件大案要案挂牌督办 警示震慑作用凸显

水利部政策法规司

2019年，水利部、流域管理机构和省级水行政主管部门贯彻落实水利改革发展总基调，强化水行政执法监督，挂牌督办72件案件，其中，水利部挂牌督办了河南南阳淅川通用机场丹江口水库违法填库、山东临沂祊河澜公馆和枣庄韩庄运河BRT停车场两起涉河违法建设、江苏省盱眙县粮食储备库违法建设、辽宁省辽阳市和开原市非法采砂等5件案件，目前已全部完成查处整改。

挂牌督办主要做法。一是坚定查处整改决心。挂牌督办案件均属积案大案、性质严重，查处难、整改难、执行难，水利部督办的5件案件挂牌后，有的涉案地方和当事人仍存侥幸心理，找人说情、打招呼，水利部及有关流域管理机构和省水利厅顶住压力，动真碰硬，“一案一单”挂牌督办明确要求，一查到底。二是全程跟踪督办落实。各级水行政主管部门强化现场执法普法，按旬按月跟踪督办，确保查处整改到位。针对通用机场自行拆除缓慢的问题，河南省有关部门组织力量强制拆除。三是严格验收确保查改效果。采取第三方技术复核、实地勘验等，及时验收。其中通用机场案经长江委勘验比对和河南省水利厅评估后，政法司会同督查办等进行了现场验收。

挂牌督办成效显著。一是产生强力警示震慑。各流域管理机构和各级水行政主管部门举一反三，结合河湖执法和陈年积案“清零”行动，推动一批查处难、整改阻力大的陈年积案加速查处，72件案件中，有43件挂牌后在3个月内就得到了查处整改，河北涞水南拒马河违法建设厂区案等一批违法案件在水利部拟挂牌督办期间就完成了整改任务，2019 年水事违法案件结案率达91.3%，同比提高 8.1%。二是挂牌督办形成合力。整合了流域管理机构、省级水行政主管部门及市、县党委政府和水行政主管部门的力量，江苏省苏州市东太湖和浙江省湖州市太湖影视基地两个非法围垦湖泊案，地方政府主动履职，并以政府文件承诺整改，确保了督办效能。三是维护水法治权威。挂牌督办保持了对水事违法行为的高压态势，有效促进了各项水事活动的顺利开展，充分发挥水行政执法在“强监管”中的重要作用。

周　玉　赵　鹏　执笔
王爱国　李晓静　审核

链接

北京市："靶向执法"根治超标排污之"癌"

超标污水对于市政排水管网的危害，就如同癌细胞对于健康人体的危害，如果不及时进行有效治疗，不仅会破坏城市污水处理系统，还会威胁整个城市的安全平稳运行。

北京市水政监察大队在实际执法过程中，探索实践了针对超标排污的"靶向执法"模式，精准锁定排污主体，从刚性执法、宣传教育、暖心服务三个维度同向发力，使得排水户的排污管理水平、思想自觉性都有了明显提升，排污达标"白名单"上的排水户迅速增多。

例如，水政监察员在检查中发现北京某学校疑似不按照排水许可证的要求排放污水，随即对该排水户进行立案，并由第三方监测机构——北京市城市排水监测总站工作人员在排水现场提取了水样。根据检测结果，其悬浮物不符合《污水排入城镇下水道水质标准》中A等级的规定。经限期责令整改后，该排水户达到了排放要求，北京市水政监察大队依据《城镇排水与污水处理条例》第五十条第二款规定，对该排水户给予1.7万元的行政处罚。

在整个案件处理过程中，水政监察员为提高排水户对自身违法行为的认识，在推进案件处理的每一个环节，都结合《城镇排水与污水处理条例》等法律法规，向排水户讲解规范排水的重要意义和不按法律规定排水的危害，列举日常执法检查中发现的普遍问题和整改要求，要求其加强管理，并赠送了有关法规资料和宣传材料。

案件处理完结后，受罚排水户对水政监察员表示，原来对排水法律法规了解少，对超标排水的危害性认识不足，日常管理工作也不够到位。经过此次执法，该排水户对依法达标排放污水有了深刻认识，表示要严格遵守相关法律法规，全面加强排水管理，确保达标排放，并希望今后多组织相关学习，能更多地参与到保护北京城市水环境工作中。结案后，水政监察员又多次主动联系该排水户，为其答疑解惑，帮助其提高排水管理水平。

许吕章　执笔

李顺卿　李　攀　审核

2019 年水利部普法依法治理情况

水利部政策法规司

2019 年，水利普法围绕水利中心工作，精心组织、狠抓落实，指导全国水利系统开展了内容丰富、形式多样的法治宣传教育活动，为扎实推进依法治水管水营造了良好的法治环境。

一、扎实开展水利普法宣传教育，营造良好法治环境

（一）加强组织领导，强化工作保障

水利部高度重视普法宣传工作，印发《2019 年水利普法依法治理工作要点的通知》，着力落实“谁执法谁普法”普法责任制，着力开展基层依法治理，推动水利“七五”普法规划全面落实，提高水利普法的实效性。把法治宣传教育列入政府购买服务指导性目录。安排专项经费用于“世界水日”“中国水周”“国家宪法日”“宪法宣传周”主题宣传和“人·水·法”普法栏目剧电视片等活动。

（二）加大宪法宣传，深入推进依法行政

按照《中央宣传部、司法部、全国普法办关于印发 2019 年全国“宪法宣传周”工作方案的通知》要求，认真制定水利部“宪法宣传周”宣传活动实施方案。12 月 4 日国家宪法日期间，举办新提拔的司局级和处级领导干部宣誓仪式，水利部副部长田学斌监誓。宣誓结束后，邀请中央党校（国家行政学院）一级教授胡建淼作依法行政辅导讲座。田学斌副部长对贯彻实施宪法提出了明确要求，指出水利系统各级领导干部要始终保持对宪法法律的敬畏之心，不断强化对权力运行的管理、监督和制约，进一步提升法治素养，通过法治实践提高依法行政的意识和能力，以实际行动带动水利行业尊法学法守法用法。

（三）关注重要节点，深入开展“世界水日”“中国水周”等普法宣传活动

3月22—28日，全国水利系统集中开展了以“坚持节水优先，强化水资源管理”为主题的“世界水日”“中国水周”宣传活动。水利部部长鄂竟平在《人民日报》发表署名文章《坚持节水优先　强化水资源管理》。国务院新闻办公室举办“坚持节水优先，强化水资源管理”有关情况发布会，水利部副部长魏山忠出席介绍有关情况并答记者问。水利部机关司局、直属事业单位和地方各级水行政主管单位结合自身职能开展了丰富多彩的普法宣传活动，水利普法的广度和深度进一步拓展。据统计，“世界水日”“中国水周”有关报道共计22500余篇，其中网媒10000余篇，微信7400余篇，微博4000余篇，平媒1100余篇。围绕“坚持总体国家安全观，着力防范化解重大风险，喜迎中华人民共和国成立70周年”为主题，组织开展了系列全民国家安全教育日普法宣传活动，并邀请有关专家作国家安全知识讲座，多位部领导参加，水利部副部长魏山忠主持讲话并提出要求。

（四）抓住关键少数，加强水利行业领导干部水法治能力培训

在河海大学举办了第四期全国水利系统司局级领导干部法治专题培训班，62名水利部机关、流域管理机构和地方水行政主管单位司局级领导干部参加培训。

二、普法亮点频现，水利法治宣传教育效果明显

（一）“世界水日”“中国水周”系列宣传活动深入人心

经过多年的努力，“世界水日”“中国水周”已经成为我国水利公益性宣传和水利法治宣传最重要的平台之一，被列入中共中央关于生态文明建设的指导性文件和全国普法办“2019年谁执法谁普法月度重点宣传法律”安排。连续多年组织摄制的普法栏目剧“人·水·法”系列法治宣传片《河长故事》，在中组部共产党员网在线播出，深受社会各界好评，已成为水利普法的重要品牌。沿河、沿湖打造的水法治文化长廊、水法治文化主题公园、水法治文化主题广场等已成为周边群众的休闲娱乐场所和普法场

所，如黄河水利委员会河南黄河河务局参与打造的河南黄河法治文化带，被全国普法办命名为第二批全国法治宣传教育基地。

（二）部属单位3个集体和5名个人受到全国普法办表彰

为鼓励先进，树立典型，进一步推动“七五”普法的深入开展，表彰在水法治宣传教育中取得突出成绩的集体和个人，水利部普法办根据全国普法办要求和“七五”普法中期督导检查情况，组织开展“七五”普法中期先进集体和先进个人表扬推荐工作，水利部普法办等3个先进集体、刘平刚等5名先进个人受到全国普法办通报表扬。

（三）3部“我与宪法”微视频作品获得优秀奖

水利部普法办组织制作《“我”与宪法》微视频，通过解读《宪法》中“水流”的意义和分析我国水资源现状，告诫人们要合理开发、节约、利用和保护水资源。按照全国普法办部署安排，组织开展第三届“我与宪法”微视频征集活动，选送10部优秀作品报全国普法办。经全国普法办评审，水利部普法办等3单位制作的微视频作品获得优秀奖。

三、履职尽责，不断提高依法行政能力水平

（一）依法办理行政复议行政应诉案件

2019年，水利部贯彻落实《行政复议法》《行政复议法实施条例》《行政诉讼法》，依法办理行政复议行政应诉案件，保护公民、法人和其他组织合法权益，水利部共新收23件行政复议案件，受理19件，不予受理4件；审结22件。注重发挥行政复议纠错功能，办理的行政复议案件中，作出了1个撤销决定。在其余作出维持、驳回决定的案件中，水利部注意采取指出原行政行为的瑕疵，另行发出《行政复议意见书》等方式实施层级监督。此外有1件行政复议裁决案，国务院裁决维持水利部复议决定。2019年共应诉9件行政诉讼案件（含上年结转案），人民法院审结7件，水利部均“胜诉”（裁定驳回起诉、判决驳回诉讼请求）。

（二）全面推行行政规范性文件合法性审核

2018年国务院办公厅先后出台《关于加强行政规范性文件制定和监督

管理工作的通知》和《关于全面推行行政规范性文件合法性审核机制的指导意见》对规范性文件合法性审核工作提出了新的更高要求，通知和意见出台后，水利部采取一系列措施加以贯彻落实，已实现本部门行政规范性文件合法性审核机制全覆盖，部属各单位依法行政的意识和水平得到了较大提升。

2020 年是“七五”普法的收官之年，水利部将切实抓好“七五”普法验收检查工作，组织开展“国家宪法日”“宪法宣传周”等普法宣传活动，持续推动和落实“谁执法谁普法”普法责任制，把普法融入到依法治水管水的各环节和全过程。依法办理行政复议行政应诉案件，抓住典型案例，深入开展“以案释法”，扎实推行行政规范性文件合法性审核不断提升普法依法治理水平，为落实水利改革发展总基调提供有力的水利法治保障。

刘　洁　李绍民　张家玮　执笔

王　治　审核

水利扶贫与水库移民篇

打赢水利脱贫攻坚战

水利部水库移民司

2019 年，水利部全面贯彻落实党中央、国务院关于打赢脱贫攻坚战的决策部署，按照“水利工程补短板、水利行业强监管”水利改革发展总基调，以专项巡视问题整改为统揽，聚焦深度贫困地区薄弱环节，聚焦“两不愁三保障”突出问题，扎实推进水利行业扶贫、定点扶贫、片区联系和重点区域扶贫工作。2019 年共安排 832 个贫困县中央水利建设投资 771.02 亿元，圆满完成年度各项目标任务，为贫困地区打赢脱贫攻坚战提供了重要水利支撑和保障。

一、提高政治站位，压实脱贫攻坚责任

一是强化理论武装，持续深化学习。水利部党组深入系统学习贯彻习近平总书记关于扶贫工作的重要论述、重要讲话和重要指示批示，及时跟进学习领会习近平总书记在解决“两不愁三保障”突出问题座谈会等会议上的重要讲话精神，并在“不忘初心、牢记使命”主题教育中安排学习。二是强化组织领导，高位部署推动。鄂竟平部长多次主持召开党组会、部扶贫领导小组会、部巡视整改领导小组会，其他部领导多次召开专题会，研究部署巡视整改和水利扶贫工作。先后召开全国水利扶贫暨深度贫困地区农村饮水安全脱贫攻坚推进会、水利部定点扶贫工作座谈会、滇桂黔石漠化片区区域发展与脱贫攻坚现场推进会，分析形势、部署工作。三是强化调研指导，推进攻坚工作。鄂竟平部长 5 次赴水利部定点扶贫县（区）、滇桂黔石漠化片区、“三区三州”深度贫困地区，其他部领导 37 次深入贫困地区，专题调研督导水利扶贫及农村饮水安全工作。四是强化顶层设计，完善政策举措。制定印发《中共水利部党组关于进一步加强水利扶贫工作的意见》《水利部关于推进农村供水工程规范化建设的指导意见》等

文件，修订完善了水利扶贫相关规划方案。五是强化监督检查，及时查纠问题。把水利扶贫监督纳入水利强监管督查体系，组织对22个贫困地区省份开展水利扶贫“一对一”监督检查，对6个定点扶贫县（区）开展专项督查，对检查发现的问题以“一省一单”和“一县一单”方式反馈地方整改。持续推进水利扶贫领域腐败和作风问题专项治理。会同国家电网有限公司完成对宁夏回族自治区脱贫攻坚的督查。

二、对标中央要求，抓实巡视问题整改

一是强化责任担当。成立水利部落实中央脱贫攻坚专项巡视整改领导小组，鄂竟平部长任组长，其他部领导任副组长，各有关司局主要负责同志任成员。鄂竟平部长认真履行整改第一责任人责任，班子成员按照分工抓好分管领域的整改工作。二是明确整改举措。针对巡视反馈的问题，提出91项整改措施，明确整改时间、整改领导责任人、整改责任单位及责任人，做到时间、任务、责任、措施“四到位”。三是加强调度推进。部整改领导小组定期组织召开调度会，推进巡视整改。将巡视整改工作作为水利部2019年督办重点考核事项。各项整改任务顺利推进，2019年度需完成的50项整改任务已全部完成，41项长期整改任务取得阶段性成效。

三、紧盯薄弱环节，补齐水利基础短板

一是加快解决农村贫困人口饮水安全问题。支持贫困地区加快农村饮水安全巩固提升工程建设，指导地方加强工程运行管护。2019年解决了101.6万建档立卡贫困人口的饮水安全问题。二是大力实施农田灌排工程。支持贫困地区31处大型灌区续建配套与节水改造和10处大型灌排泵站更新改造，实施115个重点中型灌区节水配套工程。支持14个省份开展牧区水利建设。三是提升水旱灾害防御能力。实施贫困地区19个大中型病险水库（水闸）和500多座小型病险水库除险加固，支持贫困地区治理中小河流1547km、新建中型水库38座和小型水库44座，新改建贫困地区水文测站138处。四是加大水土流失综合治理。支持449个贫困县实施国家水土保持重点工程，治理水土流失面积8260km^2，占全国总治理面积的62.6%。

在9个贫困县实施江河湖库水系连通项目建设。五是推进重大水利工程建设。贫困地区新开工4个重大水利工程，10项重大水利工程完工并发挥效益。截至2019年底，已开工的142项节水供水重大水利工程涉及贫困地区的有81项。

四、紧贴脱贫实际，落实水利惠民政策

一是实施农村水电扶贫工程。支持湖北等6个省份30个农村水电扶贫工程建设。截至2019年底，“十三五”中央投资支持建设的农村水电扶贫项目累计投产70个，已按协议累计上缴了1.18亿元收益。二是推进水库移民脱贫工程。支持25个有贫困移民的省份统筹推进水库移民脱贫工作。三是开展水利劳务扶贫工作。贫困地区水利工程建设与管护就业岗位吸纳贫困家庭劳动力30多万人，人均增收6000多元。

五、加强协调指导，推进片区联系工作

一是落实片区联系制度。在会同国家林业和草原局于2019年5月召开滇桂黔石漠化片区区域发展与脱贫攻坚现场推进会的基础上，11月又召开了滇桂黔石漠化片区部际联系会，研究推进片区联系工作。二是加大协调帮扶力度。组织住房和城乡建设部、教育部、国家卫生健康委员会等部委赴滇桂黔石漠化片区开展调研2次，协调帮助解决片区脱贫攻坚存在的困难和问题。对片区3个省份提出28项需中央有关部委支持的脱贫攻坚事项，协调有关部委给予支持，件件有着落。三是发挥行业支持作用。大力支持滇桂黔石漠化片区实施水利工程建设。推进贵州安顺石漠化片区水利精准扶贫示范区建设。

六、聚焦深度贫困，实施重点区域扶贫

一是全力推进定点扶贫帮扶工作。召开水利部定点扶贫工作座谈会，6个定点扶贫对口帮扶组召开多次专题会议，研究部署工作。深化“组团式”帮扶，投入各类帮扶资金1亿多元，超额完成《中央单位定点扶贫责任书（2019年度）》任务。持续落实“八大工程”各项举措。万州、武

隆、丰都脱贫成果进一步巩固，巫溪、城口、郧阳如期脱贫。二是加大深度贫困地区支持力度。召开全国水利扶贫暨深度贫困地区农村饮水安全脱贫攻坚座谈会，组织签署水利扶贫承诺书，明确任务、夯实责任。安排“三区三州”中央水利投资 169.6 亿元，占年度贫困地区中央投资的 23.9%，较上年增长 5.6%。2019 年“三区三州”农村饮水安全巩固提升工程受益人口 416.6 万人。三是加快对口支援地区水利建设。支持河北省阜平县、安徽省金寨县、江西省宁都县、甘肃省临夏回族自治州、青海省贵德县等对口支援地区实施水利相关规划。四是推进革命老区水利扶贫工作。支持革命老区 21 处大型灌区续建配套与节水改造，50 处重点中型灌区续建配套与节水改造，实施 17 个农村水电扶贫工程，新开工河南引淮供水灌溉等 3 项重大水利工程，推进广西百色水库灌区等 11 项重大水利工程建设。

七、加大支持力度，强化人才智力帮扶

一是强化干部挂职帮扶。新选派 21 名干部到定点扶贫县（区）、滇桂黔石漠化片区等贫困地区挂职扶贫。出台《水利部扶贫干部管理办法（试行）》《水利部扶贫干部关心关爱办法（试行）》，加强挂职干部管理，帮助解决实际困难。二是加大业务培训力度。印发《贫困地区水利人才队伍建设帮扶工作方案（2019—2020 年）》。推广“订单式”人才培训模式，举办示范性和“菜单式”培训班，开展远程教育培训。水利部机关举办 18 期水利扶贫专题培训班，培训贫困地区水利干部 4300 多人次。三是抓好人才技术扶贫。加大对西藏阿里、那曲等地区“组团式”专业技术帮扶力度，支持西藏、新疆等贫困地区实施 6 个水利技术示范项目。指导帮助贫困地区编制水利规划、实施科研项目、推广应用技术。建立技术扶贫老同志专家库。

八、多措并举推进，营造攻坚良好氛围

一是发挥中央媒体宣传优势。在国务院新闻办举行农村饮水工作吹风会，协调中央广电总台就保障农村饮水安全、助力脱贫攻坚进行专访。协

调人民日报、新华社等中央媒体赴重庆市武隆区和江西省赣州市开展水利扶贫主题采访报道，全年编发水利扶贫报道近200篇。参加中央和国家机关定点扶贫成果展。二是用好行业媒体舆论阵地。水利部网站、《中国水利报》等水利媒体分别开设水利扶贫专栏，《中国水利》杂志、水利扶贫开发微信公众号定期刊发水利扶贫文章，对重要水利扶贫活动进行集中宣传报道，全年编发水利扶贫报道近600篇。三是加强涉贫舆情监测研判。完善水利扶贫舆情监测关键词库，在水利系统舆情监测平台开设“水利扶贫”栏目，加强水利扶贫舆情信息统计分析。四是强化扶贫统计支撑作用。完善水利扶贫信息管理系统，指导各地落实统计制度，完成年报和季度报填报任务。

靳宏强　蓝希龙　执笔

卢胜芳　审核

农村饮水安全脱贫攻坚成效显著

水利部农村水利水电司

2019 年，水利部聚焦脱贫攻坚，加快推进农村饮水安全巩固提升工程建设，农村饮水安全脱贫攻坚工作取得了可喜的成绩，全国有脱贫攻坚任务的省份共解决了 101.6 万建档立卡贫困人口饮水安全问题，其中“三区三州”深度贫困地区 51 万人，超额完成年度目标任务。

一、聚焦脱贫攻坚，加大资金支持力度

2019 年，水利部会同国家发展改革委提前下达“十三五”农村饮水安全巩固提升工程建设中央剩余资金 76.7 亿元，同时通过调整水利投资结构新增中央补助资金 60 亿元，其中 2019 年下达 45 亿元，重点对中西部贫困地区和饮水型氟超标改水任务较重地区、边境地区予以倾斜支持。2019 年，水利部还会同财政部首次安排中央财政农村饮水工程维修养护经费 14.5 亿元，2019 年底提前下达 2020 年度中央维修养护经费 20.08 亿元，重点对贫困地区和“三区三州”深度贫困地区等予以倾斜支持，促进工程长效运行。督促各地多渠道筹集资金，统筹使用财政涉农资金和扶贫资金，将解决贫困人口饮水安全工程纳入脱贫攻坚项目库，优先安排资金，优先组织实施，加快推进农村饮水安全巩固提升工程建设。2019 年，各地通过加大地方财政资金投入、整合涉农扶贫资金、吸引社会资本，加快工程建设进度，累计完成工程建设投资 553.7 亿元。有脱贫攻坚任务的省份中，新疆、陕西、四川、云南 4 个省（自治区）均完成工程建设投资 30 亿元以上；安徽、湖北、贵州、广西、山西、江西 6 个省（自治区）均完成工程建设投资 20 亿元以上。

二、成立专班，集中力量攻坚

水利部从相关单位抽调 6 名业务骨干到农村水利水电司成立农村饮水

安全脱贫攻坚专班，集中力量攻坚，对农村饮水安全脱贫攻坚各项工作挂图作战，专人盯办，紧盯落实，确保各项政策落地生根，全力推动解决贫困人口饮水安全问题。各地高度重视农村饮水安全脱贫攻坚工作，在水利部的指导带动下，新疆、贵州、云南、广西等省（自治区）和新疆生产建设兵团设立农村饮水安全脱贫攻坚专项办公室或专项攻坚小组，专啃“硬骨头”。广西壮族自治区成立以自治区主席为指挥长的饮水安全指挥部，负责统筹协调自治区发改、财政、扶贫、卫健等部门，整合资源、定期调度，从相关部门抽调精兵强将负责专职工作，抓好农村饮水安全各项工作具体落实。云南省水利厅成立农村饮水安全脱贫攻坚专项办公室，厅长任办公室主任，抽调 4 名业务骨干专门盯办，确保农村饮水安全脱贫攻坚各项工作盯死、抓牢、落实。

三、部领导亲自挂帅，对重点地区重点推进

2019 年以来，鄂竟平部长等部领导先后亲自赴贵州石漠化片区、河北省、甘肃省、宁夏回族自治区、四川省凉山彝族自治州等地，田学斌副部长、田野组长、魏山忠副部长先后深入云南、贵州、四川凉山彝族自治州、新疆、青海、西藏、广西等省（自治区）的深度贫困地区，通过现场指导、暗访调研、会议座谈等方式，推动农村饮水安全脱贫攻坚工作。指导新疆、四川、云南、西藏、广西、青海、山西等 7 个农村饮水安全脱贫攻坚任务重的省（自治区）编制专项推进工作方案，将需要解决饮水安全问题的贫困人口对应到每个具体的农村饮水工程项目上，明确解决时限，精准推进贫困人口饮水安全问题解决。

各地采取务实措施，扎实推进农村饮水安全脱贫攻坚工作。新疆维吾尔自治区水利厅建立由厅领导牵头负责，各处室各负其责的包联帮扶指导工作机制，抽调水利系统经验丰富、技术过硬的专家，组建了 22 个包联帮扶指导组，深入南疆地区 22 个深度贫困县开展精准技术帮扶，每月召开包联帮扶指导会商，定期调度，协调解决工程建设和运行管理中存在的突出问题，保障农村饮水工程全面顺利开工建设，2019 年完成投资 38.3 亿元，实施 153 项农村饮水安全巩固提升工程，解决南疆地区 34.6 万贫困人口的

饮水安全问题。四川省水利厅从13个市及所属县水利部门和12个厅直单位，抽调领导干部和技术骨干对凉山彝族自治州11个深度贫困县农村饮水安全实行“一县一队”技术援助，深入村社摸底排查饮水问题，及时掌握各帮扶县农村饮水工程规划、设计、建设和运行管理情况。2019年，四川全省完成投资33.7亿元，解决了12.7万贫困人口的饮水安全问题。

四、动态管理，紧盯解决进展

水利部督促指导各地，对2018年底精准核查的104.3万存在饮水问题贫困人口，建立到村到户电子台账，按月调度，滚动销号，并及时更新全国扶贫开发信息系统。对因水源变化等原因，新增的饮水安全问题贫困人口及时录入全国扶贫开发信息系统，实行动态管理。2019年1月开始，建立农村饮水安全脱贫攻坚通报制度，全年编制13期《农村饮水安全工作简报》，将各地农村饮水安全脱贫攻坚进展情况、暗访调研和媒体反馈等发现的典型做法及重大问题，通报给各省人民政府、水行政主管部门，以及国务院办公厅和国家发展改革委、财政部、国务院扶贫办等相关部委，促进高位推动各项工作。河南、四川、云南、甘肃等省份也建立动态管理机制，将各区县农村饮水安全巩固提升工程建设进展情况、贫困人口解决进展情况、好的做法及存在的问题等，以简报等形式通报给相关领导和市县水行政主管部门，大力推进各项工作。

五、加强暗访，巩固脱贫攻坚成果

水利部积极践行“强监管”要求，加强对农村饮水安全脱贫攻坚暗访调研，组织水科院、灌排中心、流域管理机构等单位，对全国28个省份和新疆生产建设兵团154个县3109个行政村2238处工程和10454个用水户饮水状况进行了大规模暗访，抽检了500个村的水质，对发现的1781个问题，通过“一省一单”方式限期全面整改，截至2019年12月底，已整改90%以上。2019年，水利部扶贫办组织22个司局对22个有贫困县的省份开展“一对一”帮扶，并开展暗访检查，农村水利水电司会同监督司组织各流域管理机构等直属单位对各地上报当年已解决饮水问题的贫困人口饮

水安全状况进行精准到户的“靶向”核查，共随机抽取了19个省份154个县2740个贫困户，对发现的问题，通过印发“一省一单”，督促尽快整改到位。2019年，七个流域管理机构积极落实包干联系制度相关要求，共派出132个暗访调查组，赴25个省份的285个贫困县开展农村饮水安全脱贫攻坚分片包干联系暗访，累计走访用水户5208户，查访集中供水工程1295处。水利部对各渠道发现的问题厉行整改，对问题数量多、性质突出的省份进行集中通报，2019年全年约谈7个省份、通报3个省份，强力倒逼责任落实，全力推动解决贫困人口饮水安全问题。

六、开展“回头看”大排查

2019年8—9月，水利部会同国务院扶贫办，指导督促有农村饮水安全脱贫攻坚任务省份开展贫困人口饮水状况“回头看”大排查，各地水利、扶贫部门联合，组织抽调精锐力量，逐村逐户全覆盖排查。截至9月底，有脱贫攻坚任务的25个省份中，河北、吉林、安徽、河南、湖南、海南、重庆、云南、宁夏9个省（自治区、直辖市），共动态新增存在饮水安全问题的贫困人口116690人，这些省份通过边查边改，目前已全部解决。

2020年，水利部将继续紧盯剩余贫困人口饮水安全问题，尽快下达2020年中央剩余新增补助资金15亿元，对贫困地区予以倾斜支持。对新疆伽师、四川凉山等重点地区，安排专人紧盯推进，按月滚动销号，全力攻坚。其他地区适时开展“回头看”和“靶向”核查，发现问题立查立改，清扫战场，不落一村，不漏一人，确保如期全面解决贫困人口饮水安全问题。

李奎海　李连香　执笔

张敦强　审核

专栏七

水利援疆工作成效显著

水利部规划计划司

2019 年，水利部认真贯彻新时代中央治疆方略和中央关于新疆工作决策部署，紧密结合新疆实际，持续加大水利援疆工作力度，为维护新疆社会稳定和长治久安提供坚实的水利支撑。

一、重点工作及取得的成效

2019 年初制定了水利援疆工作细化方案，统筹安排有关工作任务。深入贯彻落实中央第七次全国对口援疆工作会议精神，10 月 14 日水利部在新疆乌鲁木齐召开水利援疆工作会议，对水利援疆工作进行再动员、再部署、再落实。中央政治局委员、新疆维吾尔自治区党委书记陈全国，水利部部长鄂竟平出席会议并讲话，会后制定分工方案。2019 年共安排新疆中央水利建设投资 132.7 亿元用于重大水利工程、农村饮水安全、大型灌区续建配套与节水改造、中小河流治理、病险水库水闸除险加固等。

总的来看，2019 年水利援疆工作进展顺利，成效显著。一是在保障和改善民生方面，巩固提升饮水安全人口 305.1 万人，解决了 34.6 万建档立卡贫困人口的饮水安全问题。有序推进 34 处大中型灌区续建配套与节水改造。完成农村水电增效扩容改造装机容量 10 万 kW。治理水土流失面积 419km^2。二是在推动新疆高质量发展方面，批复大石峡水利枢纽工程初步设计报告，完成库尔干水利枢纽工程可行性研究报告审查。目前 15 项重大水利工程开工建设，在建总规模约 1200 亿元，卡拉贝利水利枢纽等工程已建成发挥效益。对已完成规划投资的灌区开展实施效果评估，加快推进灌区现代化改造规划前期有关工作。推进农业综合水价改革，指导新疆完成 56 个大型灌区农业供水成本核算工作。

二、持续推进水利援疆重点工作

下一步，水利部将按照中央关于新疆工作重大决策部署，牢固树立新发展理念，落实以人民为中心的发展思想，聚焦南疆脱贫攻坚，紧紧围绕水利改革发展总基调，加快补齐新疆水利工程突出短板，全面加强新疆水利行业监管，推动新疆水利改革发展再上新台阶。

丁蓬莱　王九大　执笔
乔建华　审核

专栏八

水利援藏工作成效显著

水利部水利工程建设司

水利部认真贯彻落实中央决策部署，始终把水利援藏工作作为一项重大政治任务和政治责任来抓。鄂竟平部长多次主持部党组会、部长办公会研究水利援藏工作，田学斌、蒋旭光、田野、陆桂华、叶建春、魏山忠等各位部领导分别率队深入西藏实地调研、指导，有力推进了水利援藏工作。

一是健全组织体系，加强水利援藏工作的组织领导。2018 年机构改革后，为进一步加强对水利援藏工作的组织领导和统筹协调，部党组及时调整充实水利部援藏工作领导小组，部领导担任水利部援藏工作领导小组组长，17 个司局、单位负责同志为领导小组成员，领导小组办公室设在水利工程建设司。经过不断探索实践，水利部援藏工作形成了部党组统一领导，领导小组组织协调，各司局积极参与，各直属单位、流域管理机构对口支援的水利援藏工作格局，不断加大援藏工作力度。特别是近两年来，从项目安排、资金援助、人才培训、干部交流等多方面对西藏水利工作给予大力支持。2019 年 7 月，结合主题教育活动开展，受鄂竟平部长委托，蒋旭光副部长带队赴西藏实地调研水利援藏工作情况，针对西藏自治区提出的规划审批等 9 项需水利部协调的事项，召开专题会议研究协调，并印发分工方案，明确责任单位，抓好落实。

二是统筹协调，推进各项援藏工作落细落实。按照《水利部“十三五”援藏工作规划》确定的经济援藏、技术援藏、干部人才援藏、对口援藏 4 个方面的目标任务，研究制定了年度工作计划，印发了年度水利援藏工作要点，跟踪督促年度完成情况。建立了对口援藏工作联络员制度，加强援藏办与有关司局、对口援助单位、西藏水利厅、受援单位的业务对接

和沟通协调，强化对援藏规划落实情况的监督检查，确保规划顺利实施。完成了第十三批和第十四批援藏工作组干部选派、交接等工作。加强与援藏工作组现场人员沟通，及时了解水利援藏存在的困难问题，研究提出解决措施。

三是开展评估，全面掌握援藏规划任务序时进度。为进一步推动水利援藏工作，组织开展了“十三五”援藏工作规划中期评估工作，并选取水利援藏十类工程中的部分典型工程采取定量分析方法从经济、社会、生态等效益发挥情况及可持续性等方面进行了分析评估。评估表明，规划任务有序推进，规划实施总体良好，水利援藏工作有效推动了西藏水利改革和发展，为西藏经济社会发展和长治久安提供了坚实支撑；但同时也存在工程效益发挥可持续性不足、部分对口援藏任务未落地等问题。根据援藏工作规划确定的各项目标任务和对口援助单位分工，逐项对照检查，督促有关单位分析问题原因，提出落实措施，推进援藏工作规划确定的任务全面完成。

四是加强帮扶，助力西藏水利工程建设。加大对西藏重大水利工程建设的指导帮扶力度，开展西藏水利建设管理体制及能力调研，提出加快推行总承包、代建制等新型管理模式的建议；协调小浪底中心、万家寨公司派出28名技术人员支援拉洛水利枢纽及灌区工程建设；选派长江委、淮委有关专家指导旁多水利枢纽工程竣工验收；组织对湘河、拉洛水利枢纽及灌区工程进行督导检查，提出督导检查意见，跟踪整改落实情况，解决制约工程建设关键性问题。针对西藏水利建设管理能力不足的现实，2019年5月在拉萨市举办西藏水利工程建设管理培训班，对80名西藏基层水利工作者和项目法人人员进行培训，效果良好，培训满意度达95%以上。

五是召开援藏会议，高位推进水利援藏工作。2019年8月，第九次水利援藏工作会议在西藏拉萨召开。水利部党组书记、部长鄂竟平出席会议并讲话，蒋旭光副部长主持会议并作总结讲话。会议总结交流水利部第八次援藏工作会议以来的工作成效，分析面临的形势，研究部署水利援藏工作任务。按照会议精神和鄂竟平部长重要讲话要求，印发贯彻落实水利部第九次援藏工作会议精神任务分工方案，建立台账，压实责任，强化监督，统筹推进援藏任务落地落实。目前水利援藏规划确定的11项主要目标指标有5项已提前完成，6项超过序时预期，有力保障了西藏水安全，为维护祖国统一、民族团结提供了坚实支撑。

戚 波 王 殊 陈 洁 执笔

张严明 审核

专栏九

水利部定点扶贫工作情况

水利部水库移民司

2019 年，水利部把做好湖北省十堰市郧阳区和重庆市万州、武隆、城口、丰都、巫溪6县区定点扶贫工作作为一项重大政治任务扛在肩上，坚持问题导向和目标导向，加强组织领导，编制工作方案，选派挂职干部，强化监督指导，协调各方力量，扎实开展工作，取得了显著成效。

一、进一步加强组织领导

2019 年初，鄂竟平部长就深入武隆、丰都调研，并主持召开会议研究部署定点扶贫工作。其他部领导也多次到定点扶贫县调研，主持召开 14 次专题会议安排部署年度任务落实工作。组织 22 个部机关司局和 62 家部属单位组成 6 个对口帮扶组，对 6 县区实行“组团式”帮扶。向 6 县区选派 14 名挂职干部，驻县、驻局、驻村开展立体化帮扶。通过上述措施，形成部党组统筹决策、帮扶组牵头落实、地方合力攻坚的良好格局。水利部修订印发定点扶贫三年工作方案，各帮扶组制定实施年度工作计划。将定点扶贫工作纳入“水利行业强监管”范围，全年共组织开展了 29 次督促检查，驻部纪检监察组对 6 县区监督检查全覆盖。

二、责任书任务圆满完成

2019 年初，水利部领导签署了 2019 年度中央单位定点扶贫责任书。随后，水利部扶贫办进行任务分解，与 6 个帮扶组组长单位分别签订了水利部定点扶贫工作责任书。各帮扶组按照责任书要求，督促 6 县区党委政府切实履行脱贫攻坚主体责任，全面完成了年度脱贫任务，郧阳、城口、巫溪 3 县区脱贫摘帽已经通过省级验收，万州、武隆、丰都 3 县区脱贫成果进一步巩固。2019年定点扶贫责任书确定的各项帮扶任务均超额完成，共投入、引进帮扶资金3043万元、8829万元，完成率分别为380%、158%；培训基层干部、技术人员1253名、921名，完成率分别为501%、222%；购买、帮助销售农产品295万元、1452万元，完成率分别为196%、124%。

三、“八大工程”成效显著

实施水利行业倾斜支持工程，2019年6县区落实水利建设投资15.11亿元，其中中央投资9.32亿元，比2018年增长87%。实施贫困户产业帮扶工程，为6县区捐资650万元（每县超过100万元），通过贷款贴息、担保和股权投资等方式帮扶贫困户2844户。实施贫困学生勤工俭学帮扶工程，利用暑期组织416名贫困家庭大中专学生开展勤工俭学，人均增收2719元。实施贫困村党建促脱贫帮扶工程，与13个村党支部开展结对共建，捐助党费156.5万元支持23个贫困村党支部。实施水利建设技术帮扶工程，组织322人次专业技术人员赴6县区开展技术帮扶，帮助编制规划6个、开展前期工作项目18个。贫困户技能培训、专业技术人才培训、内引外联帮扶等工程也取得新进展。

袁　烨　执笔
卢胜芳　审核

链接

重庆市城口县：定点扶贫显成效 深度帮扶见真情

2019年，水利部加大帮扶力度，在政策、项目、资金、技术等方面，给予定点扶贫县重庆市城口县更多支持，使一大批民生问题得到有效解决，水利基础设施不断夯实，水利助推城口脱贫攻坚、乡村振兴及县域经济社会发展的作用日益凸显。

百万扶贫资金投入，小额信贷圆“产业”梦。2019年，水利部帮扶单位筹集100万元扶贫资金，对贫困户实施“免抵押、免担保、3年期限、5万额度、财政贴息、风险分担”的扶贫小额信贷贴息。目前，已为坪坝镇、厚坪乡、周溪乡、岚天乡4个乡镇的451户建卡贫困户办理扶贫小额信贷2126万余元，帮助他们发展养殖、种植、加工、乡村旅游等项目，努力实现脱贫摘帽。

培育农业龙头企业，助推特色产业扶贫。城口县农业产业发展滞后，导致脱贫攻坚内生动力不足。水利部着重培育县供销合作社全资企业——城口县林之汇贸易有限公司，让城口县的农业生产有指导、质量有保障、加工有渠道、仓储配送有基础，并将林之汇公司改为供销社全部控股的集体所有制企业，帮助其走上规范发展道路。水利部与林之汇公司商议采取“订单农业”新模式，切实让农业产业与市场接轨。在此基础上，指导林之汇公司在自有微信平台“城口山珍”建立“水利扶贫专栏”，并号召水利部各下属机关、企事业单位食堂、工会、职工通过该渠道购买城口农副产品，进一步推动了脱贫攻坚。

党建促脱贫，提振精气神。水利部投入帮扶资金35万元，用于

7个贫困村年久失修、因灾受损的党组织活动场所修缮和党员教育设施更新。同时，积极与贫困村党支部开展支部共建活动，为他们送去了帮扶资金和生活物资。此外，水利部还在县委党校开展基层党政干部和贫困村致富带头人专题培训班，使参训学员进一步锤炼了党性，增强了打赢脱贫攻坚战的信心和决心。

内引外联，拓展发展渠道。水利部通过多种内引外联渠道，帮助城口县完成农产品购买和销售任务，协调解决基础设施、公共服务、产业发展、爱心扶贫等困难和问题。

王小玉　郭子全　执笔

李顺卿　李　攀　审核

链接

甘肃省定西市：推进“生态+扶贫”机制强化引洮水综合利用

昔日十年九旱、水资源极度匮乏的甘肃省定西市，如今湖光潋滟，山水相映成趣。甘肃省定西市继续推进“生态+扶贫”用水机制，2019年3—11月共有3000万m^3生态扶贫用水分别沿临洮东峪沟、渭源秦祁河等几条主要河道下泄。

定西市与甘肃省引洮工程建设管理局积极衔接，确定在保证城乡生产生活供水和农业灌溉供水的前提下，利用引洮供水一期工程富余水量，在2018—2020年扶贫攻坚期间，分3年逐年按2000万m^3、3000万m^3、5000万m^3的水量向定西市输送生态扶贫用水。以用好用足引洮生态扶贫用水为契机，结合脱贫攻坚、乡村振兴等需求，定西市强化引洮水资源综合利用，不断探索“生态+扶贫”用水机制。按照“双线谋划、单独算账、以县为主、用水奖励、补贴运行、项目支撑、过桥建设、补齐短板”思路，加快推进城市生态水系、灌溉配套提升、农村供水提升等6大工程项目的实施。同时，制定《引洮一期定西市生态扶贫用水配置方案》等，确定各受益县区2019年度经济社会用水和生态扶贫用水配置量、输水方式等，明确生态用水主要用于受益县区河流、城市生态修复和涵养水源、面山绿化等，扶贫用水主要用于深度贫困村群众发展庭院经济、设施农业和种植养殖产业。

杨欣怡　执笔

李顺卿　李　攀　审核

水库移民工作综述

水利部水库移民司

2019 年，水利部高度重视水库移民工作，紧紧围绕水利工程移民安置、水库移民后期扶持、加强制度建设和监督管理等重点工作，坚持问题导向、完善顶层设计，创新工作机制、强化分类指导，补齐工作短板、实施严格监管，扎实做好移民安置和后期扶持工作，保障重大水利工程顺利建设，保障水库移民合法权益，促进库区和移民安置区经济社会稳定发展。

一、聚焦“水利工程补短板”，进一步加强移民安置管理

（一）建立重大工程移民搬迁进度协调机制

根据各地制定的移民搬迁年度计划，按季度跟踪移民搬迁进展，研判移民搬迁进度与工程建设进展匹配性，针对移民搬迁进展缓慢的工程，采取约谈、通报以及现场检查等方式加强督促指导，压实地方政府责任，争取移民搬迁进度与工程进度相匹配。2019 年重点对 172 项节水供水重大水利工程中的 33 项水库工程进行调度，涉及征地移民投资 883 亿元、移民搬迁 21 万人，截至 2019 年底，已完成移民投资 512 亿元、搬迁移民 11 万人。水利工程移民安置工作的加快推进，促进了工程建设明显提速。

（二）认真落实水利工程移民安置验收制度

主动沟通国家文物局、国家档案局等单位，积极协调河南、湖北两省有关部门，完成南水北调工程丹江口水库移民安置验收。会同地方组织完成对河南出山店、新疆阿尔塔什、河南前坪以及大藤峡 4 座水利工程移民安置阶段验收工作，实施河北双峰寺和江西浯溪口 2 个工程移民安置后评价，加强对河北双峰寺、黑龙江奋斗等水利工程移民安置验收工作的行业

指导，加大对四川紫坪铺、嫩江尼尔基等7座重点水利工程移民竣工验收的督促，保障移民安置质量，促进工程尽早投入运行、发挥效益。

（三）加强移民安置前期工作和实施管理工作

落实国务院关于抓紧启动和开工一批重大水利工程的要求，全年审核审批30多项水利工程移民安置规划（大纲），为工程开工建设创造条件。新开工重点水利工程23项，其中172项节水供水重大水利工程10项，水库工程5项，移民投资97亿元，搬迁移民1.2万人。组织有关部门和单位、地方政府及其移民管理机构，协调安徽引江济淮、大藤峡等工程移民安置工作中遇到的重大问题，促进工程顺利建设。

二、贯彻以人民为中心发展理念，组织做好水库移民后期扶持工作

（一）加强移民后期扶持人口管理

组织核定2018年度新建大中型水库移民后期扶持人口11.34万人，并于2019年纳入后期扶持范围，全国大中型水库移民后期扶持总人口达到2486万人。组织各地开展后期扶持人口信息数据稽核、贫困移民人口精准识别等工作，着力加强水库移民后期扶持信息系统和后期扶持人口基础数据库建设。

（二）加大移民增收致富工作力度

会同财政部下达中央水库移民扶持基金378亿元，比2018年增长29%。继续实施水库移民脱贫解困、增收致富和美丽家园建设“三大工程”，不断改善移民生产生活条件，推进库区和移民安置区产业发展。通过召开部分省市移民机构负责人务虚座谈会，组织东中西部地区交流学习，召开产业发展现场会，推进产业发展试点示范等方式，鼓励有条件、有意愿的地方先行先试，破解库区产业发展难题。组织推动探索“飞地经济”“物业经济”等新扶持模式，寻找库区和移民安置区乡村振兴和产业发展的新路子。

（三）加强后期扶持资金项目管理

继续开展水库移民后期扶持政策实施稽察审计、绩效考核、监测评估

等工作，会同财政部将绩效考核结果作为后期扶持资金分配因素，充分发挥奖优罚劣和正面导向作用。组织有关单位和专家提前谋划“十四五”期间水库移民后期扶持工作总体思路和重点工作，努力推动移民乡村全面振兴。

（四）做好对口支援和对口协作工作

继续做好三峡库区对口支援工作，深入实施全国对口支援三峡库区2014—2020年规划，组织对规划执行情况进行评估，着手研究下一轮规划工作思路。会同湖北省、重庆市举办全国对口支援三峡库区经贸洽谈会、三峡国际旅游节等活动，拓宽库区招商引资渠道。协调开展南水北调对口协作工作，配合国家发展改革委对丹江口库区及上游地区对口协作工作协调小组成员进行调整，组织有关地方和单位做好对口协作工作方案的实施工作。

三、完善管理制度和工作机制，加大移民工作监管力度

（一）加强制度建设和课题研究

制定出台《水利部关于加强水库移民监督管理工作的指导意见》和《水库移民工作监督检查办法（试行）》，编制发布《大中型水库移民后期扶持监测评估导则》，为移民工作强监管提供制度依据。组织开展水库移民稳定与中长期发展战略研究、《大中型水利水电工程征地补偿和移民安置条例》修订前期工作研究，编辑印发《水库移民政策法规汇编》和《地方水库移民政策法规选编》。

（二）完善监督管理体制机制

将移民工作监督管理的重点，由原来检查具体水利工程和抽查县级移民管理机构，转移到全面压实省级管理机构落实移民工作主体责任上。统筹运用稽察审计、绩效评价、监测评估等移民工作监管手段，通盘考虑监督检查周期、年度计划和频次，减轻地方负担，提高监督效果。充分发挥专业人员、专业队伍作用，提高监督检查的专业水平。

（三）加大监督检查和追责问责力度

组织完成12省24县水库移民后期扶持稽察和8个在建工程移民安置

稽察，完成18省40县后期扶持资金内部审计，对3个在建工程移民搬迁进度进行暗访。全年共发现248个问题，建立监管问题台账，要求地方逐条整改落实。针对发现的水利工程移民搬迁进度滞后问题，约谈了3个省级移民管理机构。针对发现的水库移民后期扶持资金管理和水利工程移民搬迁安置问题，责成10个省级移民管理机构实施责任追究。

四、深入践行水利改革发展总基调，扎实做好2020年移民工作

（一）进一步做好水利工程移民安置工作

突出保障和服务工程建设、保障移民权益和社会稳定两个重点，狠抓移民安置前期工作、实施管理和验收三个环节，针对移民安置工作中存在的突出问题实施全过程强监管。切实把好移民安置规划（大纲）审核审批关，进一步完善水利工程移民搬迁进度协调机制，及时发现和协调解决移民安置工作中遇到的困难和问题，加强对重大水利工程移民安置验收工作的督促指导。

（二）进一步深化水库移民后期扶持工作

通过稽察审计、绩效考核、监测评估等强监管手段，进一步加强后期扶持资金项目的监督管理，切实解决一些地方后期扶持资金拨付进度滞后和资金使用效益不高等问题。进一步落实“政策导向、经验导入、信息导出”工作思路，大力扶持发展“飞地经济”“物业经济”“电商经济”等新业态，拓宽移民增收渠道。继续做好三峡库区对口支援和南水北调对口协作工作。

（三）进一步加强移民工作监督管理

不断完善监督体制机制，督促指导各省（自治区、直辖市）落实本行政区域内的水库移民监管责任，强化基层监管力量。统筹运用稽察审计、绩效评价、监督评估、监测评估、统计分析等手段，充分发挥技术支撑单位作用，采取明察和暗访相结合的方式，压实省级主体责任，进一步提高监管水平。细化完善问题清单，针对贯彻移民政策有差距、截留挪用资

金、损害移民群众合法权益和信访稳定工作不到位等问题开展重点监管。推进涉水库移民工作各项监督检查措施的有机衔接，加强成果共享，提高评价的精准水平。抓好监督成果运用，督促问题整改，实施责任追究。

朱闽丰　宋向阳　执笔

卢胜芳　审核

专栏十

三峡库区对口支援和南水北调对口协作

水利部水库移民司

2019年，水利部围绕贯彻落实《中共中央 国务院关于建立更加有效的区域协调发展新机制的意见》精神，继续推进对口支援三峡库区合作规划和丹江口库区及上游地区对口协作工作方案实施，助力三峡库区打赢脱贫攻坚战、巩固脱贫攻坚成果、提升基本公共服务供给能力，聚焦丹江口库区及上游地区水源保护和精准脱贫，各项工作推进有序并取得新进展。

一、充分发挥指导作用，协调各方形成工作合力

编制贯彻落实《中共中央 国务院关于建立更加有效的区域协调发展新机制的意见》的工作方案，并制订2019年对口支援三峡库区工作指导意见，指导各对口支援省（直辖市）开展工作。组织召开全国对口支援三峡库区合作工作座谈会，研究部署对口支援工作。积极与相关部门沟通，共同推进南水北调对口协作。配合国家发展改革委做好丹江口库区及上游地区对口协作工作领导小组成员调整、规划方案实施等工作。

二、积极搭建合作平台，促进库区经济社会发展

水利部与湖北省、重庆市人民政府共同举办第十二届全国对口支援三峡库区经贸洽谈会，期间共签约项目127个，预计将为库区引入资金933.5亿元，引导库区产业向着生态优先、绿色发展的方向迈出前进步伐。与商务部、国务院国资委、中国侨联、中国促进会及重庆市人民政府共同主办第二届中国西部国际投资贸易洽谈会，为库区产业转型升级和品牌成长壮大赋能。协调促成上海对口帮扶地区特色商品展销会、湖北浙商商会53家企业赴郧阳考察投资，帮助贫困县区引入企业、扩大农产品销路，助

推水源区脱贫攻坚。在对口支援（协作）资金的支持和引导下，一大批“高精尖”“专特新”项目落户库区和水源区，有力推动了经济转型升级和新旧动能转换，大力促进了库区和水源区的经济社会全面高质量发展。

三、深入开展调查研究，解决新情况新问题

组织召开长江经济带10省（直辖市）对口支援工作机构研讨会，就服务长江经济带绿色发展开展对口支援和区域发展进行专题研究。完成对口支援三峡库区规划执行情况中期评估，为继续推动规划实施、继续开展下一轮规划编制打好基础。开展丹江口库区及上游地区对口协作工作调研，深入了解对口协作工作现状，为推动水源地绿色发展提出建议。

一年来，水利部充分发挥指导、组织作用，协调对口支援（协作）省（直辖市）继续加大资金、项目、人才支持力度，通过举办经贸交流、团组互访、成果展览、商品展销等系列活动，助推三峡库区和丹江口库区脱贫攻坚和经济社会发展。据统计，2019年全国对口支援三峡库区引入资金总额251.9亿元（其中社会公益类6.9亿元，经济合作类245亿元），培训致富带头人2363人，技能培训1584人次，干部交流50人次，团组互访283批次2550人次。南水北调对口协作为丹江口库区及上游地区引入协作资金8亿元，实施项目166个，开展干部双向挂职60多人次，培训党政干部、专业技术人才、贫困村致富带头人1000多人次。在援受（协作）双方的共同努力下，初步形成了资源共享、要素整合、优势互补、互惠互利、合作共赢的发展模式，基本实现了共建共享、协作共赢的良好局面。

袁　烨　执笔
卢胜芳　审核

水旱灾害防御篇

2019 年水旱灾害防御工作综述

水利部水旱灾害防御司

2019 年，在党中央、国务院的坚强领导下，水利部超前部署，落实责任，狠抓隐患排查整改，强化监督管理，指导督促各流域、各地有效防范应对水旱灾害，有力保障了防洪和供水安全，取得了水旱灾害防御的重大胜利。

一、汛情旱情险情

2019 年我国的汛情旱情险情主要有以下五个特点：

一是降雨南北多中间少，局地强度大。全国共出现 41 次强降雨过程，为 2013 年有记录以来第二多。降雨呈“南北多、中间少”，江南、华南、西北、东北等地部分地区较常年多 2 ~7 成，华北、黄淮、江淮、江南北部等地少 3 ~6 成。6—7 月江淮、江南、西南东部等地连续出现强降雨，福建省降雨量列历史同期第 1 位；6—9 月黑龙江省降雨量列历史同期第 1 位。有 5 个台风登陆，其中台风“利奇马”影响 13 个省（直辖市），降水总量达 1532.6 亿 m^3，为一般台风的 5.1 倍。

二是大江大河洪水多发，持续时间长。长江、黄河、淮河、珠江、松辽、太湖六大江河流域共发生 14 次编号洪水，长江中下游及两湖，黄河上中游，珠江流域西江，淮河流域沂河、沭河，松辽流域松花江、嫩江、辽河和黑龙江中游，太湖均发生超警洪水。长江中下游干流及两湖超警 13 天。黄河干流发生 4 次编号洪水，上游发生 1989 年以来 6 月同期最大洪水。松花江、嫩江干流分别超警 40 天、24 天，黑龙江干流超警 53 天，同江至抚远江段超保 32 天。

三是中小河流超警频繁，洪水量级大。全国有 615 条河流发生超警以上洪水，较同等测报条件下的 2017 年（478 条）、2018 年（453 条）明显偏多，119 条河流发生超保洪水，35 条中小河流发生超历史洪水。吉林图们江、浙江钱塘江、福建闽江、江西赣江、湖南湘江、广东韩江、广西桂江、四川岷江、陕西渭河和汉江等 34 条主要江河发生超警以上洪水，部分河流多次超警或超保。湖南湘江下游发生超 50 年一遇特大洪水。

四是工程出险点多面广，水毁损失大。截至 11 月统计，洪涝灾害共损坏大中型水库 60 座、小型水库 614 座，损坏堤防 2.5 万处、4994km，损坏护岸 4.6 万处、水闸 4567 座，冲毁塘坝 1.7 万座，损坏灌溉设施 11 万处、水文测站 1699 个、机电井 1.6 万眼、机电泵站 3336 座、水电站 1277 座；水利设施损毁直接经济损失 324 亿元，为近 5 年损失第二多的年份。江西、四川、湖南、山东、浙江、福建等省水利设施损失较重。

五是干旱南北交替出现，局部旱情重。1—6 月，受降雨偏少影响，东北、华北、西南等地部分地区发生春夏旱，7 月初全国一度有 5503 万亩耕地受旱、116 万人因旱饮水困难，后期出现降雨，旱情缓解。进入 8 月以后，江南、江淮等地降水持续偏少、江河水位偏低，发生了夏秋冬连旱，截至 12 月中旬，全国耕地受旱面积 3187 万亩，230 万人因旱饮水困难，旱情主要分布在江西、安徽等地。

二、水旱灾害防御工作

党中央、国务院高度重视，习近平总书记两次对防汛抢险救灾作出重要指示，李克强总理多次作出批示，主持两次国务院常务会议和防汛抗旱工作会议研究部署防汛抗旱工作，韩正副总理、胡春华副总理、王勇国务委员等国务院领导同志多次提出明确要求。水利部认真贯彻落实党中央、国务院领导同志重要指示批示和国务院、国家防总相关会议部署，组织指导各流域、各地全力做好水旱灾害防御各项工作。

一是充分做好水旱灾害防御准备。先后召开全国水利工作会、水库安全度汛视频会、水旱灾害防御工作会、山洪灾害防御视频会等，对水旱灾害防御作出全面部署。组织七大流域防总召开工作会议，均派出部领导到会指导。组织 6 个由部领导带队的检查组，赴 12 个省（自治区、直辖市）重点区域开展汛前检查，针对发现的问题“一省一单”限期整改。编制修

订江河洪水调度、骨干水工程防洪联合调度和应急水量调度等方案预案，提出防御流域超标准洪水的调度方案。以水工程调度为重点，组织七大流域开展防洪调度演练。推进河湖"清四乱"行动，强化行蓄洪空间管控。督促各地及时修复2018年4.1万多处水毁工程，恢复防洪抗旱功能。

二是加强监测预警和有针对性部署。加密雨水情监测频次，滚动预测预报，提前对重大汛情作出预判。坚持24h值守，密切监视汛情旱情险情，累计会商205次，国家防总副总指挥、水利部部长鄂竟平主持会商会65次，与有关流域管理机构和省（自治区、直辖市）水利部门视频连线，有针对性地安排防御工作。及时发出暴雨洪水防范和旱灾防御通知，启动应急响应10次，商财政部下达水利救灾资金29.11亿元，派出103个工作组赴水旱灾区一线，国家防总秘书长、水利部副部长叶建春，水利部副部长魏山忠多次带领工作组赴黑龙江、浙江、山东、湖南、四川、安徽等地指导防洪抗旱工作。针对南方夏秋冬连旱，组织指导有关省（自治区、直辖市）按最不利情况考虑，制定城乡群众生活供水保障方案并督促落实相关措施，保障用水安全。

三是科学实施水工程防洪抗旱调度。指导各地水利部门科学调度水库预泄迎洪、削峰错峰、调水补水，充分发挥防洪抗旱综合效益。汛期七大流域共2690座大中型水库（湖泊）参与防洪调度，拦洪1518亿m^3。长江委调度三峡水库压减下泄流量，减轻洞庭湖区和长江中下游干流防洪压力；汛后调度三峡、丹江口以及长江上游水库群为下游补水，保障长江、汉江中下游及两湖地区用水。黄委调度龙羊峡、刘家峡、小浪底等水库拦洪排沙，成功应对黄河上游洪水，为沿黄地区提供抗旱水源。珠江委会同广西壮族自治区实施水库群联合调度，降低西江洪峰水位2.5m。松辽委调度丰满、白山、尼尔基和察尔森等4座水库拦洪109.9亿m^3，丰满水库最大削峰率97%。防御台风"利奇马"期间，淮委调度彭家道口闸等骨干工程，确保洪水平稳入海；浙江、山东等地调度大中型水库削峰错峰，保障防洪安全。

四是加大水库运行监管力度。制定《汛限水位监督管理规定（试行）》和《水工程防洪抗旱调度运用监督检查办法（试行）》，公布全国大型水库大坝安全责任人名单。完成全国4037座大中型水库汛限水位核定入库，建立线上线下监管机制。线上逐日逐库分析水库超汛限情况，线下对监控发现异常的水库进行现场核查，督促有关地区尽快降低水位，针对超汛限时间较长、幅度较大的水库，“一省一单”下发通知42个，限期整改。开展小型水库“四不两直”暗访督查，督促各地将安全度汛措施落实到位。

五是抓好山洪灾害防御和堤防巡查防守。指导各地完善山洪灾害预警发布机制，及时发布预警，提醒地方人民政府提前转移受威胁人员。会同中国气象局发送山洪灾害气象预警125期，各地水利部门共发布县级预警6.4万次，发送预警短信2195万条，启动预警广播55万次。实时监测与重点抽查、督查暗访相结合，强化县级山洪灾害监测预警系统运行管理。加强山洪灾害防治项目建设，推进各地落实运行维护经费。有针对性地指导督促有关地区上足人员，做好拉网式巡查值守，做到险情早发现、早处理、早消除。

六是强化信息报送和宣传引导。加强水旱灾害防御简报等的报送，及时向党中央、国务院报告汛情旱情和防御工作情况。完善部内和部际工作机制，召开新闻发布会，编发新闻通稿，主动发布汛情旱情和防御工作情况，组织专家接受采访，解读舆论热点，及时回应社会关切。组织媒体赴水旱灾区一线采访，充分反映各地工作举措和经验成效。制作刊发水旱灾害防御知识漫画，增强群众防灾减灾意识。

在各级水利部门共同努力下，2019年全国大中型和小（1）型水库无一垮坝，主要江河堤防无一决口，群众饮水安全得到保障，最大程度减轻了洪涝干旱灾害损失。

三、2020年工作打算

2020年，水旱灾害防御工作将围绕“以水工程防洪抗旱调度为核心，强化水旱灾害防御行业监管”的工作思路，坚持底线思维、强化风险意识，指导各流域、各地全力做好水旱灾害防御各项工作，有力保障防洪和供水安全，牢牢守住水旱灾害防御底线。

一是做好水旱灾害防范应对。提前对水旱灾害防御工作作出全面部署，督促及时修复水毁水利工程，开展汛前检查，整改消除度汛隐患。密切监视汛情旱情，加强值守会商，及时发布预警，有针对性地作出防范部署，及时派出工作组、安排水利救灾资金，指导支持各流域、各地做好水旱灾害防范应对。

二是抓好水工程防洪抗旱调度。编制修订重要江河湖泊洪水调度、重要水工程防洪联合调度和应急水量调度等方案预案，开展防洪调度演练。加强预测预报，科学精细调度水工程，充分发挥防洪抗旱效益。推进流域水工程防灾联合调度系统建设，开展大洪水、特大干旱和山洪灾害防御战略研究，提升水旱灾害防御能力。

三是强化水旱灾害防御监管。以水库汛限水位、水工程防洪抗旱调度运用、山洪灾害监测预警为重点，制定完善相关监督管理规定和督导检查办法，严控水库超汛限水位运行，确保水库调度运用安全、规范、高效，确保山洪灾害监测预警平台正常运行、预警信息及时发布，保障人民群众生命安全。

王　为　执笔

王　翔　审核

专栏十一

全面提升水工程防洪抗旱调度能力

水利部水旱灾害防御司

一、编制完善调度方案预案，开展防洪调度演练

结合流域防洪抗旱工程能力和经济社会现状，组织编制和修订完善2019年江河洪水调度、骨干水工程防洪联合调度、流域水量应急调度等方案预案，提出防御流域超标准洪水的调度方案。组织编制并批复了2019年长江流域水工程联合调度运用计划、丰满白山水库防洪联合调度方案、雄安新区起步区安全度汛方案、粤港澳大湾区防洪保障方案、三峡水库试验性蓄水实施计划等方案，完成了黄河小浪底水库汛限水位调整批复工作。组织七大流域以新中国成立以来的典型洪水为背景，以重点骨干工程防洪调度运用为重点，开展防洪调度演练，有针对性地做好流域性大洪水应对准备。指导地方及时修订完善以水库等水工程调度为重点的各类方案预案，提高方案预案的可操作性。

二、科学精细调度水工程，发挥防洪抗旱效益

2019年汛期督促、指导各流域管理机构和各地依法依规、科学精细调度水工程，根据降雨预测和洪水预报，通过预泄迎洪、拦峰削峰错峰、退水腾库等措施，有效减轻下游防洪压力；适时开展调水补水，有力保障城乡供水安全。据统计，汛期七大流域共2690座大中型水库（湖泊）参与防洪调度，拦洪1518亿m^3。长江委汛期调度三峡水库减小下泄流量，减轻洞庭湖区和长江中下游干流防洪压力；调度三峡水库连续第10年实现175m试验性蓄水目标，为发挥补水、发电等综合效益奠定坚实基础；汛后调度三峡、丹江口以及长江上游水库群加大下泄流量为下游补水，上游控制

性水库群累计补水63亿m^3，丹江口水库累计向汉江中下游补水近10亿m^3，保障长江、汉江中下游地区及两湖抗旱用水需求。黄委调度龙羊峡、刘家峡、小浪底等骨干水库提前预泄腾库，适时拦洪排沙，成功应对黄河上游洪水，为沿黄地区提供抗旱用水。珠江委会同广西壮族自治区实施水库群联合调度，降低西江洪峰水位2.5m。松辽委调度丰满、白山、尼尔基和察尔森等4座骨干水库拦蓄洪水109.9亿m^3，其中丰满水库最大削峰率97%。防御台风“利奇马”期间，淮委调度彭家道口闸等沂沭泗洪水东调南下骨干工程，确保洪水平稳入海；浙江、山东等地调度大中型水库削峰错峰，保障防洪安全。湖南省调度资水柘溪水库提前将水位降至汛限以下7.6m，拦洪约12亿m^3，降低下游桃江站洪峰水位5m左右。

三、强化监管夯实基础，提高调度保障能力

2019年出台了《水工程防洪抗旱调度运用监督检查办法（试行）》，汛期采取线上线下方式，密切监视水库调度运行。开展“四不两直”水工程防洪调度暗访，检查了24个省（自治区、直辖市）的110座大中型水库，对发现的问题“一省一单”发出通知要求整改，督促有关地区做好水工程调度运用管理工作。大力推进流域水工程防灾联合调度系统建设前期工作，组织编制系统建设可行性研究报告，推进示范系统建设。2019年首次举办水利系统水工程联合调度培训班，提升了流域和地方水工程联合调度管理能力和水平。

闫永銮　褚明华　骆进军　李荣波　执笔

尚全民　审核

专栏十二

切实强化水库汛限水位监管

水利部水旱灾害防御司

一、制定《汛限水位监督管理规定（试行）》，保障监管工作有法可依

水利部2019年5月24日印发《汛限水位监督管理规定（试行）》，这是我国首部针对水库汛限水位监督管理专门制订的行业管理规范性文件，明确了从汛限水位设定、复核、上报，到汛限水位监督管理职责权限，再到监督管理的具体内容、要求、程序、方式以及责任追究的各环节事项，为加强和规范水库、水电站和湖泊汛限水位运行和监督管理工作提供了依据。

二、做好大中型水库汛限水位核定，确定监管规模和基准

2019年1月下旬，各省（自治区、直辖市）水利（水务）厅（局）以及各流域管理机构对所辖大中型水库开展全面核查，确认汛限水位、总库容等水库特征值，明确汛限水位分期范围及控制上限。各项核查数据由水利部统一录入数据库，作为汛期水库汛限水位监管依据。3月26日，全国大中型水库汛限水位核定入库工作全部完成，共监管全国大中型水库4037座，其中大型722座，中型3315座。

三、强化汛期汛限水位实时监管，同步督促问题整改落实

一是密切监视全国大中型水库水位实时变化情况，每日更新超汛限水位水库信息表，通过电话沟通、微信工作群等渠道，每日督促核实水库超汛限原因、整改措施、调度计划、实时水情等信息。针对超汛限水位时间

较长、幅度较大的水库，“一省一单”下发通知42个，要求各地“一库一报告”上报水库超汛限原因，明确整改措施，限期整改到位。

二是充分发挥各流域管理机构监管作用。2019年入汛后，各流域管理机构按照水利部要求，积极组织力量根据管理权限对本流域片区内的水库、水电站和湖泊加强监管，针对大型和重要中型水库、水电站以及重要湖泊逐日填报《超汛限水位运行监管情况信息表》，逐一分析泄洪过程，及时向超汛限水位运行水库责任单位、责任人通告问题，督促检查地方水行政主管部门落实整改，逐库上报监管信息。

三是9月份向全国“一省一单”通告大中型水库信息报送情况，指出了水库上报信息过程中存在的报送不及时、要素不完整、频次不符合要求等3大类问题。各地各单位根据通告进一步加强了水库信息报送工作，保障报送信息要素完整，避免错报、漏报、缺报问题。

通过水利部、各流域管理机构以及地方各级水利部门的共同努力，2019年全国水库汛限水位监督管理工作有力有序开展，自上而下的汛限水位监督管理机制基本形成；汛限水位在水库汛期调度中的约束力大大增强；各级水利和水库水电站主管部门、基层政府、水库管理单位对汛限水位的重要性、严肃性有了明确认识；水库、水电站规范化管理和科学调度得到极大强化。汛限水位监督管理工作的强化，有力保障了水库度汛安全，确保了水库正常发挥拦洪削峰作用，2019年汛期，全国大中型水库无一垮坝，七大流域2690座大中型水库（湖泊）共拦蓄洪水1518亿m^3，最大限度减轻了洪涝灾害损失。

赵　璞　执笔

王章立　审核

链接

广西壮族自治区桂林市：树枝形水库群精准调度配置水资源

广西壮族自治区桂林市青狮潭、斧子口、川江、小溶江水库分别位于漓江上游4条干支流上，呈树枝形分布，形成树枝形水库群。漓江上游山高谷深，天气多变，干支流情况各异，下游桂林城区和阳朔段的防洪安全举足轻重，然而河道地质情况不同，水库群联合调度技术难度大。

2019年7月6—9日、11—14日漓江出现了流域性持续特大暴雨。两轮强降雨期间，桂林市水利局水库调度专家组不分昼夜，组织召开7次调度会商，科学研判，动态调度，14次对水库群进行洪水优化调度，20次按预案规定向水库下游县、乡、村发出排洪预警信息，向水库发出防洪调度指令32份，拦截水库群最大洪峰流量，4次为漓江错峰，3次为漓江拦洪削峰。

此次漓江上游水库群联合调度，为漓江桂林城区洪峰水位削峰0.95m，使桂林城区尤其是漓江东岸没有严重受淹，不仅发挥了极大的防洪效益，还积累了一份小单元树枝形水库联合调度的“桂林经验”。

漓江流域上游区，集水面积小，降雨时空分布不均，径流自身调节能力弱，导致汛期洪涝灾害频繁、枯水期严重缺水，制约社会经济可持续发展。斧子口、川江、小溶江水库建成后，桂林市漓江防洪及补水体系基本建成。通过对水库群联合调度，汛期，将有效降低漓江桂林城区段洪峰水位，减轻城区防洪压力；枯水期，将有效改变漓江生态环境，改善漓江通航条件，提高青狮潭灌区农田灌

溉保证率。桂林市建成了桂江上游洪水预报调度一体化平台，整合了水文预报和洪水调度两个工作流程。将通过调度一体化平台，把漓江的防洪效益和补水效益更好地结合起来，协调好防洪安全调度和生态补水调度，以实现水资源优化配置。

李　平　石珊珊　骆远柱　执笔

李顺卿　李　攀　审核

专栏十三

以人为本守住山洪灾害防御底线

水利部水旱灾害防御司

一是重点防范。2019年，按照国家防总副总指挥、水利部部长鄂竟平要求，始终将山洪灾害防御工作作为水旱灾害防御的两个工作重点之一，重点防范、重点应对。国家防总秘书长、水利部副部长叶建春主持召开山洪灾害防御工作视频会议进行全面部署。在每一次强降雨防御工作部署中，都对山洪灾害防范和监测预警提出要求。全年共发出12个专门通知，有针对性地指导地方做好山洪灾害易发区域防范工作。

二是补强短板。加强山洪灾害防治项目建设管理，组织召开2次项目建设管理会议，每月通报项目建设进度，项目年度总体建设进度达到94.1%，提前完成年度工作目标。发布实施行业标准《山洪沟防洪治理工程技术规范》(SL/T 778—2019)。

三是加强监督。对山洪灾害防御工作开展“四不两直”督查暗访，暗访范围覆盖全国29个省（自治区、直辖市）和新疆生产建设兵团的59个县、124个乡镇、240个行政村，对暗访发现问题逐一梳理，对问题的严重程度进行划分、得出概念性结论，逐一落实整改措施。派出17个司局级领导带队的调研组，对整改情况现场核查，跟踪整改。

四是强化运维。修订印发《山洪灾害防治非工程措施运行维护指南》《山洪灾害监测预警设施设备运行维护管理要求》，组织对青藏疆防汛预报预警技术人员开展技术帮扶；水利部领导亲自协调，首次将山洪灾害防治非工程措施运维资金纳入公益性水利工程设施中央补助范围，落实2019年资金1亿元，用于744个国家级贫困县山洪灾害防治非工程措施设施运行维护，10月下达2020年资金2亿元，支持范围扩展至中西部地区、贫困地区。

五是及时监测预警。会同中国气象局制作发送山洪灾害气象预警125期，其中在央视天气预报节目播出25期。指导地方加强监测预警，共启动6.4万次山洪灾害预警，向180万名防汛责任人发送预警短信2195万条次，启动预警广播55万次；首次开展黄土高原5000座骨干淤地坝小流域暴雨洪水预警工作，发布淤地坝暴雨洪水预警8期，对1991座淤地坝进行点对点预警提醒。

六是防灾成效明显。据统计，2019年全国共出现41次强降雨过程，为2013年以来同期第二多，局地强降雨多发频发。有615条河流发生超过警戒水位洪水，119条河流发生超保证水位洪水，35条河流发生超历史水位洪水，超警超保河流条数为1998年以来最多。根据相关部门统计资料分析，全国15个省（自治区、直辖市）共发生108起造成人员死亡的山洪灾害事件，造成347人死亡，低于2011—2018年年均死亡人数（351人），防治工作的开展为保障人民生命安全、最大程度减少损失提供了支撑和保障。

许　静　任　亮　执笔

尚全民　审核

专栏十四

有效防御黑龙江省2013年以来最大洪水

水利部水旱灾害防御司

2019年，黑龙江省发生2013年以来最大洪水，主要有3个特点：一是累积雨量大。6—9月累积降雨日数达92天，较常年汛期降雨日总数多23天。二是超警河流多。全省有44条河流发生超警以上洪水，其中16条河流发生超保洪水，5条河流发生超历史洪水，为2013年以来洪水范围最广。三是持续时间长。黑龙江干流、松花江干流、嫩江干流超警历时分别为53天、40天、24天，均为2013年以来超警时间最长。

水利部和黑龙江省认真贯彻落实习近平总书记重要指示和李克强总理等国务院领导同志批示精神，全力做好黑龙江省洪水防御工作。

一是强化工作安排部署。国家防总副总指挥、水利部部长鄂竟平共主持召开27次防汛会商会，水利部先后发出24个通知，分阶段、有针对性地安排部署黑龙江省水库安全和调度运用、堤防巡查防守、山洪灾害防御等工作。

二是加强预测预报预警。水利部坚持每日会商，滚动预测预报，及时向应急管理部发送汛情通报。黑龙江省水利厅16次组织多部门联合会商，制作洪水预报147次，发布汛情通报97次、县级山洪灾害预警1048次、预警短信2.2万条。

三是科学实施洪水调度。水利部指导107座大中型水库提前预泄，适时拦洪削峰错峰，累计拦蓄洪水185.2亿m^3，充分发挥了水库防洪减灾效益。松辽委科学调度丰满、白山、尼尔基和察尔森等4座骨干水库，共拦蓄洪水109.9亿m^3，其中尼尔基水库拦蓄洪水38.7亿m^3，最大削峰率68.9%；丰满水库拦蓄洪水57.2亿m^3，最大削峰率97%。黑龙江省精准调度莲花、镜泊湖、龙头桥、桃山等103座大中型水库拦洪削峰，共拦蓄

洪水75.3亿m^3，最大削峰率70%～86%，极大减轻了下游防洪压力。

四是突出堤防巡查防守。全省累计组织40多万人次上堤，对重点堤段、险工险段24h值守巡查，确保了堤防长时间高水位运行安全。

五是及时启动应急响应。为有效应对黑龙江省汛情，水利部启动Ⅲ级应急响应1次，Ⅳ级应急响应3次；松辽委启动Ⅲ级应急响应2次，Ⅳ级应急响应1次；黑龙江省水利厅启动Ⅳ级应急响应1次，维持时间长达40天。

六是加大协助指导力度。国家防总秘书长、水利部副部长叶建春率工作组赴黑龙江省协助指导洪水防御工作。水利部先后派出8个工作组和2个暗访组，协助指导黑龙江省做好防汛抗洪工作。黑龙江省水利厅共派出34个工作组、17个专家组，深入一线检查指导市县洪水防御工作。

七是密切国际协作。加强与俄罗斯有关方面水情信息交换和共享，优化中方尼尔基、丰满水库和俄方结雅、布列亚水库错峰调度，共同做好中俄界河黑龙江防洪工作。

张康波　冯明轩　执笔
王　翔　审核

专栏十五

全力防抗南方部分地区夏秋冬连旱

水利部水旱灾害防御司

一、旱情

2019年8月—12月上旬，长江中下游地区及太湖流域部分地区降水较常年同期偏少5成以上，其中江西大部、安徽南部降水偏少7成以上，均为70年来同期最少。主汛期持续高温少雨，导致部分地区发生夏旱，随后降雨持续偏少加上库塘蓄水不断消耗，夏旱演变成夏秋冬连旱，受旱范围持续扩大，受旱程度持续加剧，特别是山丘区群众饮水困难问题十分突出。2019年12月中旬旱情高峰时，江西、安徽、福建、湖北、湖南、重庆6省（直辖市）耕地受旱面积1969万亩，有228万人因旱饮水困难。2019年12月中旬—2020年1月上旬，南方旱区多次出现降水过程，土壤墒情得到明显改善，已断流的部分小河小溪恢复来水，库塘蓄水有所增加，加之新建抗旱应急水源工程发挥重要作用，旱情基本缓解。

二、抗旱工作

针对严峻旱情形势，水利部会同南方受旱6省（直辖市）超前部署，积极应对，采取多种有效措施保障群众饮水安全。

一是领导重视，周密安排部署。国家防总副总指挥、水利部部长鄂竟平多次召开专题会商会，有针对性地作出安排部署。江西、安徽、福建、湖北、湖南等省份主要领导多次作出批示并赴重旱区调研指导；安徽省省长李国英多次主持召开旱情会商会调度抗旱工作，从省长预备费中安排5000万元用于抗旱工作；江西省省长易炼红主持召开了全省抗旱救灾工作调度会安排部署抗旱工作。

二是启动响应，强化工作指导。国家防总秘书长、水利部副部长叶建春亲赴安徽省重旱区检查指导。水利部启动旱灾防御Ⅳ级应急响应，召集受旱省（直辖市）在安徽省六安市召开了抗旱工作现场会，先后派出14个工作组赴南方旱区，5次发出通知对做好抗旱保人饮工作提出针对性要求。安徽省水利厅启动旱灾防御Ⅲ级应急响应，江西省和湖北省水利厅启动旱灾防御Ⅳ级应急响应，受旱6省（直辖市）共派出50多个工作组赴旱区一线检查指导。

三是科学调度，保障抗旱用水。水利部调度长江上游水库群、三峡、丹江口等骨干水利工程，适时加大下泄流量，为下游旱区补水。安徽省调度淠史杭灌区三大渠首和驷马山引江工程累计供水50多亿m^3，保障合肥、六安、滁州、芜湖等地供水安全。湖北省调度引江济汉工程，向汉江和长湖补水18亿m^3。湖南省调度湘江、沅江上游水库适时为下游补水，保障沿线城乡供水安全。

四是多措并举，确保人饮安全。水利部针对2020年3月底前仍无有效降水的最不利情况，组织受旱6省（直辖市）以县为单位，编制实施《2019—2020年度城乡群众生活供水保障方案》；商财政部向南方6省（直辖市）安排中央水利救灾资金6.03亿元。受旱6省（直辖市）根据方案，多措并举，采取修建抗旱应急水源工程、应急调水、抗旱打井、拉水送水等紧急措施，保障群众生活用水。福建省水利厅加强对各流域内重点水库和承担供水任务水库的水量调度，严格控制下泄流量，留足冬春供水量。重庆市水利局要求受旱县区的水电站停止发电用水，优先保障城乡供水。

杨　光　黄　慧　执笔

顾斌杰　审核

2019 年天气气候特点对我国水情的影响

水利部水文司　水利部信息中心

2019 年，全国共出现 41 次强降雨过程，长江、黄河、淮河、珠江、松辽、太湖等六大江河流域发生 14 次编号洪水，长江洞庭湖水系湘江发生特大洪水，黄河上游持续大流量近 1 个月；黑龙江超警达 53 天，为 2013 年以来最长；共有 615 条河流超警、119 条河流超保，为 1998 年以来最多；有 5 个台风登陆我国，超强台风“利奇马”降雨总量大、持续时间长、影响范围广，为历史罕见；旱情阶段性特征明显，南方出现伏秋连旱。

一、强降水过程多、暴雨强度大，东北汛期降水多、江南降水“前多后少”

2019 年，全国平均降水量 625mm，与常年同期（625mm）持平，东北、西北、江南、华南等地偏多，江淮、黄淮等地偏少；共出现 41 次强降雨过程，为 2013 年有强降水过程记录以来第二多，有 54 个县市最大日降雨量突破当地历史极值，最大日雨量为浙江省乐清市福溪水库 8 月 9 日 882mm，突破浙江省历史极值（乐清砩头 804mm，2004 年）。东北 5—9 月持续阴雨天气，黑龙江降水量偏多 46%，为 1961 年以来最多；江南 1—7 月降水量偏多 3 ~5 成，8 月以来偏少 5 ~8 成，其中江西、福建偏少 67%、58%，分别为 1961 年以来同期最少和第二少。

二、“利奇马”台风降雨总量大，影响范围广、程度重

2019 年，共生成 29 个台风，较常年（25.5 个）偏多 3.5 个，其中“木恩”“韦帕”“利奇马”“白鹿”“米娜”等 5 个台风登陆我国，较常年（7.2 个）偏少 2.2 个。第 9 号台风“利奇马”8 月 10 日以超强台风（16

级）登陆浙江，为1949年以来登陆我国大陆台风第5强；降雨总量达1532.6亿m^3，是台风平均降雨总量的5.1倍，为1949年以来影响我国降雨总量最大的台风；山东过程平均降雨量158mm，超过了2018年“温比亚”台风降雨量（135.5mm），为有记录以来的过程降雨量最大值；浙江过程平均降雨量165mm，温州乐清福溪水库过程雨量达904mm，列登陆浙江台风最大点降雨量第二位（第一位为2004第17号台风“云娜”的乐清砩头916mm）。台风北上影响太湖、长江、淮河、黄河、海河、松辽六大江河流域、13个省（直辖市），长达8天，致使139条河流超警、54条河流超保、10条河流超历史，山东沂河和沭河、松花江发生编号洪水，山东弥河发生重现期近50年的大洪水。

三、六大江河流域发生编号洪水，超警河流多、洪水频次高、持续时间长

2019年，长江、黄河、淮河、珠江、松辽、太湖等六大江河流域共发生14次编号洪水，全国25个省（自治区、直辖市）615条河流超警，119条河流超保，35条河流超历史，超警超保河流条数为1998年以来最多，超历史河流条数列2009年以来第4位，其中福建闽江、广西桂江、江西昌江、湖南湘江等河流超警4～11次。长江中下游干流及两湖超警3～13天，湖南湘江下游发生超50年 遇特大洪水；黄河上游发生1989年以来6月同期最大洪水，兰州站流量维持3000m^3/s以上天数达26天，中游及渭河发生秋汛；黑龙江、松花江、嫩江超警24～53天，为2013年以来超警历时最长。

四、旱情阶段性区域性特征明显，南方伏秋连旱重

3—4月，华北及东北降水偏少，部分地区出现春旱。5—8月，江淮黄淮地区降水偏少2～5成，山东省、河南省、安徽省及江苏省出现阶段性干旱。8—12月，长江中下游地区持续少雨，江西省、福建省、湖北省、安徽省降水量分别偏少64%、56%、47%、37%，列1961年以来同期降水量最少第1位、第2位、第4位和第6位；江西北部、安徽南部等地部

分地区连续无有效降水日数达 80 天，近 90 县区出现土壤中度以上缺墒；洞庭湖、鄱阳湖各水系来水偏少 3 ~7 成，江西赣江、抚河、信江、饶河等河流有 14 站水位创历史新低。

胡智丹　执笔

孙春鹏　审核

专栏十六

有力应对台风“利奇马”暴雨洪水

水利部水旱灾害防御司

2019年8月4日17时，第9号台风“利奇马”生成，10日1时45分前后在浙江台州温岭沿海登陆，11日20时50分前后在山东青岛黄岛沿海再次登陆，13日14时在渤海海面停止编号。台风“利奇马”主要有以下4个特点。一是登陆强度大。在浙江温岭登陆时中心附近最大风力16级（52m/s），登陆强度列1949年以来登陆我国台风第5位。二是影响时间长。台风从登陆到停止编号，维持时间长达85h；降雨过程从8月9—16日，影响时间长达8天。三是降雨量大。累积降水量大于250mm、100mm、50mm的暴雨笼罩面积分别为5.1万km^2、44.2万km^2、90.9万km^2，累积降水总量约1532.6亿m^3，为一般台风的5.1倍。四是超警河流多。台风先后影响太湖、长江、淮河、黄河、海河和松辽等六大江河流域13个省（直辖市），有139条河流发生超警以上洪水，其中54条河流发生超保洪水。

在各方共同努力下，“利奇马”台风防御工作取得重大胜利，实现了水库无一垮坝，主要江河堤防无一决口，最大程度减轻了洪涝灾害损失。

一是领导高度重视。李克强总理多次批示，要求指导地方扎实做好防范，压实各环节责任，最大限度减轻灾害影响，保障人民群众生命财产安全。国家防总副总指挥、水利部部长鄂竟平先后11次主持召开防汛会商会，台风登陆当天密集滚动会商4次，按照影响顺序先后3次视频连线山东、河南、河北、辽宁等省和有关流域管理机构，分阶段安排部署重点防御工作。水利部启动Ⅲ级应急响应，先后发出10个通知，有针对性地部署重点地区水库安全和调度运用、堤防巡查防守、山洪灾害防御等工作。

二是科学实施洪水调度。水利部指导有关地方提前安排水库预泄，留足防洪库容，科学调度542座大中型水库调控洪水，累计拦蓄洪量51.39

亿 m^3，充分发挥了防洪减灾效益。

三是突出堤防巡查防守。针对暴雨影响区域内一些江河堤防险工险段多、防洪标准低的不利因素，水利部指导督促有关地方及时开展巡堤查险，加强薄弱堤段、险工险段等巡查力度，上足人员，做到抢早抢小。浙江、江苏、辽宁、吉林、山东等省累计组织近60万人上堤开展巡查防守，对重点堤段、险工险段24h值守巡查。

四是加大指导力度。国家防总秘书长、水利部副部长叶建春率工作组赴台风滞留回旋区的山东省和防御薄弱区的河北省指导台风强降雨防御工作，同时水利部派出10个由司局级领导带队的工作组分赴浙江、山东、河南、河北、辽宁、吉林和黑龙江等省协助指导防御工作。

张康波　冯明轩　执笔

王　翔　审核

加强水文情报预报工作
为水旱灾害防御提供有力支撑

水利部信息中心

2019年，汛情旱情严峻，水文部门深入贯彻落实水利改革发展总基调，进一步提高政治站位，强化大局意识，抓实抓细工作，将水情监测预报预警作为首要任务，狠抓预测预报能力水平提升和水库度汛安全强监管服务，为守住水旱灾害防御底线、最大程度地减轻洪涝干旱灾害损失提供了有力支撑。

一、贯彻落实水利改革发展总基调，确立水文情报预报工作思路和机制

落实水利改革发展总基调的要求，确立了“预测预报补短板、行业监管强支撑”的水情工作思路，加强顶层设计、健全工作机制、强化业务管理，提高水情业务能力和工作水平。

一是召开了全国水情工作会议。提出了新时期水情工作目标，出台了《关于加强水文情报预报工作的指导意见》，明确了推进洪水预报调度一体化和旱情监测评估常态化，拓展服务水资源管理与调度、水生态环境修复、水工程运行监管等方面的重点工作任务。

二是召开了流域水情预测预报工作座谈会。明确了树立“全国一盘棋”思想，建立健全优化协同高效的水情预测预报联动工作机制；采取有效手段，实现信息全面共享和对外统一发布；加强联合会商和滚动预报，提高预报精准度和时效性。

三是组织修订海河流域主要江河洪水预报方案。水利部信息中心与海委水文局以及河北、河南、北京、天津等省（直辖市）水文部门团结协作，扎实工作，6月底前完成了15个重点断面洪水预报方案修编与系统集

成、68 个应急监测断面信息入库共享等工作，为备汛迎战海河流域“七下八上”防洪关键期洪水提供了重要的技术保障。

四是加强水情工作业务管理。印发了《关于下达 2019 年报汛报旱任务的通知》《全国主要江河洪水编号规定》《我国入汛日期确定办法》等，强化了水情工作的业务管理。

二、拓展中长期洪旱趋势研判，加强降雨量和洪水定量预测分析

利用数理统计、相似分析、数值模拟、专家会商等多种方法和手段，先后 9 次开展了汛前、汛期、盛夏、“七下八上”及 10 月、秋季、冬春等阶段性中长期雨水情趋势预测分析。

一是增加了汛期雨量定量预测站点。制作了全国主要江河 855 个雨量站汛期降水定量预报，雨量预测站数较 2018 年新增了 390 个。

二是首次开展了年最大洪水定量预测。开展全国主要江河汛期洪水定量预测，提出了 18 个重要预报断面年最高水位和最大流量的定量预测，实现了主要江河年最大洪水定量预测的突破。

三是预测水平有新提升。经统计评估分析，“汛期江南降雨偏多和华北偏少”的预测与实况总体一致，雨量站定量预测偏差小于 20% 的站数占 35%、小于 30% 的站数占 50%，分别高于 2018 年的 33% 和 47%；18 个重要预报断面的年最大流量（最高水位）定量预报误差小于多年实测变幅 10% 的站数占 50%、小于多年实测变幅 20% 的站数占 89%。

三、强化精细化预报预警服务，提高洪水灾害防御支撑能力和水平

积极应用气象水文预报耦合新技术，延长洪水预报预见期；强化系统内和部门间预测预报联合会商，提高关键期洪水预报精度。

一是滚动预报“利奇马”等强降雨过程。平均提前 2 天预报 41 次强降雨过程，较 2018 年提前 1 天，防洪关键期加密至每日 2 次滚动更新，强降雨过程预报无漏报、降雨时空分布与实况基本一致。提前 2 天准确预报

超强台风“利奇马”影响覆盖6个流域、13个省（直辖市）的强降雨过程，特别是滚动准确预报了浙江东部、山东中部北部、辽宁中部、吉林中部和黑龙江东部先后出现的暴雨和大暴雨。

二是精准预报主要江河关键期洪水。汛期共发布了945个断面共11928站次洪水预报，关键期预报精准可靠。提前3～5天准确预报长江九江、大通江段及两湖水位将超警，提前2天准确预报湘江下游干流将发生超50年一遇特大洪水；提前3～7天准确预报黑龙江乌云至抚远江段、松花江木兰至佳木斯江段、嫩江齐齐哈尔至大赉江段将超警；提前7天准确预报黄河上游将发生编号洪水。

三是逐日预警主要江河河段超警超保。汛期每日滚动制作发布65条主要江河、323个站点的未来24h、48h河段超警超保预报，向应急管理部发布了28期《汛情通报》。

四、加强水库超汛限水位运行监视分析，支撑水工程度汛安全监管

汛期每日对4037座影响重大的大中型水库的调度运行进行了密切监视，采取“一省一单”、线上线下的方式，紧盯水库水位变化，监视是否超汛限水位运行。

一是核定了水库汛限水位。下发了《关于核定大中型水库汛限水位的通知》《关于加强大中型水库汛限水位复核及实时信息报送工作的通知》，核定了4037座大中型水库汛限水位。

二是实现水库超汛限实时监视。围绕4037座大中型水库，每日生成超汛限超过5天、超汛限0.5m以上的大中型水库清单，并标注病险水库及入出库报送情况，累计发布水库超汛限统计信息139期，完成1265座水库超汛限15587天次的实时监视。

五、推进旱情常态化监测评估分析，服务抗旱水量应急调度工作

积极推进水库蓄水量统计、中长期径流预测、水文干旱评估分析等工

作，初步实现了旱情综合评估分析常态化。

一是增加水库蓄水统计座数。全国水库蓄水统计座数由 2018 年的 4171 座增加至 6522 座，增幅达 56%。

二是开展主要江河中长期径流预测。首次开展七大流域 37 个重要断面的中长期径流预测工作，逐月滚动制作发布未来 1 个月的来水量预测成果。

三是推出了水文干旱业务产品。基于全国水文抗旱业务系统平台，开发了连续无雨日数、高温日数、径流预报、来水预测、作物农时、土壤墒情等 6 种水文干旱业务产品。

四是建立了旱情分析常态工作机制。每周三开展全国旱情综合评估分析，编制发布《旱情分析》材料 43 期。

六、开展短临暴雨预警和延伸期降水预报业务，提高水利气象信息服务水平

通过创新应用雷达短临暴雨预警、过程预报多模式检验推优、延伸期降水集合预报等新技术，提高了强降水过程预报的准确度、延长了预见期。

一是开展雷达短临暴雨预警。开发雷达拼图定量化回波强度外推技术，制作发布未来 1～3h 内可能发生短时强降雨的区域，累计发布预报预警 340 省次，预警成功 263 省次，区域降雨预警成功率近 80%。

二是开展过程预报多模式综合优选。开发降水预报检验评估技术，实现了对欧洲、美国、德国、日本和中国等数值模式的综合评估优选，提高了 41 次强降水过程预报准确率，提前 2 天准确预报“利奇马”强降雨过程。

三是开展延伸期降水集合预报。通过欧洲和美国延伸期集合数值预报模式的融合应用，延长降水预报预见期 20 天，提前 4 天准确预测 9 月华西秋雨明显偏多，提前 10 天准确预报国庆假期（10 月 3—7 日）西南西北强降水过程。

2020 年，要做好以下几项工作：

一是做好流域性特大洪水应对准备工作。健全完善流域洪水预报会商

协作机制，组织洪水预报方案修编和作业预报实战演练，推进落实海河流域“以测补报”工作，组织攻关黄河流域北干流洪水预报难题，努力提高洪水预测预报能力和服务水平。

二是加强水利行业监管支撑服务。继续强化大中型水库超汛限监视告警分析，为水库安全度汛和科学调度提供支撑。

三是继续推进旱情监视分析常态化。完善水文干旱综合业务系统，实现水文干旱监测评估业务日常化。

四是加强山洪预警等技术创新应用。利用雷达技术强化山洪短临暴雨预警，推进气象水文预报一体化和预报调度一体化，提高洪水预报及水工程调度技术水平。

胡智丹　执笔

刘志雨　审核

水资源节约与管理篇

合理分水　管住用水

水利部水资源管理司

2019 年，水资源管理工作深入学习领会习近平总书记关于治水的重要论述精神，坚持以水而定、量水而行，强化水资源的刚性约束，认真贯彻落实“水利工程补短板、水利行业强监管”的水利改革发展总基调，以“合理分水，管住用水”为工作目标，强化水资源监管基础，加强生态流量管理和取用水监管，推动江河水量分配工作，促进水生态突出问题治理，取得了积极进展和成效。

一、着力推进合理分水工作

（一）加强重点河湖生态流量管理

一是选取了 41 个重点河湖，逐河（湖）确定了生态流量保障目标，组织编制实施方案，落实责任主体和保障措施。二是研究制定了《关于做好河湖生态流量确定和保障工作的指导意见（送审稿）》，提出了生态流量保障工作目标、任务和监督管理、监测预警等措施。三是组织相关科研单位，对不同河湖水生生物、不同类型湖泊、不同沼泽湿地的特征及其生态需水情况开展专题研究。江苏省发布了包括 8 条河道、8 个湖库在内的全省第一批河湖生态水位（试行）。湖南省确定了 23 条重要河流上 106 个控制断面的生态流量和最小流量控制指标。

（二）加快开展江河流域水量分配

一是年内批复了黄河流域洮河、渭河、伊洛河、北洛河、无定河 5 条跨省江河水量分配方案，全国已累计完成 43 条跨省江河水量分配工作。金沙江、西江、西辽河 3 条跨省江河水量分配方案与相关省人民政府达成一致意见，正在履行审批程序。二是提出了水量分配的 8 个原则、21 条操作规则，组织修订水量分配技术大纲，启动了新一批30条跨省江河流域水量分配工作。三是指导各省（自治区、直辖市）做好水量分配，各省（自治区、直辖市）已开展109条跨地市江河水量分配，其中已批复32条，目前各省（自治区、直辖市）正在研究确定开展水量分配的省内跨地市河流名录。四是组织编制提出内蒙古西辽河流域“量水而行”以水定需方案，明确了水资源管控指标。四川省编制完成了岷江等12条江河流域水量分配方案。

（三）做好地下水管控指标制定工作

组织制定《地下水管控指标确定技术要求》，提出了地下水超采区、非超采区和局部重点防护区的水位、地下水开采量等控制指标以及监测井、灌溉井等管理指标确定的技术要求。天津、河北、内蒙古、山东、江苏、陕西等省（自治区、直辖市）已经实施了地下水水位管控工作。

二、切实加强取用水监督管理

（一）组织开展水资源管理监督检查

制定印发2019年水资源管理和节约用水监督检查工作方案，组织流域管理机构抽调274名检查人员、组成79个检查组，历时43天，完成了对161个县级行政区、825个取水口、291条河流和67个重要饮用水水源地的暗访检查，最终认定了1215个水资源管理存在问题。并主要围绕“三个是否”，即水资源管控指标是否明晰、取用水管理是否规范、取用水数据是否可靠，对问题进行了分析并形成了3个基本判断。针对检查发现的问题，建立问题清单，下发“一省一单”，督促各地逐项整改落实。

（二）做好水资源强监管基础工作

一是建立了第一批全国重点监管取水口名录和台账，覆盖约2500个取水口、1800亿m^3的取水量，占全国地表水开发利用量的36%。二是在长江流域先行组织开展取水工程核查登记，摸清了家底，查明了问题，制定了整改提升方案。三是制定了《水资源管理监督检查办法（试行）》，明确

了监督事项、程序和方式、问题认定与整改、责任追究等方面的内容。四是按照中央规范督查检查考核工作要求，制定印发了最严格水资源管理制度年度考核方案，优化了考核内容和指标，改进了考核方式方法，增加了随机检查和常态化监督，强化了问题整改落实。

（三）加强水资源监测和统计工作

一是谋划水资源监测工作布局，将江河重要断面、重要取水口、地下水超采区作为主要监控对象，研究制定了《全国重要河流水资源监测体系建设总体方案（征求意见稿）》。二是会同有关司局和单位，研究提出了《用水统计调查制度》，扩大了统计调查范围，简化了统计报表内容，强化了统计工作责任，并选择在河北、浙江、陕西3省6县（区）开展试点工作，该项制度已获国家统计局批准。

（四）深化水资源管理改革促进管住用水

一是会同财政部、国家税务总局组织完成了10省（自治区、直辖市）水资源税改革试点评估，对未开展试点省份进行调研，研究制定全面推开水资源税改革试点实施办法。二是深化取水许可“放管服”改革，推动将取水许可证纳入全国第一批重点推进的高频电子证照清单，颁布实施取水许可电子证照标准规范，选取北京等5省（直辖市）开展电子证照应用试点，11月4日全国第一张取水许可电子证照发放。

三、促进水生态突出问题治理

（一）深入开展华北地下水超采治理

一是积极推进河北地下水回补试点，做好统筹协调、跟踪指导和总结评估，截至2019年8月底累计补水13.2亿m^3，最大时形成补水水面约46km^2，试点河段周边地下水水位较补水未影响区域相对上升0.93m，试点工作顺利完成，补水效果十分明显。二是落实《华北地区地下水超采综合治理行动方案》，组织实施2019年度河湖生态补水方案及试点河段后续补水计划，累计向京津冀地区14条河流、7个湖泊实施生态补水32.1亿m^3，超额完成年度补水任务。开展河北省机井关停和水源置换工作“四不两直”监督检查。三是推动南水北调受水区地下水压采和天津、河北、山东、山西、河南地下水超采综合治理相关工作，2018 年压减地下水开采量 40 亿 m^3，部分地区地下水位止跌回升。

（二）积极做好饮用水水源保护工作

一是牵头落实污染防治攻坚战相关分工任务，组织制定水利部实施方案及年度工作计划，完成年度工作总结并报送党中央、国务院。二是加强全国重要饮用水水源动态监控，将水源监控列入“不忘初心、牢记使命”主题教育专项整治工作，目前 290 个由水利部门管理且已建水质在线监测系统的全国重要饮用水水源全部接入国控系统，接入率达 100%。2019 年两会及国庆期间，组织做好水源动态跟踪和分析，对 69 个数据异常情况进行了核查，及时推动问题解决。组织完成全国重要饮用水水源地安全保障达标建设评估。三是组织研究水利部门在饮用水水源保护方面的工作职责和要求，印发《关于做好饮用水水源保护相关工作的通知》。四是组织开展广西玉林部分饮用水水源地环境问题跟踪调查和督促整改。

（三）有序推进河湖水生态保护修复相关工作

一是组织实施江河湖库水系连通建设。联合财政部对 29 个省（自治区、直辖市）和新疆生产建设兵团的 65 个建设任务予以支持，资金达 32.769 亿元。针对专项稽查发现的问题，督促相关省（自治区、直辖市）加强整改。二是推动水生态修复标准编制，组织编制并报批《河湖健康评估技术导则》和《河湖生态系统保护与修复工程技术导则》。三是做好水生态文明城市建设试点经验总结，推动福建省莆田市木兰溪生态文明建设实践入选“不忘初心、牢记使命”主题教育案例。四是遴选 12 个水生态文明试点城市典型，在央视新华网开辟“水生态文明城市建设”网络专题。

2020 年，水资源管理工作将深入贯彻落实习近平总书记关于治水的重要论述精神，特别是“把水资源作为最大的刚性约束”“以水而定、量水而行”等要求，按照水利改革发展总基调，围绕合理分水、管住用水，进一步夯实水资源监管基础，落实各项监管措施，进一步增强工作的使命

感、责任感、紧迫感，更加有力、有序、有效地推进水资源强监管，不断提升水资源监管能力和水平，抑制不合理用水需求，促进解决水资源过度开发利用问题，促进生态文明建设和高质量发展。

毕守海　马　超　王海洋　吴　江　执笔

杨得瑞　审核

专栏十七

全国跨省重要江河流域水量分配

水利部水资源管理司

水利部高度重视水量分配工作，把水量分配作为落实习近平总书记“十六字”治水思路和以水而定、量水而行，把水资源作为刚性约束的重要举措，加强协调，全力推进。

一是批复了洮河、渭河、伊洛河、北洛河、无定河5条跨省江河流域水量分配方案。水量分配方案明确了跨省江河流域地表水的可分配水量，各省（自治区、直辖市）水量分配份额，省界断面和主要控制断面下泄流量、水量等控制指标和水量分配方案实施保障措施。推动金沙江、西江水量分配方案履行审批程序，优化完善西辽河水量分配方案并与相关省（自治区、直辖市）协调一致，完成了沅江、洮儿河、阿伦河、音河、包浍河、新沭河、奎濉河水量分配方案的技术审查，协调相关省（自治区、直辖市）对沁河水量分配方案达成一致。截至2019年底，共批复43条跨省江河流域水量分配方案，为水资源强监管提供了依据和条件。江河水量分配这件大事、难事有了新的突破，而且明显加快了步伐。

二是深入研究江河流域水量分配的八大原则：客观真实反映水资源状况；坚持生态优先，保障河湖生态流量（水量）；可分配水量不能超过水资源承载能力；考虑国家和流域区域的重大发展战略需要，需预留和储备水量；尊重现状合理用水；未来用水需要符合国家发展战略、符合节水优先和生态保护要求；尊重历史；统筹各种供水水源，不重复配水。在此基础上细化为21条操作规则，修订完善并印发水量分配技术大纲。启动了新一批30条跨省江河水量分配工作，其中：长江流域14条、黄河流域1条、淮河流域5条、海河流域1条、珠江流域5条、松辽流域 2 条、太湖流域 2 条。

齐兵强　常　帅　执笔

杨得瑞　杜丙照　审核

专栏十八

实行最严格水资源管理制度考核

水利部水资源管理司

2019年5月，水利部商国家发展改革委、工业和信息化部、财政部、自然资源部、生态环境部、住房和城乡建设部、农业农村部、国家统计局等考核工作组成员单位，向各省（自治区、直辖市）人民政府印发了《水利部关于开展2019年度实行最严格水资源管理制度考核工作的通知》（以下简称《通知》），组织开展2019年度最严格水资源管理制度考核工作，并完成年度各项任务。

一、制定年度考核工作方案

按照中央关于统筹规范督查检查考核工作有关要求以及国务院关于最严格水资源管理制度考核办法有关规定，商考核工作组各成员单位，制定并印发2019年度最严格水资源管理制度考核工作方案。2019年度考核以贯彻落实"十六字"治水思路为根本遵循，深入落实中央关于做好生态环境保护、全面推行河长制湖长制等重大决策部署，坚持问题导向，突出工作实绩，完善了考核内容、方式和程序等，简化指标设置，重点考核控制目标是否完成、重要措施是否落实见效、突出问题是否得到整改。

二、组织开展2018年度目标完成情况自查

《通知》明确，2019年度考核内容包括目标完成情况、制度建设和措施落实情况，其中目标完成情况重点考核2018年度指标完成情况，同时参考2019年度指标完成情况初步结果；制度建设和措施落实情况主要考核2019年度重点工作。根据《通知》要求，水利部组织各省级人

民政府于2019年6月底前，完成2018年度用水总量控制、用水效率控制、水功能区限制纳污管理等目标完成情况上报，并组织有关单位对各省（自治区、直辖市）上报的指标完成情况复核，提出了初步复核结果。

三、完成2019年度水资源管理等监督检查

为完善2019年度考核方式，水利部水资源管理司会同监督司、水资源管理中心经过深入研究，反复论证，制定了《2019年度水资源管理监督检查工作方案》，经部长专题办公会审议通过后印发。自10月9日起，组织各流域管理机构派出79个检查组、274名检查人员，对全国31个省（自治区、直辖市）和新疆生产建设兵团的161个县级行政区、825个取水口、824个用水单位、291条河流和67个重要饮用水水源地开展监督检查，历时43天，累计投入2177个工日，检查发现问题2376个。通过检查发现各地不同程度存在水资源管理指标不明晰、取用水管理不规范、取用水数据不扎实、节约用水管理部门监管不到位、计划用水制度执行效果差、用水单位节水意识不强等问题，形成了现阶段水资源管理和节约用水情况的基本判断，完成《2019年度水资源管理和节约用水监督检查报告》并报部领导。研究提出检查发现问题"一省一单"，印发各省级水行政主管部门，强化问题整改落实。此外，水利部还相继开展了农村饮水安全、河湖管理等领域的"四不两直"监督检查。上述检查结果将作为2019年度最严格水资源管理考核赋分的主要依据。

四、制定并公布2019年度考核赋分细则

组织水资源管理中心研究制定了《2019年度最严格水资源管理制度考核赋分细则》，多次研究讨论并反复征求相关司局意见，经部领导审定后在国家水资源管理信息系统公布，作为年度考核赋分的依据。

下一步，水利部将组织各省级人民政府完成2019年度考核自查报告并报国务院，组织有关单位开展资料核查和技术复核，提出各省（自治区、直辖市）考核结果并上报国务院，经国务院审定后向社会公布，并交由干

部主管部门，作为对各省级人民政府主要负责人和领导班子综合考核评价的重要依据。

毕守海　王　华　吴　江　执笔

杨得瑞　郭孟卓　审核

专栏十九

水利部积极推进取水许可电子证照应用

水利部水资源管理司

取水许可电子证照推广应用，是落实国务院深化“放管服”改革要求，提高水利行政服务效率的重要内容。2019年，取水许可证被国务院列为第一批高频应用推广的电子证照，是推进“一网通办”下的互联网+政务服务的一项重要工作。水利部组织开展了系统建设、标准制定、系统开发、应用试点等工作，在取水许可电子证照应用推广方面取得了很大突破。

一、做好顶层设计

依托国家政务服务平台电子证照共享服务系统，按照国家电子证照业务技术规范，统一身份认证，统一电子印章，统一数据共享，实现电子证照跨地区、跨部门共享和全国互信互认。

二、制定统一标准

制定了《国家政务服务平台电子证照取水许可证》标准，2019年6月经国务院办公厅电子政务办公室颁布实施。该标准明确了取水许可电子证照信息项、注册与管理要求，规范了证照业务信息交换、共享和处理、证照模板制作与文件生成。

三、开发证照系统

组织研发了取水许可电子证照系统软件，开发了电子证照综合管理、目录管理、证照库、电子印章系统、系统管理、信息共享等功能模块，实现了电子证照制作、电子签章、数据归集、证照管理、安全管理、共享使用等功能。

四、开展应用试点

选择北京市、上海市、江苏省、浙江省（含衢州市）、安徽省部署开展取水许可电子证照应用试点工作，探索电子证照系统应用经验。2019 年 11 月 4 日，浙江省衢州市颁发了全国第一张取水许可电子证照；12 月 13 日，江苏省水利厅颁发省级首批取水许可电子证照。

五、完善管理程序

按照在线政务服务平台建设、“一网通办”要求，完成了新版取水许可申请审批表簿修订；制定印发了取水许可审批事项服务指南和工作细则；率先将流域管理机构取水许可管理审批事项纳入水利部政务服务平台，实现了流域管理机构取水许可事项“一网通办”。

通过取水许可电子证照推广应用，取水许可审批工作方式进一步转变，服务理念进一步提升，推动水资源精细化管理。

毕守海　王　华　樊艳丽　执笔

郭孟卓　审核

专栏二十

长江流域取水工程（设施）核查登记

水利部水资源管理司

2019年2月，水利部组织召开长江流域取水工程（设施）核查登记工作启动会和技术培训会，水利部副部长魏山忠出席会议并作动员部署，计划用1年半左右的时间，全面掌握长江流域取水工程（设施）情况和水资源开发利用管理现状，针对核查登记反映出的问题，依法分类实施推进整改，规范取用水行为，提高取用水监管能力和水平。

长江水利委员会与流域19省（自治区、直辖市）各级水行政主管部门高度重视，积极作为、探索创新，通过加强组织领导、健全工作机制、加强培训指导、完善技术支持，强化跟踪督导，加大抽查力度等保障措施，经过近1年的努力，取水工程（设施）对象核查、登记入库等年度任务圆满完成，2019年核查登记工作取得阶段性成果。

一、基本摸清应纳入审批监管范畴的取水工程家底

截至2019年10月15日，19省（自治区、直辖市）共核查登记长江流域（不含太湖流域）已建且未报废取水工程（设施）17.50万个，涉及项目12.3万个。工程（设施）类型主要以泵站、坝和水井为主，占总数的62.9%。在区域分布上，湖南、湖北、四川3省数量最多，占总数的61%；从用水行业看，农林牧渔业数量较多，占总数的42%；其次是水利环境和公共设施管理业（占19.4%）、水的生产和供应业（占15.6%）。水利部按“五个一”（一个编号、一组坐标、一套指标、一组照片、一段视频）的要求，收集建立了长江流域取水工程（设施）信息名录。

二、查明流域区域水资源开发利用管理存在的主要问题

一是取水工程（设施）存在无证取水问题突出。水库工程、农村安全饮水工程、农业灌溉工程、引调水工程普遍未纳入取水许可监管范畴。二是持有取水许可证的取水单位未按规定依法取水问题普遍存在。主要涉及擅自转让取水权、许可事项发生重大变化未重新申请取水许可、超许可水量和超计划取水、未缴纳或足额缴纳水资源费税、取水计量不符合法律规定等。三是基层水资源管理薄弱问题比较严重。基层水利管理部门对水资源开发利用缺少强有力的监管，监督体系不健全，一些水资源管理制度针对性和可操作性不强等。

三、研究制订长江流域取水工程（设施）核查登记整改提升工作方案

针对核查登记发现的问题，对照水利改革发展总基调的要求和水资源强监管实际，水资源管理司组织长江水利委员会研究提出《长江流域取水工程（设施）核查登记整改提升工作方案》，明确整改工作的原则、工作目标、主要任务、分类整改处置意见和保障措施，并提出整改阶段取水许可审批管理有关工作要求。

下一步，水资源管理工作将深入贯彻习近平总书记系列重要讲话、水利部党组关于水利改革发展总基调要求，围绕“合理分水，管住用水”，抓好长江流域取水工程（设施）核查登记整改提升工作，组织开展全国取用水管理专项整治。

毕守海　马　超　王海洋　执笔

杨得瑞　郭孟卓　审核

抓基础　快突破
节约用水工作开创新局面

全国节约用水办公室

2019年水利部坚持“节水优先”方针，以国家节水行动为统领，按照水利改革发展总基调，围绕打好节约用水攻坚战等重点工作，抓基础、快突破，务实推动全国节约用水各项工作部署落地见效。

一、2019年工作情况

（一）节约用水攻坚战成效明显

一是“打好一个基础”，加速推进节水定额标准体系建设。制定节水标准定额体系和三年推进计划，包括用水定额、节水技术规范、节水载体评价标准、产品水效标准四大类147项。全年编制修订国家和省级用水定额4920项，发布实施330项，超额完成年度任务。其中宾馆、机关、学校3项服务业用水定额，属首次在全国范围对服务业领域用水进行严格约束。

二是“建立一项制度”，科学构建节水评价制度框架。印发《水利部关于开展规划和建设项目节水评价工作的指导意见》和《规划和建设项目节水评价技术要求》。水利部先后对18个建设项目开展了节水评价，各地共计对54个规划、1123个建设项目开展了节水评价。其中有6个规划、25个建设项目因用水效率低下、不满足节水管控要求等原因，节水评价未通过。

三是“打造一个亮点”，在全国范围推广高校合同节水模式。水利部与教育部、国管局联合印发《关于深入推进高校节约用水工作的通知》，发布《节水型高校评价标准》和《高校合同节水项目实施导则》，组织对

31 个省（自治区、直辖市）89 所高校节水工作进行督导。全国共有 34 所高校签约实施合同节水，吸引社会资本约 1.26 亿元，预计合同期总节水量达 2556 万 m^3，平均节水率约 21%。

四是“树立一个标杆”，高质量推动水利行业节水机关建设。编制《水利行业节水机关建设标准》和《节水机关建设工作指南》，制定《水利职工节约用水行为规范》。水利部机关高标准完成节水机关建设，形成了一套“节水意识强、节水制度完备、节水器具普及、节水标准先进、监控管理严格”的建设模式。从严审核验收，43 个部属单位（含部机关）和省厅通过节水机关验收，预计年均节水量达 27.1 万 t，年均节水率 29%，社会效益明显。

（二）实施国家节水行动形成合力

一是明确部门分工目标责任。4 月 17 日，经中央全面深化改革委员会审议通过，国家发展改革委和水利部联合印发了《国家节水行动方案》。为形成工作合力，两部委又联合印发了分工方案，对《国家节水行动方案》各项目标任务的部门分工予以明确。根据分工方案，国务院 20 个部门按照职责分工，做好相关节水工作，强化对各自行业领域的节水监督、指导，确保节水行动各项任务完成。

二是指导推动地方实施节水行动。受中组部委托举办国家节水行动专题研究班，对全国 30 个省（自治区、直辖市）和新疆生产建设兵团的 56 位地方市县党委、政府分管负责同志进行培训。赴长江委、黄委、北京、山东、甘肃、内蒙古、陕西、重庆等流域管理机构和地方开展督导调研，推动地方加快出台省级节水行动实施方案。江苏、河北、湖北、广西、青海、黑龙江、天津等 27 个省（自治区、直辖市）已出台省级实施方案，有力推进落实了地方各级党委和政府的节水工作责任。

（三）节水监督管理加大力度

一是推进完成两批县域节水型社会达标建设。在第一批发布 65 个节水型社会达标县区名单基础上，经 26 个工作组、159 人次，深入 50 个县（区）现场核查，实地查看 88 个灌区、103 个企业、107 个单位、100 个居民小区等复核工作，水利部 11 月 12 日公告发布了北京市朝阳区等第二批

201个节水型社会达标县（区）名单。经过两批县域节水型社会达标建设，县域节水工作成效逐步显现，用水效率不断提高。

二是深入开展节水重点业务监督检查。研究制订节约用水监督管理办法、工作方案、工作手册和年度计划，组织对重要用水单位开展节约用水专题监督检查。全年共派出104个工作组，555人次，检查了31个省（自治区、直辖市）的县级水行政主管部门节约用水管理情况，检查了高校、宾馆等用水户1227家，发现大小不等的问题1600多个。

三是推进重点用水单位监控。按照强化重点用水单位监督管理工作思路，部署将年用水量50万m^3及以上的全部工业和服务业用水单位、大型灌区和5万亩以上重点中型灌区、华北地下水超采治理区年用水量1万m^3及以上的工业企业用水单位全部纳入国家、省、市三级重点监控用水单位名录。组织完成国家重点监控用水单位名录建议名单复核分析，筛选出国家级重点监控用水单位1498个。

（四）节水基础保障持续增强

一是节水宣传教育取得突破。主办首届全国节约用水知识大赛，557万人次参与答题，北京、宁夏、江苏、贵州、重庆、甘肃等省（自治区、直辖市）参赛总人次占人口比例超过1%。支持举办首届中国节水论坛，指导各地开展“节水大使”活动，共推荐出1500余名“节水大使”。建立节水信息报送机制和媒体对接机制，根据节约用水新闻素材，央视等中央媒体报道200余篇，行业媒体报道3000余篇，各类媒介关于节水的信息达27万余篇（条），创历史新高。

二是节水政策和机制建设不断加强。进一步修改完善“节约用水条例”征求意见稿，推动加快立法进程。联合国管局、国家发展改革委印发《公共机构节水管理规范》，切实发挥公共机构在节水中的引领示范作用。实地调查各地计划用水管理和用水单位执行效果，启动修订《计划用水管理办法》。印发《关于进一步加强和规范非常规水源统计工作的通知》，加强非常规水源开发利用基础工作。积极争取中央财政支持，2019年首次给20个省（自治区、直辖市）安排了5亿元节约用水补助资金。

三是水效领跑者等市场创新稳步推进。联合国家发展改革委等部门制定《坐便器水效领跑者引领行动实施细则》，公布第一批坐便器水效领跑者名单。组织开展灌区水效领跑者引领行动，遴选公布 8 处灌区为区域灌区水效领跑者。联合工信部、国管局等部门开展第二批工业企业、第一批公共机构“水效领跑者”工作。与国家市场监管总局、国家发展改革委联合印发通知，部署开展水效标识监督检查工作。

（五）节水科研攻关深入开展

一是深入研究节约用水重要问题。围绕贯彻落实中央决策部署和水利部领导批示精神，集中开展黄河流域水资源节约集约利用、污水资源化利用、把节水纳入严重缺水地区政绩考核、什么是节水、节水工作见效慢根本原因、中央空调用水情况分析等重要问题研究工作，形成 13 个专题报告和研究成果呈报参阅。

二是征集国家成熟适用节水技术。组织征集生活节水和农业节水领域国家成熟适用节水技术推广目录，共征集节水技术 238 项，涵盖水循环利用技术、雨水蓄集利用技术、管网漏损检测与修复技术、农业用水精细化管理技术、用水计量与监控技术，经专家和评审委员会评审并公示后，已向社会发布第一批 96 项节水技术目录。联合工信部征集评选了国家鼓励的重大工业节水工艺、技术和装备目录（第三批）。

二、2020 年工作重点

2020 年节约用水工作的总体思路为：深入贯彻“节水优先”方针和水利改革发展总基调，以国家节水行动方案为统领，以“七个靠什么”为重点，抓基础、快突破，推动用水方式由粗放向节约集约转变。一是围绕“靠河湖分水，从总体上促进节水”，严格区域和用水户用水总量控制。二是围绕“靠明确节水标准，推进节水落地”，加快完善节水标准定额体系。三是围绕“靠实施节水评价，限制用水浪费”，全面落实节水评价制度。四是围绕“靠强化监管，保证节水落实”，加强节水重点业务监督。五是围绕“靠调整水价，倒逼节水”，健全价格和财税杠杆调节机制。六是围绕“靠研发先进节水技术，提高节水水平”，建立产学研深度融合的节水

技术创新体系。七是围绕“靠加大社会宣传力度，唤起全民节水意识”，营造全社会节水的良好氛围。

李丹颖　张建功　执笔
许文海　李　烽　审核

专栏二十一

水利部公布两批节水型社会建设达标县（区）名单

全国节约用水办公室

为深入贯彻“十六字”治水思路，认真落实《国家节水行动方案》和中央一号文件有关要求，水利部组织开展了县域节水型社会达标建设工作。全国31个省级水行政主管部门加强组织领导，制定实施措施，强化监督管理和业务指导。各县级人民政府认真落实目标责任和保障措施，扎实推进县域节水型社会达标建设工作。

经自评、评估、验收、公示和复核等程序，水利部分别于2019年3月13日和11月12日公布了两批节水型社会建设达标县（区）名单。其中第一批节水型社会建设达标县（区）名单共65个：北京市3个，内蒙古自治区15个，黑龙江省4个，江苏省7个，山东省14个，广西壮族自治区6个，云南省5个，陕西省11个。第二批节水型社会建设达标县（区）名单共201个：北京市4个，河北省18个，辽宁省4个，黑龙江省7个，上海市2个，江苏省11个，浙江省24个，安徽省4个，江西省7个，山东省23个，河南省41个，广西壮族自治区10个，重庆市4个，贵州省7个，云南省8个，陕西省18个，青海省4个，宁夏回族自治区5个。

各达标县（区）用水效率不断提高，节水工作成效逐步显现。一是强化节水管理。各地加强组织领导，强化政府领导责任，落实工作进度要求。强化用水定额与计划用水管理，深入推进水价改革，积极建立节水奖补机制。二是强化各领域节水。农业节水方面，开展灌区节水改造，发展高效节水灌溉。工业节水方面，加快建设节水型企业，科学制定工业行业的用水定额，优化高耗水工业空间布局。城镇节水方面，推行城市供水管

网漏损改造，控制灌溉和景观用水。非常规水源利用方面，推动非常规水纳入水资源统一配置，逐年提高非常规水源利用比例。三是强化节水单位建设。以水利行业节水机关和节水型高校为示范，提升节水器具普及率，加强用水精细化管理，提高用水计量设施设备安装率，推进节水型单位和节水工程建设。四是强化节水宣传教育。大力宣传节约用水观念，在“世界水日”“中国水周”集中开展节水宣传，开展“节水在路上”“节水中国行”等主题宣传，推进节水进学校、进课堂，积极营造全民节约用水的良好社会风尚。

下一步，水利部将加大督查和指导力度，要求各达标县（区）总结建设经验、巩固建设成果，督促各省份继续加大工作力度、抓实建设成效，进一步推进县域节水型社会达标建设。

刘金梅　执笔

颜　勇　审核

链接

浙江省宁波市：巧用“加减乘除”法打好节水“组合拳”

浙江省宁波市属于水资源短缺城市。近年来，宁波市将节水优先作为重要课题，以“加减乘除组合拳”为手段，全面落实开发、利用、节约、保护各项措施，发挥水资源对经济社会高质量发展的基础和保障作用。

开发做“加法”，补齐水资源保障“短板”。宁波市注重外引水源，大力建设境外引水工程，有力补齐了水资源保障能力不足短板。同时，内挖潜力，在原有主要水厂由多水源联合供水、主要供水工程与沿途水库连通、上下游水库联合调度的基础上，进一步部署实施水库群联网联调工程，形成点（水源）—线（引水干线）—群（水厂群）—网（供水环网）的输配水新格局，创建“多水源联合调度、多管道联网供水、多水源互为备用”的供水保障格局，每年可增加 3500 万 m^3 的优质原水供水能力，提高了城市水资源供给安全保障能力。

节约做“减法”，提升水资源利用效率。工业、农业和城乡生活是开展节水工作的重要阵地。在工业领域，宁波市通过调整产业结构，以提高工业水重复利用、工业给水和废水处理能力等为重点，积极开展节水型企业创建。在农业领域，宁波市通过大力推广自动化、智能化的节水灌溉技术，发展高效节水灌溉面积 55 万亩，每年可减少灌溉水量 8000 万 m^3。在生活节水方面，宁波市积极推进节水器具和供水管网改造，城市供水管网漏损率下降至 5.04%。从 2006 年起在全省率先实行居民家庭阶梯式水价制度，并连续 10 年

保持“国家节水型城市”称号。

利用做“乘法”，提高水资源利用效益。从“十一五”时期开始，宁波市坚持“优水优用、一水多用、复合利用”，发挥节水乘数效应，提高水资源利用效益。一方面，通过实施分质供水，将大型耗水型工业供水与城市自来水供水分开，分别采用平原河道水和水库优质水供水，促使实现“优水优用”。另一方面，通过统筹调度江河水资源，利用姚江-平原河网-工业水厂的途径，实现了环境、农业和工业用水的一水多用、复合利用。同时，积极探索非常规水源利用，将污水深度处理后作为一般工业用水、河道环境用水的补充水源，实现循环利用。

保护做“除法”，保障水资源环境质量。宁波市通过加强水行政执法管理和地下水监测，积极消除破坏水资源的各类违法违规行为，提高水资源利用量；以饮用水水源地“控污、治污、减污”为目标，推进库尾湿地、清洁型溪道、生态渔业等项目建设，强化生态保护、生态治理和生态修复。同时，探索建立水源地生态补偿机制，按照“谁受益谁支持”的原则，建立了用水城区与供水库区挂钩结对扶持机制，补偿资金每年每对200万元，专项用于供水库区水环境治理项目建设。

徐鹤群　任宓娜　执笔
李顺卿　李　攀　审核

水资源调度管理工作扎实推进

水利部调水管理司

水资源调度作为实现空间均衡的一项重要抓手，直接关系江河湖泊水量分配方案的落实，直接关系各区域、各行业用水矛盾的协调和河湖健康生命，直接关系空间均衡和生态文明建设目标的实现。2019 年，水资源调度管理工作扎实推进。

一、水资源调度强监管

以江河流域水量分配和统一调度为重点，强化用水总量控制，是水利行业强监管的重要内容。水利部一直大力推进江河流域水量分配工作，已经取得重要进展，而水资源调度是加强流域和区域用水总量控制的重要内容，更是新形势下水利行业强监管的重要抓手。

一是系统梳理问题清单。围绕水资源调度管理工作的主要环节，梳理出调度权限、调度依据、调度组织、调度实施、调度监测、监督管理、责任追究和其他等 8 个方面 88 条问题。其中，技术类问题 24 条，管理类问题 64 条，较为系统地总结当前水资源调度工作中存在的突出困难问题，为研究补齐水资源调度管理工作短板提供重要参考。

二是起草《水资源调度管理办法》。针对问题清单中严重、共性的管理类问题进行分析，深入研究提出解决问题的思路和办法，在总结已有水资源调度管理经验基础上，按照落实水量分配方案和水利行业强监管的要求，实行水资源统一调度和分级负责实施，明确水利部、流域管理机构和地方水行政主管部门的水资源调度管理权限；统筹生活、生态、生产等用水，从决策、组织实施、监测、监督、责任追究等环节明确水资源调度管理的内容和要求，推进水资源调度管理的规范化和制度化。

三是起草《跨省江河流域水资源调度方案编制技术指导》。针对问题清单中严重、共性的技术类问题，以解决调度方案编制工作中的实际问题为目标，与《水资源调度管理办法》相配套，在充分考虑各流域水资源特点、调度需求和水量分配基础上，提出水资源调度方案编制的总体思路、主要内容、关键环节和工作流程，强化流域水资源统一调度，合理配置生活、生态和生产用水，严格流域用水总量和重要断面水量（流量）控制，保障河湖基本生态用水，提升水资源开发利用监管能力，形成目标科学、配置合理、调度优化、监管有力的流域水资源调度管理体系，实现水资源可持续利用。

二、全面推进水资源调度工作

2019 年，各流域、各省（自治区、直辖市）水资源调度管理工作按照全国水利工作会议精神，贯彻“水利工程补短板、水利行业强监管”水利改革发展总基调要求，强化顶层设计、开拓创新、严格管理、狠抓落实，新启动嘉陵江、乌江、渭河、伊洛河、洮河、北江、韩江、黄泥河、嫩江 9 条跨省江河水资源调度工作，水资源调度工作取得明显成效。

长江委新启动嘉陵江、乌江 2 条跨省江河水资源调度工作。编制完成 2019 年度长江流域水工程联合调度运用计划，联合调度的水工程包括 40 座控制性水库、46 座蓄滞洪区、10 座重点大型泵站、4 座引调水工程，调度范围扩展至全流域。在前期来水偏少、流域水库群整体待蓄水量多、长江中下游水位普遍偏低等严峻蓄水形势下，精细调度，科学安排上游水库群分阶段蓄水工作。

黄委新启动渭河、伊洛河、洮河 3 条跨省江河水资源调度工作。通过精细调度，严格监管，坚持“节水优先”，强化用水计划管理，实现了黄河连续 20 年不断流，东居延海实现了连续 15 年不干涸。同时积极做好向乌梁素海应急生态补水工作，促进了乌梁素海生态环境的改善，全力支持华北地区地下水超采综合治理和引黄入冀补淀跨流域调水，改善白洋淀生态环境。

淮委在淮河流域生态流量（水位）试点工作的基础上，组织开展生态流量跟踪评估工作。依据淮河流域水信息系统，对试点河湖控制断面全年生态流量（水位）过程进行逐日监控及记录，同时开展淮河干流和沙颍河上游周口断面生态流量满足情况的监管。重点选择淮河干流、沙颍河、史灌河、洪泽湖并兼顾其他试点河流开展了春、秋两季的水生态监测工作，对调度效果进行评估。通过2017—2019年的生态流量调度实践，初步理顺了沙颍河生态流量调度管理机制，保证了调度工作的顺利实施。

海委精心组织实施永定河生态补水，以《永定河干流水量分配方案》和《永定河综合治理与生态修复总体实施方案》为依据，2019年，海委先后组织春、秋两次永定河生态水量调度，为幸福永定河建设提供水源保障；做好华北地下水超采综合治理河湖地下水回补试点相关工作，选择滹沱河、滏阳河、南拒马河重点河段开展地下水回补试点，超额完成补水任务。

珠江委新启动北江、韩江、黄泥河3条跨省江河水资源调度工作。积极推进《珠江水量调度条例》立法工作，在总结珠江多年水量调度管理实践经验基础上，按照落实水量分配方案和水利行业强监管的要求，实行流域水量统一调度和分级实施相结合，明确水利部、珠江委和地方人民政府及其相关部门之间的职责权限；统筹粤港澳大湾区与其他区域的用水需求，统筹生活、生产、生态等用水，从方案制定、组织实施、监督管理、责任追究等环节明确水量调度管理的内容和要求，实现水量调度管理的规范化、程序化和制度化。

松辽委新启动嫩江水资源调度工作。以尼尔基、察尔森等骨干水库调度为切入点，对嫩江干流和洮儿河流域水量实施统一调度。察尔森水库按照调度计划于4月中旬启动了生态放流工作，5月开始进行农业供水，现已完成2019年农业供水任务，正在开展生态放流工作。尼尔基水库按照调度计划顺利完成了灌溉期供水任务，保障了下游各业用水安全，目前正在开展秋冬季水量调度工作。

太湖局紧密围绕流域供水安全和水生态文明建设需求，狠抓落实，积极探索，认真开展太湖及新安江水量调度相关工作，深化实施“引江济太”水资源调度，为流域全面建设小康社会和长三角一体化高质量发展提供了坚实可靠的水安全保障。

广东省首次组织实施东江、鉴江、北江和韩江流域枯水期水量调度工作，通过实施四江流域枯水期流域水资源调度管理，较好地解决了省内主要流域（区域）水资源时空分布不均和紧缺等问题。

四川省成立水资源调度管理中心，全面加强主要江河流域和重要水利工程的调度管理工作。按照水利部的工作要求，四川省2019年新启动嘉陵江、大渡河等5条江河流域水资源调度方案编制工作，5条江河流域水资源调度方案共设置断面90余个，包括水文站、水电站、自来水厂等对象。

云南省协调组织有关各方，推进牛栏江—滇池补水工程等重点区域和流域水资源统一调度管理工作，组织完成滇池—普渡河流域等18个重点区域的水资源承载能力、优化配置体系及统一调度方案，开展重点区域水资源精细调度研究，选取玉溪中心城市为背景开展水资源系统精细调度的试点示范专题研究工作。

三、2020年工作重点

一是定标准，印发《跨省江河流域水资源调度方案编制技术指导（试行）》；二是建制度，印发《水资源调度管理办法（试行）》，规范水资源调度管理；三是抓管理，强化对水资源调度的管理，2020年再推进一批跨省江河水资源统一调度，同时对已开展水资源统一调度的跨省江河水资源调度工作进行监督检查。

邱立军　张园园　执笔
朱程清　程晓冰　孙　卫　审核

专栏二十二

水资源统一调度成效明显

水利部调水管理司

2019年，水利部强化流域水资源统一调度，为实施流域水资源统一监管提供了重要基础和依据。

黄河实现了连续20年不断流。黄河水量调度实行行政首长负责制，严格落实《黄河水量调度条例》《黄河水量调度管理办法》等法律法规，严格执行年度水量调度计划，2018—2019年度黄河干流供水232.5亿m^3，比上一年度多14.61亿m^3，利津年度入海水量334.77亿m^3，为统一调度以来最多，全力保障了黄河流域及供水区生活、生产和生态用水，各主要控制断面流量均达标，各省（自治区）用水控制在指标之内，圆满完成了年度调度任务，实现了黄河干流连续20年不断流，连续14年未预警，黄河三角洲自然保护区湿地明水面积由原来的15%增加到现在的60%，久违的洄游鱼类重新出现。

珠江枯水期水量调度保障了澳门用水安全。截至目前已经在珠江成功实施了15次枯水期水量调度（目前正在开展第16次枯水期水量调度），全面保障了澳门、珠海等地供水安全，保证了澳门地区长期繁荣稳定和“一国两制”方针的落实。12月20日是澳门回归20周年纪念日，保障澳门回归纪念日供水安全意义重大，珠江枯水期水量调度工作进入最为关键时期。综合天然来水持续偏枯、咸潮影响强烈和用水增加等因素，为确保关键期澳门、珠海等地供水安全，珠江委及时调整调度方案，通过西北江联合调度，保障了回归20周年期间供水安全。据统计，16次珠江枯水期水量调度期间（2005年1月—2019年12月31日枯水期），澳门、珠海累计从河道取水21.23亿m^3，其中向澳门供优质原水4.52亿m^3。

汉江水量调度保障了流域供水安全和生态安全。2018年11月—2019

年10月调度期内，丹江口水库累计供水278.44亿m^3，“引江济汉”工程年度实际完成调水量51.04亿m^3。各控制断面最小下泄流量保障情况较好。通过加强汉江流域水量调度管理，有效保障了汉江流域供水安全和生态安全。同时，组织开展了南水北调一期中线工程生态补水工作，实施华北地区地下水补水约10.84亿m^3，圆满完成年度供水和向北方生态补水任务，为华北地区地下水超采综合治理行动提供了有力支撑。

金沙江中游河段梯级水电站水量联合调度保障了河道生态安全及攀枝花城市供水安全。调度期内，金沙江中游梯级水库严格按照批复的水量调度计划展工作，在来水较多年平均基本持平、同比偏枯近两成的情况下，各控制断面最小下泄流量保障情况较好，未出现减脱水河段。观音岩、攀枝花断面瞬时最小下泄流量达标率达到100%，其余断面日均最小下泄流量达标率均在96%以上。通过梯级水库水量联合调度，有效保障了河道生态安全及攀枝花城市供水安全。

邱立军　张园园　执笔

朱程清　程晓冰　孙　卫　审核

河湖管理保护篇

持续推进河长制湖长制工作

水利部河湖管理司

2019年是推动河长制湖长制从“有名”到“有实”转变的开局之年，水利部紧紧抓住河长湖长履职尽责这个关键，加强组织指导，强化暗访督查，注重考核激励，加强宣传培训，指导督促地方压紧压实河长湖长责任，提高河长湖长履职能力，促进河长湖长担当作为，持续推动河长制湖长制落地见效。

一、水利部多措并举、综合施策，纵深推进河长制湖长制落地生根

一是加强组织指导。水利部高度重视河长制湖长制及河湖管理工作。水利部部长鄂竟平多次研究部署工作，亲自带队深入一线考察指导、暗访督查，向全行业发出强烈的强监管信号。水利部副部长魏山忠主持召开工作经验交流会、视频调度会商，多次赴基层调研督导。水利部组织召开全面推行河长制工作部际联席会议第三次全体会议，印发部际联席会议2019年工作要点；召开全国河湖管理工作会议，对年度河湖长制及河湖管理重点工作进行部署。制定印发进一步强化河长湖长履职尽责指导意见，细化责任清单，强化底线要求，为河长湖长履职尽责提供指南和规范。

二是强化暗访督查。水利部出台河湖管理监督检查办法，明确将河长制湖长制工作情况作为河湖管理监督检查的重要内容，明确监督单位、责任单位及其职责，细化监督检查内容、程序、问题分类、处置以及责任追究等。完善河长制暗访督查体系，指导各地建立健全一级督一级的督查体系，打造专业化督查队伍，全面提升督查工作效率和质量。组织开展两轮暗访督查，派出233个暗访组935人次，运用河湖督查信息系统，对31个省（自治区、直辖市）所有设区市的6679个河段和1612个湖泊进行了督

查，发现问题 3506 个，截至 12 月底已完成整改销号 3323 个，整改率 95%。

三是注重考核激励。水利部会同生态环境部开展全面推行河长制湖长制总结评估，继续将河长制湖长制纳入最严格水资源管理制度考核，全面评估河长制湖长制工作进展成效和存在的主要问题，为强化下一步工作政策措施奠定基础。会同财政部完成国务院督查激励有关工作，对河长制湖长制工作真抓实干、成效明显的浙江、福建、广东、贵州、宁夏等 5 个省（自治区）分别给予 5000 万元资金奖励，落实中西部贫困地区河长制湖长制补助资金 2.5 亿元。在东西南北中部地区遴选出 17 条河湖开展示范河湖建设，为全国建立样板河湖及河湖管理长效机制提供经验。

四是加强宣传培训。水利部举办全面建立湖长制新闻通气会，通报全面推行河长制湖长制进展成效；开展“清四乱”新闻发布会、“美丽河湖”网络主题宣传、“守护美丽河湖微视频公益大赛”等活动，印发河湖长制工作简报，加大河长制湖长制实践经验总结和河湖管理保护成效宣传。承办中央组织部河湖长制专题研究班，培训市、县级河长 54 名；配合人力资源和社会保障部举办中西部河湖长制培训班，培训中西部深度贫困地区基层河长和河长制人员 68 名。组织编写中央组织部“贯彻落实习近平新时代中国特色社会主义思想典型案例”主题教育案例、教学案例和教学方案，深入总结推广苏州推行河长制工作经验。

二、各地真抓实干、狠抓落实，扎实推进河长制湖长制持续见效

一是坚持高位推动。各地坚持党政同责，党政主要领导担任总河长，主动认领问题突出、管理保护任务重的河湖作为“责任田”，亲自抓、带头干，形成“头雁效应”。党政主要负责同志召开总河长会议、签发总河长令部署年度工作任务、“清四乱”等专项整治行动，带动各级河长湖长积极巡河履职，找问题、抓督办、促整改，做到重要事项有人决策、重大问题有人协调、专项行动有人牵头、问题整改有人督办，实施情况有人考核。有的省份还将河长履职情况纳入民主生活会内容，深刻剖析、自我检

视、不断改进，真正做到党政同责。

二是加强联防联控。各地依托河长制湖长制平台，将河湖管理工作任务、目标要求分解明确到各个相关部门，形成河长湖长统领、水利牵头、部门协调配合的治水管水格局。很多地方推进毗邻区域的河长湖长加强对接，签订河长制工作合作协议，区域河长湖长定期联席会商，协调解决跨界河流管理保护问题，推进跨界河湖协同共治、成效共享。有的地方还在跨省界河湖设立联合河长，竖立联合河长公示牌，明晰职责任务，凝聚区域合力，通过开展联合巡河、联合保洁、联合治理、联合执法、联合水质监测等工作，有效破解跨界河湖治理难题，赢得百姓点赞。

三是狠抓考核问责。各地充分发挥考核“指挥棒”作用，强化上一级河长湖长对下级河长湖长的考核、本级河长湖长对相关部门的考核，将河长制湖长制工作纳入领导班子和领导干部考核内容，做到真考核、严考核，压紧压实河长责任和部门职责。有的地方签订责任书，立下军令状，实行目标管理、挂图作战；有的地方每周总结河长履职情况，利用 APP 自动记录、量化河长履职绩效评价，预警提示履职薄弱点；有的地方实施河长述职评议制度，上级河长现场点评，并将述职评议结果纳入年度考核，与工作经费挂钩。各地对履职不力人员严肃问责，据不完全统计，2019 年，各地问责河长湖长和有关部门责任人 3961 人次，其中，市级 255 人、县级 649 人、乡级 3057 人。

四是强化工作基础。各地坚持问题导向、目标导向，因地制宜编制实施“一河（湖）一策”。截至目前，全国省级河长湖长的责任河湖方案全部制定印发，市县级河长湖长的责任河湖方案印发比例超 90%。很多地方强化河长制湖长制法治基础，浙江、海南、江西、黑龙江、辽宁、福建等省出台河长制湖长制专门性地方法规，黑龙江省出台《进一步完善河长制的意见》，江苏省出台《河湖长制工作高质量发展指导意见》，云南省针对九大高原湖泊出台“一湖一条例”。有的地方创新推行网格化治水理念，配齐网格员、网格长，形成多级联动机制，推动工作落细落实。

五是加强社会监督。各地积极宣传发动群众参与河长制湖长制监督管理，营造全社会关爱河湖的良好氛围。不少地方培育“民间河长”“百姓河长”及志愿者组织，推行“党政河长”“河道警长”“民间河长”并行的河湖监管模式；有的地方探索“共青团+青年环保社会组织+青年志愿者队伍+青年突击队”模式，建立健全以“河小青”为主题的护河志愿队伍，开展河流污染排放监督、水质采样监测、河道巡查记录等活动。不少地方开设治水投诉公众号，建立微信红包奖励机制，充分发挥社会监督作用。

下一步，水利部将继续紧紧抓住河长湖长这个“关键少数”，紧紧扭住履职尽责这个“牛鼻子”，细化实化各级河长湖长和有关部门职责，科学施策、精准发力，以“抓铁有痕”的韧劲，以“功成必定有我”的担当，加强指导协调，强化督查整改，持续“治乱”，系统“治病”，加快推动河长制湖长制从“有名”向“有实”转变。

李春明　付　健　王佳怡　虞　泽　王　竑　执笔

祖雷鸣　刘六宴　审核

链接

河南省郑州市："八长一员"+"七支队伍"创新河湖长制工作机制

自2017年全面推行河湖长制以来，河南省郑州市探索推出一系列创新措施，形成了"八长一员"，构建起"七支队伍"，全市河湖长制工作正从"有名"向"有实"扎实迈进。

河长、湖长、库长。郑州市16个开发区、县（市、区）196个乡（镇）先后出台《全面推行河长制工作实施方案》，成立三级河长制办公室，构建四级河长组织体系。设立市级河长11人、县级河长125人、乡级河长1128人、村级河长1532人，形成了强有力的河长组织体系。还将全市16座湖泊、141座水库纳入河长制管理体系，设立湖长335名、库长307名。

"河湖警长"。郑州市推出"河长制+警长制"，强化综合执法能力，有效打击各类侵犯河湖违法行为，并在全市范围内的河湖上设立"河湖警长"。

"河湖检察长"。郑州市探索建立"河湖长+检察长"工作机制，进一步健全生态环境行政执法与刑事司法衔接工作机制，加强检察机关与河长制办公室及成员单位的协同配合、监督制约。设立了市、县两级河湖长制工作检察长，并设立检察院驻河长制办公室联络室，加强司法和行政执法的协作联动机制。

"民间河长"。郑州市进一步拓宽河长制工作监督渠道，完善监督体系，聘请了人大代表、政协委员、离退休老干部作为河长制工作义务监督员，定期组织巡河，让他们为河长制工作献言献计，促进工作有效开展。

“媒体河长”。充分利用报刊媒体渠道，联合多家媒体组织成立“媒体河长”，通过记者监督、媒体报道的方式，直观展现郑州市河长制工作成果。同时联合郑州电视台创办《河长问政》节目，实时推送河湖长制工作动态。

“网络河长”。郑州市借助微信公众号、短视频 APP、微博互动等手段，引导网民关注河长制信息动态，化身“网络河长”进行有效监督。

河湖（库）巡察员。河湖（库）巡察员作用发挥如何直接关系到河湖的生态面貌能否得到改善。郑州市专题研究制定并印发实施了巡察员管理办法，强化责任主体，保障巡察员自身利益。

郑州市在河湖长制工作中组建起 7 支队伍：领头队，以各级河湖（库）长为主体；参谋队，以各河长对口协助单位为主体；突击队，以河湖长制重点任务单位为主体；协调队，以河长制办公室成员单位为主体；先锋队，以河湖（库）管养单位为主体；护卫队，以河湖（库）巡查员为主体；监督队，以人民群众为主体。通过构建 7 支队伍，进一步健全河湖管理新机制，实现工作有人管、有人抓、有人办，形成合力，共同管好“盆”和“水”。

段克宏　吴　頔　执笔

李顺卿　李　攀　审核

强化河湖监管工作进展

水利部河湖管理司

2019年，水利部坚持以习近平新时代中国特色社会主义思想为指导，积极践行“十六字”治水思路，围绕“水利工程补短板、水利行业强监管”水利改革发展总基调，全面开启河湖强监管新纪元，推动河湖面貌明显改善。

一、打赢打好河湖管理“三大战役”

一是全力打好河湖“清四乱”歼灭战。水利部将河湖“清四乱”专项行动作为全面推动河湖长制“有名”“有实”的第一抓手，作为水利行业强监管的标志性工作，坚持高位推动，明确政策标准、建立问题台账、实行销号制度、加强跟踪督办，强化暗访督查、接受社会监督，将2108个河湖突出问题纳入中央纪委国家监委“不忘初心、牢记使命”主题教育漠视群众利益问题专项整治，督促指导各地狠抓落实，扎实推进。各地高度重视，14个省份专门签发总河长令部署“清四乱”专项行动；很多省份省级单位、政府负责同志作出专门批示、召开河长会议督办落实，有的省份挂图作战、按表督办、逐项销号，有的省份地方建立周调度、月通报挂牌督办制度，有的省份对整改销号问题实行县级自验、市级审验、省级抽验，三级验收销号，有力有序推动“清四乱”工作，确保清理整治进度和质量，全国共清理整治河湖“四乱”问题13.4万个，解决了一大批河湖“老大难”问题，河湖面貌明显改善。

二是全力打好长江黄河保卫战。落实习近平总书记“共抓大保护、不搞大开发”重要指示精神，全力打好长江保卫战。开展长江干流岸线利用项目整治，分类拆除取缔或整改规范排查出的涉嫌违法违规项目，每月在水利部网站公告各地整治进展，动态跟踪督办。做好长江经济带固体废物清理整治巩固提升工作，2018 年排查发现的 1376 处长江经济带固体废物，全部完成清理整治。长江经济带生态环境警示片反映的 16 个涉嫌侵占河湖、围垦湖泊、非法采砂问题，已基本完成整改。针对媒体报道破坏黄河生态的 266 个问题，会同生态环境部指导督促有关地方开展集中清理整治，基本完成整治任务。

三是扎实推进河湖采砂管理持久战。全面落实河道采砂管理责任制，公告全国 2339 个重点河段和敏感水域，以及长江干流各河段河道采砂管理责任人名单。以长江、黄河、淮河、珠江等大江大河采砂管理为重点，加强巡查检查，组织开展专项整治行动，确保大江大河采砂秩序稳定可控。建立长江河道砂石采运管理“四联单”制度。督促指导各地打击非法采砂行为，发现一起、处理一起、整改一起。疏堵结合，开展疏浚砂、水库淤积砂综合利用试点，推进河砂开发利用与河道综合整治相结合，实现治理河道、有效利用砂石资源双赢。

二、做强用好“两大抓手”

一是以河湖长制为抓手，督促河长湖长履职。紧紧抓住河长湖长履职尽责这个关键，多措并举，压紧压实河长湖长责任，推动河湖长制从“有名”到“有实”转变。水利部组织召开全面推行河长制工作部际联席会议第三次全体会议、全国河湖管理工作会议，部署安排年度重点工作。研究制定河长湖长履职指导意见。举办全面建立湖长制新闻通气会、“清四乱”新闻发布会发，加强工作成效宣传。加强河长湖长培训，促进河长湖长提高履职能力。完成国务院督查激励有关工作，对河长制湖长制工作真抓实干、成效明显的 5 个省份予以奖励。通过督查暗访、挂牌督办、通报约谈等手段，督促各级河长湖长履职尽责。据不完全统计，2019 年，各地问责河长湖长和有关部门、单位责任人 3961 人次。

二是以暗访督查为抓手，促进河湖问题整改。制定河湖管理监督检查办法，按照“务实、高效、管用”要求，建立以“查、认、改、罚”为流程、以“面上督查、专项督查、重点督查、群众举报”为方式、以“一张图+遥感影像+APP+无人机”为手段的河湖督查体系。开展两轮暗访督查，对31个省（自治区、直辖市）所有设区市的6679个河段和1612个湖泊进行了督查，发现并整改问题3506个。

重点对黄河干流、大运河沿线、南水北调中线干线沿线、华北地下水超采区、南四湖、骆马湖等重点区域进行靶向式专项督查。中央领导批示、部领导批示的问题，做到“件件有着落、个个有回应”。设立河长监督举报邮箱和举报电话，受理处理群众涉河湖各类举报事项200多件。设立河湖突出问题曝光台，用身边事教育身边人，曝光各省（自治区、直辖市）涉河湖违法违规案件40多件。

三、夯实河湖管理基础工作

一是立规矩。加强法规制度建设，夯实河湖强监管基础，出台《河湖管理监督检查办法》《进一步强化河长湖长履职尽责的指导意见》以及河湖“清四乱”认定标准、河道采砂管理等方面的一系列制度。起草采砂疏堵结合的意见。按照“要超常规加快”的要求，加快推进《河道管理条例》修订和河道采砂管理条例制订工作，完成第一阶段立法调研、条文起草、征求水利系统意见等工作。

二是划范围。指导督促各省（自治区、直辖市）及黄河、淮河、海河等流域管理机构抓紧推进河湖管理范围划界工作，明确水域岸线管控边界。截至12月底，全国1000km^{2}以上河流、1km^{2}以上湖泊绝大多数完成技术性工作，89%以上河流、97%湖泊完成划界任务，19个省（自治区、直辖市）已由政府公告划界成果。

三是编规划。编制河湖相关规划，强化规划约束。岸线规划方面，印发全国河湖岸线保护和利用规划编制指南，批复实施长江岸线保护和利用规划、珠江—西江经济带岸线保护和利用规划，加快编制黄河、淮河、海河、松辽、太湖水域岸线规划，指导地方开展重要河湖岸线保护利用规划编制工作。采砂规划方面，编制完成长江上游干流宜宾以下河道采砂规划、黄河流域重要河段采砂规划。其他大江大河采砂、岸线保护利用规划都已启动编制。

四是定方案。指导督促各地加快编制“一河（湖）一策”方案，推进河湖系统治理。全国省级领导担任河长湖长的相关河湖"一河（湖）一档"全部建立、"一河（湖）一策"全部编制完成，市、县级正在压茬推进，编制完成率90%。

五是强手段。推进河湖信息化建设，提升河湖监管水平。建成河长制信息系统，完善全国河湖基础信息、河长湖长信息。组织开发河湖督查APP和问题整改督办系统，提高河湖督查效率和质量。运用遥感影像技术，对七个流域14条河流以及部分重点区域进行重点抽查，运用无人机拍摄取证，及时分析发现疑似问题并督促整改，并通过卫片解析对比，对问题整改情况进行复勘核查。

一年来，通过狠抓河湖"清四乱"、长江大保护、河湖采砂、河长湖长履职、暗访督查、河湖管理范围划定等重点工作，损害河湖的行为得到遏制，一大批河湖突出问题得到整治，河湖行蓄洪能力得到提高，河湖水质逐步向好，河湖面貌明显改善，有力地彰显了水法规的严肃性，增强了水行政主管部门强监管的主动性，激发了广大人民群众爱护河湖的自觉性，达到了调整人的行为、纠正人的错误行为的目的，关注河湖、保护河湖的氛围逐步形成。

李春明　付　健　虞　泽　王　竑　王佳怡　执笔

祖雷鸣　刘六宴　审核

专栏二十三

全国河湖“清四乱”专项行动取得明显成效

水利部河湖管理司

2019年，全国河湖“清四乱”专项行动圆满完成既定任务。截至11月底，各地共清理整治河湖“四乱”问题13.4万个，其中：规模以上河湖（流域面积1000km^{2}以上河流、水面面积1km^{2}以上湖泊）“四乱”问题6.91万个，规模以下河湖“四乱”问题5.98万个，此外，暗访督查、媒体曝光、群众举报等发现的问题4800多个。

为确保专项行动取得实效，水利部将“清四乱”作为推进河长制湖长制从“有名”向“有实”转变的第一抓手，作为水利行业强监管的标志性工作，多措并举、全力推进。一是高位推动落实。水利部部长鄂竟平专门主持研究部署“清四乱”工作，多次作出重要批示指示，亲自带队深入一线暗访督查。水利部副部长魏山忠多次主持召开全国的现场会、座谈会，及时进行视频调度会商，多次赴基层调研督导，督促清理整治进度和质量。二是明确政策标准。及时制定印发了问题认定及清理整治标准，并积极解释问题咨询、宣传典型案例，帮助地方把握政策要求。三是建立问题台账。对规模以上河湖的6.91万个“四乱”问题建立了台账，实行项目管理、清单管理，明确专人动态跟踪整改进展。四是强化暗访督查。对重点区域、重要河段开展了多轮专项督查、重点督查，累计派出暗访督查人员1547人次，抽查问题14463个。同时，综合运用卫星遥感、无人机进行核查，发现问题及时以“一省一单”督促地方清理整治。对中央领导批示、媒体曝光的重大问题，派出工作组现场督导。五是严格复核销号。指导地方实行省级复核销号制度，省级抽查了2.5万个问题（占台账问题总数的45.2%)。组织对纳入中央纪委国家监委台账的2108个“四乱”问题实行部、省两级全覆盖核查，会同有关部门对20个省份开展重点核查，确保清理整治工作质量。六是接受社会监督。公布举报电话、举报邮箱，在部网站公告未整治完成项目清单连同其责任人名单、已整改销号问题清单，接受社会监督。七是发挥部门合力。在中央纪委国家监委的组织领导下，会同公安部等6个部门开展纠正河湖“四乱”突出问题专项整治；联合最高人民检察院开展“携手清四乱、保护母亲河”专项行动；会同交通运输部、公安部开展长江干流河道采砂统一清江行动等。

专项行动中，各地共拆除违法建筑3936万m^2，清理非法占用河湖岸线2.5万km，清除河道垃圾3500多万t，清除围堤9800多km，打击非法采砂船只9100多艘，整治非法采砂点1万多个，清除围网养殖近13万亩。通过清理整治，河湖面貌明显改善，行蓄洪能力得到提高，河湖水质逐步向好，损害河湖的行为得到有效遏制。同时，以案释法，起到了很好的警示作用，达到了调整人的行为、纠正人的错误行为的目的。

刘　江　徐之青　栾华龙　李善德　乔世娇　执笔

祖雷鸣　刘冬顺　审核

链接

湖南省郴州市：落实“五清”力除“四乱”

湖南省郴州市按照省委、省政府河湖“清四乱”工作的安排部署，围绕工作目标，坚持问题导向，强化整治措施，制定整治时间表路线图，落实好“五清”，完成全市排查发现的175处“四乱”问题集中整治工作。

河长履责牵头清。全市各级河长高度重视河湖“清四乱”工作，市委书记、市第一总河长组织召开全市河委会工作会议，对“清四乱”工作进行专题部署；市长、市总河长率多部门赴欧阳海水库库区等“清四乱”现场进行专题调度；市级河长将“清四乱”作为巡河工作的一项重要内容；汝城县、桂阳县总河长多次进行现场调度。全市共下发涉及“清四乱”的河长令3个，召开“清四乱”工作部署会议61次，11个县（市、区）均制定了河道“清四乱”专项行动方案，并召开了总河长会部署工作。

深入排查彻底清。根据《郴州市河道“清四乱”专项行动方案》要求，按照属地管理原则，各县（市、区）迅速行动，针对河流水库存在的突出问题，对本辖区河流、水库进行深入摸排，建立问题清单，制定整治台账，实行对账销号。

协同联动督导清。市河长办联合市水利局、农业农村局、交通局等部门先后派出7次共15个组对全市50%以上的乡镇、30%以上的村进行河长制工作大督查，对所有“四乱”问题进行全市通报；市有关部门根据督查情况每季度进行一次专项联合执法行动，确保问题排查到位、清除到位。

广泛宣传自觉清。市河长办积极利用各类媒体对“清四乱”专项行动进行广泛宣传，全市共发放宣传册1万份、悬挂条幅120条、制作网络宣传页面500页、在传统媒体宣传100余次，引导群众关注行动开展，增强群众爱护河湖意识。

建立机制长效清。以“清四乱”专项行动为契机，按照全面推行河长制工作要求，进一步落实以地方党政领导负责制为核心的河湖管理保护责任体系，落实属地管理责任，细化实化河长职责。全市投入500余万元建立了郴州市河长制工作管护平台、郴州市河湖监控平台对河道保洁及河湖“清四乱”工作进行日常监控，总结了河道保洁七大机制进行全市推广，全市各级建立巡查、保洁、执法等日常管理制度，落实河道管理保护责任主体、人员、设备和经费，建立完善流域统筹协调和上下游、左右岸联防联控机制，建立健全河湖管理保护长效机制。

姜　恬　执笔

李顺卿　李　攀　审核

专栏二十四

组织开展长江大保护专项行动

水利部河湖管理司

一、开展长江干流岸线利用项目清理整治专项行动

2019年，长江干流岸线利用项目清理整治专项行动顺利完成年度目标任务。截至12月底，长江干流排查出的2441个涉嫌违法违规岸线利用项目，已完成清理整治2230个，其中拆除取缔731个、整改规范1499个。

水利部部长鄂竟平高度重视长江大保护工作，要求以“超常规手段、超常规措施、超常规成效”，确保专项行动取得实效。水利部副部长魏山忠多次主持召开现场会、座谈会，多次赴长江沿线调研督导，督促各地按期完成长江岸线清理整治任务。水利部加大指导力度，逐项建立问题台账，按月跟踪督办各地清理整治进展。强化暗访督查，确保问题清理整治到位。对位于生态敏感区的715个项目，指导各地制定了整改方案，协调相关部门提出审核意见；对于不符合岸线规划管控要求或可能存在重大防洪影响的833个项目，组织长江委进行论证审查。对进展滞后的省份、暗访督查发现的问题，以“一省一单”督促地方整改。长江水利委员会组织开展了两轮暗访督查，现场抽查了999个岸线利用项目的清理整治情况，同时要求省级水行政主管部门对已完成清理整治的项目开展省级复核，确保整治质量。

通过开展长江干流岸线利用项目清理整治，长江面貌更加干净、整洁，侵占长江岸线的行为得到有效遏制，爱护长江、保护长江的良好氛围逐步形成。

二、开展长江干流河道采砂专项整治行动

组织开展长江干流河道采砂专项整治行动，始终保持高压严打态势。

专项整治行动期间，共开展暗访巡查2300余次（其中夜间暗访近千次），巡查江段13万余km，开展全覆盖的巡江检查和集中执法打击1.5万次，查处涉砂违法案件1391起，查处违法采砂船只55艘，拆解“三无”采砂船舶84艘，拆除非法采砂机具189台套，办理涉砂刑事案件36起，刑拘106人，移送起诉14起，已判决22人，对非法采砂者形成强有力的威慑。沿江各地落实采砂船舶集中停靠管理制度和砂石采运管理单制度，定期组织开展禁采期采砂船舶集中停靠专项检查；建立长江干流重点水域视频监控系统，对重点江段、敏感水域进行在线实时监控；加强采砂船舶的建造和改建的管控，从源头上防范非法采砂的反弹。

刘　江　孟祥龙　栾华龙　朱　锐　执笔

祖雷鸣　刘冬顺　审核

专栏二十五

坚持疏堵结合　强化河道采砂监督管理

水利部河湖管理司

2019年，水利部立足于河湖管理保护实际，坚持疏堵结合，一手抓打击非法采砂，一手抓规范合法采砂，在严厉打击非法采砂、保障河道及生态安全的基础上，合理开发利用河道砂石，缓解砂石市场供需矛盾。

一、严厉打击非法采砂，保护河湖健康生命

一是以长江、黄河、珠江、淮河等大江大河为重点，组织开展专项整治行动，保持高压严打态势。以长江为例，全年开展全江性巡江检查6次，国庆节前，水利、交通、公安联合开展统一清江行动，有力维护采砂秩序。

二是对全国2339个采砂管理重点河段和敏感水域河长、水行政主管部门、现场监管、行政执法4个责任人名单，以及长江干流各河段河长和各级人民政府、水行政主管部门、现场监管及行政执法责任人名单予以公告，接受社会监督，确保责任落实。

三是加强与公安等部门配合协作，推进行政执法与刑事司法衔接，将整治非法采砂与扫黑除恶专项斗争结合，严厉打击非法采砂案件中的黑恶势力。1—10月，长江流域10省（直辖市）打掉非法采砂涉黑组织50个，查扣江砂超288万m^3。

四是及时查处群众举报、媒体曝光、领导批示的其他支流及小型河流非法采砂问题，督促地方以案为鉴、以案促改、以打促治。全年查处非法采砂问题195件，其中，对央视曝光的河北大沙河、甘肃天水等重点案件进行了挂牌督办。

二、合理开发利用河道砂石，缓解砂石市场供需矛盾

一是出台制度，规范管理。先后印发《水利部关于河道采砂管理工作的指导意见》《水利部办公厅关于加快规划编制工作合理开发利用河道砂石资源的通知》。分别召开南、北两个片区座谈会，推进科学规划和依法许可，合理开发利用河道砂石。长江、黄河有关采砂规划已完成报批稿，其他河道采砂规划正加快推进。

二是实施分类精准管理。督促指导各地清理不合理的禁采区和禁采期，纠正没有法律依据、不切实际片面扩大设置的禁采区。提出对于因防汛抢险等应急用砂的，在规划审批前，可编制临时应急方案，启动应急采砂，保障重点工程建设用砂。

三是加大疏浚砂综合利用。开展了湖北荆州长江太平口航道疏浚砂综合利用项目试点，接驳上岸疏浚砂380万t，有效保障了当地需求。启动三峡水库首个淤积砂综合利用试点项目，预计利用淤积砂200万m^3。河北、海南等地探索推进河道采砂与河道治理有机结合，实现河道治理与资源利用双赢。

四是探索河砂统一开采管理模式，破解传统招、拍、挂方式哄抬砂价等问题。河南南阳实施河砂统一开采管理，河砂价格普遍低于周边地区市场价20%～50%，在保障市场供给的同时平抑了砂价。

叶炜民　胡忙全　唐　见　执笔
祖雷鸣　陈大勇　审核

链接

四川省蓬溪县：开展砂石资源经营管理体制改革

四川省蓬溪县35km涪江河道内原有涉砂企业19家、船舶160只，生态破坏严重，是历届县委、县政府的一块“心病”。蓬溪县以推行河湖长制为契机，大力开展砂石资源经营管理体制改革（以下简称“砂改”），从源头上规范河道采砂行为，并通过新建标准化砂石加工厂，成立国有公司开展经营，规范了采砂秩序，保障了砂石供应。

高位推动，形成合力，夯实砂改领导机制。蓬溪县成立了以县委书记县长任组长、相关县级领导任副组长的砂改领导小组，其下设砂改办公室具体负责砂石经营管理体制改革工作。从相关部门和乡镇抽派30余名工作人员分河段成立了3个工作组，由3名副县级领导挂片3个乡镇包干负责，形成了书记县长统筹抓、1名县领导亲自抓、1名副科级干部具体抓、10名工作人员分别落实的“2+1+1+10”工作机制，并做到目标、任务、责任、措施“四落实”，形成了改革合力。

整治“乱采”，科学建厂，统筹推进砂改工作。蓬溪县采取“两摸清两排查一管理一打击”的方式，摸清砂石企业基础信息、砂石企业相关违法情况，排查是否有国家公职人员违规参与砂石经营、砂石领域相关涉黑涉恶线索，实行“一企一册”管理，严厉打击涉砂违法行为，清理整治“乱采”行为。还规划建设4个标准化砂石加工厂。砂石标准化加工厂建设前开展了大量前期工作。首先，聘请专业设计单位对全县河道范围内的水文、地质地貌、现有储量等进行测量和勘察，并编制采砂规划；其次，聘请第三方设计公司按照环境保护要求对每个加工场地进行高标准规划设计；最后，严格按照相关要求选址，并邀请遂宁市水文局专家对砂石标准化加工厂及码头选定点进行逐一踏勘把关。同时，推进办理行洪论证、水资源论证、水土保持方案、选址意见书、环境影响评价、安全评价、施工许可等10项手续，统筹推进砂改。

国有经营，规范秩序，实现生态与经济开发双赢。2018年8月，国有砂石公司“蓬溪博瑞实业有限责任公司”注册成立；9月1日开始，公司提前按照砂改完成后的经营模式参与砂改工作，进行保供销售。这一经营模式为遂宁市首创，已取得初步成果。

目前，蓬溪县建立起科学开采、持续利用、规范管理、持续有序的河道采砂管理新秩序，确保防洪、供水和水生态安全，实现河道生态保护和经济开发双赢。

吴　頔　蒋　文　执笔

李顺卿　李　攀　审核

专栏二十六

水利风景区建设管理迈入新阶段

水利部综合事业局

一、水利风景区建设管理机构职能得以明确，管理办法启动修订

全国各省（自治区、直辖市）水利部门普遍结合各自实际，对标水利部河湖司，将水利风景区建设管理工作写入河湖管理等内设机构职责。经水利部同意于2019年初启动《水利风景区建设管理办法》修订工作，成立办法起草组，分赴13个省（自治区、直辖市）开展调研并论证分析，明确了新时代水利风景区功能定位和目标内容，书面征求各有关部门和部分省（自治区、直辖市）意见，形成了《水利风景区建设管理办法》修订草案送审稿。

二、服务建设幸福河，召开黄河流域水利风景区建设发展座谈会

贯彻落实习近平总书记在黄河流域生态保护和高质量发展座谈会上的重要讲话精神，水利部景区办联合黄委召开黄河流域水利风景区建设发展座谈会，沿黄9省（自治区）首次从全流域的角度统筹谋划水利风景区建设发展，对标建设幸福河，拟选30个精品水利风景区作为“讲好黄河故事”的重要平台。

三、补短板，推动建设了一批群众身边的水利风景区

持续推进《全国水利风景区建设发展规划》实施，指导重庆、西安、安康、双柏县等地编制水利风景区建设发展规划。指导各地加强水利设

施、河湖水域及其岸线的综合利用和科学保护，因地制宜建设了一批群众身边的水利风景区，重点补齐省级以下水利风景区短板。浙江丽水、山东临沂等地创新设立市级水利风景区。

四、强监管，水利风景区动态管理技术支撑能力增强

组织召开水利风景区动态监管研讨会，总结智能管理试点经验，研讨提出加强动态管理建议。整合构建“全国水利风景区动态管理服务平台”，组织专家分赴全国31个省（自治区、直辖市）、92个景区开展技术帮扶，组织开展培训，明确长效工作机制，全年完成222个景区数据更新，“部、省、景区”三级用户体系初步构建，动态监管技术支撑能力得以提升。

五、水利风景区人才队伍与理论支撑能力不断增强

围绕水利风景区建设与管理实际需要，分门别类开展专业技术培训。2019年举办4期业务培训，培训人次近400人。指导推动黑龙江、陕西、江苏等省份开展水利风景区建设管理培训，带动各地开展相关培训。编撰并发布《中国水利风景区发展报告（2019）》。华北水利水电大学、河海大学等相关高等院校筹备成立水利风景区建设发展研究机构，开展水利风景区理论研究和人才培养工作。

六、水利风景区社会知名度和美誉度不断提升

出版《中国山水（2019）》。人民论坛推出国家治理周刊水利风景区专刊，中央电视台在黄金时段陆续推出“水美中国、景惠民生”系列水利风景区公益广告，《中国水利报》推出5个专版宣传献礼中国水利70年。水利风景区如今已成为全国各地“最美家乡河、美丽河湖、秀美河湖、生态河湖”等评选中的典范。

董　青　汤勇生　执笔

曹淑敏　审核

水利建设篇

重大水利工程建设总体进展顺利

水利部水利工程建设司

2019年，水利部会同有关部门和地方，坚持目标引领和问题导向，强化对重大水利工程建设的组织实施和监督管理，保障了重大水利工程建设高质量有序推进。

一是紧抓工程开工。2019年《政府工作报告》明确提出了“再开工一批重大水利工程”的目标任务。水利部加快重大水利工程前期工作进展，年内批复37项重大水利工程可行性研究报告。根据前期工作进展，组织制定项目开工计划，逐项工程落实开工时间和相关责任单位，督促抓紧完成工程开工各项准备工作，对准备工作进展滞后的项目强化督导检查，确保具备条件的重大水利工程如期实现开工。2019年，珠江三角洲水资源配置、贵州凤山水库、河南赵口灌区二期等23项重大水利工程开工建设，新增在建投资规模1212.77亿元，其中列入172项节水供水重大水利工程的有9项，累计开工142项。水利部商国家发展改革委制定了2020—2022年重大水利工程建设实施方案，为开展更大规模水利建设奠定了基础。

二是狠抓工程进度。健全重大水利工程实施进度月报制度，全面动态掌握工程进展情况。加强对进度信息的分析研判，建立部司局和地方水行政主管部门的协调推进机制。切实履行监管责任，实施问题通报、约谈督导和加强指导协调等措施，协调解决制约工程进展的突出问题。对广西桂中治旱、西藏湘河、云南河流治理等项目进行现场会商督办，有效扭转了工程进度严重滞后的局面。2019年，重大水利工程建设总体建设进度超过预期，投资计划完成率超过90%。一批工程顺利完成重要节点目标，河南出山店水库、前坪水库、西藏拉洛水利枢纽、新疆阿尔塔什水利枢纽、贵州马岭水利枢纽等工程下闸蓄水，江西廖坊水利枢纽灌区二期等工程正式通水，内蒙古引绰济辽工程首台TBM始发掘进，引江济淮工程、云南滇中引水工程等重点项目建设有序推进。172 项节水供水重大水利工程已完工 30 项，其中 6 项通过竣工验收。

三是紧盯重点项目。加大对大藤峡等重点项目的督促指导、组织协调和技术支持力度。落实大藤峡水利枢纽建设季度督导制度，蒋旭光副部长、刘伟平总工程师多次带队到现场调研指导，有关司局开展多次督导检查活动，帮助解决工程建设中存在的金属结构制作安装滞后、阶段验收资料整编等工作难点和重点。2019 年 10 月 26 日，大藤峡水利枢纽提前 35 天实现大江截流。积极推进重点项目验收工作，针对主要制约因素采取有效解决措施，尼尔基水利枢纽、紫坪铺水利枢纽等重点项目的竣工验收准备工作取得了积极进展。督促各地切实担负起监管责任，加大对本地区重点项目的监管力度，保障重大水利工程建设全面有序推进。

四是强抓工程质量。坚持高标准、严要求，压实参建各方主体和从业人员的质量责任，特别强化项目法人的首要责任和勘察设计、施工单位的主体责任，严格执行工程质量全过程控制。发挥质量工作考核的指挥棒作用，积极协调将水利建设质量工作考核结果纳入国务院对省级人民政府的质量工作考核体系，进一步完善考核内容和考核方式，把考核重点转移到工程建设项目质量控制措施和工程实体质量上来。加大质量责任追究力度，对质量问题做好调查处理，推动问题整改落实。对质量工作考核中发现存在违规问题的 12 家市场主体，要求省级水行政主管部门予以严肃调查处理。2019 年，大规模水利建设质量管理处于可控状态，全年未发生重特大质量事故，一批质量优良的工程落成，江西峡江水利枢纽和河南河口村水库荣获国家优质工程鲁班奖。

五是加快补齐工作短板。坚持问题导向，补齐规章制度和信息化建设的短板。对水利建设领域制度标准体系进行全面梳理，加快推进制修订工作。修订完成《水利工程建设项目验收管理规定》，启动《水利工程建设质量管理规定》等规章制度修订工作，为重大水利工程建设提供强有力的制度支撑。对水利工程建设项目法人和监理管理存在的问题进行系统梳理和深入分析，积极开展对策研究。指导做好水利工程质量检验与评定规程、单元工程施工质量验收评定标准等技术规范的修编工作，推动完善重

大工程质量管理技术标准体系。依托陕西省引汉济渭工程开展水利工程建设信息化创新示范活动，大力推动现代信息化技术同水利工程建设深度融合，加快水利工程建设中的科技创新应用，以信息化建设推动水利建设管理现代化。

2020 年，水利部继续践行“水利工程补短板、水利行业强监管”的水利改革发展总基调，全力推动重大水利工程建设取得新的更大成效。一是督促制定开工计划，积极推进重点项目开工建设，确保完成年度开工任务。二是加强在建重大水利工程进度分析和工期控制，对严重滞后项目开展专项督导，在确保质量安全的前提下加快工程进度，争取早日建成并发挥效益。三是加强对大藤峡工程等重点项目的协调指导，确保大藤峡工程如期实现蓄水和通航目标。四是优化验收管理工作，加快验收工作进度，下大力气解决制约验收进展的主要矛盾，力争 2020 年完成 10 项左右重大水利工程竣工验收。

戚　波　王　姝　执笔

张严明　审核

全力推进水库除险加固和中小河流治理项目建设

水利部水利工程建设司

2019年，水利部以“防风险、保安全”为首要目标，紧紧围绕水库除险加固、中小河流治理存在的短板，着力强化制度和标准体系建设、加强全过程建设管理、狠抓治理责任监督，全力推进水库除险加固与中小河流治理项目建设落实落地，组织对77座大中型水库和3511座小型水库实施除险加固，完成主要支流治理河长719km，完成中小河流治理河长6333km，取得实效。

一、紧盯水库除险加固，守住安全底线

（一）摸清项目底数，夯实除险加固工作基础

一是摸清1998年以来历次规划内项目实施情况，通过“一省一单”“一库一表”和重点督办的方式，组织对59973座历次规划实施除险加固项目进行逐库复核，摸清历次规划中项目已实施、未实施情况。

二是摸清正在实施的规划开展情况。组织对实施中的灾后薄弱环节实施方案内的13328个项目逐库梳理，摸清除险加固项目已实施、在实施、拟实施情况。

三是开展新增病险水库除险加固项目基础工作。以防范风险为首要目标，充分利用以往规划实施成果，结合防汛抗旱水利提升工程实施方案编制要求，组织各地申报新增病险水库除险加固项目需求。

（二）盯紧重点工作，防范安全风险隐患

一是调研水库除险加固项目安全短板。完成历次规划水库除险加固项目实施情况摸底，深入开展基层反映强烈的水库除险加固建设管理问题调

查研究，完善规章制度标准，指导后续项目建设管理。

二是狠抓小型水库除险加固项目建设安全短板。组织开展水库除险加固遗留问题专项整治，排查近 7 万座小型水库除险加固情况，及时发现存在的遗留问题，研究完善安全防范对策措施，开展小型水库除险加固攻坚工作，消除安全隐患。

三是制定并实施年度监督检查计划。深入开展水库除险加固项目“四不两直”、专项督查、稽察、举报调查。加强建设项目实施进度、质量、验收监控，对进度滞后、质量及验收问题多的责任单位和负责人进行电函、约谈和进驻督导，编制“四不两直”、专项整治、监督检查等发现的问题清单，跟踪问题整改，逐项督促整改到位，加强建设项目监督管理。

四是督促水库除险加固项目年度中央财政治理资金及时下达，跟踪推动建设资金按期分解，督促落实地方财政事权和支付责任，各省将地方建设资金落实到具体项目，报水利部备案，建立建设项目报备清单，加强地方主体责任督促指导。

五是建立水库除险加固项目建设信息报送制度。通过信息报送及时掌握各类项目实施进展情况，提升改造建设项目信息填报系统，严格项目建设信息填写质量，实现建设项目信息线上填报和自动汇总统计，不断提高建设项目信息化管理水平。

六是建立水库除险加固和中小河流常态化长效治理机制。结合水库除险加固项目建设管理状况和监督检查成果，为更好地适应水利改革发展总基调要求，积极推动完善水库除险加固和中小河流治理项目建设体制机制和规章制度，建立常态化长效治理机制。

（三）完善制度标准，打牢强监管支撑基础

坚决贯彻落实水利改革发展总基调，着力做好水库除险加固工作的顶层设计，全力将强监管的手段贯彻落实到制度和标准建设中，着手制定新时期小型水库除险加固指导意见和设计标准，按照科学规划、生态安全、责任监管、有序推进的工作思路，落实地方主体责任，严格过程监管，强抓质量安全责任落实，科学有序推进，按期完成任务，建立长效治理机制，消除安全隐患，发挥工程效益。

二、补齐中小河流治理短板，确保治水安全

（一）夯实工作基础，完成年度工作任务

一是督促2019年度中央水利发展资金中的中小河流治理资金分解下达，全力将建设资金落实到建设项目上，整理年度实施项目报备清单。二是按照项目备案清单和全国中小河流治理管理信息系统的统计数据，加强分析研判，对项目进度落后的省区督导治理进度。三是做好全国人大、政协关于河流治理的建议和提案办理。四是举办全国中小河流系统治理培训班。五是组织对福建莆田木兰溪、广东平远县山区中小河流生态治理等典型案例亮点进行总结宣传。六是部署开展中小河流治理专项整治，组织各级水行政主管部门全面整治中小河流治理的遗留问题，组织流域管理机构现场核查。七是组织对舆情反映问题的治理工程开展调查、处罚。

（二）完善制度标准，打牢强监管支撑基础

以“水利工程补短板、水利行业强监管”的水利改革发展总基调为指导，组织编制中小河流系统治理指导意见和设计技术要求。一是在原有防洪减灾单一治理内容的基础上，扩充水资源集约、水岸生态和水文化等治理内容，以防洪减灾作为治理首要任务，把治水与治山治林治田治草相结合，合理确定治理标准，形成生态系统的河流治理模式。二是要求各地统筹兼顾，科学规划、因地制宜，编制整条河流治理规划和分年度实施方案，形成“治理一条，成效一条”的治理目标。三是强化中小河流治理建设管理，突出对勘测设计成果质量要求、项目法人的管理能力和技术力量建设要求，以及政府部门提出对参建各方的监督检查工作重点。四是紧密衔接河长制工作，压实地方政府主体责任，明确各级政府部门管理、审批等职责，细化处罚原则。

（三）落实治水思路，开展重大科技问题研究

按照山水林田湖草系统治理思路和生态文明建设要求，开展新时期中小河流治理目标及对策研究工作。一是研究整体性规划、全流域推进、整河流治理、分阶段实施的系统治理模式，形成将中小河流建设成为幸福河

的治理目标。二是区分南北方、东西部中小河流自然和经济社会条件，研究中小河流防洪、水岸生态保护、文化传承、原材料选用等分区分类的治理标准体系。三是梳理中小河流治理与运行监管重点，明确地方政府治理目标、前期工作、资金落实、进度控制、质量安全和管理保护等主体责任，以及各级政府监管和社会监督的联动机制，健全中小河流治理管护长效机制。

2020 年，水利部将继续把水利工程安全隐患治理放在突出位置，牢牢把握水利改革发展总基调，按照 2020 年底前基本完成灾后水利薄弱环节建设任务的目标，全面推进水库除险加固和中小河流治理项目建设。一是压实地方主体责任，督促各地落实建设资金，组织开工建设，全力加快建设进度，基本完成灾后水利薄弱环节实施方案中小河流建设任务和水库除险加固任务。二是力争用 2 ~3 年时间，开展小型水库除险加固攻坚行动，解决历次规划实施遗留问题、完成现有除险加固任务、建立长效治理机制，彻底消除安全隐患。三是规范建设管理，严格执行“四制”，紧盯问题整改，保障质量安全。四是强化监督指导，组织开展灾后薄弱环节规划目标任务完成情况自查与抽查，严格责任追究。五是编制新时期小型水库除险加固和中小河流系统治理指导意见，督促各地狠抓责任落实，全力攻坚，完成项目建设目标任务，指导地方提高项目实施效果。

陈何铠　赵建波　韩绪博　王　辉　执笔

袁文传　审核

水利建设市场监管全面加强

水利部水利工程建设司

2019 年，全国水利建设市场监管工作以“双随机、一公开”监管为基本手段、以重点监管为补充、以信用为基础、以“互联网+”监管为支撑，行政许可、市场监管、信用体系建设等重点工作有序推进，具有水利特色、符合时代要求的水利建设市场监管新模式取得长足进步，为水利建设市场主体营造了公平竞争的发展环境。

一、2019 年水利建设市场监管重点工作

（一）规范实施“双随机、一公开”执法检查

水利部对 24 家建设监理和 24 家质量检测单位开展了“双随机、一公开”执法检查。按照“一单两库一细则”要求，制定了抽查事项清单和实施方案，建立了检查对象和执法人员名录库，并将抽查依据、内容和方式全部向社会公布；从流域管理机构执法队伍中随机匹配 32 名执法人员，分 16 组赴现场依法检查取证；依法依规对问题单位“一企一单”下发整改通知，对问题严重单位通报批评，对违法单位给予行政处罚；强化结果公开运用，将查处结果及时公开并归集至市场主体名下，失信行为信息同步推送至信用评价机构，形成长效制约。

“双随机、一公开”检查在水利建设市场首次规范实施。一是加强了事前、事中、事后全过程监管，有效提升监管效能，推动“强监管”实化落地。二是解决了现场检查事项多、频次高、随意性大等问题，避免了任意检查、人情监管和选择性执法，切实减轻了基层负担。三是综合运用责任追究、行政处罚、联合惩戒等手段，抽查一批、整改一批、通报一批、处罚一批，有效形成强力震慑。四是及时公开共享查处结果，推动行政监管与信用监管有效衔接，大幅提升违法失信成本，进一步营造公平竞争的

水利建设市场环境。

（二）基本建立以信用为基础的新型监管机制

水利部修订印发了《水利建设市场信用信息管理办法》和《水利建设市场主体信用评价管理办法》，促使信用体系体制机制建设的突破创新，推动了以信用为基础的新型监管机制基本建立。一是通过对不良行为量化赋分，实化强监管要求。二是建立“重点关注名单”“黑名单”，细化强监管要求。三是实施全生命周期动态监管，深化强监管要求。四是建立全国统一的信用评价制度，强化强监管要求。五是实行信用信息统一管理、统一报送、统一汇集和统一应用，增强强监管的规范化。六是落实政府部门信用监管和行业信用评价“两手发力”，提高强监管的权威性。

（三）强化对水利建设市场招投标行为的监管力度

水利部加大对水利建设市场围标串标、违法分包、虚假招投等市场乱象的整治力度，组织各省（自治区、直辖市）对2017年以来开工的44130个政府投资水利工程建设项目招投标及标后履约情况开展自查自纠，重点检查贫困地区水利工程建设项目，以及在检查、稽察、巡查、投诉举报中涉及民生的水利工程建设项目，对发现的163个问题项目督促指导责任单位立行立改，确保问题整改彻底，责任追究到位。以问题为导向，针对虚假招投标行为的深层次原因，启动《水利工程建设项目招投标管理规定》修订工作，加快电子招投标监管系统建设，提升招投标领域违规行为的风险分析、预测预警和监控防范能力，对招投标失信行为实施动态信用监管和联合惩戒，大幅提升失信违规成本，从体制机制和措施手段等方面研究治本之策。

（四）依法从严实施企业资质管理

水利建设市场主体资质管理工作认真落实水利改革发展总基调要求，通过修订资质评审管理办法，全面征集扩充评审专家库资源，实行资质许可行政审批系统“一网通办”升级改造等措施，从制度和技术层面加强企业资质管理工作的合法性和规范性；在评审过程中严格执行专家回避、独立评审和交叉复核制度，压紧压实专家廉政责任和保密责任，确保评审工作标准统一，尺度一致，依据充分，结论准确；“一网通办”审批模式确保申报材料长期保存备查、评审结论全程可溯，进一步确保了评审工作的公平公正。2019 年，法定期限内甲级质量检测单位 360 项行政许可事项和建设监理单位 95 项行政许可事项全部予以办结。本年度资质许可工作在制度上保证了结果的公开、公平和公正，规范性进一步提升；“一网通办”减轻了企业负担、提升了政务服务水平，增强了市场主体满意度；将人员“挂证”整治和规范缴纳社保作为许可前置条件，倒逼企业自主攻克自身顽疾，培育引导了水利建设市场长期健康发展，维护了行政许可的权威性和公信力。

（五）加快修订完善制度办法

水利部先后制定了《水利水电工程施工资质评审管理办法》《水利工程质量检测单位甲级资质评审管理办法》《水利工程建设监理单位资质评审管理办法》；会同国家发展改革委、人力资源和社会保障部、住房和城乡建设部等制定并印发《2019 年版全国一级建造工程师职业资格考试大纲》《2019 年版全国二级造价工程师职业资格考试大纲》《工程项目招投标领域营商环境专项整治工作方案》；研究编制了《监理工程师职业资格制度规定》《监理工程师职业资格考试实施办法（征求意见稿）》《水利工程监理工程师、造价工程师和土木工程师注册管理办法（初稿）》，以及《水利工程质量检测员职业资格制度和考试实施办法（初稿）》《水利工程质量检测员等级管理制度（初稿）》。通过建立健全和优化完善水利建设市场监管工作急需的规章制度和细则办法，初步构建了一套结构完整、体系科学、层次清晰、权责明确的制度和标准体系，全面提升了依法依规履行市场监管职责的能力，有力推进了市场监管的制度化、规范化、法治化。

二、2020 年水利建设市场监管工作打算

2020 年，水利建设市场监管工作将全面围绕水利建设市场“宽准入、强监管、优服务”的改革目标，着力提升市场监管工作的效率水平，进一步增强各项工作的计划性、主动性、前瞻性，拟抓好以下几项重点工作：一是抓紧修改完善《水利工程建设项目招标投标管理规定》等规章制度；

二是加快推动资质资格审批制度改革；三是加大信用体系管理办法的宣贯执行和信用评价成果的推广应用；四是扩大“双随机、一公开”执法检查对象范围；五是全力抓好“互联网+”监管能力建设。

马　涛　邢　航　杨会臣　执笔

田克军　审核

扎实推进农村饮水安全巩固提升

水利部农村水利水电司

2019 年，水利部紧密围绕《政府工作报告》提出的“今明两年要解决好饮水困难人口的饮水安全问题，提高 6000 万农村人口供水保障水平”的目标，积极践行“水利工程补短板、水利行业强监管”的水利改革发展总基调，加快实施农村饮水安全巩固提升工程，强化工程运行管护，加大行业监管力度，全年共提高 5480 万农村人口供水保障水平，超额完成全年目标任务。2019 年底，农村集中供水率达到 87%，自来水普及率达到 82%。

一、加快工程建设进度

为如期实现《政府工作报告》提出的农村饮水安全工作目标，水利部指导并支持各地综合采取改造、配套、升级、联网等措施，加快农村饮水安全巩固提升工程建设。一是编制工作方案。指导各地编制了 2019—2020 年农村饮水安全巩固提升工作方案，在此基础上，制定了《加快解决农村饮水安全问题的工作方案》，明确分年度目标任务、工程措施和保障措施，上报国务院。二是加大资金支持力度。2019 年初，会同国家发展改革委将“十三五”农村饮水安全巩固提升工程建设剩余中央补助资金 76.7 亿元提前一年全部下达，并通过调整水利投资结构等方式新增中央资金 45 亿元，重点对深度贫困地区、饮水型氟超标改水任务较重地区以及边境地区农村饮水安全巩固提升进行补助。三是狠抓工程质量。印发《关于推进农村供水工程规范化建设的指导意见》，督促各地按照文件要求严把工程质量关，新建工程遵照执行，已建工程对标改造。四是加快建设进度。对各地工程建设情况进行月调度，及时掌握各地投资完成情况和完工通水情况，并通过简报进行通报，对推进力度不大、进度明显滞后的省份进行实地调研督促。

2019 年，各地共完成农村饮水安全巩固提升工程建设投资 550 多亿元，是“十三五”以来完成投资最多的一年。浙江、江苏、福建等东部省份自筹资金，用于提高农村饮水安全水平，城乡一体化供水格局正在逐步形成。新疆、甘肃、安徽、贵州等中西部省（自治区）集中供水工程覆盖面进一步扩大，农村饮水安全短板正在不断补齐。

二、着力提升农村供水水质

水利部将水质提升作为提高农村饮水安全水平的重要抓手，持续推进各项措施。一是加强水源保护。2019 年初，水利部将农村万人供水工程名录及水源保护情况函告生态环境部，联合推进水源保护工作。8 月，联合生态环境部印发《关于推进乡镇及以下集中式饮用水水源地生态环境保护工作的指导意见》，部署各地以万人工程为重点开展水源保护区划定、突出环境问题整治等工作。二是加快解决饮水型氟超标问题。指导督促相关省份按照经批复或审定的饮水型氟超标改水工作方案，综合采取水源置换、水质净化处理或易地扶贫搬迁等措施，加快氟超标改水进度。水利部专题调研氟超标改水任务较重的天津、安徽、河南、河北等省（直辖市），实地查看工程建设情况和改水效果。11 月，联合国家卫生健康委员会召开饮水型氟超标改水工作推进视频会，田学斌副部长出席会议并对下一步工作提出要求。会后，两部委印发《关于扎实推进饮水型氟超标改水和数据报送等工作的通知》，进一步作出部署。有关省份加大氟超标改水工作推进力度，共解决 615 万人饮水型氟超标问题。三是强化水质净化消毒。督促各地配套完善水质净化消毒设施设备，加强水质检测，不断提升水质保障水平。指导督促中国水利水电科学研究院编制水质保障提升工作推进方案，对分散供水工程处数量较多的省份开展现场调研，系统梳理农村供水水质问题，提出经济适用的对策措施。

三、强化工程运行管护

坚持建管并重，在加快农村饮水安全工程建设的同时，不断健全管护机制，促进农村饮水安全工程持续发挥效益。一是全面推进水费收缴工作。为破解农村供水工程运行管护薄弱的难题，水利部多次开展一线走访调研。2019 年 9 月上旬，鄂竟平部长率队调研甘肃省、宁夏回族自治区农村饮水安全工作，并召开现场推进会，明确指出“收缴水费是解决农村供水工程管养不够的根本措施”，对各地全面推进水费收缴工作作出部署安排。会后，水利部印发《关于加快推进农村供水工程水费收缴工作的通知》，明确目标任务和时间节点要求。12 月，水利部在重庆召开现场会，田学斌副部长出席会议并对加快推进水费收缴工作进行部署。截至 12 月底，全国 89% 的县（区、市）制定了水价有关政策制度，94% 的千人以上供水工程已定价。二是建立农村饮水安全管理责任体系。2019 年 1 月，印发文件要求各地全面落实农村饮水安全管理地方人民政府主体责任、水行政主管部门行业监管责任和供水单位运行管理责任“三个责任”，健全完善农村饮水工程运行管理机构、管理办法、管理经费“三项制度”，建立责任体系。截至 12 月底，“三个责任”已全部落实，“三项制度”基本落实。三是落实财政补助资金。会同财政部首次将农村饮水工程维修养护纳入中央财政水利发展资金支出范围，安排资金 14.5 亿元，对中西部及东部困难地区农村饮水工程维修养护予以补助。2019 年 5 月，联合财政部印发《关于做好中央财政补助农村饮水工程维修养护经费安排使用的指导意见》，规范资金使用管理，发挥资金使用绩效。在中央资金引导下，地方水利、财政部门也积极落实补贴政策。10 月底，会同财政部提前下达 2020 年农村饮水工程维修养护中央补助资金 20.08 亿元，较 2019 年有较大幅度增长，有力支持了中西部等地区农村饮水工程管护工作。

四、全方位加强监管

通过建立机制，强力监管，促进农村供水工程正常运行。一是完善监管制度。水利部印发《农村供水工程监督检查管理办法（试行）》，对不同区域、不同规模的供水工程监管行为进行规范，按照问题数量、严重程度等，采取责令整改、警示约谈、通报批评等方式追责问责，倒逼责任落实。二是开展暗访调研。上半年组织对 28 个省（自治区）和新疆生产建设兵团150多个县3100多个村2200余处工程10000多个用水户进行了大规模暗访调研，抽检500个行政村的水质，建立问题清单和整改台账，印发“一省一单”，紧盯整改。对问题严重的6个省份进行集中约谈。三是组织农村饮水问题大排查。8月，部署各地以县为单元，逐村逐工程开展农村饮水问题大排查，对发现的问题明确责任人和整改时限，采取强力措施逐项推进整改落实，逐项销号。四是开展农村饮水问题专项整治。将农村贫困人口饮水问题、农村供水设施正常使用和日常维修养护问题纳入漠视侵害群众利益问题专项整治行动，6—12月解决了73万建档立卡贫困人口的饮水安全问题，占年度目标的91%；解决1860处农村供水工程管护问题，138万人受益。五是畅通群众监督举报渠道。水利部设立农村饮水监督电话，指导各省、市、县分级设立监督电话，供水单位公布服务电话，推动解决各类供水问题。

王　欢　胡　孟　何慧凝　王海涛　徐楠楠　执笔

张敦强　审核

专栏二十七

扎实推进大中型灌区续建配套与节水改造

水利部农村水利水电司

一是抓好年度灌区改造项目实施。2019 年 2 月，水利部联合国家发展改革委提前下达河北等 18 个省（自治区）及新疆生产建设兵团 150 处大中型灌区续建配套节水改造项目投资计划 116 亿元，其中中央投资 86 亿元，用于灌区骨干灌排工程改造及用水计量设施配套和信息化建设。计划下达后，水利部督促地方抓紧完成计划分解转下达到项目。指导地方抓紧完善项目前期工作，督促尽早开工建设。强化项目日常督导调研和月进度报告。鼓励和指导淠史杭、都江堰、河套、青铜峡、位山、赣抚平原等有条件的灌区在部分灌片积极开展现代化改造试点。截至 12 月底，150 处灌区项目完成总投资 110 亿元，完成年度投资计划的 95%。进一步完善灌区骨干灌排工程体系，提高灌区渠系输水能力与效率，增强抵御旱涝灾害能力，新增、恢复和改善灌溉面积 3100 多万亩，新增粮食生产能力 11.8 亿 kg，新增节水能力 12.4 亿 m^3，有效提升农业综合生产能力，为保障国家粮食安全、促进地方社会经济发展提供了坚实水利支撑。

二是积极推进灌区标准化规范化管理。在总结江苏、浙江等省份开展标准化规范化管理试点经验的基础上，2019 年 6 月，水利部办公厅印发《关于加强大型灌区、灌排泵站标准化规范化管理的指导意见》，为各地开展灌区标准化规范化管理提供了政策依据。9 月，水利部在江苏省南京市举办灌区标准化管理培训班，推进指导意见的宣贯实施。同时，组织江苏、浙江、山东、江西 4 省的 5 处灌区管理单位编印了《灌区标准化管理宣传册》作为经验交流材料，通过培训交流，指导各地加快推进标准化规范化管理工作。截至 2019 年底，已有 150 余处大型灌区、160 余处泵站开展了试点工作。

三是积极谋划大中型灌区现代化改造。水利部组织对260多处已完成规划投资大型灌区开展实施效果评估和大规模农业灌溉水价水费专题调研，深入查找制约灌区可持续发展的根源，系统总结了20多年来实施大型灌区续建配套与节水改造的经验教训，研究提出做好下一步灌区工作的对策措施，初步明确“十四五”灌区工作思路。赴山东、宁夏、河南、江苏、内蒙古、新疆等十多个省（自治区）灌区开展了典型调研，通过座谈交流查找问题、了解需求。组织编制完成规划技术指南和编制提纲，指导各地提早开展“十四五”规划前期工作。

党　平　执笔

倪文进　审核

链接

福建省福鼎市：构建“一域一网”城乡供水一体化格局

福建省福鼎市地处闽浙交界的东海之滨，水库集雨面积小、调节能力低、水资源分布不均，加之现有农村供水设施标准低、管理不专业，农村饮水安全问题凸显。

2019 年，福鼎市聚焦突出矛盾，破解发展难题，推进城乡供水一体化试点建设。

规划引领。福鼎市把发展城乡供水事业纳入经济和社会发展规划，落实政府主体责任，加强水源保护，加快城乡供水设施建设。早在 2014 年，福鼎市就编制了水资源配置规划；2016 年又启动了“大水网”连通工程和“大水厂”供水工程，打下了城乡供水一体化的坚实基础。福鼎市将全市划分为 3 大供水分区：中心城区与沿海平原片区，拟采取构建“四库两线、环网互补”的供水格局；山区与海岛乡镇及周边集中连片区，拟改造或新建 7 个千吨以上水厂，延伸供水管线；其余偏远乡村，拟改造提升现有供水设施或引进超滤膜一体化等净水设备，实行单村供水。预计到 2021 年，福鼎市将实现大水源、大水网连通，大水厂、大管网为主供水的目标，自来水覆盖率将达 95%，供水水质 100% 达标。

城乡融合。“原来受行政区划和多部门管理制约，缺乏科学统一的区域供水规划，水资源优化配置难以实现，供水量难以保证。”福鼎市水利局相关负责人说，改革后，按照“城乡一体、统筹规划、国有控股、集约经营”思路，打破行政区划壁垒和城乡二元供水格局，整合水务资源、资产、资本要素，统筹城镇、乡村协调发展，在全市形成由一家水务公司建设、运营、管理的新格局。

省地合作。2016 年，福鼎市与福建水利投资开发集团携手合作，共同出资组建了福建省水利投资开发集团福鼎水务公司，负责福鼎城乡水务项目投资、运营与管理。此后，福建省水利投资开发集团投融资的优势得到充分发挥。“2016 年，我们通过资金注入福鼎水务公司 1.9 亿元，争取农业银行授信 2 亿元；2019 年又在上交所成功发行 8 亿元城乡供水一体化项目专项债券，为福鼎募集建设资金 2.06 亿元，并争取了地方政府一般债券 5000 万元和省水利厅补助资金 1000 万元。”福建水利投资开发集团董事长介绍说，“今后，还将采取‘债贷融合’方式，为福鼎市城乡水务项目募集 10 亿元建设资金，保障城乡供水一体化项目顺利实施。”

数字水务，打造管护新平台。城乡供水一体化工程涉及千家万户，点多面广，要建好难，要管好更难。目前，福鼎市“数字水务”监管系统调试基本完成，今后建成的供水设施将全部纳入全市“数字水务”监管系统，实现由水源地到用户终端的全程实时监测监控，解决农村供水设施建后管护问题。

陈精高　张智杰　执笔

李顺卿　李　攀　审核

链接

安徽省长丰县："金缸"串成网 水优底气壮

安徽省长丰县地跨江淮丘陵，区域内地势起伏较大，吃水难长期制约着县域经济社会发展。

长丰县2005年开始实施农村饮水安全工程，将全县原来的12处农村供水工程，按照标准整合为4处，形成"四大金缸"：县供水集团有限公司二水厂、三水厂、四水厂以及合肥海洋水厂，进而串联成全县统一的城乡供水一体化大水网，并率先实现了全省"5个第一"——第一个省内县级城乡供水由一家国有企业统一管理，第一个省内县级供水覆盖全县，第一个县域供水设施及主管网互连互通、互相调配，第一个省内县域取水有4路水源共享保障，第一个省内县级城乡供水设施建设年投入资金过3亿元。

城乡供水一体化实施以来，长丰县围绕"城乡供水一体化、农村供水城市化、供水管理一体化"的目标，按照城乡供水总体规划布局，对供水工程实行大资金投入、大手笔规划、大力度整合、大标准提升，建成了"一乡一所、两纵三横、三点四源、五站六收"的供水服务设施体系，实现了资源合理配置和优化共享。

长丰县开展了贫困人口饮水安全"回头看"及突出问题大排查活动。县水务局把贫困村、贫困户通自来水作为水利扶贫硬指标，制定《长丰县2019年建档立卡贫困人口饮水安全问题摸底排查专项工作实施方案》，采取进村入户拉网式排查，确保不漏一户、不落一人。已列入农村饮水项目和大建设项目的，加快推进项目建设进度并优先安装贫困户自来水，由所在地乡村落实贫困户自来水入户

费用，专人负责落实与供水企业对接，确保贫困户接通用上自来水。长丰县实行整改措施旬报制，每旬末对新接通自来水贫困户进行统计上报，实行签单销号，根据整改情况及时通报。

李建章　范　智　执笔
李顺卿　李　攀　审核

运行管理篇

着力夯实水利工程运行管理基础

水利部运行管理司

2019 年，水利部围绕水利工程尤其是小型水库安全管理“补短板、强监管”，在情况摸底、安全度汛、深化改革、信息化建设、制度建设等方面开展工作，夯实水利工程运行管理基础，保证工程运行安全。

一、2019 年工作进展及成效

（一）狠抓水库运行管理

一是做好 2019 年小型水库安全运行督查，并针对 2018 年和 2019 年检查的 11251 座小型水库发现的 35401 个问题，组织开展深入分析研究，查找问题及根源，提出了下一步对策措施。二是持续督促专项督查发现问题整改，利用信息系统对各地更新的整改措施及时组织审核。截至 2019 年底，2018 年度问题整改率为 89.4%，2019 年前 6 批问题整改率为 65.8%。三是落实水库大坝安全责任制，公布 2019 年度全国大型水库大坝安全责任人名单，督促地方落实中小型水库大坝安全责任人，并报水利部备案。四是组织完成新出现小型水库病险问题审核。针对满足核查条件的 2924 座安全鉴定（或认定）为三类坝的水库，提出了 2842 座除险加固、44 座维修养护、28 座降等处理、10 座报废处置的建议。五是指导地方开展水库降等报废摸底调查，建立实施情况半年报送制度，组织编制《水库降等与报废评估导则》，督促指导地方加大工作力度，2019 年各地共实施降等 555 座、报废 211 座。六是实施水库大坝安全鉴定半年报制度，组织开展水库大坝安全鉴定体制机制研究，并督促地方抓紧推进安全鉴定工作。七是结合小型水库专项督查发现问题分析成果，修改完善《加强小型水库安全管理三年行动方案》，针对关键问题提出务实管用的规范化管理措施。八是编制《小型水库防汛“三个责任人”履职手册》《小型水库防汛“三个重点环节”工作指南》，逐步规范小型水库防汛“三个责任人”履职行为，落实“三个重点环节”工作要求。九是督促地方做好病险水库安全度汛，逐库落实安全度汛措施，保障度汛安全。十是完善水库基础信息数据库，完成1046座已建水库补充注册登记，增补701座其他部门管理水库信息入库。开发水库大坝运行管理手机APP，完成全国大型水库大坝安全监测监督平台一期工程建设。十一是组织举办“2019年中国技能大赛——第七届全国水利行业（水工监测工）职业技能竞赛”。

（二）强化堤防水闸管理工作

一是对1086座水闸工程开展安全运行专项检查，及时印发“一省一单”落实整改工作。截至2019年底，水闸第一批的2110个问题已完成整改958个。二是开发建设堤防水闸基础信息数据库，组织各地堤防水闸工程管理单位进行信息填报和审核，实现了部、省、市、县和工程管理单位的互联互通，正在与“水利一张图”相衔接，目前已填报3级以上堤防8.35万km，大中型水闸9745座，初步掌握全国堤防、水闸的基础信息。全国参与填报、审核用户总数达2.7万，累计访问23.4万次。三是组织开展堤防工程险工险段排查，制订险工险段判别条件。截至目前，各地已逐级建立起险工险段名录并填报入库，累计排查险工险段8614处共计9593km，其中3级以上堤防工程险工险段3105处共计7678km。四是加强制度建设，修订印发了《水闸注册登记管理办法》《水利工程管理考核办法》，组织制订堤防工程、水闸运行管理办法。五是开展标准化管理调研，在总结各地经验做法的基础上，根据水利工程运行管理实际，着手制定意见标准化管理指导意见。六是加强水闸注册登记工作，推动水闸注册登记工作实现信息化和常态化。七是加快推进水利工程管理与保护范围划定工作，建立划定工作信息报送制度，强化对进度滞后地区的督导检查。

（三）深化水利工程管理体制改革

一是为落实小型水库管护责任主体，开展深化小型水库管理体制改革示范县创建工作。挖掘各地工作亮点，开展了3期专题宣传报道；在浙江省温州市召开全国改革经验交流座谈会，推介政府购买服务的管理模式。二是针对小型水库维修养护中央补助资金，印发通知要求各地管好用好，

并加大省市县各级财政投入。开展资金落实情况专项检查，“一省一单”进行督促整改。三是组织实施小型水库巡查管护人员培训，举办两期示范班，制作培训视频教材并在共产党员网播出，全年督促指导各地因地制宜通过省市县分级培训、防汛电视电话会议、手机视频、现场指导等多种方式开展相关工作，累计培训共 9.2 万人次。

二、2020 年水利工程运行管理工作要点

2020 年，水利工程运行管理工作将继续践行水利改革发展总基调，深入贯彻落实全国水利工作会议精神，抓住要害，创新思维，以深化体制改革、全面落实管护主体责任为突破口，管好用好管护经费，出台有针对性和操作性的管理制度，加大检查力度，强化追责问责，督促地方政府落实责任，层层传导压力，做到有人管、有钱管、有制度管，规范管理行为，逐步建立长效机制，实现小型水库管理规范化。2020 年拟重点开展以下工作。

一是继续配合开展小型水库、水闸安全运行专项检查，堤防险工险段专项检查。积极配合 2020 年拟开展的 6000 座小型水库、4000 座水闸，以及 1000 段堤防险工险段的专项检查，加强追责问责。重点放在对发现问题的梳理分析，进一步查找问题根源，强化小型水库、水闸、堤防安全运行管理。同时，督促检查发现问题的整改落实。

二是深化小型水库管理体制改革。以政府购买服务为主要方式，落实管护主体责任，推行社会化管护。对申报的全国示范县组织开展检查，公布示范县名单，总结提炼可复制、可推广的典型做法。部署 2020 年改革示范县创建工作。

三是落实防汛“三个责任人”和水库大坝安全责任人。逐库明确各类责任人名单，公布大型水库责任人名单，督促省级、县级水行政主管部门分别公布中、小型水库责任人名单并报水利部备案。加强水库责任人信息数据管理，汛前将责任人信息上传至“水利一张图”信息管理系统。

四是严格小型水库维修养护中央补助资金管理。举办资金使用管理办法、维修养护业务工作培训班，推广政府购买服务等方式，将中央补助资

金优先用于落实巡查人员补贴上。组织开展资金现场督查，督促各地管好用好中央补助资金。

五是认真落实《小型水库防汛“三个责任人”履职手册》和《小型水库防汛“三个重点环节”工作指南》。组织开展《履职手册》和《工作指南》学习培训，逐步规范小型水库防汛“三个责任人”履职行为，落实“三个重点环节”工作要求。

六是推进水库降等报废。督促指导各省级水行政主管部门开展摸底调查，制定降等报废年度工作计划，并积极推进。开展调查研究，制定鼓励措施，指导地方对具备条件的积极实施降等报废。

七是推进水库大坝安全鉴定。督促指导各省级水行政主管部门开展排查、摸清情况，提出分年度目标任务，推进安全鉴定。加强监督检查，加快工作进度，保证成果质量。

八是加快推进水利工程标准化管理工作。进一步开展调查研究，认真总结学习推广各地好的做法和经验，指导各地因地制宜推进标准化管理。在此基础上，进一步修改完善水利工程标准化指导意见。

九是配合做好水利工程信息化。完善水库运行管理数据系统和堤防水闸基础信息数据库，在汛前并入“水利一张图”，进一步提高信息数据准确性和完整性，加快服务功能，提升信息化对强监管的支撑作用。

万玉倩　刘兵超　执笔

阮利民　徐　洪　审核

三峡工程管理提档升级

水利部三峡工程管理司

2019年，水利部坚持目标导向和问题导向相结合，提升三峡后续工作规划实施效益，聚焦三峡移民安稳致富，保障三峡工程运行安全，扎实推进三峡工程管理各项工作提档升级。

一、聚焦移民安稳致富，推进三峡后续工作提质增效

按照“水利工程补短板、水利行业强监管”的水利改革发展总基调，水利部以中国工程院对三峡后续工作规划实施评估成果为基础，积极改进管理方式，紧密围绕促进三峡移民安稳致富，强化政策指导和事中事后监管，取得了新的进展。

一是在补短板上下功夫。坚持问题导向，加强和改进三峡后续工作措施，在认真研究分析中国工程院提交的风险评估报告基础上，对三峡后续工作规划调整实施的措施逐项进行了比对完善，印发《三峡后续工作规划实施指标量化实施方案》，强调项目资金安排要聚焦移民安稳致富，有力促进了三峡后续工作有效实施和更好地实现规划目标。全年安排支持移民安稳致富大类项目资金占比54.16%，较上年提高14%；限制安排的基础设施建设项目资金占比10.09%，较以往年度下降19%。三峡库区移民群众生产生活条件和人居环境持续改善，收入水平不断提高。

二是在强监管上出实招。研究制定《三峡后续工作项目监督检查实施方案》，构建了“查、认、改、罚”检查体系，形成全要素、全方位、全过程的监管机制。确立了由水利部统一领导，三峡后续工作主管部门分级组织，相关技术单位参与，从三峡后续工作项目前期工作、项目实施情况、资金使用管理和项目绩效管理等方面，对三峡后续工作项目进行全方位监管的工作机制。2019年组织开展三峡后续工作项目内部审计、专项检

查和日常监管，共发现问题 187 个，分类分批督导问题整改全面到位，促进了规范管理，加快了三峡后续工作项目实施，各地暂存资金总量较上年度有大幅度消减。

三是在促帮扶上重实效。积极协调有关部门，落实了三峡后续工作规划全面实施的资金来源，2019 年度专项资金安排较上年度增加 24%。积极推进三峡外迁移民项目帮扶政策落地，先后安排了两批专项资金，支持解决三峡外迁移民安置地的实际困难和问题，同时明确有关工作要求，确保不产生新的矛盾和不平衡。制定《水利部定点扶贫重庆市万州区 2019 年度工作计划》，强化过程监督，全面完成了定点扶贫年度目标任务。

二、加强协调和监督，保障三峡工程持续安全运行

坚持以习近平总书记关于长江大保护的系列重要讲话精神和关于治水重要论述为指导，强化三峡工程运行安全监督管理，着力加强三峡工程运行安全综合监测系统建设，强力推进三峡水库蓄水安全监管工作，组织开展对长江中下游地区河势安全状况核查，进一步督促落实三峡工程运行安全管理措施，有力保障了三峡工程持续安全运行和发挥巨大综合效益。

一是组织开展了三峡水库蓄水安全专项监管行动。以保障三峡水库蓄退水安全和清理“四乱”为重点，组织开展多次联合巡查和调研座谈，进行动态监测，对三峡库区蓄水影响、库岸稳定、消落区管理、漂浮物清理等开展专项监管行动，指导落实强监管措施。对发现的 13 个问题提出了具体整改要求，督促湖北省水利厅和重庆市水利局对问题进行整改。

二是监督落实三峡枢纽工程运行安全管理措施。2019 年初，印发了《水利部办公厅关于加强春节和“两会”期间三峡工程运行安全管理的通知》，9 月初印发了《关于做好 2019 年度三峡工程试验性蓄水安全防范工作的函》，督促有关单位和地方高度重视三峡水库蓄水安全防范工作，特别是在关键时间节点，要强化落实主体责任，加强监督检查，严格执行试验性蓄水实施计划，确保蓄水安全。组织三峡枢纽工程质量检查专家组开展了三峡枢纽工程运行安全现场核查，并印发了核查报告，要求中国长江三峡集团有限公司对发现的问题和隐患落实整改措施，确保三峡工程运行

安全。

三是组织开展长江中下游重点河段河势安全状况核查。针对三峡工程运行以来长江中下游重点影响区河势状况和发生的安全隐患问题，组织开展了长江中下游重点河段河势安全状况专题调研，对三峡后续工作已经开展的岸坡与河道整治、观测等项目实施及成效情况等进行了现场核查，组织有关专家和相关地方管理部门进行了座谈，研判河势岸坡安全趋势，研究提出了相关对策措施。

四是调整建立了三峡工程运行安全综合监测系统。整合多方面监测信息，按照强化推进、调整撤销、补充建设的工作思路，调整建立了与管理职能相适应的三峡工程运行安全综合监测系统并投入监测运行，监测成果为三峡工程运行安全相关工作决策、强化监督管理、回应社会关切热点提供了重要技术支撑。

五是组织实施三峡工程泥沙重大问题研究。组织三峡工程泥沙专家组开展了长江下游河道水沙变化与冲刷情况调研，形成了《长江下游河道水沙变化与冲刷情况调研报告》，对三峡工程泥沙重大问题研究项目组织开展了中期检查，提出了各项目检查意见和下一步研究工作要求。

三、坚持科学管理，持续发挥三峡工程综合效益

2019 年，三峡工程运行持续保持良好状态。三峡水库试验性蓄水持续第十年达到 175m 正常蓄水位，蓄退水安全状况良好，三峡库区库岸保持整体稳定；三峡枢纽各建筑物工作性态和设备运行正常，三峡船闸保持安全、高效、畅通运行，升船机试通航运行安全有序。三峡工程防洪、发电、航运和水资源利用等综合效益持续发挥。防洪抗旱方面，三峡水库全年共拦洪 4 次，累计拦洪总量 93.2 亿 m^3，成功应对了两场洪峰流量超过 40000m^3/s 的洪水过程，实施了为长江中下游洞庭湖和鄱阳湖地区的防洪补偿调度。发电方面，三峡电站全年发电 968.8 亿 kW · h，促进了全国电力联网和西电东送、南北互供输电格局的形成。航运方面，三峡库区干流通航条件得到根本性改善，航道等级由建库前的Ⅲ级提高到Ⅰ级，实现了全年全线昼夜通航，三峡船闸过闸货运量不断增长，全年累计过闸货运量

达到1.46亿t，超过2018年1.42亿t的历史纪录。水资源利用方面，2019年三峡水库枯水期累计为下游补水124天，补水总量232.5亿m^3，改善了中下游枯水期取水条件，缓解了生产、生活和生态用水季节性供需矛盾。生态与环境保护方面，三峡水库在生态调度试验方面取得新进展，生态调度期间葛洲坝下游宜都江段四大家鱼产卵量达到30亿颗，创历年新高，有效促进了四大家鱼的产卵繁殖；2019年汛期还首次实施了三峡水库防控支流水华的生态调度试验，对抑制水体富营养化发挥了积极作用。

王 娟 执笔

张云昌 审核

专栏二十八

三峡升船机通过竣工验收

水利部三峡工程管理司

2019年12月27日，三峡水利枢纽升船机工程通航暨竣工验收会议在湖北省宜昌市三峡坝区召开，会议审议并通过了长江三峡水利枢纽升船机工程通航暨竣工验收鉴定书，标志着三峡工程的最后一个单项工程圆满完成建设任务。验收会议由水利部副部长蒋旭光主持，国家发展改革委、公安部、自然资源部、生态环境部、住房和城乡建设部、交通运输部、国家市场监管总局、国家能源局、国家档案局、国家开发银行、中国长江三峡集团有限公司、国家电网有限公司等部门（单位）代表，长江三峡水利枢纽升船机工程验收专家组组长、副组长以及土建组和金结机电组组长、副组长等多位专家参加。项目设计、监理、施工等参建单位和安全鉴定单位等的代表列席会议。

三峡升船机是三峡枢纽工程的重要通航设施，主要作用是为客货轮和特种船舶提供快速过坝通道，是目前世界上规模和技术难度最大的升船机。过船规模为3000t级，具有提升高度大、提升重量大、上游通航水位变幅大和下游水位变化速率快等特点。会议认为，三峡升船机2016年9月开始试通航以来，经历了三峡水库水位175m、145m设计条件下的运行考验，船只进出船厢、双向往返运行、升船机各系统设备联合运行正常，主要运行流程衔接顺畅，升船机上、下闸首及船厢室段通航水流条件平稳，升船机运行过程及上、下游航道各项水力学技术参数符合设计要求，船舶通行安全。三峡升船机工程具备投入正常通航运行条件，会议同意三峡升船机工程通过通航暨竣工验收。

蒋旭光充分肯定了三峡升船机工程通航暨竣工验收工作，认为本次验收规范科学，验收结论真实有效。同时指出，三峡升船机工程的建设攻坚战取得预期成果，是科学民主决策的样板，是团结协作建设的范例，体现了建设者精益求精的科学态度，是一项航运效益显著的工程。

蒋旭光强调，三峡升船机工程是三峡枢纽的重要组成部分，其竣工验收标志着升船机建设阶段的结束，也标志着以升船机、船闸运行管理为重点的新阶段的开始，下一步要认真贯彻习近平总书记视察三峡时的重要讲话精神，牢记使命，勇于担当，发挥好大国重器的作用，进一步做好三峡升船机设备设施优化完善等工作，加强运行管理，不断提升三峡升船机安全运行水平；科学合理地做好过坝船舶运行调度和船舶过闸管理，充分发挥航运效益，为长江经济带建设作出新的贡献。

蒋　杰　执笔

张云昌　审核

南水北调工程综合效益显著

水利部南水北调工程管理司

2019 年，南水北调工程管理工作紧紧围绕“水利工程补短板、水利行业强监管”的水利改革发展总基调，在保证工程平稳运行基础上，保障供水安全，提升运行管理水平，加快工程验收、尾工和水费收缴，各项工作均取得新进展。

一、重协调、抓统筹，牢记通水使命，充分发挥工程综合效益

2019 年，水利部以确保完成年度水量调度计划、生态补水为目标，规范和强化南水北调工程水量调度工作，强化逐月滚动精准调度和动态监管工作，建立生态补水长效机制，加强协调沟通，全面提升水量调度管理水平，东、中线一期工程运行安全平稳，水质稳定达标，全面超额完成水量调度计划，经济、社会和生态效益显著提升。

第一，确保年度水量调度计划顺利执行。2019 年初，印发了进一步加强东、中线一期工程水量调度监督管理工作的通知，规范年度水量调度计划管理，强化流域管理机构对南水北调工程水量、水质监管工作力度。上半年丹江口水库蓄水形势紧张阶段，适时召开水量调度协调会，按照总量不变、月度计划滚动调整的原则，加强冰期调度，调增天津市 0.85 亿 m^3 供水，有力保障了天津市城市供水安全；汛期来水形势好转后，及时通过实时滚动会商机制，研判水情，优化调度，为河北省增供 3 亿 m^3 城市用水，有效缓解了该地区夏季用水高峰期的用水需求。截至 2019 年底，东、中线一期工程累计调水量 304.03 亿 m^3，其中东线调水 40.65 亿 m^3，中线调水 263.38 亿 m^3。东线一期工程圆满完成 2018—2019 调水年度向山东省调水 8.44 亿 m^3 的任务。中线一期工程 2018—2019 调水年度向北方调水

71.32 亿 m^3（陶岔渠首），完成计划的 107.2%，京津冀豫 4 省（直辖市）实际累计年用水量连续 5 年增长。水质方面，东线工程持续稳定保持Ⅲ类水标准，中线工程水质一直优于Ⅱ类。

第二，超额完成华北地下水超采综合治理河湖地下水回补试点阶段补水工作任务。认真落实《华北地下水超采综合治理河湖地下水回补试点方案（2018—2019 年）》及《华北地下水超采综合治理河湖地下水回补试点工作实施方案》，通过南水北调中线一期工程向滹沱河、滏阳河、南拒马河三条试点河段实施补水。2019 年 7 月 2 日，补水达 7.54 亿 m^3，提前 2 个月完成实施方案明确的补水任务上限，至 8 月 31 日试点工作结束，累计补水达 8.52 亿 m^3，完成计划的 114%，滹沱河、滏阳河、南拒马河一度形成长 477km、最大水面约 46km^2 的水生态带，试点河段重现生机。试点结束后，补水范围扩大至 10 条河段，累计补水 12.39 亿 m^3。截至 2019 年底，南水北调东、中线一期工程累计向北京、天津、河北、山东和河南等省（直辖市）生态供水 28.76 亿 m^3。

第三，成功实施南水北调东线一期工程北延应急试通水。2019 年 4 月 21 日，启动南水北调东线一期工程北延应急试通水；截至 6 月 25 日，累计从六五河节制闸调出水量 6868 万 m^3，超额完成计划的 130%。进入河北境内水量达 3739 万 m^3，向天津供水 1978 万 m^3，圆满完成了应急试通水调水任务，验证了东线一期北延应急供水的可行性。胡春华副总理在天津、河北调研东线北延应急试通水工作时指出，开展南水北调东线一期北延应急试通水，是贯彻落实习近平总书记“十六字”治水思路的具体实践，是充分发挥南水北调工程效益的有效探索。

第四，充分利用丹江口库区汛期富余水量，加强洪水资源化研究。加强实时沟通会商、科学调度，利用汛期丹江口水库富余水量，共增加供水 2.66 亿 m^3，其中正常供水 1.32 亿 m^3，生态补水 1.34 亿 m^3。

第五，科学编制年度水量调度计划。深入调研东、中线沿线省（直辖市）水量需求有关情况，加强部司局与长江委、调水局、中线建管局、东线总公司等单位，以及北京、天津、河北、河南、江苏、山东等省（直辖市）的沟通交流，组织编制了南水北调东、中线一期工程 2019—2020 年度水量调度计划，并按规定及时印发实施。

二、补短板、强监管，践行水利改革发展总基调，各项工作稳步推进

一是扎实做好运行安全工作，全力确保工程安全。以全力做好新中国成立70周年期间安全管理加固工作为核心，以关键节点、重要节假日为重点，防汛工作、运行安全生产、应急处置工作等按计划有序展开。构建防汛体系，持续推动南水北调工程涉及的四大流域管理机构和7省（直辖市）水行政主管部门联防联动；创新监管方式，将南水北调工程安全运行监管工作纳入四大流域管理机构和各地水行政主管部门辖区各级安全运行监管工作体系，借助流域管理机构力量形成合力；全面加强敏感期安全加固，确保安全；构建安全监管体系，持续强化推进落实责任主体，强化检查、督查和飞检，做到了东、中线无死角和全方位检查监管，全面落实安全监管责任。

二是稳步推动工程运行管理规范化、标准化、信息化建设。以努力打造南水北调工程运行管理品牌为抓手，以点带面开展标准化建设试点工作，不断提升运行维护管理水平，运行管理标准化建设稳步推进，取得积极成效。2019年，中线工程完成标准化闸站296座，标准化水质自动监测站12座，标准化中控室44个，组织开展智慧中线建设，运行管理信息化水平显著提高，在公安部组织的攻防演练中取得了较好成绩；东线工程江苏段初步完成9个泵站的“8S”标准化建设工作，安全生产标准化创建工作正在全面推进；山东干线公司通过了水利部水利安全生产标准化一级达标单位评审；东线总公司在东线工程全线试行“南水北调东线泵站、水闸、河道（渠道）、平原水库规范运行管理标准（试行）”4个标准。

三是加快推进南水北调后续工程。近年来，水利部积极推进南水北调后续工程前期工作，组织开展了东线二期工程规划、中线引江补汉规划、中线在线调蓄工程方案和西线工程规划方案比选论证等工作。按照李克强总理主持召开的研究南水北调后续工程有关工作会议要求，制定了详细的工作方案，进一步加强组织领导，细化工作分工，明确目标任务、时间节

点和责任单位，加快推进东、中线后续工程前期工作，力争南水北调东线二期、中线调蓄水库及引江补汉等工程年内顺利开工建设。

四是抓好验收、尾工和水费收缴工作。水利部全力推动验收重点项目，强化措施强推验收，加强验收工作质量监管，精心组织做好协调和保障。截至2019年底，累计完成设计单元工程完工验收82个，累计完成完工财务决算117个，累计完成专项验收616个，全面超额完成年度验收任务；建立尾工项目台账，跟踪建设情况，督促项目法人加快进度，促进早投运达效；督促指导供需双方协商确定生态补水价格，保障生态补水可持续开展，督促落实“两部制”水价政策，完善水费收缴保障机制，提高水费收缴率，保障工程良性运行。

2020年，水利部将继续加强水量调度管理，全速推进验收、尾工和水费收缴工作，深化华北地区地下水超采综合治理，加快推进北延应急工程、尾工和配套工程建设，全力做好后续工程开工建设准备，总结凝练南水北调精神，推进南水北调品牌建设，全面推进南水北调各项工作提档升级、提质增效。

李震东　邱信蛟　杨乐乐　执笔

朱　涛　审核

链接

南水北调：天河圆梦　润物无声

“你知道吗？北京市民每喝10杯水，其中7杯多是南水北调的水。”

更让首都人民想不到的是，南水北调通水5年，北京市压采地下水，置换水源，地下水水位实现止跌回升，提升2.88m，怀柔应急水源地周边平均回升超11m。

一代伟人毛泽东主席提出的构想——南水北调，是新世纪党中央、国务院决策兴建的缓解我国北方水资源严重短缺局面的重大战略性基础设施。2014年12月12日，南水北调东、中线一期工程全面通水。今天，工程已安全平稳运行5年，累计调水近300亿m^3，直接受益人口超过1.2亿人，发挥了显著的经济、社会、生态效益。

南水北调东、中线工程从根本上改变了受水区供水格局，已由原规划的受水区城市补充水源，转变为40多座大中城市生活用水的主力水源，北京、天津、石家庄等一批大中城市基本摆脱缺水制约。同时南水北调还为京津冀协同发展、雄安新区建设等国家重大战略的实施提供了可靠的水资源支撑。

南水北调，大国重器。5年全面通水的实践证明，南水北调工程质量安全可靠，实现了建设优质工程的重要目标，同时还充分证明了工程的效益是巨大的，证明了工程移民是稳定的，证明了工程管理是成功的！作为世界上供水规模最大的调水工程之一，南水北调工程是改革开放和社会主义现代化建设取得的重大成就，彰显了中国共产党领导下的中国智慧、中国速度和中国力量。

南水北调，润物无声。长江水已经悄然流入1亿多人的身体里，改善着人们的体质，同时还支撑起数以万亿元计的GDP。南水北调两条线已经变身两条生态廊道，正在为沿线两岸特别是广大北方地区的生态环境改善发挥着不可替代的作用。

南水北调，天河圆梦。5年的通水实践证明，南水北调不仅仅是一项调水工程，不仅仅是水资源的优化配置，更是增加了1亿多人饮水、用水的幸福指数，是40多座城市乃至整个北方地区发展的活力，是生态环境改善向好的希望和信心，是国家治理能力的标志和自信，是中华民族伟大复兴“中国梦”的基础支撑和重要组成部分！

李先明　刘铁军　执笔

李顺卿　李　攀　审核

水利监督篇

水利监督工作综述

水利部监督司

一、2019年水利监督工作进展和成效

2019年，水利监督工作全面贯彻党的十九大和十九届二中、三中、四中全会精神，积极践行习近平总书记“十六字”治水思路和在黄河流域生态保护和高质量发展座谈会上的重要讲话精神，认真落实水利改革发展总基调，突出“强监管”主基调的落地见效，统筹实施年度督查检查考核计划，开展一系列针对重点领域重点风险的监督检查，督促问题整改落实，实施责任追究，有效防范和遏制水利风险，实现了水利监督工作的平稳起步和持续推进。

（一）水利安全生产形势平稳向好

强化安全生产责任，加强重点领域、重点项目、关键环节、重要时段的安全生产整治和监督巡查，积极推进安全生产监管方式转变，推行“安全监管+信息化”模式，推广水利安全生产信息系统，首次对行业安全生产状况开展了线上评估，对流域管理机构和各地水利安全生产状况评定风险等级并排序，促进实现安全生产风险预控和关口前移，督促主体责任和监管责任的有效落实。持续推进水利安全生产标准化建设，加强安全生产宣传教育培训，强化水利安全生产保障。

（二）项目稽察和工程质量监督持续发力

2019年水利部组织开展了7批次水利工程项目稽察，主要涉及主要支流治理项目、重大水利工程项目、病险水库和水闸除险加固项目、大型泵站更新改造项目、大型灌区续建配套与节水改造项目、2019年投资计划执行情况、中型水库建设项目等；对18个重大水利工程开展了3批次质量与

安全监督巡查。通过稽察和巡查，及时发现存在的问题和风险隐患，下达整改意见，实施责任追究，督促责任单位采取措施落实问题整改，为水利工程建设顺利实施提供了保障。

（三）小型水库安全运行检查纵深拓展

在2018年开展4702座小型水库暗访的基础上，2019年进一步拓展小型水库安全运行检查覆盖面，对6549座小型水库开展了安全运行专项检查，注重增强工作针对性，以“三个责任人”落实情况、维修养护及除险加固情况、运行管理情况、工程实体和设备设施情况、2018年发现问题的整改情况等为重点开展检查，并对小型水库效益发挥情况进行调查。通过开展小型水库安全运行专项检查，基本掌握了小型水库安全运行状况和效益发挥情况，促进了小型水库安全运行管理水平的提高。

（四）防汛督查保障有力

在防汛重点时段和关键节点，水利部组织对水毁修复项目、山洪灾害防御、水库超汛限水位运行、防洪工程调度、淤地坝安全等进行专项督查。汛前，对工程规模较大、风险较高的243项水毁修复项目进行暗访；对山洪灾害防御责任制落实、基层应急预案编制修订、监测预警平台运行及信息传递、群众转移避险措施落实等情况进行暗访督查。汛中，组织对80座超汛限水位运行的水库进行暗访核查，督促尽快降低水位；对110座水库开展防洪工程调度暗访，对黄土高原地区393座淤地坝开展安全度汛督查，对57座淤地坝的整改情况进行了“回头看”，特别是针对汛情严重的湖南、黑龙江等地，派出督查组赴现场检查防汛物资储备、应急预案等落实情况，为安全度汛提供了有力保障。

（五）农村饮水安全监督精准有效

农村饮水安全是脱贫攻坚的重点之一，2019年水利部在全国范围内组织开展大规模农村饮水安全暗访调研和靶向核查，抽查了29个省（自治区、直辖市）、154个县、3109个村的10454个用水户，暗访了2238处农村饮水工程和889处水源地，对500个村的水质状况进行了抽检。在暗访调研基础上，对19个省（自治区、直辖市）、154个县的2870个贫困户进

行了饮水安全问题解决情况靶向核查，实地走访了572户，察看了264个农村饮水工程和74处水源地。通过暗访调研及靶向核查，基本摸清了农村居民饮水安全现状和农村饮水工程运行管理状况，督促各地进一步明确并落实农村饮水安全管理“三个责任”和农村饮水工程运行管理“三项制度”，加强农村饮水工程运行监督管理，进一步提高供水保障能力。

（六）其他领域项目监督同步推进

2019年水利部还组织对4178条河流的6679个河段、1612个湖泊的1886个湖区开展河湖督查，对364个河段进行了“四乱”问题核查；对1092座水闸的安全运行情况开展专项检查；对825个取水口、824个节水型单位、291条河流、67个水源地开展水资源管理和节约用水监督检查；组织开展华北地下水超采综合治理情况督查、水文“千眼百站”专项检查，以及水利资金和水利扶贫监督，及时发现各类业务领域存在的问题和风险隐患，督促检查水利重点工作的贯彻落实，保障水利行业的健康发展。

二、2020年水利监督重点任务

2020年，水利监督工作将坚持以习近平新时代中国特色社会主义思想为指导，全面落实习近平总书记“3·14”和“9·18”重要讲话精神，坚定不移地贯彻落实“水利工程补短板、水利行业强监管”的水利改革发展总基调，深入学习领会全国水利工作会议精神，准确把握强监管工作重点，围绕“盯风险、健体系、强培训”工作主线，强化整改问责，调整人的行为，纠正人的错误行为，为加快推进水利治理体系和治理能力现代化贡献力量。

（一）统筹谋划行业强监管，全面落实各项决策部署

从政治高度谋划水利行业强监管工作，认真落实习近平总书记“9·18”重要讲话精神任务分工，扎实开展水利脱贫攻坚、最严格水资源考核等重要事项的监督检查，定期召开安全生产领导小组会议及视频会议。组织编制《水利部2020年督查检查考核实施计划》和《2020年水利安全生产工作要点》，实现年度监督检查工作统筹管理。加强督办整改问责，推动各项工作落实落地。加强干部队伍作风建设，全面打造作风素质硬、专业水平高、敢于动真碰硬的监督检查队伍。

（二）紧盯水利行业风险，强化重点领域监管

深入分析水利行业潜在风险，统筹开展水利部各项监督检查，以狠抓农村饮水和水利扶贫、工程质量和资金、河湖管理、水利工程安全运行等4类风险为重点，突出对水资源、水旱灾害防御、小型工程运行和南水北调工程的常盯严管，组织开展农村饮水、农田灌溉、水利扶贫、水利资金等暗访督查，组织开展小型水库和水闸安全运行、河湖四乱、防洪度汛、水资源管理及取用水工程（设施）、华北地下水超采治理、重点水利工程建设及运行监管、重点领域安全生产综合治理，紧盯水利行业风险，持续行业强监管。

（三）健全水利监管体系，凝聚行业共识

在已建立“五个统一”水利监督机制的基础上，进一步完善水利部本级和流域管理机构的监管体制机制，明晰“监督司牵头综合监管、部督查办履行专职监管、业务司开展专业监管、流域机构执行日常监管”的职能定位，完善“2+N”监督制度体系。制定出台关于加强省级水利部门强监管工作的指导性意见，明确省级水利监管权责清单、工作流程和评价依据等，指导协调省级水利部门建设监管体系，落实多层次监管和人员力量，研究构建长效保障机制。

（四）强化业务培训宣贯，夯实监管工作基础

加强队伍建设，强化业务培训宣贯，提高监管人员业务能力，提升水利行业监管能力与水平。通过举办培训班、派员授课等方式，对各级监督检查人员开展强监管培训。根据政策解读、业务答疑、督查实操等需求，制作培训课件，供各级监督部门培训使用，加强地方指导帮扶，形成长效机制。同时，提高水利行业强监管信息化水平，不断完善水利监督平台各项功能，推广使用，夯实监管工作基础，开展安全生产标准化建设工作，不断提升监督工作标准化、规范化、程序化水平，为水利改革发展再上新台阶提供有力支撑和保障。

赵　镝　李笑一　黄　莹　执笔

满春玲　审核

深入开展水利工程运行管理督查和管理考核工作

水利部运行管理司

为深入贯彻“水利工程补短板、水利行业强监管”的水利改革发展总基调，加强水利工程运行管理，水利部组织有关单位，采用“四不两直”“一省一单”方式，开展了2019年水利工程运行管理督查工作，全年累计派出7批次、44个督查（复查）组、183人（次），督查大中型水利工程124座（处），复查小型水库545座，共计669座（处）。其中，大中型水利工程运行管理督查，共派出19个督查组、96人（次），包括辽宁、吉林、福建等13个省的95座中型水库，浙江、广东等5个省的20座大中型水闸，河南省的9处堤防，共发现问题1409个。小型水库专项督查整改复查，共派出25个督查组、87人（次），对全国30个省（自治区、直辖市）和新疆生产建设兵团的545座小型水库、1242个问题进行现场复查，实现复查省份（除西藏自治区外）“全覆盖”。

水利工程运行管理督查坚持把“真发现问题、发现真问题”贯穿督查工作始终，把“整改不完成绝不放过、整改不达标绝不放过”贯穿于整改复查工作始终，通过查看现场、查阅资料等方式开展工作，全面、客观、准确查找运行管理工作中存在的违法违规问题，切实推动发现问题整改落实，消除工程安全隐患，不断提高水利工程管理水平。

加强水利工程管理考核工作，不断推动水利工程运行管理水平的提高。为进一步规范水利工程管理考核工作，结合工程运行管理实际，水利部组织修订《水利工程管理考核办法》。加强水利工程考核管理，认真组织开展水利工程管理考核验收工作，对已通过水利部水利工程管理考核验收的水管单位，组织流域管理机构实行交叉复核，有力地促进了各流域水利工程运行管理工作的交流和提高。2019 年，有 5 家水管单位水利工程管理考核通过水利部验收，33 家水管单位水利工程管理考核通过水利部复核。各省级水行政主管部门按照水利部《水利工程管理考核办法》，结合本地实际情况，不断完善考核制度，加强典型引导，通过采取有效的激励措施，积极推进本地区水利工程管理考核工作，有效促进了水利工程运行管理水平的提升。

水利工程运行管理督查是水利行业强监管的重要手段，水利工程管理考核是加快提升工程运行管理水平的重要抓手，下一步将继续加强对水库、水闸、堤防工程险工险段等监督检查，深入查找水利工程运行管理中存在的问题和不足，有针对性地提出对策措施，规范和强化工程运行管理，及时消除工程隐患，确保工程运行安全。进一步发挥水利工程管理考核作用，继续加大工程运行管理考核力度，加强对各地考核工作的指导，加快推动水利工程运行管理整体水平的有效提升。

刘　岩　郭健玮　曲　璐　执笔

徐元明　司毅军　审核

专栏三十

水利工程项目稽察工作卓有成效

水利部监督司

2019年，针对重大水利工程、主要支流治理项目、病险水库和水闸除险加固项目、大型泵站更新改造项目、大型灌区续建配套与节水改造项目、2019年投资计划执行情况、中型水库建设项目等，水利部组织开展了7批次水利工程项目稽察，发现问题6138个，下发“一省一单”整改意见通知99份，约谈了9个省级水行政主管部门，责成省级水行政主管部门约谈了67个责任主体单位、省内通报了8个责任主体单位，责成1个责任主体单位停工整改。稽察发现的问题得到了及时整改，为水利工程建设顺利实施提供了保障。

围绕重大水利工程项目，水利部组织43个稽察组，分3批对25个地区和新疆生产建设兵团的51项重大水利工程项目开展了现场稽察，涉及江河湖泊治理骨干工程、重大引调水工程、重点水源工程和大型灌区续建配套与节水改造项目等4类项目，共发现问题2115个，下发“一省一单”整改意见通知40份。围绕面上重点建设项目，水利部组织44个稽察组，分3批对19个地区的104个面上重点建设项目开展了现场稽察，涉及主要支流治理项目、病险水库和水闸除险加固项目、大型泵站更新改造项目和中型水库建设项目等4类，共发现问题3383个，下发“一省一单”整改意见通知33份。围绕水利工程项目的投资计划执行情况，水利部组织13个稽察组，对26个地区的97个水利工程项目的投资计划执行情况开展了现场稽察。97个项目中，包括20个重大水利工程建设项目、32个主要支流治理项目、45个面上水利工程项目，共发现问题640个，下发“一省一单”整改意见通知26份。

稽察发现的问题主要包括：一是部分重大水利工程项目法人组建有待

规范，项目法人能力不足；二是水利工程质量总体可控，但水平不高；三是监理工作与要求有一定差距；四是工程设计质量不高、设代服务不到位；五是建设资金管理风险较大；六是部分地方配套资金不能足额到位；七是安全生产责任落实不到位；八是统计数据填报不准确。

针对稽察发现的问题，水利部通过下发“一省一单”整改意见通知，明确了问题整改要求、整改时限和责任单位，并将“一省一单”整改意见按职责分工分送有关业务部门，对稽察发现的问题督促整改落实。针对稽察发现问题性质和数量较重的地区，水利部约谈了有关省级水行政主管部门相关负责人，通报有关问题，同时责成有关省级水行政主管部门对相关责任单位和责任人实施了责任追究。

于冠雄　执笔

祝瑞祥　审核

专栏三十一

小型水库、水闸专项检查工作进展

水利部监督司

一、小型水库安全运行专项检查

2019年2月，水利部在研究分析2018年对4702座小型水库暗访检查发现问题情况和总结检查工作经验成果的基础上，对2019年小型水库安全运行专项检查工作进行了全面谋划准备，拟定工作方案，明确任务分工，确定方式方法。2月底至3月初，水利部组建3个培训组分赴7个流域管理机构对检查组成员进行了培训，指导检查组检查工作，保障暗访检查工作有力有效规范开展。3—10月，水利部组织各流域管理机构以及部督查办，派出检查组384个，检查人员1326人次，以“四不两直”方式对31个省（自治区、直辖市）和新疆生产建设兵团的6549座小型水库开展了安全运行专项检查，其中小（1）型1502座、小（2）型5047座，占注册登记水库数量92667座的7.1%。

4月中旬，印发了《小型水库安全运行监督检查办法（试行）》（以下简称《办法》），《办法》将检查发现的问题分为“安全运行管理”和“工程缺陷”两大类共124项，对问题表现进行了描述；并按照发现问题的数量和严重程度，明确了对直接责任单位、领导责任单位、直接责任人、领导责任人4类责任主体采取“责令整改”“警示约谈”“通报批评”“建议降职或降级”“建议开除或解除劳动合同”等6种责任追究方式，统一检查标准，规范责任追究，提高工作效能。

在小型水库专项检查工作开展期间，水利部领导高度重视，针对每期检查发现的问题作出了指示，指导小型水库检查工作顺利推进。部领导亲自带队对小型水库进行暗访检查，并对现场暗访工作的具体开展提出了指导性意见，为检查工作起到了很好的引领示范作用。水利部结合检查发现的问题，印送问题清单和责任追究通知单，要求各省级水行政主管部门高度重视，督促各相关责任单位和部门切实履行职责，强化问题整改和责任追究，限期将整改情况和责任追究情况报送水利部，同时加强水库安全运行管理。针对部分省份小型水库安全运行管理工作中存在的突出问题，对其省级水行政主管部门进行了约谈。

通过连续两年的小型水库检查工作，推动地方完善监督体系和队伍建设，督促各地高度重视小型水库安全运行管理，切实加强运行管护，及时消除风险隐患，确保小型水库度汛安全，提高了小型水库运行管理能力。单座水库发现问题数量、“三个责任人”不落实比例、未编制调度方案和应急预案比例、运行管理经费不落实比例均有下降，各地也积极主动开展自查，切实加强运行管护，及时消除风险隐患，确保小型水库度汛安全。

二、水闸工程安全运行专项检查

2019年5—10月，水利部组织各流域管理机构，派出108个检查组、检查人员366人次以暗访形式分两批次对30个省（自治区、直辖市）和新疆生产建设兵团的水闸工程安全运行情况进行了专项检查。此次检查以管理责任体系建设和落实、安全管理、日常管理和维护以及工程实体等4个方面为重点，检查是否按要求落实防汛行政责任人、是否落实人员基本支出经费和工程维修养护经费、是否按照规定需要开展安全鉴定、是否开展重点时期（汛期、冰期等）巡视检查、是否开展维修养护、是否储备防汛抢险物资、是否已划界确权、工程实体是否存在缺损、闸门和启闭机等金属结构是否运行正常等情况。

检查发现，目前部分大中型水闸存在管理主体不明确，防汛及安全行政责任人、管理人员及维修养护经费未落实等问题。一些大中型水闸没有按规定开展安全鉴定，除险加固工作进展缓慢，确权划界工作推进不足。水利部将发现的问题以“一省一单”形式向有关省份水利厅通报，提出整改要求，并持续跟踪问题整改落实情况。通过全面查找水闸工程安全运行

存在的问题，督促各地重视各类水利工程运行管理，责令限期整改存在的问题，及时消除风险隐患。

陈玉辉　李　哲　执笔

祝瑞祥　审核

专栏三十二

安全度汛专项督查暗访工作深入开展

水利部监督司

2019 年，水利部以“四不两直”方式开展安全度汛专项督查暗访工作，通过安全隐患排查，将安全度汛压力层层传导，提升了地方政府、各级水行政主管部门水利安全意识和管理水平。

一、水毁修复项目暗访

2019 年 2—6 月，水利部组织对工程规模较大、风险较高的 243 项水毁修复项目进行暗访，共派出 41 组次共 128 人次，重点对水毁修复工作的责任落实情况、水毁修复进度管理情况、水毁修复保障措施落实情况等进行了暗访督查。暗访工作涉及 3 个流域管理机构和 16 个省份，发现问题 501 个。根据暗访发现问题情况，对有关单位进行了责任追究，有力督促了水毁修复项目按时保质推进。

二、山洪灾害防御暗访

2019 年 6 月，水利部组织开展山洪灾害防御暗访，共派出 30 组次 94 人次，重点对山洪灾害防御责任制落实、基层应急预案编制修订、监测预警平台运行及信息传递、群众转移避险措施落实等情况进行了暗访督查。暗访工作涉及 30 个省份（含新疆生产建设兵团）的 59 个县、124 个乡镇（社区）、240 个村（连队），发现问题 792 个。根据暗访发现问题情况，对有关单位进行了责任追究，进一步提升了地方山洪灾害防御责任意识，有力保证了山洪灾害防治区的度汛安全。

三、水库超汛限水位运行核查

2019 年6—7 月，水利部分2 批次组织派出29 个核查组，对80 座超汛限水位运行的水库进行暗访核查，核查工作涉及12 个省份（含新疆生产建设兵团）。核查组现场调研了水库超汛限水位运行的原因，督促有关单位严格执行汛限水位监督管理规定、采取有效措施尽快降低水位等，保证度汛安全。

四、防洪工程调度暗访

2019 年9 月，水利部组织对110 座水库（大型水库49 座、重点中型水库或水电站61 座）开展防洪工程调度暗访，共派出30 组次100 人次，重点对水库运管单位调度执行、信息报送发布、调度日常管理等内容进行了暗访督查。暗访工作涉及24 个省份、94 个县（市），发现问题128 个。根据暗访发现问题情况，及时向有关省级水利部门下发整改意见，并跟踪督促问题整改，确保大中型水库在汛期充分发挥调度功能，为安全度汛提供保障。

尚　达　董友龙　执笔

钱宜伟　审核

专栏三十三

水利工程质量安全监督巡查工作进展

水利部监督司

2019 年，水利部组织完成 3 批重大水利工程质量安全监督巡查，对广东韩江高陂水利枢纽、西藏拉洛水利枢纽及配套灌区、青海蓄集峡水库等 18 个重大水利工程进行巡查，发现各类质量和安全生产问题 1251 个，其中严重问题 409 个、较重问题 619 个、一般问题 223 个，分别占 32.7%、49.5% 和 17.8%。针对检查发现的质量问题与安全隐患，水利部印发了“一省一单”整改意见通知 18 份、责任追究文件 15 份，约谈了 4 家省级水行政主管部门，责成省级水行政主管部门对 26 家责任单位实施了约谈、对 2 家责任单位进行了全省通报批评、对 1 家责任单位实施了停工整改等责任追究，对存在的问题采取措施落实整改，为水利工程建设顺利实施提供保障。

2019 年，在开展直属项目站日常监督检查的同时，根据工程项目建设进展情况，对新疆大石峡水利枢纽、云南滇中引水、广西大藤峡水利枢纽等 9 个项目开展了质量监督巡查，对西藏湘河水利枢纽及配套灌区工程开展了质量与安全监督巡查，发现各类问题共 706 个，印发监督检查情况通报 10 份。针对开展的大石峡、滇中引水和湘河水利枢纽巡查发现的问题，水利部约谈了 2 家责任单位，印发了 1 份责任追究文件，责成省级水行政主管部门约谈了 6 家责任单位。

通过水利工程质量安全监督巡查，可以看出建设工程质量和安全整体受控，但仍存在一些问题，需要引起高度重视，主要表现在：一是质量管理违规行为问题明显多于工程实体质量问题，各参建单位管理制度不健全、不落实。二是部分重大水利工程项目法人组建不规范，专业人员配备少、建管水平低，难以满足工程建设管理需要。如某工程由市级组建的项目法人，其建管局局长、副局长、技术总工及安全总监均为非专职人员，未成立专门的工程建设质量管理和安全生产管理机构。三是监理单位在施工过程质量控制方面存在较多问题，现场履职情况仍有待加强。四是安全生产责任落实不到位，施工作业和施工环境方面问题突出，包括用电用火违规，施工照明、通风、排水等不符合规定，安全防护措施不符合要求等。

黄　洁　执笔

祝瑞祥　审核

专栏三十四

水利督查队伍建设情况

水利部监督司

2019 年，水利部积极开展部本级督查队伍建设，指导各流域管理机构成立监督职能部门，组建流域管理机构督查队伍，协调各省级水行政主管部门设置监督职能机构，增强各层级监管力量，加强人员培训和作风建设，着力建设一支政治素质过硬、业务能力够强、敢打硬仗的强监管队伍。

一、督查队伍组建情况

2019 年 1—4 月，水利部设立督查工作领导小组办公室（简称部督查办），筹建督查队伍，开展督查暗访人员基础保障专项调研，研究督查队伍组建过程中存在的问题和困难，协调督查经费、车辆设备仪器、后勤保障等问题，在此基础上，水利部本级按照组建方案，组建部本级督查队伍，主要由水利部建设管理与质量安全中心、中国灌溉排水发展中心、水利部水资源管理中心、水利部河湖保护中心、水利部节约用水中心等单位的督查人员组成，到位 198 人，其中协调 24 人作为部督查办工作人员。各流域管理机构成立监督局（处）和河湖保护与建设运行安全中心，采用“1+1+N”模式［1 个监督局（处）、1 个河安中心、N 个协作单位］组建流域管理机构督查队伍，到位 395 人。各省级水行政主管部门大多参照设置了监督机构，2019 年各省级水利部门支撑监督工作的人员约 1600 人，监督力量得到大幅增加，基本形成了水利部—各流域管理机构—各省级水行政主管部门的全面覆盖，努力打造分级负责、协调联动的监管队伍。

二、督查运行机制建设情况

部督查办根据水利部各项监督检查需求，统筹合并压减，制定水利部

年度督查检查考核实施计划，统筹安排全国水利督查工作，检查督促督查计划落实情况，就督查发现问题提出责任追究建议。负责对部直管工程的监督检查，对全国检查发现的问题进行梳理、分类、汇总、分析，对重点问题组织认证或复查，安排部领导特定飞检等。检查发现的问题交相关业务司局组织整改，并完善相关政策。

各流域管理机构的督查部门负责指定片区内的监督检查，业务上接受部督查办和流域管理机构双重领导。同时，部督查办协调指导各地方水行政主管部门针对治水主要矛盾变化和工作中遇到的突出问题，建立健全水利监管制度体系，努力做到上下联动、信息共享和资源整合，形成水利行业齐心协力、同频共振的监管格局。

督查任务由成立的各检查组组织实施，检查组一般由2~3人组成，执行组长负责制，组长实行“一次一任命”轮换制，组员选派坚持随机组合与专业互补相结合的原则，检查方式除水利资金检查外，一律采用“四不两直”方式进行。

三、督查队伍管理情况

水利部始终将严格工作纪律、严守政治规矩作为立足之本、建队之基，始终将学习型团队建设作为队伍建设的首要任务。一是加强队伍作风建设，7月，水利部印发《水利督查队伍管理办法（试行）》，提出在检查过程中须严格谨守“十禁止”，还研究制定了督查人员行为“十不准”，规范督查队伍人员行为。在日常管理中，充分发挥党支部的战斗堡垒作用，通过“三会一课”“不忘初心、牢记使命”主题教育、警示教育等，不断提高队伍的政治素质，努力打造纪律严明、政治过硬的强管理队伍。二是加强队伍业务能力建设，开展“水利督查工作工作平台应用与管理”“水利工程检测现状和前沿技术”“地质雷达技术及其在水利工程中的应用”“水下机器人在水利中的应用”等专业技术培训；分27批次，对各流域管理机构和18个省份进行了“2+N”监管制度体系解读和业务指导，强化监督人员能力作风建设。

张银武　执笔

皮　军　审核

专栏三十五

水利部特定飞检工作进展与成效

水利部监督司

2019 年 4 月 15 日，水利部印发《水利部特定飞检工作规定（试行）》。所谓“特定飞检”是指由水利部部领导带队对水利行业实施的督查检查。特定飞检采取检查前不发通知、不向被检查单位告知行动路线、不要求被检查单位陪同、不要求被检查单位汇报、直赴项目现场、直接接触一线工作人员的“四不两直”工作机制。

通过部领导的特定飞检，既有效地提高了各级水利监管人员的行动自觉，也极大地震慑了行业中存在的错误行为，为不断推动“调整人的行为、纠正人的错误行为”向纵深发展，起到了引领示范作用。2019 年，水利部部领导共实施特定飞检 21 组次，检查项目涉及多个省份的农村饮水、小型水库、重大水利工程、南水北调工程安全运行等多个方面，发现各类问题百余项。

在部领导率先垂范的引领示范作用下，各省级水行政主管部门、各流域管理机构的主要负责人也随之而动，在各自负责的领域内全面开展了特定飞检行动。据统计，2019 年部属 7 个流域管理机构的主要负责人全年共开展特定飞检 137 组次、400 余人次，各省级水行政主管部门主要负责人全年共开展特定飞检 582 组次、1800 人次。

在各级水行政主管部门主要负责人特定飞检行动的带动下，水利行业齐心协力、上下联动的监管格局已初步形成。通过各级水行政主管部门主要负责人开展特定飞检行动，有效解决了“上面热、中间温、下面冷”的不利局面，为实现水利行业全覆盖提供了组织保证，水利行业强监管的高压态势正在逐步形成。

张银武　执笔

皮　军　审核

专栏三十六

水利行业安全生产监督工作进展

水利部监督司

2019年，水利安全生产工作按照国务院安全生产委员会2019年工作要点要求，结合水利实际，不断强化主体责任和监管责任落实。2月，水利部印发《2019年水利安全生产工作要点》，从强化安全生产责任落实，强化重点领域、重点项目、关键环节、重要时段安全生产工作，强化水利安全监管机制创新等6个方面，进一步明确年度主要任务、责任单位和完成时限。各项工作取得新进展，全行业未发生重特大事故，水利安全生产形势持续稳定向好。

一、强化安全生产责任落实

水利部研究拟订了水利安全生产监管责任清单（初稿），明确水利生产经营单位主体责任以及各级水行政主管部门监管责任。为切实落实安全生产责任，采取巡查检查方式，重点推动安全风险分级管控和隐患排查治理过程中有关水利生产经营单位主体责任和水行政主管部门监管责任的落实。同时，强化督导问责，加大约谈、警示教育、事故通报力度，强化事故警示教育作用。

二、强化重点领域、重点项目、关键环节、重要时段安全生产工作

一是开展水利工程建设安全生产专项整治。2019年专项整治工作重点整治水利水电工程危险性较大单项工程专项施工方案落实、安全技术交底、安全管理措施落实和应急措施落实等环节，共排查出隐患47236个，已完成整改46196个，整改率97.8%。二是组织开展安全生产监督巡查。

水利部派出36个巡查组对16个省（自治区、直辖市）的重点项目开展安全监督专项巡查，完成130个在建项目的巡查工作。三是组织开展重大水利工程质量与安全巡查，共派出12个巡查组，对18个在建项目进行了现场巡查。四是组织开展水利行业涉及危险化学品和电气火灾综合治理工作。截至2019年底，全行业共排查出危险化学品和电气火灾隐患3564个，已整改3453个，整改率达到96.9%。五是在元旦、春节、两会、五一、汛期、国庆等重要时段，及时部署安排，强化水利安全生产工作，确保水利安全生产形势持续稳定。

三、强化水利安全监管机制创新

安全生产监管信息化工程（一期）水利部建设项目建成，并设立了统一的监管平台，完善了水利生产经营单位定期上报危险源、隐患、事故的制度，建立了红、橙、黄、蓝四级预警机制。水利安全生产信息系统于2019年3月20日上线运行，为提升省级水行政主管部门"安全监管+信息化"监管水平，水利部举办了水利安全生产"互联网+监督"高级研修班，进一步推进监管机制转变。2019年12月，印发《水利部办公厅关于印发水利水电工程（水库、水闸）运行危险源辨识与风险评价导则（试行）的通知》，为科学辨识与评价水利水电工程（水库、水闸）运行危险源及其风险等级，有效防范运行生产安全事故提供依据。截至2019年底，水利安全生产信息系统用户数约5.6万个，开展了首次全国水利安全生产状况评价排名。

四、强化安全生产宣教培训工作

一是组织水利系统安全生产月活动，开展了"'一把手'谈安全生产"、安全生产知识网络竞赛、"查找身边的隐患"、水利安全生产标准化成果展评等活动。知识网络竞赛参赛单位7130家、参赛人次46.9万，分别比2018年增长18.3%和54.3%。二是继续加强水利水电施工企业主要负责人、项目负责人和专职安全生产管理人员等"三类人员"安全生产考核工作，2019年累计考核发证10720人。

五、强化安全生产基础保障

水利部积极推进水利安全生产标准化建设，组织召开部直属单位水利安全生产标准化工作研讨会，指导开展全国水利安全生产标准化培训，推动全行业水利生产经营单位创建达标。2019 年共有 241 家单位向部提出达标申请（其中部直属单位99 家），有 167 家单位通过了达标审查。

王　甲　俞　成　执笔

钱宜伟　审核

专栏三十七

全国水利督查工作平台发挥重要作用

水利部信息中心

按照“水利工程补短板、水利行业强监管”的水利改革发展总基调和“实用、安全”水利网信发展总要求，为加快实现水利督查工作数字化和智慧化，提升水利督查效能和水平，全面支撑2019年专项暗访督查工作，2月中旬，水利部采取超常规方式进行水利督查工作平台开发。在软件系统方面，通过充分挖掘已有和共享资源，在现有数据库、软硬件环境的基础上，完成移动端系统搭建，分步开发完成农村饮水安全、小型水库安全运行等专项暗访督查模块，以及PC端系统的开发。

在数据资源方面，开展督查对象基础数据处理，梳理小型水库、水源地、水毁修复项目、农饮工程、行政区划和行政村等数据，并整合到“全国水利一张图”。经过艰苦奋战，于2019年3月初，水利督查工作平台上线运行，并在使用过程中持续完善和更新。截至2019年底，系统累计更新43个版本，共支撑15类水利专项暗访督查及水利工程稽察工作。共计850个督查组、924人已安装使用APP，累计发现并上传问题26000多条。

水利督查移动平台在2019年督查工作中取得了显著的成效，降低了督查一线人员的工作强度，优化了督查工作流程，提高了督查工作效能，同时各级监督部门和督查管理人员可及时掌握督查进展情况。方便开展如下工作：一是实现了督查计划的便捷制定、督查计划的批量导入、督查人员和督查对象的快速选派，提高了前期工作效率，减少了盲目性。二是实现了督查任务实时推送，在PC端制定和下发督查任务后，外业督查人员可通过APP端实时接收查看督查区域、对象等任务列表，可查看督查对象位置分布、近期影像图和基础信息等，支持人员根据现场实际情况对工程基础信息进行纠错，提高了督查信息的准确性。三是可智能化规划行程，支持督查人员修改、生成合理路线，并实现导航，使督查行程一目了然；APP 端实现督查对象精准定位和导航，帮助督查人员快速到达督查现场，节约了时间，提高了督查效能。四是督查人员可利用 APP 端根据现场情况填写督查信息和问题信息，支持图片、视频和音频等实时上传，通过知识库自动生成问题类别和严重程度，并能实时统计汇总问题情况，及时掌握督查进展和成果。五是可根据人员填报数据和系统内置模板自动生成相关统计报表和督查报告等成果，支持成果导出，减少了数据处理和报告编写的工作量。六是支持可视化展示督查人员实时在线状态和位置分布信息，并可查看督查工作成果和行程轨迹等，实现了督查人员的在线监管。七是实现了问题发现与问题确认、整改通知和处罚建议下发全流程闭环管理，准确全面掌握问题检查、确认、整改和处罚情况，为水利督查工作提供全过程信息化支撑。

陈德清　执笔

钱　峰　审核

水资源管理监督检查工作进展与成效

水利部水资源管理司　全国节约用水办公室
水利部监督司

2019年，水资源管理监督检查工作认真贯彻落实“水利工程补短板、水利行业强监管”的水利改革发展总基调，完善水资源管理监督体系，着力抓好监督检查建章立制，规范监督检查行为，围绕水资源管理“合理分水、管住用水”和节约用水“抓基础、快突破”的要求，强化水资源管理监督检查，取得了积极进展和成效。

一、制定《水资源管理监督检查办法（试行）》

2019年4月起，水利部启动《水资源管理监督检查办法（试行）》起草工作。12月，水利部正式印发了《水资源管理监督检查办法（试行）》（以下简称《办法》）。《办法》以《中华人民共和国水法》《取水许可和水资源费征收管理条例》等法律法规为基础，聚焦“合理分水，管住用水”各个环节实施全过程监管，按照依法依规、客观公正、问题导向、分级负责的原则，着力构建水资源管理监督体系，强化对各级水行政主管部门依法履行水资源管理职责的监督，推进最严格水资源管理措施的有效落实。《办法》共六章32条，主要包括8类监督事项、4类责任追究对象、7种责任追究方式，规定了监督检查主体和对象、监督职责、监督事项、监督检查程序、监督检查方式、问题分类、问题认定、整改要求、责任追究等。《办法》的出台进一步完善了水利行业监督体系，为水利部和流域管理机构开展水资源监督检查提供了政策依据。

二、开展2019年度水资源管理和节约用水监督检查工作

2019年9—11月，水利部组织开展2019年度水资源管理和节约用水

监督检查工作。这是水资源管理和节约用水管理领域第一次大规模采用“四不两直”方式开展监督检查工作，其主要目的是发现问题，剖析原因，强化整改，推动各级地方人民政府和相关管理单位依法履行管理职责，提高水资源管理能力和节约用水水平，规范用水户用水行为，纠正浪费水的错误行为，提高用水效率。

本次监督检查主要采用“四不两直”方式开展，监督检查重点围绕水量分配及取用水管控情况、取水口取水及监管情况、全国重要饮用水水源管理情况、县级行政区节约用水管理情况、节水评价开展情况、用水单位计划用水和定额管理执行情况、节水型单位建设情况等7个方面。监督检查范围涵盖了31个省级行政区和新疆生产建设兵团，共抽查了161个县级行政区，825个取水口（其中重点取水口224个）、824个用水单位、291条河流（其中68条跨省河流）和67个重要饮用水水源地。

本次水资源管理监督检查重点围绕“三个是否”开展，即水资源管控指标是否明晰、取用水管理是否规范、取用水数据是否可靠；节约用水管理重点围绕县域水行政主管部门监管情况、计划用水制度执行效果和用水单位节约用水意识三个方面进行监督检查。本次检查从七个流域管理机构抽调274名检查人员、组成79个检查组，历时43天、累计投入2177个工日，共发现水资源管理和节约用水方面问题2300余个。

通过此次检查，发现各地都不同程度地存在以下几方面问题。一是江河水量分配进展缓慢，生态流量管控有待落实，地下水开发利用水量水位控制工作有待加强。二是基层取用水管理较为薄弱，取水许可管理覆盖不全。三是用水监测计量不全，部分取用水数据不实。四是当前节水监管工作法律法规基础薄弱。县级节水存在落实难、推进难、监督难，节约用水监管不能有效开展，县级计划用水制度执行较差，宽松软现象较为普遍，难以起到节水约束作用。五是部分用水单位节水意识不高，节水设施设备不完善，监测计量欠缺，节水管理和节水宣传不到位，浪费水问题较重。

本次监督检查对当前水资源管理和节约用水形势形成了基本判断，对今后重点加大水资源管理监督检查力度、提升水资源管理和节约用水监管水平提出了相应措施。针对监督检查发现的问题，水利部建立了问题台账，印发“一省一单”，要求各地逐项整改，并将本次监督检查结果纳入2019年最严格水资源管理制度考核，作为主要评分依据。同时对存在问题突出的省份，按照有关规定进行约谈通报，严肃问责，发挥警示震慑作用。

毕守海　何兰超　李　青　执笔
杨得瑞　许文海　曹纪文　审核

专栏三十八

农村饮水安全监督情况

水利部监督司

农村饮水安全工作事关脱贫攻坚和乡村振兴大局，为深入贯彻落实党中央、国务院关于坚决打赢脱贫攻坚战和实施乡村振兴战略的有关部署，全面掌握全国农村饮水安全情况，研究补齐农村饮水安全短板，水利部于2019年3月组织流域管理机构等10家单位，对除北京、天津、上海以外的全国28个省（自治区、直辖市）和新疆生产建设兵团开展了大规模的现场暗访调研，共派出104个暗访组、365名暗访人员，投入总计3421工日，抽查了154个县市区、3109个行政村、10454个用水户、2238处农村饮水工程和889处水源地，5月补充了500个村的水质采样与化验。针对暗访发现的问题，6月向被暗访地区印发了整改意见，并于7月对暗访调研发现问题比较突出的6省（自治区）水利部门通报了情况。通过大规模暗访调研，基本摸清了农村居民饮水安全状况和农村饮水工程运行管理状况，并研究制定解决问题的措施，为国务院常务会议部署全面解决农村人口饮水安全问题和启动编制下一步农村供水规划提供了坚实基础和支撑。

在上半年暗访调研的基础上，为进一步强化对水利扶贫工作特别是农村饮水安全工作的监督，督促各省（自治区、直辖市）落实主体责任、加快补齐农村饮水安全脱贫攻坚短板，2019年9—11月，水利部组织流域管理机构等9家单位对各地上报年度已解决饮水安全问题的建档立卡贫困人口饮水安全情况进行靶向核查，共派出53个组、119人，总用时638个工日，完成对19个省154个县共2870户贫困户的电话问询及现场复核，并察看了264个农村饮水工程和74处水源地。现场复核结束后，各核查单位召集当地水利部门进行了现场督办，立查立改。在此期间，各单位结合靶向核查工作，对领导批示、新闻媒体与群众反映、流域管理机构暗访发现的 18 个农村饮水安全方面的典型问题整改情况进行了复核。

通过开展暗访调研和靶向核查，持续督促各地进一步明确并落实农村饮水安全管理“三个责任”和农村饮水工程运行管理“三项制度”，加强工程运行监督管理，以进一步提高供水保障能力。

何金义　成鹿铭　执笔

曹纪文　审核

水利资金监督工作进展

水利部财务司

水利部紧密围绕“水利工程补短板、水利行业强监管”的水利改革发展总基调，坚持问题导向，强化整改问责，规范资金管理，确保资金安全高效。

一、2019 年工作开展情况

（一）扎实做好财务监督检查

一是深入开展财务检查。水利部组织对 24 家部属预算单位开展财务检查，为提高工作效率，减少对直属单位的检查次数，将预算执行、资金存放、动态监控发现问题整改情况、内控报告、审计发现问题整改情况等内容整合一并开展。检查中严把质量关，对发现的问题进行反复讨论、沟通，督促有关单位认真整改并建立长效机制，进一步完善制度、加强管理、堵塞漏洞，确保资金安全效益，推动提高资金管理科学化、规范化水平。

二是认真组织专项检查。对到期申请验收公益性行业科研项目开展财务审计，对审计报告进行复核并印发整改通知，督促相关单位及时整改，对整改到位的项目组织开展验收工作。对 2016—2018 年实施的 90 个修缮购置项目检查报告进行复核，对发现的问题督促整改，并组织完成项目验收。通过检查进一步推动各单位完善制度，规范科研类项目经费管理使用。

（二）全面推进资金动态监控

一是强化财政资金动态监控。通过信息化手段，以水利财务管理信息系统为依托，对部属预算单位财政资金支付情况进行动态监控。对资金支付中存在的安全风险和违规问题进行有效监控和及时处理，督促有关单位整改落实，堵塞管理漏洞，更好地发挥动态监控的纠偏作用。全年共监控授权支付资金 40.28 万笔，共计 115.51 亿元；下发疑点 318 笔，涉及金额 5822.21 万元。经核实，确属疑点问题 172 笔，涉及金额 430.43 万元，各单位通过退库、调账、进一步加强管理等方式进行了整改。

二是推进实有资金动态监控。按照“强监管”的要求，在财政资金动态监控的基础上，通过对水利财务管理信息系统动态监控模块进行升级改造，增加实有资金动态监控功能。结合调研情况，研究制定了实有资金监控条件和预警指标，并在系统中进行了设置。积极与四大国有银行协调沟通，完成系统与银行数据联网对接调试，同时对系统进行了试运行。下一步将积极推进实有资金动态监控工作，逐步扩大实有资金动态监控覆盖面，促进各单位水利资金管理使用的安全规范。

（三）修订水利廉政风险防控手册

按照鄂竟平部长关于水利廉政风险防控工作“不但要严，还要细、实”的批示以及水利廉政风险防控工作座谈会的安排部署，结合水利行业强监管新要求和水利行业实际，组织修订完成廉政风险防控手册（资金资产管理分册）。水利廉政风险防控手册的修订，有利于从水利行业管理的高度统筹规划水利资金资产廉政风险防控工作，强化顶层设计，实现与水利中心工作的协调推进，更好地发挥水利资金效益。

（四）做好巡视发现财务问题督导整改工作

按照部领导批示精神，对照巡视发现财务问题清单，组织各有关单位认真开展整改落实，完成 16 家单位 58 个问题的督促指导整改工作。通过采取审核整改报告及问题整改证明材料、听取有关单位整改情况汇报、选取重点单位现场督导等方式，详细了解、核实问题整改落实情况和相关长效机制的建立情况，并形成巡视发现财务问题督促指导整改工作情况的报告，相关工作取得了较好效果。

二、2020 年工作展望

（一）狠抓资金监管

紧扣水利发展改革总基调，抓好财务监督检查，做到力度不松、强度

不减。一是推动动态监控逐步完善。在实有资金监管系统建成的基础上，根据年度财务监管的重点领域，选取一批重点单位先行先试，逐步形成“横到边、纵到底”的监控模式，实现资金动态监控全覆盖。二是强化资金监督检查力度。以内控建设监督检查为重点，进一步扩大检查覆盖面，2020 年现场检查单位数量比 2019 年增加 50%，重点检查审计查出问题较多、动态监控问题较多、内控制度不健全的单位，并督促指导有关单位在整改的基础上，有针对性地完善制度体系建设，建立“防未病”的长效机制。

（二）加强制度建设

一是按照“治已病，防未病”的要求，结合以前年度审计发现问题及内部监督检查发现的问题，梳理提出进一步规范内部控制管理的意见与措施。二是根据预算执行、政府采购制度改革、会计制度管理等具体要求，出台 2020 年度相关工作制度规定，规范财务管理，防范资金风险。

杨晓雯　唐　浩　张　琪　执笔

牛志奇　审核

提高政治站位　强化政务督办
为水利改革发展提供坚实保障

水利部办公厅

2019 年是水利部政务督办工作全面铺开的第一年。在部党组的高位推动下，政务督办工作紧紧围绕“水利工程补短板、水利行业强监管”的水利改革发展总基调，立足强监管大格局，初步建立了系统完备、程序规范、务实高效的督办工作体系，有力推动了“两个维护”的落实和年度水利工作目标任务的落地，促进了工作作风转变，实现了良好开局。

一、提高政治站位，突出抓好习近平总书记重要指示批示贯彻落实

按照中央部署要求，深入扎实组织开展了党的十八大以来习近平总书记重要指示批示落实情况“回头看”工作，逐项复核贯彻落实情况，并选取 8 项以“四不两直”方式进行现场回访。巩固“回头看”工作成果，专门制定了《总书记重要指示批示办理和督办办法》，建立了总书记指示批示办理工作台账，加强台账管理和跟踪督办，实现了传达部署、组织办理、催办考核、分类推进、回访复核的工作闭环。按照部党组要求，紧盯习近平总书记“3·14”重要讲话精神和黄河流域生态保护和高质量发展座谈会重要讲话精神分工方案的落实开展督办，加强跟踪问效，对跨年度和持续推进的工作实行台账管理，定期调度办理进展。

二、加强制度建设，初步建立系统完备的督办制度体系

为确保督办工作有力有序开展，先后制定了《水利部督办工作管理办法（试行）》《水利部督办事项立项管理工作细则（试行）》《水利部督办事项考核与评价工作细则（试行）》，明确了督什么、谁来督、怎么督、结

果怎么用等根本性问题，规范了督办各环节的程序、要求和标准。为力戒会议和培训中的形式主义、官僚主义，创新性制定了《会议与培训成效督查办法》。至此，初步构建了以督办工作管理办法为基础，以监督司的督办考核事项初评办法和人事司的督办考核结果使用办法为支撑，以立项、考核和评价工作细则为配套，以会议和培训成效督查等专项督查为开放式补充的“1+2+3+N”督办制度体系，实现督办工作“于法有据”“依规办事”。

三、理顺工作机制，初步形成上下贯通、横向联动的督办工作格局

为集中力量抓督办，2018 年机构改革中，在办公厅新设立督查室，整合过去相对分散的督办职责，作为水利部政务督办工作专职机构。在此基础上，统筹各方力量，构建了部党组统一领导，办公厅统筹抓总，监督司、人事司协同配合，主办单位牵头落实，联络员沟通衔接的齐抓共管工作格局。办公厅负责综合协调，做好督办事项的立项、催办、组织考核与评价、反馈与通报等工作；监督司发挥专业优势，负责考核事项的检查方案制定、办理材料复核、办理质量初核以及重点考核事项的过程检查等工作；人事司负责督办考核结果运用，研究制定督办考核事项考核结果与相关责任人年度考核相挂钩的办法。各司局和直属单位明确主要负责同志为本司局、本单位督办工作第一责任人，明确督办工作的联络处室和一名处级联络员。联络处室和联络员协助配合第一责任人做好督办工作的衔接、协调、联络。

四、加强流程管理，基本形成一套简便易行的操作规范

坚持把督办工作作为一项系统工程，围绕立项、催办、考核评价、结果运用等关键环节，不断强化全过程全链条监管。立项环节，紧紧围绕党中央、国务院决策部署和中央领导同志指示批示，以及部党组安排部署和部领导重要指示批示，聚焦事关水利改革发展的大事、要事、难事，通过上下结合的方式组织做好集中立项和单独立项。催办环节，通过政务督办

系统，实现“内网+短信”自动提醒。内网根据督办事项距完成时限的远近通过“蓝黄红”三种指示灯区别提醒，短信按照督办办法规定的催办频次要求及时提醒。考核评价环节，通过部长办公会组织实施督办考核，采用标准化送审单呈报分管部领导的形式组织实施非考核事项评价，并对督办事项的延期、停办程序进行规范。结果运用环节，通过政务督办系统和《督办工作季报》及时通报考核评价结果。抓住“督办考核结果作为年度考核主要依据”这一关键，按照“突出质量，兼顾数量”的思路，制定督办考核计分方案，确保督办结果充分得到应用、切实发挥作用。

五、加强上下衔接，总体构建覆盖全面的督办工作体系

为防止督办工作上热、中温、下冷，按照鄂竟平部长关于“进一步规范督办工作管理，指导下属单位开展督办工作”的指示要求，面向机关司局和直属单位部署了督办工作体系建设工作，通过实地调研、电话调研、专题培训等方式加强督促指导。2019 年 9 月，办公厅负责同志在水利部总基调专题培训班上作专题授课，10 月、11 月，办公厅督查室负责同志先后在海委、长江委举办的综合政务培训班上进行专题培训。每次督办考核会，邀请两名机关司局督办联络员全程旁站监督，并邀请直属单位督办联络员现场观摩，增强感性认识。目前，各司局各直属单位已初步建立了督办制度机制，除积极完成部督办事项外，也列出了部本级督办事项或重点工作，并以不同形式进行调度、催办和评价。

2019 年部督办共立项 1035 项，其中考核 307 项，非考核 728 项；共组织 7 次考核会，累计考核 291 项，其中 13 项优秀，278 项办结；组织完成非考核事项评价 711 项，其中 710 项办结，1 项未办结；按程序办理延期 24 项、停办 3 项。从工作成效来看，政务督办工作实施顺利，在探索实践中积累了一定的经验，初步发挥了跟踪问效功能，推动强力“抓落实”的正向效应正在逐步凸现。下一步，水利部政务督办工作将按照鄂竟平部长关于“督办工作要越来越严格、规范、精细、准确”的指示要求，盯紧盯牢习近平总书记关于水利工作重要指示批示和党中央、国务院重大决策部署的贯彻落实，持续抓好习近平总书记“3・14”重要讲话精神、黄河流

域生态保护和高质量发展座谈会重要讲话精神以及中央财经委第六次会议重要讲话精神分工方案的贯彻落实，扎实抓好全国水利工作会安排部署以及部长（专题）办公会议定事项、部领导指示批示的贯彻落实，坚持政治导向、问题导向，围绕“督什么更务实、谁来督更可靠、怎么督更管用、结果怎么用更科学”，修订整合督办制度体系；规范工作机制，强化流程管理，提高规范化精细化管理水平；推进体系建设，构建分级负责的督办工作机制，努力发挥督办工作的积极作用，为坚持和深化总基调落实提供有力保障。

张利达　执笔

姜成山　审核

水生态保护修复篇

水土保持工作综述

水利部水土保持司

2019年，水土保持工作切实把工作重心转到监管上，以看住人为水土流失为核心，以完善政策制度机制为重点，以严格督查落实为抓手，以高新技术应用为支撑，取得明显成效。

一、突出建章立制，强监管主要制度体系基本形成

针对人为水土流失监管不到位、治理工程监管不精准、淤地坝安全隐患多发等突出问题，制定出台了《水利部进一步深化“放管服”改革全面加强水土保持监管的意见》《生产建设项目水土保持监督管理办法》《水土保持问题分类及责任单位责任追究标准》《水土保持工程监督检查办法》《水利部关于进一步加强黄土高原地区淤地坝工程安全运用管理的意见》等13项制度标准，对生产建设项目、治理工程、监测等工作具体“管什么、谁来管、怎么管、管不好怎么办”等作出明确规定，为强监管提供了制度保障。

二、创新手段方式，发现和查处大量违法违规行为

首次组织开展水土保持遥感监管，发现了大量以前无法及时发现的违法违规行为，实现了从“被动查”到“主动管”的转变。卫星影像遥感解译共覆盖全国647万km^2国土面积，发现疑似违法违规项目11.8万个，组织地方现场核查认定违法违规项目未批先建、未批先弃项目5.5万个，完成查处5.2万个，查处数量是2018年的3.9倍。组织开展长江经济带水土保持专项执法行动，查处违法违规项目2.1万个。水利部首次挂牌督办23件，一批严重违法案件被查处，强监管严执法态势正在形成。

三、严格督查问责，强监管成效正在显现

制定水土保持权责清单，建立了水土保持督查及问题责任追究机制。组织部直属单位对20个省份开展依法履职情况督查，对29个省份94个县的142个重点工程和黄土高原7省（自治区）56个县的450座淤地坝进行暗访督查，共发现生产建设项目管理问题82个、重点工程及淤地坝建设管理问题1434个，均印发“一省一单”督促地方限期严肃整改，并建立问题整改跟踪台账。按规定对淤地坝安全运行管理问题严重的内蒙古自治区水利厅进行约谈，责成6个省份追究相关责任单位和责任人责任。通过督查问责，有效推动了地方各级对强监管的责任落实。通过连续两年淤地坝暗访督查，安全运用管理中存在的突出问题得到有效遏制，管理主体责任从2018年近50%不明确到2019年基本全部落实，巡查责任人落实不到位的比例由2018年的21%降至2019年的5%。

四、重视监测及成果应用，行业主管部门作用进一步体现

实现年度水土流失动态监测全覆盖，定量掌握了全国到县级行政区及重点区域的水土流失状况。水利部首次召开年度水土流失动态监测成果新闻发布会，引起社会广泛关注，中央广播电视总台、人民日报、新华社等18家媒体集中报道，仅新华社报道2天的点击量就达17万余次。29个省份发布了省级水土保持公报。通过及时发声，宣传了水土保持及生态文明建设成效，体现了行业主管部门的作用。同时，强化监测成果应用，制定水土保持监测成果管理办法，对监测成果的审核、报送、发布和应用等作出明确规定。

五、深入调研评估，治理补短板思路举措进一步明确

围绕东北黑土区、长江经济带、黄土高原等区域“治理短板在哪里、怎么加快补短板”，认真开展调研评估和抽样调查，深入研究分析当前面临的突出矛盾和主要根源，广泛听取群众、基层干部与专家的意见，并与有关部委就相关政策进行沟通协调，明确了今后一个时期这些区域水土流

失治理的思路及重点举措，也为中央制定相关政策及规划提供了依据。

六、完善体制机制，政府和市场作用进一步发挥

会同国家发展改革委、财政部等六部委，首次对省级政府年度落实《全国水土保持规划》情况进行了评估。在评估工作中，组织第三方机构，运用卫星遥感、无人机信息手段，对各省级年度治理任务完成情况进行随机抽查核实。将评估结果向国务院报告，并作为全国生态文明建设年度评价水土保持指标的依据。推动24个省份出台省级政府对市县政府的水土保持目标责任考核办法，11个省份开展了考核工作，地方政府主体责任和相关部门职责得到进一步落实。会同财政部在10个省份的18个县开展水土保持工程建设以奖代补试点，社会力量和群众参与积极性进一步提高，中央投入1元可带动社会资金投入1元以上，工程建设成本降低20%，治理任务增加21%。

七、发挥各方作用，合力推进水土保持的格局初步形成

与自然资源部等部委建立了数据信息共享机制，及时共享了全国地理国情调查、土地利用变更调查等成果，对开展遥感监管、明确重点区域治理思路措施等发挥了积极作用。同时在督查、调研、标准制定、科研和宣传等工作中，注重依靠与发挥部直属单位、相关院校、系统内外科研单位和学会的作用，为水土保持强监管补短板提供了服务与支撑。

八、用心用情帮扶，水土保持扶贫更加精准有力

按照部党组部署，以务实的举措协调有关部门并督促地方，从政策、资金落实、项目监管和定点帮扶主体责任监督等方面，全面完成中央脱贫攻坚专项巡视问题整改。2019年中央水土保持投资的91%安排到有脱贫攻坚任务的22个省份，较2018年提高3个百分点，省级分解落实到贫困县的投资较2018年增长25%。超额完成城口县年度定点帮扶“八大工程”目标任务，着力在内引外联上下功夫并取得明显成效。协调落实城口县水利建设资金2亿元，较2018年增长108%，松柏水库正式开工建设；协调

农业农村部、中国长江三峡集团有限公司引进帮扶资金 1558 万元；协调重庆市财政局、国家电网重庆市电力公司新增生态转移支付、电网改造等资金 1.1 亿元。

2020 年，水土保持工作将深入学习贯彻党的十九届四中全会精神和习近平总书记在黄河流域生态保护和高质量发展座谈会上的重要讲话精神，以党的政治建设为统领，坚定不移践行水利改革发展总基调，大力践行新时代水利精神，坚持问题导向、目标导向、结果导向，强化担当、狠抓落实，以提高水土保持率为目标，以健全制度和强化落实为主线，加快构建系统完备、务实管用的政策制度体系，建立权责明晰、协同高效的责任落实体系，健全以体制机制创新为核心的工作保障体系，完善以监测、信息化、科研、标准为重点的基础支撑体系，切实管住人为水土流失，加快重点地区治理速度，以务实作风、务实举措推动水土保持强监管补短板成体系、见实效、上台阶。

尤　伟　李斌斌　执笔
蒲朝勇　审核

专栏三十九

国家水土保持重点工程成效显著

水利部水土保持司

2019年，水利部以长江、黄河上中游和东北黑土区等水土流失严重区域为重点，实施了小流域综合治理、坡耕地水土流失综合整治、东北黑土区侵蚀沟治理、黄土高原塬面保护和病险淤地坝除险加固等国家水土保持重点工程。安排中央水土保持资金67.8亿元，较2018年增长11%，完成水土流失治理面积1.32万km^2。国家水土保持重点工程的实施，对有效保护水土资源、促进农业产业结构调整，助力脱贫攻坚和推动生态文明建设发挥了重要作用。在国家水土保持重点工程带动下，国家相关部门、地方人民政府和社会力量积极参与，共同发力，圆满完成5.4万km^2水土流失综合治理年度目标任务。

2019年国家水土保持重点工程建设管理，主要有以下几个特点：

一是健全制度体系。针对中央财政水利发展资金政策调整，老的项目管理办法已不适应管理实际，以及重点工程监督管理不精准、督查问责不严不实的情况，水利部修订印发了《中央财政水利发展资金水土保持工程建设管理办法》，制定出台了《水土保持工程监督检查办法（试行）》，进一步明确各方建设管理责任，规范监督检查工作和参建各方的行为，建立逐级督查体系和强有力的责任追究机制，通过制度来保障中央资金效益充分发挥。

二是强化督查整改。组织流域管理机构和沙棘中心，对2019年度重点工程实施情况进行了督查。共派出34个督查组126人次，随机抽取94个项目县的142个项目，发现问题306个，均印发“一省一单”督促地方限期整改，有效推动了地方各级对水土保持工程建设管理的责任落实。

三是助力脱贫攻坚。2019年91%的中央水土保持资金安排到有脱贫攻坚任务的省份，省级分解落实到贫困县的中央水土保持资金达45亿元，较2018年增长25%，为改善水土流失地区生产生活条件、提高贫困地区发展能力、助力脱贫攻坚发挥了基础性作用。

四是推进机制创新。会同财政部在10个省（自治区）的18个县继续实施水土保持以奖代补试点，社会力量和群众参与水土流失治理的积极性进一步提高，中央资金撬动社会投入作用明显，工程建设成本降低20%，治理面积增加21%以上，为下阶段在全国水土保持工程建设实行以奖代补政策探索了经验。

李　柏　执笔

张文聪　审核

链接

福建省永春县："三结合+三突出"全面推进水土保持

近年来，福建省永春县坚持水土流失治理同清新流域整治、美丽乡村建设、全面治水工作相结合，重点突出坡改梯、崩岗综合治理、清洁型小流域整治的发展模式，因地制宜，综合施策，一手常抓"三结合"，一手紧盯"三突出"，积极探索水土流失治理新路，强力推进水土保持，成效显著。

以"三结合"切入，持续巩固水土保持发展之基。永春县以水土流失治理、河道综合治理为重点，结合绿化提升、景观改造、生态村建设等方面，统筹推进清新流域整治工程；同时，坚持工程治理与植物措施相结合，积极实施封禁措施和生物措施，遵循土壤气候特点和植物树木生长规律，种植适合当地土壤气候的植物品种，为生态自我修复创造条件。在做好传统水土流失治理的同时，结合美丽乡村建设，开展村庄绿化美化、农村路网和排引水渠建设，最大限度地发挥水土保持工程的综合效益，创造更多、更优质的生态产品。不仅如此，永春县还将水土保持与全面治水工作相结合，由林业部门植树造林，住建部门处理污水，环保部门实施湿地保护工程，水土保持办公室则集中资金统筹协调，共同打造清新流域。

从"三突出"发力，开拓创新水土保持发展之路。首先是突出坡改梯的发展模式。永春县将坡耕地整治与生态茶果园建设纳入现代农业，切实推行"水泥空心砖为园埂"的坡耕地整治新模式，形成土地边界，夯实土地根基。同时，在梯埂田坎套种具有经济效益的草灌植物，通过自然耕作起到层层拦截、提高土壤肥力、有效控制水土流失的护埂作用。其次是突出崩岗综合治理的发展模式。永春县探索总结并推行以种植麻竹为主，工程措施与植物措施相结合的崩岗综合治理模式，先后在多个乡镇开展治理试点，试点区内水土流失程度大大减轻，生态环境明显改善。最后是突出清洁型小流域整治的发展模式。永春县坚持以小流域为治理单元，把水源保护作为重点，有效处理生活污水和废弃垃圾，大力推进坡面、沟道和河道坑塘侵蚀治理，引导群众控制农药、合理施肥，实现清洁生产。

黄杨焜　执笔

李顺卿　李　攀　审核

水土保持监管工作进展

水利部水土保持司

2019年，水土保持监管工作以习近平新时代中国特色社会主义思想为指导，认真贯彻落实水利改革发展总基调和水土保持“监管强手段、治理补短板”总要求，严格责任落实，切实推动水土保持强监管各项工作取得积极进展。

一、狠抓制度建设，水土保持强监管制度体系初步形成

为深入践行水利改革发展总基调，切实管住人为水土流失，2019年制定出台《水利部进一步深化“放管服”改革全面加强水土保持监管的意见》《生产建设项目水土保持监督管理办法》《水土保持问题分类及责任单位责任追究标准（试行）》等水土保持强监管系列文件。其中，《水利部进一步深化“放管服”改革全面加强水土保持监管的意见》明确了水土保持强监管的指导思想和基本原则，加强事中事后监管七方面要求，并提出四项保障措施，是新时代水土保持强监管的龙头文件。全年编制完成《生产建设项目水土保持监督检查及责任追究管理办法》《生产建设项目水土保持设施自主验收监督管理办法》《水土保持违法行为违法情节及行政处罚自由裁量权参照执行标准》《水土保持监督管理通用权责清单》和《生产建设项目水土保持信用信息管理办法》，对生产建设项目验收管理、监督检查、水土保持问题界定、责任追究、信用监管、规范权责清单等进行全面系统规范。经多轮广泛征求意见、反复修改，最终将验收管理办法和监督检查管理办法、通用权责清单、参照执行标准整合为《监督管理办法》和《责任追究标准》印发，信用信息管理办法纳入水利信用信息管理办法出台。出台的1个意见、1个办法、1个标准，不仅解决了水行政主管部门就生产建设活动水土保持“管什么”“怎么管”“管不好如何

追责”的问题，同时对管理相对人也提出明确要求，是水土保持强监管的总依据。

二、强化责任落实，开展省级水行政主管部门履职督查

创新举措推动各级水行政主管部门全面依法履行监管职责，确保强监管文件落地落实。一是制定发布水土保持监督管理通用权责清单，明确了水土保持行政许可、行政征收、行政处罚、行政强制、监督检查等5项水土保持监督管理权责事项及履职方式，供各地制定完善水土保持监督管理权责清单。二是制定水土保持监管履职问题责任追究办法，明确对监管履职中存在不依法依规审批水土保持方案等6类问题，采取约谈、通报批评等方式开展责任追究。三是开展履职督查，推动地方水行政主管部门全面履行水土保持监管职责。由陆桂华副部长带队暗访天津市生产建设项目，对发现的监管履职问题，分别向天津市人民政府办公厅和天津市水务局下发限期整改意见。目前，相关问题已基本整改到位。组织相关机构对20个省级水行政主管部门、61个生产建设项目开展现场督查，共发现地方水行政主管部门在水土保持方案审批、监督检查、验收管理、行政执法履职及贯彻落实新时代水土保持强监管文件等5个方面存在12类82个问题。根据督查，印发“一省一单”整改意见督促限期整改，并将意见抄送省级人民政府办公厅。

三、以长江经济带为重点，强力推进生产建设项目水土保持监管

为强化水土保持行政执法，以长江经济带监督执法专项行动为重点，以生产建设项目水土保持遥感监管解译与判别项目为依托，在全国范围内组织开展水土保持监督执法专项行动。组织长江经济带4个流域管理机构和11省（直辖市）梳理排查2.08万个疑似违法项目，其中未批先建类1.24万个、未验先投类0.7万个、不依法履行水土流失防治义务类0.14万个。10月，首次以办公厅文件对23起水土保持典型违法违规案件进行挂牌督办，为地方强执法树立了强有力的榜样。截至2019年12月底，11

省（直辖市）共查处违法违规项目2.09万个，查处率达100%，其中1.27万个项目完成整改，整改率达60.7%，立案439起、结案298起，23起督办案件中有4个完成查处。专项行动结束后，全面总结长江经济带水土保持执法专项行动，汇编16起典型案例，为2020年各地强监管提供借鉴。同时，在全国范围内组织开展生产建设项目水土保持遥感监管，各地确认违法违规项目5.5万个，查处5.3万个，查处总数为2018年全年的3.9倍。通过水利部挂牌督办、各地重点查处和曝光一批拒不整改的水土保持典型违法案件，真正发挥了查处一起、警示一批、震慑一片的作用，树立了水土保持社会管理的权威。

四、完善水土保持工程制度体系，开展国家水土保持重点工程暗访督查

为进一步加强和规范水土保持工程建设管理，充分发挥中央资金效益，出台《中央财政水利发展资金水土保持工程建设管理办法》，明确了水土保持工程前期工作、资金管理、建设管理、监督检查等环节。2019年7月，制定出台《水土保持工程监督检查办法（试行）》，进一步落实各方建设管理责任，规范监督检查工作和参建各方的行为，建立逐级督查体系和强有力的责任追究机制。10月，组织各流域管理机构和水利部相关机构，重点对上年度国家水土保持重点工程实施情况进行督查，包括：中央预算内投资坡耕地水土流失综合治理工程、晋陕蒙础砂岩区十大孔兑沙棘生态减沙工程、中央财政水利发展资金小流域综合治理工程（含崩岗治理）、黄土高原地区中型以上病险淤地坝除险加固工程、东北黑土区侵蚀沟治理和黄土高原塬面保护工程、水土保持工程建设以奖代补试点项目。共派出34个督查组，随机抽取94个县的142个项目，现场利用无人机和移动检查验收终端对措施图斑地点、内容、规模、质量等进行复核，查阅档案资料，印发“一省一单”整改意见督促地方限期整改。通过督查，深入了解国家水土保持重点工程实施情况，及时发现工程建设中存在问题，有效推动地方各级政府对水土保持工程建设管理的责任落实，确保工程建设成效。

五、建立淤地坝安全运用长效机制，持续开展黄土高原淤地坝安全度汛暗访督查

2019 年，针对多年来淤地坝管理责任主体、巡查和行政责任人责任不明确、不落实，以及日常管护问题多发等问题，水利部制定出台了《关于进一步加强黄土高原地区淤地坝工程安全运用管理的意见》，明确了各方职责，建立了淤地坝安全度汛督查及问题责任追究机制，构建了淤地坝安全运用长效机制。汛期 6—9 月，组织黄委开展 4 批次“四不两直”暗访督查，随机抽查了黄土高原 7 省（自治区）21 市 56 个县（区、旗）的 450 座淤地坝，对发现问题及时建立台账，并印发“一省一单”整改意见督促限期整改，对问题严重的省份进行了约谈。通过连续两年的暗访督查，淤地坝管理主体责任不明确和巡查责任人责任不落实的突出问题的整改有了明显改观，淤地坝管理主体责任从 2018 年有一半得不到落实到 2019 年基本全部落实，巡查责任人落实不到位的比例由 2018 年的 21% 降至 2019 年的 5% 。同时，建立了淤地坝地理位置和工程特性数据库，首次对黄土高原每次降雨过程影响区域逐坝进行暴雨洪水预测，将预警信息提前一天发给每座淤地坝的行政、巡查责任人及各级水行政主管部门。全年共发布预警信息 8 期 1991 坝次，为淤地坝安全度汛提供了可靠依据，未发生一起垮坝和人员伤亡事件。

2020 年，水土保持监管工作将深入贯彻落实全国水利工作会议精神，聚焦水利改革发展总基调，坚持将水土保持工作重心转变到监管上来，全面强化水土保持行业监管。重点抓好六项工作。

一是进一步完善水土保持强监管制度。修订《生产建设项目水土保持方案编报审批管理规定》（水利部 5 号令），健全水土保持方案承诺制、区域评估等制度，制定生产建设项目水土保持监测“三色”评价管理办法。

二是实施生产建设项目卫星遥感常态化监管。组织开展覆盖全国范围的生产建设活动卫星遥感监管，通过解译及时发现疑似违法扰动图斑，组织地方开展现场复核并依法查处。

三是开展监管履职督查。组织部直属单位和流域管理机构对 31 个省

(自治区、直辖市）水行政主管部门履行生产建设活动监管职责等情况开展督查，督促指导省级开展对市县级依法履职情况的督查。

四是推进生产建设项目监督执法。以遥感监管为依托，以黄河流域为重点，严格查处人为水土流失违法违规行为，严肃追究一批存在严重问题的水土保持参建单位，挂牌督办一批重大违法违规案件。

五是开展国家水土保持重点工程督查。组织流域管理机构和沙棘中心继续开展重点工程暗访督查，对督查发现的问题，建立台账，督促整改落实。

六是制定出台《淤地坝工程安全度汛监督检查办法》，落实淤地坝安全运用主体责任、“三个责任人”责任。组织黄委继续开展淤地坝安全度汛暗访督查，对发现的问题严格追责。

季玲玲　张　保　执笔

陈　琴　张文聪　审核

专栏四十

首次实现年度水土流失动态监测全覆盖

水利部水土保持司

2019年，水利部根据《全国水土流失动态监测规划（2018—2022年)》，依法开展了年度水土流失动态监测工作。水利部、各流域管理机构承担国家级重点防治区493万km^2、各省级水行政主管部门承担其余464万km^2动态监测任务。部、省两级按照“统一标准、分工负责、上下协同”的原则，严格质量把控，采用卫星遥感、野外验证、模型计算相结合的方法，共解译图斑8476万个，野外验证图斑279万个，完成了动态监测成果复核、汇总与分析工作，首次实现年度国土面积全覆盖监测，定量掌握了到县级行政区及国家关注的重点区域的水土流失状况、分布特点和变化趋势。

监测结果显示，2019年全国水土流失面积为273.69万km^2，与2011年相比减少了21.23万km^2，总体减幅7.2%，充分反映了党的十八大以来党中央全面推进生态文明建设取得的显著成效。依托2019年全国水土流失动态监测成果，召开了水利新闻发布会，中央广播电视总台、人民日报、新华社等10余家主流媒体进行了集中报道，新华社报道2天的点击量达17万余次，广泛宣传了近年来水土保持工作成效，取得了较好的社会舆论反响。面向社会发布《中国水土保持公报》，公告了全国、重点防治区的水土流失状况、消长变化及年度水土流失防治情况，并首次全面发布了黄土高原、长江经济带、京津冀、东北黑土区等9个国家关注重点区域水土流失状况。年度动态监测成果全面支撑了全国水土保持规划实施情况考核评估、地方政府目标责任考核等工作的开展，为贯彻落实习近平总书记生态文明思想、推动国家重点战略区域水土保持改革发展提供了基础数据支撑。

姜钧严　执笔

莫　沫　审核

专栏四十一

首次开展全国水土保持遥感监管

水利部水土保持司

为贯彻落实水利改革发展总基调，围绕监管强手段、看住人为水土流失的工作要求，针对传统监管手段难以全面及时发现水土保持违法违规行为的问题，2019 年，水利部安排专项资金首次组织开展生产建设项目水土保持遥感监管，发现和查处大量违法违规行为，显著提高了监管效能和水平。

全国水土保持遥感监管工作采取水利部统一组织，省市县负责复核查处，第三方机构提供技术支撑的方式开展。2019 年度遥感监管范围覆盖 647 万 km^2 国土面积，涉及全国 25 个省（自治区、直辖市）全域及其余 6 省的 13 个地市，共解译扰动图斑 60.2 万个，组织现场复核大于 $1hm^2$ 的扰动图斑 41.8 万个，发现疑似违法违规项目 11.8 万个，认定水土保持违法违规项目 5.5 万个，查处水土保持违法违规项目 5.2 万个，查处数量是 2018 年全年的 3.9 倍。同时组织开展了长江经济带水土保持监督执法专项行动，查处违法违规项目 2.1 万个，已有 1.3 万个项目完成整改，水利部首次挂牌督办 23 件，一批严重违法违规案件被查处。

一是基本摸清了全国生产建设项目扰动情况。从行业来看，主要为房地产和加工制造类等城市建设相关行业项目，占 46.6%，其次为采矿业项目，占 15.7%；从区域来看，云南、山东、贵州、广东、河南、四川是生产建设项目扰动高发区，占全国总数的 47.1%；从规模来看，主要为中小型生产建设项目，扰动面积 $5hm^2$ 以下的占 55.5%，呈现占地规模小、分布广、数量多的特点。

二是初步查明了水土保持监管的短板情况。市县级审批管理的生产建设项目水土保持违法违规行为高发，其中，县级主管项目占比 89.7%，市级占比 8.2%，因此，强化市县级水土保持监管是决定水土保持强监管成败的关键。房地产和加工制造类等城市建设相关行业水土保持违法违规项目占违法违规项目总数的比例较高，是下一步水土保持强监管的重点。

三是逐步形成了生产建设项目水土保持遥感监管模式。开展遥感监管以来，共建立 5773 套解译标志和 10 余万个违法违规项目样本数据库，规范完善了遥感监管主要流程和技术规定，为不断提高遥感监管的精度和效率奠定了坚实基础。建立了全国上下协同、信息共享的水土保持遥感监管联动机制，各地也在推进遥感监管中进一步理清了监管职责、提升了监管能力，为开展后续加密遥感监管积累了丰富经验。

四是进一步提高了水土保持社会管理水平。通过运用遥感监管手段，首次完成了对全国生产建设项目水土流失防治情况的全面、及时、精准监管，发现并查处了大量违法违规遗留问题，建立了年度水土保持违法违规项目管理台账，实现了对生产建设项目从“被动查”到“主动管”的转变，全社会，特别是生产建设单位的水土保持意识和法制观念得到显著增强。

张春亮　执笔

蒲朝勇　张新玉　审核

河湖生态流量（水量）保障工作

水利部水资源管理司

河湖生态流量管理是《中华人民共和国水法》和水利部“三定”规定赋予水利部的重要职责。水利部高度重视，部领导多次主持会议研究部署推进全国河湖生态流量保障工作。一年来，围绕重点河湖生态流量保障目标确定、管理政策制定、强化生态流量监管，各项工作均取得了重要进展。

一、研究确定重点河湖生态流量保障目标

2019 年，选取 41 个重点河湖（河流 36 条、湖泊 5 个）开展生态保护对象分析确定、生态用水需求分析、各控制断面生态流量（包括水量、水位，下同）保障目标复核确定等工作，提出了重点河湖 82 个重要控制断面的生态流量确定成果。重点开展了以下工作。

一是组织流域管理机构分析确定了河湖生态流量保障对象。以流域为单元，全面梳理了 41 个重点河湖的涉水自然保护区、重要湿地、水产种质资源保护区等重要生态敏感区分布，结合重点河湖水生态系统结构和功能完整性需求，确定了重点河湖及其主要控制断面的生态保护对象，包括维持河湖基本形态、基本生态廊道、基本自净能力等基本生态保护对象，以及水生生物生境维持、河道输沙、湿地漫淹、河口压咸等特殊生态保护对象。对于存在多个生态保护对象的，优先保障特殊生态保护对象的用水需求。经梳理分析，松花江、辽河、黄河、淮河流域等北方河流生态保护对象主要为维持河流基本形态、基本生态廊道、基本自净能力等。长江、珠江及东南诸河流域等南方河流生态保护对象，除维持河流基本形态、基本生态廊道、基本自净能力外，还包括维持重要生物生境、抑制水华暴发、河口防潮压咸等。5 个重点湖泊生态保护对象主要为维持湖泊水域面积，

以及芦苇、鸟类等动植物基本生境等。

二是确定了41个重点河湖主要控制断面生态流量保障目标。充分考虑生态流量确定的基础性、先决性重要地位，河湖水文特征以及流域生活及生产、生态用水需求等要求，将河湖重要控制断面生态流量保障目标划分为以下三种类型分别计算，即：第一类为仅维持河湖基本形态、基本生态廊道、基本自净能力，无特殊生态保护对象的河流，优先选用水文学法确定生态流量；第二类为具有维持重要生物生境、抑制水华暴发、河口防潮压咸等特殊生态保护对象的河流，选择水力学法或生境法计算生态流量；第三类为湖泊，根据生态保护对象及用水需求，选取生态-水位法计算提出了最低生态水位。对于计算结果，分别进行水量平衡和综合分析后确定了生态流量（水位）控制目标。

三是开展了成果协调平衡工作。全国第一批41个重点河湖生态流量保障目标确定成果，均与国家已批复的相关流域综合规划等规划成果协调一致，且流域管理机构已与有关省（自治区、直辖市）水行政主管部门进行充分沟通并形成共识。

二、制定河湖生态流量确定和保障政策

为加强对河湖生态流量保障工作的指导，尽快完善相关管理配套政策措施，2019年，启动了《关于做好河湖生态流量确定和保障工作的指导意见》（以下简称《意见》）起草工作。11月初，水利部又将《意见》征求了自然资源部、生态环境部、交通运输部、农业农村部、国家能源局、国家林业和草原局等部门的意见，并根据各有关部门反馈的意见和建议，再次修改完善，形成了《意见》送审稿并通过部政策法规司合法性审查后，报部审定。

《意见》起草工作全面贯彻习近平生态文明思想和治水重要论述精神，坚持绿色发展理念，坚持人与自然和谐共生，把水资源作为最大的刚性约束，严格控制河湖开发强度，维护河湖生态系统功能，制定了生态流量保障工作的总体要求、生态流量保障目标制定、管理措施和保障措施。

一是明确了河湖生态流量确定和保障工作的指导思想、基本原则和主

要目标。《意见》提出，到2020年底，重要河湖生态流量目标基本确定，生态流量监管体系初步建立，河湖生态流量保障情况得到改善。因过度开发导致现状断流（干涸）的重要河湖确定分阶段生态流量目标。到2025年，生态流量管理措施全面落实，长江、黄河、珠江、东南诸河及西南诸河及主要支流生态流量得到有力保障，淮河、松花江干流及主要支流生态流量保障程度显著提升，海河、辽河、西北内陆河被挤占的河湖生态用水得到退还；重要湖泊生态水位得到有力维持。

二是规定了河湖生态流量目标制定准则。明确了河湖生态流量目标的确定事权，河湖生态保护对象和河湖生态流量控制断面的确定原则、河湖生态流量确定准则，规定了各种类型河湖生态流量目标的确定方法以及已建水工程生态流量复核要求等。流域管理机构和地方水行政主管部门依据水资源管理权限，分级组织开展河湖生态流量确定工作；生态流量确定应以保障河湖生态保护对象用水需求为出发点，按照河湖水文节律和河湖生态功能需要，并充分考虑生活、生产合理用水，分类制定河湖生态流量保障目标，同时规定了各种类型河湖生态流量确定的准则及目标确定方法。针对已建闸坝、水库、水电站、航电枢纽等水工程以及未确定生态流量保障目标的水工程，《意见》明确了生态流量复核确定的原则。

三是规定了河湖生态流量管理措施。明确了流域水资源统一调度管理、水工程生态流量泄放、河湖生态流量监测、河湖生态流量预警机制等管理要求。《意见》强调，流域管理机构或地方水行政主管部门应把保障生态流量目标作为硬约束，合理配置水资源，科学制定江河流域水量调度方案和调度计划。水工程管理单位应在保障生态流量泄放的前提下，执行有关调度指令。新建、改建和扩建水工程，应按照水利等相关部门行政许可审批文件规定，设计、布置生态流量泄放设施；对不符合规定要求的，不得审批同意。《意见》按照管理部门和工程管理单位监测事权划分，明确了河湖生态流量监测管理要求，并规定流域管理机构及地方水行政主管部门建立生态流量预警机制。

四是从制定工作方案、强化监督考核、强化科技支撑等方面，明确了相关政策措施。

三、加强生态流量监督管理

一是建立生态流量管控目标落实情况通报制度。水利部水文司按月对全国省界和重要控制断面水资源监测信息进行通报；长江委、黄委对干流和重要支流主要控制断面生态流量保障情况开展监测，并对目标落实情况进行通报，对存在问题的地区和取水单位责令进行整改。

二是指导地方推进生态流量保障工作。各省（自治区、直辖市）水行政主管部门均制定了生态流量确定工作计划，明确了近期生态流量保障工作目标任务。江苏、四川、湖南和湖北等省先后制定了省内主要江河流域生态流量保障目标。福建省制定了小水电工程生态流量确定和管控标准，并出台了水电站生态电价管理办法，对生态流量目标落实情况进行考核。

毕守海　王　华　马　超　执笔

杨得瑞　郭孟卓　审核

华北地区地下水超采综合治理行动进展

水利部规划计划司

为深入贯彻落实习近平总书记关于生态环境保护和保障水安全的重要指示精神，着力解决华北地区地下水超采问题，按照李克强总理、胡春华副总理有关批示指示精神，水利部会同财政部、国家发展改革委、农业农村部等有关部门和地方，印发实施《华北地区地下水超采综合治理行动方案》（以下简称《行动方案》），坚持问题导向，以京津冀地下水超采区为治理重点，按照近远结合、综合施策、突出重点、试点先行的原则，以实现地下水采补平衡、解决地下水超采问题为目标，统筹提出华北地区地下水超采综合治理的总体思路、治理目标、重点举措和保障措施，系统推进华北地区地下水超采治理。治理行动实施一年来，在各方共同努力下，各项治理措施取得阶段性进展，治理效果初步显现，在京津冀地区降水偏枯的情况下，治理区地下水位下降速率明显减缓，部分地区地下水水位止跌回升，治理区河湖水生态状况明显改善。

一、方案制定情况

一是明确了治理范围和治理目标。治理范围以京津冀地区为重点，涉及北京、天津、河北3个省（直辖市）的11个地级市149个县（区），治理面积约8.7万km^2。其中河北省涉及128个县，治理面积7.1万km^2，约占整个治理范围的80%。治理目标是，到2022年，通过强化节水、实行禁采限采、调整农业种植结构、充分利用当地水和外调水置换地下水开采等措施，在正常来水情况下，京津冀地区压减地下水开采量25.7亿m^3，现状超采量压减率达到70%以上，约2/3地下水超采区实现采补平衡，其中超采区城镇力争全部实现采补平衡；到2035年，通过进一步采取节水措施、加大非常规水利用、实施南水北调东中线后续工程等措施，力争全面实现地下水采补平衡，超采亏空水量逐步填补，地下水超采问题基本解决。

二是提出了治理任务和重点措施。坚持习近平总书记“十六字”治水思路，以京津冀地区为治理重点，通过采取“一减、一增”综合治理措施（“一减”即通过节水、农业结构调整等措施，压减地下水超采量；“一增”即多渠道增加水源补给，实施河湖地下水回补，提高区域水资源水环境承载能力），系统推进华北地区地下水超采治理。按照“综合施策、突出重点、系统推进、措施可行”的要求，重点推进“节”“控”“调”“管”等治理措施。“节”，就是进一步挖掘节水潜力，减少地下水开采量。“控”，就是通过调整产业结构和农业种植结构，压减地下水开采量。“调”，就是通过当地水、再生水、外调水，置换城镇、工业、农业、农村地下水开采；相机实施主要河湖生态补水，增加地下水补给量，逐步恢复华北地区河湖水系。“管”，就是落实最严格水资源管理制度，发挥河长制湖长制作用，强化地下水利用监管，严格禁采区、限采区管理，加强地下水监控能力建设，逐步完善地下水管理和保护体系。

三是开展河湖生态补水及地下水回补试点。水利部、河北省组织制定了河湖地下水回补试点方案，在地下水超采严重地区，选择滹沱河、滏阳河、南拒马河等典型河流开展地下水回补试点，通过河道整治、清河行动、生态补水、巡查管护，逐步回补地下水和恢复河流生态。

二、工作进展情况

按照国务院部署，水利部会同有关部门和北京、天津、河北 3 省（直辖市），认真抓好华北地区地下水超采综合治理行动组织实施，加快推动重点任务措施落实。水利部切实做好牵头抓总工作，报请国务院成立地下水超采综合治理工作协调小组，制定实施方案和年度重点工作安排，及时召开工作推进会、专题部署会，实施动态跟踪评估，针对关键措施和薄弱环节，组织开展专项调研、监督检查、暗访核查和审计，督促各项任务落实和问题整改。国务院有关部门加大支持力度，财政部加强中央财政资金保障，国家发展改革委积极支持东线一期北延应急供水等工程建设，各有关部门加强对《行动方案》实施的支持和指导，为地下水超采治理提供了有力保障。北京、天津、河北3省（直辖市）根据《行动方案》总体安排，制定本地区具体实施方案，健全工作组织领导和协调机制，细化落实责任，高位推动行动方案实施，“节”“控”“调”“管”重点任务措施取得了阶段性进展。

一是积极推动重点领域节水。农业节水方面，加快实施大型灌区续建配套节水改造，大力推进田间高效节水灌溉建设。工业和城镇节水方面，积极推进工业园区节水改造和城镇老旧排水管网改造，大力开展节水载体创建和高效节水器具换装，推动县域节水型社会建设。

二是优化种植结构和产业布局。在农业种植结构调整方面，河北省根据水资源条件，推进适水种植和量水生产，在张家口市坝上和黑龙港地下水超采区，积极发展旱作雨养农业。北京市、天津市采取农田轮作休耕等措施，适度减少冬小麦种植面积，压减地下水开采。在优化产业布局结构方面，河北省稳妥化解过剩产能，天津市着力发展低耗水新兴产业，北京市加快退出一般制造业企业。

三是增加供水和回补地下水。用足用好南水北调中线水，在保障正常供水目标的前提下，根据丹江口水库水源条件，及时为京津冀河湖水系进行生态补水，回补地下水。增供南水北调东线水，启动实施东线一期北延应急试通水，开工建设东线一期北延应急供水工程。适度增引黄河水，抓住黄河来水偏丰的有利时机，增加向河北补水量。为尽快形成地下水压采能力，受水区加快配套供水工程建设，推进水源置换。

四是加强地下水监管。按照“应关尽关、关管并重、能管控可应急”的原则，着力推进城镇自备井、农灌井关停封填。加强地下水管理，河北省将地下水取水许可审批上收到省一级，北京市严格新开凿取水井管理，天津市中心城区和滨海新区建成区全部禁采。推进用水管水方式和制度创新，深化水资源税改革，发挥价格、税收调节作用，3省（直辖市）均实行了居民生活用水阶梯水价制度和非居民用水超计划超定额累进加价制度。同时，河北省积极推进农业水价综合改革，实行“超用加价”“一提一补”水价制度，促进节约用水。

三、治理效果

一是地下水水位下降速率明显减缓。根据1756眼国家级和1909眼省级地下水监测井数据分析，在2019年京津冀地区降水偏枯的情况下，北京市浅层地下水水位总体回升0.66m，天津市浅层、深层地下水水位总体分别回升0.02m、1.14m，河北省治理区地下水水位与2018年同期相比总体虽仍在下降，但下降幅度与同为枯水年的2014年相比明显减缓，同时，部分地区水位止跌回升。其中，河北省平原区浅层地下水水位回升或稳定的面积占51%，深层承压水水位回升或稳定的面积占30%。

二是河湖生态环境初步改善。总体上看，治理区21个河湖实施生态补水后，有水河长最大超过1100km，形成最大水面面积404km^2。其中，滹沱河、滏阳河、南拒马河三条试点河流补水期间形成最大补水河长477km、最大水面面积46km^2，地下水入渗补给明显，地下水回补影响范围达到河道两侧近12km，滹沱河断流40年后实现复流，河道内生态水量增加，促进了河湖水系廊道恢复，河湖生态环境逐步好转，河道和地下水水质有所改善，河湖生态功能有所恢复。开展了河湖生态补水社会影响调查，受访群众对生态补水反响良好。

杨　威　王　晶　刘海振　执笔

高敏凤　审核

专栏四十二

华北地下水超采综合治理河湖地下水回补试点成效

水利部水资源管理司

开展华北地下水超采区治理，事关京津冀协同发展和雄安新区规划建设，对于保障水安全和生态安全至关重要。为总体推进治理行动提供经验和示范，2018 年 8 月，水利部与河北省人民政府联合印发《华北地下水超采综合治理河湖地下水回补试点方案》，在河北省地下水超采严重地区选择滹沱河、滏阳河、南拒马河等三条河段，利用南水北调中线、当地水库、再生水等水源，采取“清”“补”“管”“测”（即河道整治清理、河道补水、河道巡查与管护、动态监测评估）等综合措施，实施了为期一年的河湖地下水回补试点工作。

试点工作终期评估显示此项工作成效明显。一是超额完成河道清理任务。清理垃圾 104.1 万 m^3、整治非法采砂 12 处、封堵非法排污口 417 个，确保河道具备通水蓄水条件。二是超额完成补水任务。累计补水 13.2 亿 m^3，达到补水目标上限的 132%，形成最大水面面积 $46km^2$。南水北调中线工程作为重要回补水源，累计补水 8.7 亿 m^3，补水量占总补水量的 66%，生态效益显著。三是地下水得到有效回补。入渗回补地下水约 9.5 亿 m^3，回补影响范围达到河道两侧 8～12km，地下水水位较补水未影响区域相对上升 0.93m。四是水环境与水生态有所改善。地表水水质呈改善或稳定态势，生物多样性有所增加，岸坡植物更为丰富。

试点工作成效表明，河湖地下水回补作为华北地区地下水超采综合治理行动方案的先行措施，意义重大、决策正确、效果明显；“清”“补”“管”“测”措施行之有效、缺一不可；多方通力协作确保了回补工作顺利推进；试点工作为华北地区地下水超采治理积累了经验、树立了信心，为其他地区地下水超采治理提供了重要借鉴。

黄利群　黄一凡　韩江波　执笔

杨得瑞　杜丙照　审核

专栏四十三

农村水系综合整治试点工作启动

水利部规划计划司　水利部财务司

农村水系承担行洪排涝、灌溉供水、生态涵养等功能，不仅是农业生产的基础，也是农村水环境的重要载体。但由于缺乏系统治理，普遍存在淤塞萎缩、水域岸线被侵占、河道脏乱等现象，群众反映强烈，已成为农村水利的突出短板。针对当前农村水系存在的突出问题，为深入贯彻党中央、国务院实施乡村振兴战略的决策部署，认真落实“水利工程补短板、水利行业强监管”的水利改革发展总基调，水利部、财政部决定全面启动农村水系综合整治工作。

一、总体思路

牢固树立“绿水青山就是金山银山”理念，以县域为单元，突出系统治理，统筹水系连通、河道清障、清淤疏浚、岸坡整治、水源涵养与水土保持、河湖管护等多项水利措施，以河流水系为脉络，以村庄为节点，集中连片统筹规划，与相关部门形成合力，水域岸线并治，打造一批各具特色的县域综合治水示范样板，建设河畅、水清、岸绿、景美的水美乡村。一是恢复“盆”的功能，即恢复防洪、供水、生态等基本功能；二是维护“盆”的形态，即修复河道空间形态及水域岸线；三是管好“盆”中的水，即提升水生态水环境质量。

关于治理模式。一是体现差异性，充分考虑不同区域、不同河流的差异和治理特点，提出典型代表性的不同分区治理模式，明确相应的治理目标和措施，提高治理针对性；二是发挥示范性，从河道功能、河流河势、岸线岸坡、河湖水体、人文景观、管理机制等六个方面提出治理标准，因地制宜做好示范引领，鼓励地方探索创新。

关于实施方式。按照中央引导、省负总责、县抓落实的工作机制，县级人民政府作为实施主体，负责编制试点县实施方案、完善前期工作并组织实施；省级水利部门会同财政部门负责指导试点县申报等工作，组织实施方案审核，对试点县开展竞争立项。水利部、财政部对试点工作进行跟踪指导，组织开展合规性审查、有关绩效评价工作等。中央财政水利发展资金采取先建后补、奖补结合的方式对试点县予以适当支持，试点县的具体投资规模由省级根据水利发展资金中央补助规模和地方财力统筹研究确定。

具体试点县确定流程见图1。

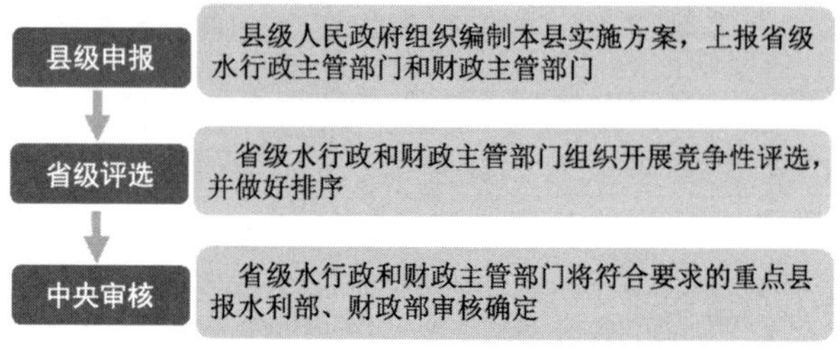

图1　农村水系综合整治试点县确定流程

二、开展的有关工作

一是深入基层找准问题。针对乡村振兴水利突出问题专项调研中反映的农村河道脏、乱、差问题，召集8个省份及相关县市座谈讨论，赴7个省份实地调研，分析典型案例，总结相关经验做法。二是反复修改完善方案。鄂竟平部长两次听取汇报，叶建春副部长多次专题研究，并联合财政部在浙江嘉善召开现场会，确定总体思路、目标任务、实施方式。2019年10月，水利部、财政部联合印发《关于开展水系连通及农村水系综合整治试点工作的通知》（水规计〔2019〕277号），对水系连通及农村水系综合整治工作进行了部署。三是加强精准指导。根据各地河湖水系特点，研究提出治理标准和4种治理模式，并专门印发农村水系综合整治实施方案编制指南，组织召开培训会，赴相关地区专门指导，分区域召开座谈会，指导地方把握工作思路、选好试点县、编好实施方案。

三、下一步工作考虑

目前，财政部已提前下达部分2020年农村水系综合整治试点项目资金。省级水利、财政部门组织县级编制实施方案，通过竞争立项方式，报送了58个试点县实施方案。水利部、财政部组织专家开展了合规性审查，逐项提出审查意见，下一步，将及时公布试点县名单，并督促试点县抓紧组织实施，加强指导督促，确保试点成效。

童学卫　陈艺伟　王　熙　执笔
张祥伟　付　涛　审核

实施水资源统一调度
为水生态修复提供保障

水利部调水管理司

为落实《中华人民共和国水法》等法律法规，水利部在组织指导全国水资源调度工作过程中，加强生态流量管控，推进河流生态修复，通过实施水资源统一调度，为水生态修复提供保障。

一、黄河下游生态系统得到持续改善

实施黄河水量统一调度后，通过科学配置、精细调度、严格管理，扭转了20世纪90年代几乎年年断流的局势，已实现自1999年8月12日以来黄河连续20年不断流。入海水量的增加、河口湿地淡水补给以及塑造维持下游河道生态廊道功能的大流量过程，有效促进了下游生态系统的改善。地下水补充量呈逐年增加趋势，下游湿地面积进一步增加，生态廊道功能得以维持，鱼类种类及多样性增加，久违的洄游鱼类重新出现，河口三角洲再现草丰水美、鸟鸣鱼跃的动人景象。

二、黑河尾闾东居延海连续15年不干涸

黑河水量调度按照流域统一管理与区域管理相结合、统一调度与协商协调相促进、断面总量控制与用配水管理相衔接、集中调水与大小均水相统一、联合督察与分级负责相配套的模式，2018—2019年，莺落峡水文断面来水量20.71亿m^3，正义峡水文断面下泄水量13.82亿m^3，狼心山断面过水量9.71亿m^3，东、西河全线过流。监测结果显示，实施统一调度后，东居延海已实现连续15年不干涸，进入额济纳绿洲的水量年均达到6.27亿m^3，较20世纪90年代增加2.74亿m^3。东居延海累计补水4500万m^3，水域面积常年保持在40km^2左右，栖息鸟类恢复到90余种、6万多只。

三、塔里木河生态输水效益显著

自2000年起，已实施了20次向塔里木河下游生态输水，水头14次到达尾闾台特玛湖，曾经干涸的台特玛湖在2017年最大形成511km^{2}的水面和湿地，结束了下游河道连续干涸近30年的历史，累计输送生态水81.64亿m^3，年均4.08亿m^3，完成塔里木河近期综合治理规划确定的每年下游河道下泄水量3.5亿m^{3}的目标任务。流域"四源一干"胡杨林生态补水有效遏制了部分河段天然胡杨林衰败趋势，受益面积达712万亩，流域河谷植被长势和胡杨林生物多样性得到有效提升；持续向塔里木河干流下游生态输水有效补给了下游地下水，地下水水位抬升、地下水水质日益好转，水环境得到明显改善，有效缓解了流域生态严重退化的局面；下游植物个体生长状况明显改善，物种多样性持续好转，群落结构趋于稳定，植物覆盖度与面积显著增加，林地、草地和水域面积的持续增加也逆转了塔里木河下游干旱气候带来的不利影响，生态环境质量的稳步提升极大地推动了当地社会经济发展。

四、白洋淀水环境和水生态持续向好

2019年，引黄入冀（补淀）渠村线路累计引水6.9183亿m^3，截至12月中旬，白洋淀水位超过7m，水面面积达到290多km^2，实现了河北省委、省政府印发的《白洋淀生态环境治理和保护规划（2018—2035年）》确定的生态水量保障目标。通过持续补水，有效调节了白洋淀水位，改善和提升了白洋淀淀区水质，推动白洋淀的水环境和水生态持续改善、持续向好，为雄安新区建设发展和华北地区地下水超采综合治理提供了坚实的水源保障。

五、永定河干流水生态得到显著修复

以《永定河干流水量分配方案》和《永定河综合治理与生态修复总体实施方案》为依据，分春、秋两季圆满完成了2019年度永定河生态水量调度工作，为幸福永定河建设提供水源保障。截至2019年12月31日，已组织协调上游山西省册田水库、河北省友谊水库和响水堡水库向下游集中输水2.70亿m^3（含引黄水），超额完成了原定1.0亿m^3（含引黄水）目标任务，超额完成率达170%。通过实施生态补水，永定河干流有水河段长度明显增加，河道过水时间显著增长，自引黄北干线1号隧洞出口至卢沟桥拦河闸下游河段形成持续有水河道400余km，生态补水河段砂石坑基本蓄满。东榆林水库、册田水库等关键工程水质由Ⅴ类恢复至Ⅳ类，官厅水库入库断面部分时段水质恢复至Ⅲ类，为维持并持续改善官厅水库及以下河段水质提供了坚实保障。

六、滇池流域水资源承载能力切实增强

加强了牛栏江-滇池补水工程和云龙水库的水量联合调度，建立了联合调度会商机制。通过昆明市“七库一站”“一江”联合调度，牛栏江-滇池补水工程不仅向滇池进行生态补水，同时在云龙水库停供蓄水和松华坝水库减供增蓄期间，保证了昆明市城市供水。牛栏江-滇池补水工程自2013年12月28日正式通水以来，到2019年12月31日，已累计向滇池补生态水达到34.1亿m^3（其中向昆明城市供水1.25亿m^3），有效改善了滇池水环境，切实增强了滇池流域水资源承载能力。2016年，滇池水质由劣Ⅴ类转为Ⅴ类，2018年，滇池水质达Ⅳ类。

七、乌梁素海水生态状况有效改善

为了解决湖泊、湿地生态用水问题，内蒙古自治区结合凌汛期和汛期分凌和分洪要求，将其用于乌梁素海、哈素海等重要湖泊、湿地生态补水，不仅缓解了分凌和分洪压力，还满足了区域生态需水要求。同时，结合农业灌溉用水过程，在农业灌溉间隙期，对湖泊进行生态补水，2019年为乌梁素海补水6.15亿m^3，对促进湖区水体循环和生态良好起到了重要的作用。实施生态补水后，乌梁素海水质由劣Ⅴ类提高到整体Ⅴ类，局部Ⅳ类，湖泊水生态状况得到了有效改善。为巩固黑河下游尾闾生态补水效果，内蒙古自治区采取提早部署、严密巡查，集中调水期间“全线闭口、集中下泄”联合督查等措施，使调度的生态水量能够按照预期顺利到达黑

河尾间，有效补给了地下水，使下游地下水水位持续下降的趋势得到初步遏制，局部地区略有回升，为绿洲植被生长提供了有利条件，有效地保障了下游生态补水和生态环境的恢复。

2020年，水利部将继续紧紧围绕破解治水新矛盾，落实好“水利工程补短板、水利行业强监管”的水利改革发展总基调，加强生态流量管控，结合华北地区地下水超采综合治理等专项工作对水资源调度的具体要求，统筹推进好引黄入冀补淀、永定河生态补水等重点工作。

邱立军　张园园　执笔

朱程清　程晓冰　孙　卫　审核

专栏四十四

长江经济带小水电清理整改工作进展

水利部农村水利水电司

为切实解决长江经济带小水电存在的生态环境突出问题，水利部、国家发展改革委、生态环境部和国家能源局联合出台《关于开展长江经济带小水电清理整改工作的意见》，并于2019年初召开视频会，部署长江经济带10省（直辖市）启动了小水电清理整改工作。

为推进小水电清理整改，水利部联合国家发展改革委、自然资源部、生态环境部、农业农村部、国家能源局、国家林业和草原局等7个相关单位组成小水电清理整改工作协调小组，建立健全机制和制度，切实加强督查和指导。一是全面加强生态流量监管。联合生态环境部印发关于加强生态流量监管的通知，要求各地科学确定小水电站生态流量、完善生态流量泄放设施，出台小水电站生态流量监管平台技术指导意见，指导各地开展小水电站生态流量监管平台建设工作。二是做好督查和指导。印发综合评估报告、退出工作实施方案等编制大纲，邀请包括院士在内的水利水电工程、水文水资源、环境保护、能源、林业等多个专业60余位专家，组建专家库和专家组，为10省（直辖市）提供指导和技术支持。对10省（直辖市）清理整改工作进行联合调研和督查，及时了解各地面临的困难和问题，推动做好问题核查、评估分类、"一站一策"编制等工作。

长江经济带10省（直辖市）对小水电清理整改工作高度重视，各地都成立了清理整改领导小组或建立了联席会议制度，以县为单位逐站核查、采集小水电站基础信息，摸清小水电的基本情况和存在的问题，并按退出、整改、保留进行评估分类处置，截至2019年12月底，各县（市、区）的综合评估报告基本完成了省级审核。根据综合评估报告，长江经济带有小水电站25652座（5688万kW），其中：位于自然保护区核心区或缓

冲区以及严重影响生态环境、行洪安全且整改又不经济的3165座电站（239万kW）确定退出，存在影响生态环境、审批手续不全等问题的21608座电站（4862万kW）需要整改，其余890座电站（587万kW）不需要整改但要强化日常监管。涉及国家级、省级自然保护区核心区或缓冲区的435座电站（102万kW）中的绝大部被分列为退出类，限期退出。

同时，长江经济带各省（直辖市）坚持问题导向，边整边改，优先解决涉及自然保护区、河道减水脱流等突出问题。截至2019年12月底，已关停退出小水电站1343座，其中涉及国家级、省级自然保护区核心区或缓冲区的266座（其中214座已完成拆除）。需要整改的电站，涉及生态流量的已有13536座完成了泄放设施改造（其中2114座安装了监测设施）；手续不全的小水电站正由相关部门按职责分工研究提出解决措施。

张　翔　执笔

邢援越　审核

能力建设篇

水利科技和标准化工作进展

水利部国际合作与科技司

2019年，水利科技工作深入贯彻落实习近平总书记“十六字”治水思路，坚定不移践行水利改革发展总基调，在水利重大科技问题研究、科技创新平台建设、成果推广转化和标准化等方面取得显著成绩，为“水利工程补短板、水利行业强监管”提供了有力的科技支撑和保障。

在补短板方面，围绕当前业务工作存在的不足，紧盯重点难点问题，切实补齐自身短板，同时为“水利工程补短板”提供支撑保障。从科研管理为主向科研管理加科研主导转变，变被动的服务管理为主动的组织协调。从应用研究为主向应用研究和战略研究并重转变，注重重大战略问题研究。在强监管方面，充分发挥标准化在“水利行业强监管”的基础性和引领性作用，积极构建科技工作“强监管”制度体系。加强科技与标准化项目管理制度建设，强化对科技与标准项目、科技创新平台、科研院所的监管。

一、组织重大科技问题研究取得突破

一是重大科技问题研究启动实施。围绕各业务领域基础性、前瞻性和全局性的重大研究需求，启动实施3个宏观重大研究项目和18个重点领域战略研究项目。以部直属单位和科研院所为主，广泛吸纳涉水相关高校、研究机构共同参与研究。印发《关于加强水利重大科技问题研究工作的通知》，进一步落实责任、规范管理，确保工作取得实效。

二是重大科技项目立项取得突破。水利部联合自然科学基金委和中国长江三峡集团有限公司，设立长江水科学研究联合基金，落实经费2.5亿元，开展长江流域水安全相关的基础和应用基础研究。推动设立“流域水安全”国家科技重大专项，完成建议书编制工作。配合科技部组织编制

“黄河流域生态保护和绿色发展科技创新行动方案”。积极推进“水资源高效开发利用”等国家研发计划重点专项立项实施工作，截至目前，部属有关单位已立项实施 57 项，一批水利关键技术难题得到研究解决。

二、水利科技体制改革稳步推进

一是创新体制机制不断完善。成立由鄂竟平部长任组长的水利部科技领导小组，加强对水利科技工作的集中统一领导。建立了由国际合作与科技司、财务司、人事司、机关党委组成的科技工作联席会议制度，讨论解决科技改革重点问题。不断完善成果转化、科技评价、项目管理、信息统计报送和廉政风险防控等规章制度。

二是科研院所和科技项目监管不断强化。深入落实中央“三评”（项目评审、人才评价、机构评估）改革要求，建立水利科技专家库，以中国水利水电科学研究院、南京水利科学研究院两院扩大自主权试点工作为先导，推动科研院所探索按照章程管理，提出部属公益性科研单位绩效评价指标体系。推动水利科研院所进一步扩大科研自主权，加强院所学风作风建设，进一步释放创新活力与优化创新环境。开展国家重点研发计划涉水重点专项项目中期检查，制定《关于加强水利技术示范项目管理的通知》，全面加强科研项目监管。

三、科技创新平台建设和成果推广转化等不断加强

一是科技创新基地建设稳步推进。进一步强化水利科技创新基地的“存量管理”，完成对 10 家重点实验室和 13 家工程技术研究中心的评估工作，印发 88 项问题清单并督促整改落实，研究提出《水利重点实验室优化建设方案》。积极推动水利野外观测研究站建设，认定 6 个水利部野外科学观测研究站并推荐申报国家级野外站。积极推动建立长江治理与保护科技创新联盟、长江保护与绿色发展研究院等。

二是科技成果推广转化取得成效。建立国内外成熟适用水利科技成果征集机制，全年推广转化 113 项先进实用技术成果，组织实施水利技术示范项目 57 项。完成水利科技成果信息平台建设并上线试运行。一大批水利

科技成果获省部级奖励，由水利部提名的“长江三峡枢纽工程”科技成果获国家科技进步特等奖，另有2项成果获国家科技进步二等奖，1项专利获中国专利优秀奖。

三是水利科普和奖励评审改革有序推进。健全体制机制，协调科技部将水利部纳入全国科普工作部际联席会议成员单位，会同有关司局和部直属单位建立部内科普工作联席机制。组织开展“水利科技三进”“节水科普专题”等水利科普品牌活动。首次参加全国科普讲解大赛和全国科学实验展演汇演并获优秀组织奖。落实“三评”改革和部领导要求，指导水利学会，推动大禹奖评审改革，修订完成《大禹水利科学技术奖奖励办法》，完成奖励委员会换届。

四、水利标准化工作全面推进

一是标准化改革持续推进。贯彻《中华人民共和国标准化法》，修订印发《水利标准化工作管理办法》，全面简化标准编制程序，进一步规范标准项目管理。制定印发《水利标准化工作三年行动计划（2020—2022年）》。优化完善推荐性标准，全面启动水利技术标准体系修订工作。加强对水利团体标准的监督指导，研究制定《关于加强水利团体标准管理工作的意见》，各水利社团发布30余项团体标准。

二是标准化助力“补短板、强监管”成效显著。完成10项强制性标准的研编工作，新发布33项标准，全面助力节水、水资源、江河湖泊、水利工程等监管工作。首次开展水利技术标准实施效果评估工作，全面摸清现行854项水利标准实施效果情况，重点对“补短板、强监管”标准进行了全面梳理。小水电国际标准取得突破，联合国工发组织已正式发布由水利部主导编制的系列国际标准《小水电技术导则》，国际标准化组织发布其中的术语与选点规划两本国际标准，这是我国制定的第一个ISO/IWA（国际研讨会协议）标准。

三是计量和资质认定工作扎实推进。与市场监管总局联合开展水资源计量调研，摸清水资源计量工作现状。筹备成立国家水资源计量技术分委员会，全面推进水资源计量工作。93家部级水利检验检测机构水平明显提高，市场监管总局批复依托黄河勘测规划设计研究院有限公司建设国家水利工程质量监督检验中心，成为首家水利工程类国家级监督检验中心。

五、全力推动2020年水利科技工作再上新台阶

一是切实加强水利重大问题研究。深入推进部级层面21个水利重大科技问题研究。围绕推进水治理体系和治理能力现代化这一主线，做好《“十四五”水利科技创新规划》的编制工作。启动实施长江水科学研究联合基金，积极推动设立黄河水科学研究联合基金。

二是深化水利科技体制改革。落实“三评”改革要求，组织部属公益性科研院所实行章程管理，优化完善水利科技专家库，构建科学、规范、高效、诚信的科技评价体系。

三是不断加强科技创新基地建设。围绕国家重大战略问题和解决“新三水”问题的需要，新建共建一批水利重点实验室，完成对现有实验室的优化调整，全面启动水利野外科学观测研究站建设。

四是积极推动科技成果推广转化与科普工作。围绕节水、水生态修复等重点领域突出问题，组织开展一批成熟适用技术成果推广运用。完成大禹奖奖励评审改革，制定印发《关于加强水利科普工作的指导意见》。

五是全面加强水利标准化工作。梳理提出强监管技术标准清单，修订发布《水利技术标准体系表》，构建科学有效的水利行业标准体系。加快强制性和强监管标准的制修订，严把标准质量关，强化标准实施评估与监督，加强水利计量工作，为强监管提供更加坚实的支撑和保障。

曾向辉　田庆奇　汝　楠　执笔

刘志广　吴宏伟　倪　莉　审核

专栏四十五

开展水利重大科技问题研究

水利部国际合作与科技司

水利重大科技问题研究是水利部党组深入贯彻习近平总书记“十六字”治水思路，落实水利改革发展总基调，推进水治理体系和治理能力现代化部署的重要任务，事关水利长远发展和改革大局。鄂竟平部长多次批示并两次召开部长专题办公会审议，要求从概念、标准、手段、布局和对策等方面，深入分析业务发展对重大科技问题的需求，凝炼提出急需部级层面组织研究的宏观、战略、全局性问题建议，并强调“抓紧推进、注意质量、追求管用”。

2019 年度共安排水利重大科技问题研究项目 21 项（见表 1），包括宏观重大研究项目和重点领域战略研究项目。3 项宏观重大研究项目直接针对四大水问题设置，包括由水资源管理司牵头负责的“水资源宏观战略研究”、由规划计划司牵头负责的“保障水环境和水生态安全战略研究”、由水旱灾害防御司牵头负责的“水旱灾害防御战略研究”。“水资源宏观战略研究”项目通过科学研判我国水资源演变情势、需求态势和水资源短缺形势，研究制定水资源安全保障的准则和标准，谋划我国中长期水资源安全保障战略目标、任务和分区策略。“保障水环境和水生态安全战略研究”项目梳理并提出我国水环境与水生态安全保障技术标准体系与完善建议，提出我国水环境和水生态安全保障的重点任务、政策建议和具体推进手段。“水旱灾害防御战略研究”明晰当前我国灾害防御工作存在的主要问题及其成因，对主要形势和风险进行研判，提出我国主要流域/区域水旱灾害防御重大措施和政策建议。18 项重点领域战略研究项目以各司局提出的需求为基础产生，围绕落实水利改革发展总基调，切实理清工作思路，支撑解决四大水问题。

表 1　　2019 年度水利重大科技问题研究项目清单

序号	项 目 名 称	负责司局
一	**宏观重大研究项目**	
1	水资源宏观战略研究	水资源管理司
2	保障水环境和水生态安全战略研究	规划计划司
3	水旱灾害防御战略研究	水旱灾害防御司
二	**重点领域战略研究项目**	
4	水利改革发展总基调战略问题研究	办公厅
5	地下水预测预警技术与超采区治理对策研究	规划计划司
6	基于保障国家水安全构建系统完备的水法规体系研究	政策法规司
7	水价关键问题研究	财务司
8	新时代水治理体制下水利部的定位和发展研究	人事司
9	我国节水评价标准、推进策略与分区重点研究	全国节约用水办公室
10	新时期中小河流治理目标及对策研究	水利工程建设司
11	新形势下水工程安全管理标准及对策研究	运行管理司
12	河湖长制背景下的河湖健康评价体系及管理决策支持研究	河湖管理司
13	新时代水土保持目标与对策研究	水土保持司
14	农村供水中长期发展战略研究	农村水利水电司
15	水库移民稳定与中长期发展战略研究	水库移民司
16	运用信息化技术开展水利行业监管及风险评价研究	监督司
17	水文支撑解决四大水问题战略研究	水文司
18	优化三峡工程运行管理保障长江流域水安全策略研究	三峡工程管理司
19	新时期南水北调工程战略功能及发展研究	南水北调工程管理司
20	水资源“空间均衡”目标与对策研究	调水管理司
21	水利科技和标准化支撑保障战略研究	国际合作与科技司

为确保水利重大科技问题研究项目顺利开展、取得实效，组织制定了《关于加强水利重大科技问题研究工作的通知》（办国科〔2019〕253 号），要求各项目负责司局和承担单位高度重视，进一步落实分工、压实责任。同时编印工作简报交流项目实施情况，促进项目加快顺利开展。各项目负

责司局高度重视，积极组建研究团队、编制实施方案、成立项目咨询专家组，并依据项目实施方案有序开展研究工作。所有项目的研究任务将于2020年底完成。

田庆奇　金旭浩　张景广　执笔

吴宏伟　审核

专栏四十六

水利技术标准实施效果评估情况

水利部国际合作与科技司

2019 年，为全面贯彻落实水利改革发展总基调，摸清现行水利技术标准实施效果情况，首次对 854 项现行水利技术标准实施效果进行评估。

评估工作按照“确有必要、管用实用”原则，围绕标准“谁在用、用在哪、效果怎么样、存在什么问题”等方面开展，并制定了标准实施效果评估方案，成立了评估工作组，委托第三方机构进行。评估过程中，不断加强评估单位间交流，统一评估尺度，确保评估工作取得实效。

各评估单位有效调动本单位各专业部门精锐力量，通过自评、问卷调查、专家咨询、实地调研、召开研讨会等方式，分专业进行标准评估。其中电话咨询 2626 次，实地调研 152 次，发放调查问卷 10207 份，回收调查问卷 6527 份，回收率为 64%，召开各类专家咨询会 72 次。本次评估采取了审慎的态度，对重点标准采用平行评估方式。对于平行评估的标准，组织专家逐项讨论，得出最终评估结果。

评估结果分为实施效果和评估建议两类。评估的 854 项标准中，实施效果“好”的标准占 51%，“较好”的占 30%，“一般”的占 15%，“较差”的占 4%（见图 1）。评估建议为“继续有效”占 26%，“需要修订”占 44%，“并入其他”占 14%，“废止”占 16%（包括直接废止、转为规范性文件、转为团体标准等，见图 2）。通过评估结果可以看出，目前水利行业技术标准整体实施效果较好，大多数标准应用广泛，在水利工程建设与管理、水资源管理、水旱灾害防治、节水等工作中发挥了重要基础性和引领性作用，有效提高了水利工程建设、产品和服务质量，为贯彻落实水利改革发展总基调提供了有力的技术支撑和保障。

本次评估工作全面摸清了现行水利技术标准的现状和水平，为进一步优

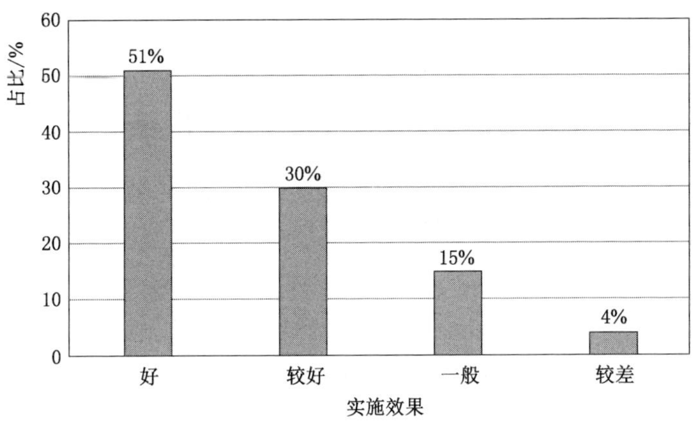

图1　标准实施效果情况

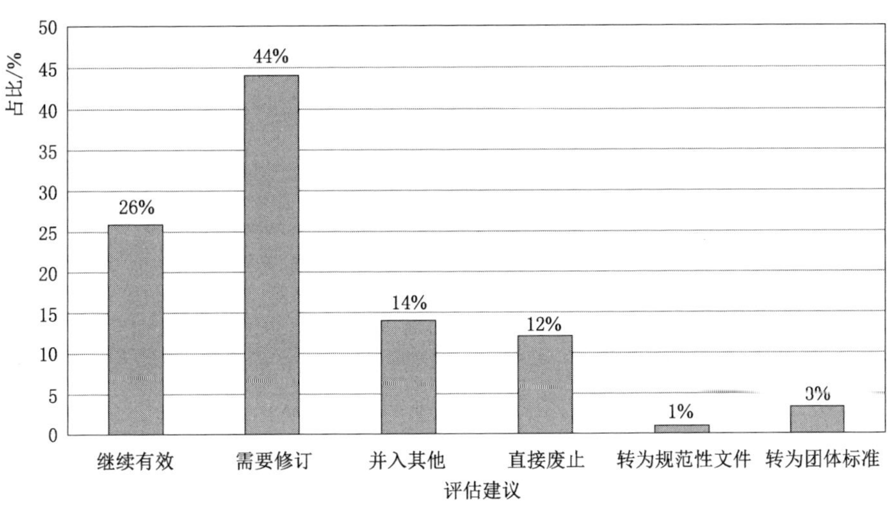

图2　标准评估建议情况

化水利技术标准体系提供了科学有效的参考，同时也为全面建立标准实施信息反馈和跟踪评估机制奠定基础。今后，将继续围绕水利改革发展总基调，加强强监管标准的制修订，有序推进标准体系优化工作。同时，进一步创新标准实施效果评估的方法和手段，推动标准评估工作常态化、规范化。

曾向辉　王　伟　执笔

倪　莉　审核

水利国际合作进展

水利部国际合作与科技司

2019 年，水利国际合作工作深入贯彻落实习近平总书记“十六字”治水思路，认真学习贯彻习近平外交思想，坚定不移践行水利改革发展总基调，全面推动开展中国水外交，持续深化国际交流务实合作，大力推动“一带一路”水利建设，稳步开展跨界河流涉外工作，为水利改革发展营造了良好的外部环境。

一、水利对外交流合作有序开展

一是中国水利国际影响力大幅提升。水利部再次当选联合国教科文组织国际水文计划政府间理事会成员，中国专家成功当选国际水利与环境工程学会主席等重要职务，水利部连续当选亚洲水理事会董事和执行局副主席单位，4 家部属企事业单位正式加入亚洲水理事会。水利部专家承担 2021 年世界水论坛国际指导委员会“水安全”优先领域联合主席。中国水利在多双边国际舞台影响力不断增强。

二是多双边水利合作广泛开展。圆满完成高层互访 20 余次，签署水利合作谅解备忘录 6 份，举办 13 次多双边高层圆桌会或技术交流研讨会。组织参加第三届世界灌溉论坛、第三十八届国际水利学大会、布达佩斯水峰会等 20 余个重要国际会议和水事活动。介绍中国治水新思路和发展经验，以国际视野做好中国水利对外宣传，中国水利国际影响力和话语权显著提高。中瑞（士）、中丹、中法、中芬等科技合作项目稳步开展。

三是全球水治理体系话语权全面增强。经国务院批准，成功申办 2022 年第四届世界灌溉论坛。获得 2021 年内河航运国际研讨会、2020 年世界水理事会第七十二次董事会会议主办权，黄河博物馆加入全球水博物馆网络。设立水利国际化人才培养项目和国际组织人才培养项目，每年派 5 ~

10 名水利专家和管理人员赴涉水国际组织工作交流。筹备与有关国际组织签署派员工作交流协议。

四是讲好中国治水故事。国际水利与环境工程学会中国分会先后组织第九届水力学与水利信息学大会、河流生态流量与生态水利工程论坛，世界泥沙研究学会联合举办国际水库泥沙数模培训班，国际小水电联合会举办小水电与农村社区可持续发展官员研修班，中国国家灌排委员会举办国际青年专家培训与国际研讨会、“一带一路”灌溉排水发展与科技创新论坛，主动搭建交流平台，开展主场外交，从泥沙、小水电、灌溉、水生态等方面主动介绍中国成功经验与理念，有力提升了中国水利的国际影响力。

二、“一带一路”水利建设不断深化

一是“一带一路”水利建设顶层设计不断加强。积极主动响应国家“一带一路”倡议，制定印发“一带一路”建设水利专项合作规划和三年重点实施计划。中国-巴基斯坦小型水电技术联合研究中心被科技部认定为首批“一带一路”联合实验室。实施“一带一路”水利高层次人才奖学金项目，指导在华举办“一带一路”有关研修班、研讨会，为亚非拉等 30 多个国家培训官员和专业人员 100 余名。完成“一带一路”水利高层次人才奖学金项目 2019 年度招生工作，25 名学员顺利入学。协调部属单位提供实习、参观机会。

二是“一带一路”国际合作成果丰硕。水利部与国家标准化管理委员会、联合国工业发展组织共同签署的《关于协同推进小水电国际标准合作谅解备忘录》被纳入第二届“一带一路”国际合作高峰论坛成果清单。举行中哈苏木拜河联合水工程改造竣工仪式和霍尔果斯河阿拉马力（楚库尔布拉克）联合泥石流拦阻坝开工仪式，有力配合了第二届“一带一路”国际合作高峰论坛。

三、跨界河流工作稳步开展

一是跨界河流涉外工作稳步开展。积极推进与周边国家跨界河流固定机制合作，在水文技术交流、联合科研、联合工程建设、联合考察等方面开展务实合作，为推动我国与周边国家双边关系作出积极贡献。中哈两国领导人发表的联合声明高度评价中哈跨界河流联合委员会工作，中俄总理定期会晤联合公报提出要发挥好中俄跨界水联合委员会的作用。

二是澜湄水资源合作迈上新台阶。成功举办澜湄水资源合作部长级会议，鄂竟平部长与湄公河五国水利主管部长出席会议，共同发布《澜湄水资源合作部长级会议联合声明》《澜湄水资源合作项目建议清单》，澜湄水资源合作中心与湄公河委员会秘书处在会上签署合作谅解备忘录，为 2020 年澜湄合作第三次领导人会议创造良好氛围。

三是周边水外交积极推进。举办 2019 年中朝水文工作合作会谈，修订签署中朝水文合作部门间协定，有关活动和成果纳入庆祝中朝建交 70 周年系列活动。进一步加强国际水文报汛合作和应急信息通报工作，与孟加拉国、湄公河五国和湄公河委员会新签（续签）水文报汛合作谅解备忘录 3 份，多次向湄公河流域国、俄罗斯、朝鲜等应急提供水情信息，支持下游国家防洪减灾工作，体现上游负责任大国形象。

四、全力推进 2020 年水利国际合作工作

一是全方推动水利多双边交流合作。继续加强与世界各国水资源主管部门的高层交往，组织办好 10 余场重点多双边固定交流活动。积极承办世界水理事会董事会会议，举办中欧水资源交流平台第八次年度高层对话会等国际会议，利用主场优势，讲好中国水故事。

二是深化“一带一路”建设水利合作。按照“一带一路”建设水利合作规划和重点实施计划的安排，扎实推进相关工作。加强高端国际合作人才的培养，多渠道筹集资金支持水利民生项目。

三是稳步开展跨界河流涉外工作。全面统筹做好各层级谈判磋商，扎实做好跨界河流水文报汛及重大水情灾情信息共享合作。举办第二届澜湄水资源合作论坛，服务周边外交大局和澜湄合作全局。

徐　静　郝　钊　王洪明　执笔

刘志广　于兴军　李　戈　审核

专栏四十七

中欧水利交流合作丰富多彩

水利部国际合作与科技司

2019年，中欧水利交流亮点突出，政策对话日益密切，技术交流持续深化，商务合作不断拓展，水利合作更加深入务实。

一、重大活动亮点突出

召开中国-欧盟水政策对话机制第一次会议。为积极落实第十九次中国-欧盟领导人会晤成果，2019年4月在北京召开中国-欧盟水政策对话机制第一次会议。鄂竟平部长等出席会议并作主旨报告。会议围绕水资源综合管理、节约用水、河湖水生态保护与修复、中欧水资源交流平台4个专题开展深入交流。

召开中欧水资源交流平台第七次年度高层对话会。11月，中欧水资源交流平台第七次年度高层对话会在葡萄牙吉马良斯召开。对话会围绕河湖保护等议题分享治水经验，共商互惠合作。鄂竟平部长等出席对话会并作主旨讲话，共同签署《吉马良斯宣言》。会议期间还为欧盟《生态流量技术指南》中文版新书发布揭幕。

二、交流机制引领方向

签署双边合作协议。2019年7月31日，水利部与塞尔维亚农林水利部签署水利领域合作谅解备忘录，协商加强中塞水利合作。

双方互访推动合作。与葡萄牙、捷克、塞尔维亚、丹麦、芬兰等国开展互访交流，就围绕“一带一路”水利建设开展合作交换意见，推动务实合作。出席布达佩斯水峰会，分享介绍中国科技进步推动水利发展经验措施。

机制会议夯实合作。先后在布达佩斯、上海、广州、无锡召开中欧水资源交流平台第十一次联合指导委员会会议、中匈水资源联合指导委员会第二次会议、中芬水资源联委会第五次会议、中丹水资源联委会第二次会议暨地下水专题研讨会、中荷水资源联委会第十四次会议，签署近期工作计划，明确重点合作领域。

三、合作活动锦上添花

欧盟“伙伴关系工具项目”积极推进。在浙江省丽水市举办“小水电绿色生态修复与优化改造国际研讨会”。在山东省济南市召开“节水与地下水水量管理国际研讨会”。在天津市举办中欧生态流量研讨会和“流域管理与生态安全”项目第三次政策建议研讨会。在上海市举办“湖泊生态修复与浅水湖泊管理研讨会”。

双边合作项目进展顺利。中丹战略行业合作项目聚焦城市防洪、地下水、信息化，中法合作海河流域水资源综合管理项目着眼流域规划，中芬湖泊生态修复项目对标湖泊水生态修复先进技术与政策，中荷太湖-艾赛尔湖藻类管理对比研究项目结合现实需求瞄准湖泊生态治理，中荷防洪减灾研究项目以淮河-莱茵河为蓝本进行对比，中瑞地下水超采治理与管理项目为华北地下水恢复提供支撑。

商务合作取得积极进展。围绕水利企业的技术优势与合作需求，中欧双方在中欧水资源交流平台第七次高层对话会、第十四届中国-欧盟投资贸易科技合作洽谈会成都大会、青岛大会、中匈水业峰会和中丹水资源论坛组织开展了十余场商务论坛、企业展览和对接活动，相互推介先进技术并开展合作洽谈，积极促进企业协作。

郝　钊　徐　静　池欣阳　执笔

李　戈　审核

专栏四十八

“一带一路”水利合作向高质量发展

水利部国际合作与科技司

2019年，水利部以习近平新时代中国特色社会主义思想为指导，深入贯彻落实习近平总书记关于共建“一带一路”的系列重要讲话和指示精神，坚持向高质量发展转变的基本要求，加强风险防控，切实推进水利“一带一路”合作。

一、进一步完善顶层设计，推动水利“一带一路”合作提质增效

进一步梳理完善推进水利“一带一路”建设有关规划与近期重点实施计划，积极将水利合作纳入共建“一带一路”总体布局。不断厘清水利外事工作思路，逐步构建更加密切的伙伴关系网络，制定并完善国别和区域合作指南，深度对接有关国家和区域发展战略。举办水利“走出去”培训班，为水利部部属企事业单位更好地推进水利“一带一路”建设提供指导。加强政府、科研机构和水利企业的协同作用，促进信息共享。

二、加强政策沟通和标准联通，指导水利合作高质量推进

圆满完成双多边高层互访25次，组织完成9次双边机制交流活动，组织召开澜湄水资源合作部长级会议、中国-欧盟水政策对话机制第一次会议、中欧水资源交流平台第七次年度高层对话会，与玻利维亚、塞尔维亚、缅甸等国水利主管部门签署合作协议，水利部与国家标准委、联合国工发组织签署协同推进小水电国际标准协议，推动政策对话与沟通。提出新时代水利标准国际化工作方案，审定6项技术标准翻译，发布系列国际标准《小水电技术导则》，制定《小水电国际标准工作规范》，参与ISO/TC113活动，推动水文测报技术标准国际化，加强技术标准联通。

三、实施民生水利工程，促进“一带一路”参与国家经济社会可持续发展

顺利实施孟加拉国、印度尼西亚、老挝、缅甸等多国水利对外援助项目，涵盖水资源、流域、灌溉和防洪等规划以及水利工程设计。在共建“一带一路”参与国家开展基础设施工程咨询评估、规划、勘察设计、项目监理等技术合作，以及产品设备出口，推动水利行业产能合作。中哈苏木拜河联合引水工程改造竣工完成，霍尔果斯河联合泥石流拦阻坝项目正式启动。与联合国工发组织合作开展的发展中国家成片开发小水电项目圆满完成。

四、深入开展援外人力资源开发合作，促进民心相通

指导在华举办共建“一带一路”或发展中国家培训班，为亚、非、拉40多个国家培训官员和专业人员600余名。中巴（基斯坦）小型水电技术联合研究中心被认定为首批“一带一路”联合实验室。中印（尼）基于水电的农村电气化技术联合研究中心及中塞（尔维亚）、中尼（泊尔）小水电技术联合研究中心正式挂牌。大力建设中非清洁能源及农村电气化技术转移与研究培训中心。完成“一带一路”水利高层次人才奖学金项目2019年度招生工作，25名学员顺利入学。

五、加强国际水文报汛合作和应急信息通报工作，体现中国上游负责任大国形象

修订签署中朝水文合作部门间协定，有关活动和成果纳入庆祝中朝建交70周年系列活动。与孟加拉国、湄公河五国和湄公河委员会新签（续签）水文报汛合作谅解备忘录3份，多次向湄公河流域国、俄罗斯、朝鲜等应急提供水情信息，积极支持有关下游国家防洪减灾工作，增进与周边国家政治互信和睦邻友好，使跨界河流成为“一带一路”水利合作的纽带。

徐　静　王洪明　王晋苏　执笔

于兴军　李　戈　审核

水利干部人才队伍建设进展

水利部人事司

2019年，水利部党组坚持以习近平新时代中国特色社会主义思想为指导，全面贯彻新时代党的组织路线，紧紧围绕“水利工程补短板、水利行业强监管”的水利改革发展总基调，启动实施新时代水利人才发展创新行动，组织开展优秀年轻干部调研、高层次和国际化人才培养、人才团队和基地建设、重点培训工程等多项创新型工作，推动干部人才工作打开新局面，努力为新时代水利改革发展提供坚实的组织保障和干部人才支撑。

一、激发创造活力，不断健全人才发展体制机制

（一）完善工作领导机制，健全党管人才工作格局

坚持党管人才这一根本原则，不断强化党对人才工作的政治引领。调整确定了由部长担任领导小组组长，两位副部长担任领导小组副组长的人才工作领导小组成员名单，统筹协调和组织实施人才发展工作。同时，健全完善党委（党组）统一领导，人事部门牵头抓总，有关部门密切配合、上下联动、协调高效的人才工作格局。在团队建设等具体工作中，健全机关部门、企事业单位、社团、院校参与的协同机制，有效保障人才工作重点措施顺利实施。

（二）完善干部选拔制度体系，坚持落实党管干部原则

严格贯彻落实中央新修订的《党政领导干部选拔任用条例》，结合水利干部工作实际，制定出台了《部党组贯彻落实干部任用条例实施意见》和《部党组选拔任用干部议事规则》，将中央选人用人有关新精神新要求和部党组“三次党组会酝酿动议决定干部任免事项”等选人用人思路融入其中，进一步完善了部管干部选拔任用工作。

（三）健全培养评价机制，营造爱才用才良好氛围

印发实施《新时代水利人才发展创新行动方案（2019—2021 年）》，明确以深化供给侧结构性改革为动力，创新人才培养、使用、评价和激励等机制。同时，深入研究制订《水利部党组关于加快水利人才创新发展的指导意见》《水利部关于深化水利职称制度改革的实施意见》，推动在重大战略实施、重点工程建设中培养使用人才，在各类人才评价工作中突出品德、能力和业绩评价。印发实施《2019—2022 年水利干部教育培训规划》，推动培训规划与干部培养相结合，着力提升新时代干部教育培训的针对性和有效性。

二、激励担当作为，建设高素质专业化干部队伍

（一）加强领导班子和干部队伍建设

围绕水利改革发展总基调选干部、配班子、建队伍，注重担当作为和工作业绩导向，引导干部把心思和力量凝聚到推动水利改革发展和干事创业上来。一年来，共调整部管干部 146 人次（其中提拔使用 60 人），一批在贯彻落实总基调、推动水利改革发展中勇于担当、敢于作为、攻坚克难的干部得到提拔重用。同时，注重在基层一线和实践锻炼中培养选拔干部，一批在援疆、援藏、援青、水利扶贫等工作中担当作为、业绩突出的干部得到优先提拔使用，一批有相关工作经历、工作表现优秀的干部优先晋升职级。

（二）开展优秀年轻干部专题调研

深入贯彻落实中央加强年轻干部培养有关精神，制定部党组贯彻落实《关于适应新时代要求大力发现培养选拔优秀年轻干部的意见》工作方案，历时 3 个多月时间，对 30 家部直属单位和部机关优秀年轻干部进行了调研，发现和掌握了可近期关注和有培养潜力的局、处级优秀年轻干部 375 人，形成了 80 余万字的调研成果，摸清了优秀年轻干部的底数，为贯彻落实《领导班子建设规划纲要》奠定了良好基础。

（三）强化干部理论武装

坚持把习近平新时代中国特色社会主义思想作为党员干部学习的首要

任务，持续加强干部理论武装和党性教育。全年聚焦关键岗位，专门组织两期“一把手”能力提升培训班，着眼提升部机关和部属单位“一把手”的政治理论素养、知识水平和管理能力。聚焦中心工作，分领域分批次对300余名局处级干部组织水利改革发展总基调培训，提高践行总基调的能力和行动自觉。聚焦重点对象，专门组织两期青年干部理想信念培训班，推动水利青年干部健康成长。

三、聚焦重点任务，实施新时代水利人才发展创新行动

（一）印发行动方案，大力强化人才培养顶层设计

针对水利人才“不够用、不适用、不被用”等问题，2019年4月，水利部党组研究印发《新时代水利人才发展创新行动方案（2019—2021年）》，瞄准国家发展战略和“水利工程补短板、水利行业强监管”对水利人才的需求，力争通过“搭建一个平台、打通一个通道、助推两大梯队、孵化一批基地”四项重点行动，培养一批高层次的创新型人才。方案作为水利部近年来首个人才重大举措，坚持问题导向和目标导向，创造性地提出四项行动，为破解当前存在问题、建设高素质专业化人才队伍提供了科学依据，得到行业内外专家的充分肯定。

（二）开展团队基地建设，着力解决“一高一基”问题

针对高层次和基层人才缺乏问题，开展人才创新团队建设和培养基地建设。围绕水利重大问题，研究提出了水生态安全保障、水旱灾害防御、水资源宏观战略研究3个部级人才创新团队组建方案，弥补水利部没有部级人才创新团队的不足。研究提出水利人才培养基地总体布局方案，明确按照功能型和区域型两种类型，在全国建设30个特色鲜明、模式创新的人才培养基地。研究制定“强监管”和服务“一带一路”2个功能型人才培养基地方案，着力培养满足“强监管”和水利“走出去”的专业人才。

（三）推进国际化人才培养，全面拓宽国际视野

加强协调合作，与国家留学基金委签订《国际化人才培养备忘录》，明确2019—2021年每年合作培养30名人才出国研修，选派10名人员赴国

际组织交流访问，实现了水利部在国际化人才培养项目上的突破。2019年，首批选拔的40名人选被国家留学基金委正式纳入国家公派留学计划。与亚洲水理事会、东部和南部非洲共同市场等国际组织，就开展人员培养交流合作进行协商，达成初步意向。同时，向联合国粮农、教科文等国际组织，以及财政部等部委推荐各类国际化人才15名。

四、助力脱贫攻坚，加大贫困地区水利人才帮扶力度

（一）研究制定方案，科学做好贫困地区帮扶工作

贯彻落实中央和部党组脱贫攻坚决策部署，对近三年全国贫困地区水利人才队伍数据进行统计分析，形成《全国贫困地区水利人才队伍情况分析报告》。经大范围调研和征求意见，组织制定印发了《贫困地区水利人才队伍建设帮扶工作方案（2019—2020年）》。作为水利部首个水利人才扶贫帮扶专项计划，方案坚持以问题和需求为导向，明确了4项帮扶计划、12条重点举措，为做好贫困地区水利人才队伍建设帮扶工作提供了依据。

（二）加强干部人才帮扶，巩固精准“输血”成果

以援疆、援藏、援青和定点扶贫县区、石漠化片区为重点，继续选派优秀干部人才支援地方水利建设。全年有139名干部人才先后在贫困地区挂职扶贫。扶贫干部人才认真履职尽责，在规划编制、重点工程建设、强化水资源管理等方面做了大量工作，得到挂职地区的高度肯定。同时，根据贫困地区水利改革发展需要，组织专家提供专项咨询服务455人次，选派76名技术骨干开展“组团式”技术帮扶，帮助贫困地区推动重点工作开展。

（三）加强人才教育培养，提升脱贫“造血”能力

组织青海藏区水利人才“订单班”10名优秀学生代表开展了“爱国爱水北京行”活动，协调做好首批玉树“订单班”40名学生就业工作，人均月收入达3000元以上。推广“订单式”人才培养经验，推动湖北等地因地制宜开展“订单式”培养。同时，联合中组部、人社部等九部门印

发《关于做好2019年高校毕业生“三支一扶”计划实施工作的通知》，首次将水利写入“三支一扶”名称中。强化扶贫攻坚培训，2019年共举办18期扶贫示范培训班，培训贫困地区水利干部职工1502人，同比增加30%。协调水利高校对500余名贫困地区水利干部职工开展学历提升教育。依托中国水利教育培训网，为贫困地区约1100名干部职工免费开通学习账号。

五、注重统筹推进，深入推进各类水利人才队伍建设

（一）坚持严格把关，做好高层次人才选拔工作

组织开展全国工程勘察设计大师、“万人计划”“千人计划”等28批次人才选拔推荐工作，共选拔推荐各类人才198人次。坚持选拔标准，邀请院士等行业知名专家严格把关，确保了人才质量。据统计，全年共有24人入选国家级高层次人才，包括全国工程勘察设计大师4人、国家“万人计划”3人、“百千万人才工程”国家级人选1人，入选国家级高层次人才数量创近年新高。组织水利部事业单位专业技术二级岗位选聘工作，确定30名同志为二级岗位人选。组织专业技术职务任职资格评审工作，共计评审615人，规模创历史新高。

（二）强化示范带动，推动技能人才队伍建设

联合人社部、全国总工会举办第七届全国水利行业职业技能（水工监测工）竞赛，水利部七大流域管理机构、2家部属单位及23个省（直辖市、自治区）水利部门近千人参加了预决赛，在行业营造出钻研技术、苦练技能的良好氛围。组织部属单位和地方水利部门开展高级技师评审工作，评审产生39名水利行业高级技师。组织完成水利部纳入《国家职业资格目录》的河道修防工等4个职业技能标准修订工作，并联合人社部颁布4个国家职业技能标准。

（三）强化政治引领，做好人才服务工作

推荐3名专家参加人社部脱贫攻坚重点示范专家服务团，选派2名水利专家参加中组部国情研修，2名专家参加人社部专家休假考察活动，举办水利高层次专业技术人才研讨班、高技能人才培训班，宣传介绍我国经

济和社会发展形势，以及水利改革发展新要求新任务，引导各类水利人才弘扬爱国奉献精神，不断增强政治认同感和向心力。做好人才服务工作，协调为 1 名院士按时办理退休手续，及时办理国务院政府特殊津贴发放等工作。

2020 年，水利干部人才工作将继续坚持以习近平新时代中国特色社会主义思想为指导，坚持党管干部，突出政治标准，坚持事业为上、以事择人，注重业绩导向和作风导向，大力选拔在新时代水利改革发展中担当作为、业绩突出的干部。同时，准确把握国家发展战略和水利改革发展总基调的新要求，紧紧围绕“水利工程补短板、水利行业强监管”的新需求，全力推进新时代水利人才发展创新行动，不断建立健全水利高层次人才库，推进部级人才创新团队建设，开展基地遴选建设工作，搭建中外合作、供需对接、产教融合的水利育人平台，打造一批高素质专业化的水利人才队伍；认真落实贫困地区水利人才队伍建设帮扶方案，实施差异化帮扶措施，不断加大对深度贫困地区以及“两不愁三保障”饮水安全等重点工作培训力度，全面助推脱贫攻坚。

唐晓虎　张　腾　执笔

侯京民　王新跃　审核

专栏四十九

重点工作领域支撑机构能力建设不断加强

水利部人事司

聚焦重点工作领域。将机构编制资源重点向补好防洪、供水、生态修复、信息化的工程短板，加强对江河湖泊、水资源、水利工程、水土保持、水利资金、行政事务工作的监管等方面倾斜，加强支撑机构能力建设，推动构建适应水利改革发展总基调要求、优化协同高效的机构职能体系。

保留必要工作力量。做好机构改革"后半篇文章"，对从事南水北调工程工作的4家单位统筹研究提出改革方案，盘活机构编制资源，通过更名、整合等方式改造组建节约用水促进中心、河湖保护中心和南水北调规划设计管理局，推动相关单位转型发展，成为水利中心工作重要的支撑机构。

强化重点支撑机构。充分利用好现有机构，明确由建设管理与质量安全中心具体承担水利部水利督查工作领导小组办公室日常工作，理顺了管理关系，解决了工作保障问题，优化了职能配置与机构设置，组建了专职督查队伍，并将其打造为督查工作的主力军。

修订制定"三定"方案。抓住单位履行职责的"根基"，为建设管理与质量安全中心、节约用水促进中心、河湖保护中心、水土保持监测中心、南水北调规划设计管理局、移民管理咨询中心等与补短板和强监管密切相关的单位研究印发了"三定"方案，优化职能，完善机构，保障履职尽责有章可循。

明确流域管理机构分类。经积极协调争取，流域管理机构所属400余家事业单位分类意见即将获批，将进一步强化流域管理机构各级各类事业单位的公益属性，有利于激发活力，提高公益服务水平和效率，为加强流域管理工作提供必要的支撑和保障。

搭建研究合作平台。支持华北水利水电大学、水资源管理中心、节约用水促进中心、河湖保护中心等相关部属单位共建水利行业监管研究中心，聚焦节约用水与水资源监管、河湖监管两个重点领域开展研究，充分发挥高校智库作用，为落实水利改革发展总基调提供智力支持和决策服务。

陈　东　唐　晋　执笔

侯京民　王　健　审核

专栏五十

2019 年新入选全国水利高层次人才名单

水利部人事司

项　目	姓　名	单　　位
全国工程勘察设计大师	杜雷功	中水北方勘测设计研究有限公司
	高玉生	中水北方勘测设计研究有限公司
	杨爱明	长江勘测规划设计研究院
	翁永红	长江勘测规划设计研究院
百千万人才工程国家级人选	范子武	南京水利科学研究院
“万人计划”青年拔尖人才	汤显强	长江水利委员会长江科学院
	郭新蕾	中国水利水电科学研究院
	陆　俊	南京水利科学研究院
全国技术能手	李　涛	德州翔宇黄河水利工程维修养护有限责任公司
	郭　超	焦作黄河河务局武陟第二黄河河务局
	赵然然	滨州恒达黄河水利工程维修养护有限公司
	张　歆	江苏省江都水利工程管理处
	肖　扬	宁夏回族自治区红寺堡扬水管理处
	商吉武	宁夏回族自治区固海扬水管理处
	陈　磊	江苏省水文水资源勘测局徐州分局
	邓　山	长江水利委员会水文局
	梅同单	长江水利委员会水文局长江上游水文水资源勘测局
	陈宇潮	江苏省江都水利工程管理处
	吕　鹏	滨州黄河河务局供水局
	许向洋	滨州黄河河务局供水局
财政部会计人才培养项目	聂　勇	水利部财务司
	沈东亮	水利部财务司
中央国家机关会计人才培养项目	周　城	水利部小浪底水利枢纽管理中心

唐晓虎　张玉卓　张　腾　执笔

侯京民　王新跃　审核

水文工作新成效

水利部水文司

2019 年，党中央国务院高度关注水文工作，李克强总理在《政府工作报告》中明确要求做好水文工作，胡春华副总理调研考察青海玉树地区新寨水文站，看望慰问基层水文职工。全国水文系统围绕水利改革发展总基调，真抓实干、攻坚克难，推动各项水文工作取得新进展。

一、水文测报工作成效显著

2019 年，全国共出现 41 次强降雨过程，长江、黄河、淮河、珠江、松辽、太湖等六大江河流域发生 14 次编号洪水，长江洞庭湖水系湘江发生特大洪水，黄河上游持续大流量近 1 个月；黑龙江超警达 53 天，为 2013 年以来最长；共有 615 条河流超警、119 条河流超保，为 1998 年以来最多；有 5 个台风登陆我国，超强台风“利奇马”降雨总量大、持续时间长、影响范围广，为历史罕见；旱情阶段性特征明显，南方出现伏秋连旱。全国水文系统立足防大汛、抗大旱、防强台，全力以赴，全面完成年度水文测报任务，突出了三个方面的特点：一是汛前准备早。各地共派出 768 个检查组次，现场检查 7763 个各类水文站次，实现国家基本水文站自查全覆盖；开展应急演练积累实战经验，共有 8598 人次参与应急演练，为历年演练中规模最大、组织最为精细的一年；以明察暗访方式完成水文站“百站检查”和地下水站“千眼检查”，促进了水文测报质量和规范化管理。二是加大了巡测和应急监测力度。各地积极应用无人机、ADCP、雷达波等先进装备，在迎战 9 号台风“利奇马”等极端天气和各类洪水过程中，累计出动应急监测队 2634 次，人员 9470 人次，抢测洪水 7213 场次，开展洪水调查 367 次，获得各级地方政府表彰 71 次。三是强化值守准确预报。充分应用中小河流测报数据等新增信息源，提高预见期与预报精度，

针对部分省份严重干旱，各地及时增加河道水位、江河来水量等监测频次和旱情调查，各地全年向水利部报送各类水雨情信息13亿份，编写水情专报17383期，发布洪水预报30237站次，发送水情预警短信1079.24万条，编制墒情专报745期，累计向周边国家和国际组织报汛12万多条数据，接收信息8.5万条。水文测报工作再立新功。

二、水资源水生态水环境监测有序开展

一是积极开展生态流量监测试点工作。在调研工作基础上，组织拟定生态流量监测技术路线，印发了《关于编制试点河（段）湖水生态水环境监测方案的通知》，以生态流量监测为重点，研究确定了分阶段推进实施水生态水环境监测的工作步骤。拟选取一批水生态水环境问题突出的代表性河段或湖泊，编制工作方案，组织开展为期一年的监测试点，在分析总结试点经验后在面上铺开。试点期间，要求以水文测站为控制单元，采用先进技术和手段，实施生态流量（水位）在线监测，因地制宜拓展水生态水环境监测内容，从单一藻类监测拓展到对底栖生物、浮游动物、水生植物及鱼类等水生态监测，在有监测条件的区域开展河床演变监测。组织研究编制适用于河道低、枯水期水资源监测和生态流量监测的技术指南。

二是积极开展跨省江河省界和重要控制断面水文监测分析。完成水利部开展生态水量研究的205个断面和拟增20个重点河湖的34个生态流量（水量）断面复核，建设完善全国省界断面水文水资源监测信息系统，开展53条河流省界和重要控制断面历史数据收集和信息复核工作，进行监测分析评价，编制《全国省界和重要控制断面水文水资源监测信息通报》。

三是做好华北地区地下水超采区综合治理试点河段地表水地下水动态监测和分析评价。编制完成《华北地下水超采综合治理河湖地下水回补试点监测工作方案》，布设地下水监测站点119处，地表水水量/水质监测站点41处，组织实施3条试点河段（滹沱河、滏阳河、南拒马河）地表水、地下水动态监测与分析评价，编制完成7期地下水回补效果评价月报和2期全面评价报告，为地下水回补试点工作提供重要的基础支撑，为下一阶段大范围开展华北地下水超采综合治理河湖生态补水工作积累经验。编制

印发《2019 年西辽河流域水文监测方案》，开展了西辽河流域“量水而行”水资源监测分析相关工作。

四是水质监测工作进入新阶段。水利部印发《地表水国家重点水质站名录》，重新确定了反映我国江河湖库地表水水资源质量状况的基本站网布局，将名录确定的 4455 个重点水质站作为全国开展水质监测的基础。全国重要饮用水水源地水质水生态监测规范开展。水质监测能力验证首次列入认监委国家级能力验证 B 类项目，完成对 313 家系统内单位和 148 家系统外单位的能力验证初测和补测工作，有效提升水质监测数据及成果质量。首次在水利系统开展高层次、大规模水质监测技能竞赛，“助推绿色发展，建设美丽长江”水质监测技能竞赛取得圆满成功。

三、水文能力建设和新技术应用力度加大

一是加快实施水文基础设施建设，落实年度水文投资计划。2019 年，国家发展改革委和水利部下达全国水文基础设施建设投资计划 9.4 亿元，新建改建了一批水文测站、水文监测中心和水文业务系统。西藏普莫雍错、青海卓乃湖、新疆柴窝堡湖等西部重要湖泊测量项目顺利实施。

二是水文测报新技术研发推广取得良好效果。在全国 50 处水文测站开展了基于侧扫雷达的在线流量监测系统等 9 项新技术新仪器研发推广和示范应用，开展 270 个水文测站和 48 个水文中心新技术应用设备更新改造，水利部印发了其中的 6 项新技术成果应用指南和《水文现代化建设技术装备有关要求》。

三是国家地下水监测工程全面建设完成。经过全国水文系统持续 4 年的攻坚克难共同努力，国家地下水监测工程全面建成运行并发挥效益，完成全国 10298 个站，1 个国家中心、7 个流域中心、31 个省级和新疆生产建设兵团和 280 个地市级中心等建设任务，40 个单项工程通过验收，质量合格，实现了对全国大型平原、盆地及岩溶山区 350 万 km^2 地下水动态监测。制定颁布《国家地下水监测工程水利部与自然资源部信息共享管理办法》。

四是启动水文现代化建设规划编制工作。为做好水文现代化建设顶层

设计，水利部水文司启动《水文现代化建设规划》编制，依托先进科技手段和技术装备应用，确立监测手段自动化、信息采集立体化、数据处理智能化、服务产品多样化的现代化水文业务体系的发展方向和重点任务，该规划将作为专项规划纳入《“十四五”水安全保障规划》。地方现代化规划同步推进，《江西省水文事业发展规划（2017—2035年）》已获批。山东、浙江、西藏等省（自治区）针对水文工作存在的突出问题和短板，加大水文基础设施建设投入力度，补齐短板，强化支撑。

四、水文行业改革持续深入

一是持续开展水文法规体系建设。编制完成《水文监测资料汇交管理办法》，《陕西省水文条例（修订）》颁布施行，水文立法进程取得新进展。

二是水文监测改革深入推进。按照“日清月结”资料整编改革要求，2019年1月31日，全面完成2018年度全国10卷74册水文资料整编任务，比以往提前10个月，水文资料整编时效取得历史性突破，为支撑水利监管各项指标制定和监督考核等方面工作提供了重要基础。

三是优化完善国家基本水文管理。在测站功能分析论证基础上，全国水文系统提出了近期拟纳入基本站管理的专用水文测站清单204处，依法推进部分专用水文测站纳入国家基本水文站网管理工作，国家基本水文站网不断优化完善。

五、水文基础工作扎实开展

一是水文重大科研课题进展顺利。围绕水利重大科技问题，开展了“水文支撑解决四大水问题战略研究”，以问题为导向，分析水文短板和不足，对水文服务方式方法等进行研究，提出水文支撑解决四大水问题的战略措施。

二是水文国际交流取得新成绩。在联合国教科文组织第四十届大会上，中国成功当选为联合国教科文组织国际政府间水文计划（IHP）理事国，由国际政府间水文计划（IHP）中国国家委员会推荐的中国专家成功当选国际政府间水文计划（IHP）副主席；签订中朝关于鸭绿江和图们江水文合作协定。

六、扎实做好2020年水文重点工作

一是加快水文现代化建设步伐。重点抓好水文技术装备提质升级，再推进一批先进实用的新技术新仪器配置应用，出台先进成熟适用的水文测报技术及装备推广目录。完成《水文现代化建设规划》编制，在水文自动化智能化水平上实现大幅度跨越式提升。

二是全力做好水利行业监管服务支撑。拓展水文监测服务领域，加强流域区域、地表地下、左右岸、上下游综合监测，做好河湖生态流量试点监测工作，做好重点河湖水生态水环境监测分析，做好江河水量分水水文水资源监测评价工作，在节水评价、用水定额、生态流量、地下水管控指标确定和监督考核等方面提供科学基础。

三是全力做好防汛水文测报工作。做好水文测报汛前准备，修订完善测报方案，健全完善水情预测预报预警联动机制，坚持以人民为中心，全力做好年度水文测报工作。按照“日清月结”资料整编改革要求完成好年度水文资料整编任务。

四是依法开展水质监测工作。规范开展水质监测工作，做好全国重要饮用水水源地水质水生态监测，编制年度全国地下水水质状况分析评价报告。

五是着力做好水文行业管理，持续深化水文改革创新。完善与行政区域相协调的地市水文机构设置、推进区县水文机构建设，探索新型基层水文管理模式，优化发展水文行业队伍。多渠道落实水文运行维护经费，建立健全水文投入和运行长效机制。

杨建青　执笔

蔡建元　审核

专栏五十一

水文监测能力不断提高

水利部水文司

2019年，全国水文系统深入贯彻落实水利改革发展总基调，解放思想，转变思路，下大力气研究和应用新技术，改进监测手段和方法，不断提高水文监测能力。

在全国50处水文测站组织开展基于侧扫雷达的在线流量监测系统等9项水文测报新技术研发推广和示范应用，取得良好的效果，印发了基于侧扫雷达的在线流量监测系统等6项新技术成果应用指南和《水文现代化建设技术装备有关要求》，为推进全国水文系统加大新技术新设备应用力度和加快推动水文现代化建设提供重要技术依据。同时，结合2019年水文基建项目计划安排，逐站制定先进仪器更新配备实施方案，督导各地完成270个水文测站和48个水文监测中心先进仪器设备更新建设任务。

国家地下水监测工程建设完成并投入试运行，共建设10298个地下水自动监测站，形成了较为完整、合理的国家级地下水自动监测站网，实现了全国监测数据自动采集传输、接收处理、分析评价等全业务流程信息化。

各流域管理机构和省（自治区、直辖市）水文机构结合各自情况和实际需求，积极开展新型水文监测设备及技术研究应用与推广。长江委水文局全方位推进“一站一策”测报能力提升计划，在“站”的特性分析和“策”的科学制定两方面下足功夫，深化“互联网+水文”发展，全新开发的“长江水文资料在线整编平台”正式运行，大幅提升水文监测的信息化和服务水平，智慧水文迈出重要一步。黄委水文局成功研发同位素测沙仪、相控阵雷达测流系统、RG－30测流等在线监测仪器，一大批先进仪器和设备得到推广应用，相继建成水文全要素自动监测示范站和自动测控示范测区，为黄河水文实现“有人看管，无人值守”测验新模式提供了样板。湖北水文结合水文现代化发展要求，加快推进基于视觉传感的水位监测等新技术研究，完成5种走航式ADCP适应性试验，提高了新仪器流量测验的可靠性和准确性，建设完成一批雷达波在线测流系统，投入使用一批自动水温仪，水文监测现代化水平显著提升。江西水文以团队+项目方式，组建全省监测研究团队，参与人员近400名，申报科技项目6项，并全面梳理评估了近年来全省新仪器的使用情况，掌握不同监测技术设备的准确性、稳定性和适用性，大大提高了测验精度和时效性，为精准预报和水资源管理提供了可靠支撑。

目前，全国水文系统雨量、水位等要素已实现在线自动监测，流量、泥沙等要素广泛应用先进技术手段开展监测，自动化程度明显提高，水文信息准确性、可靠性和时效性得到显著改善。下一阶段全国水文系统将通过持续3年的推广应用，使先进仪器设备占比达到一个新的水平，水文测报能力进一步得到显著提升。

彭　辉　执笔

魏新平　审核

水利网信工作加快推进

水利部信息中心

2019年，水利信息工作按照“安全、实用”水利网信发展总要求，一方面加快补水利网信短板取得成效，另一方面支撑水利行业强监管实现突破，不断推进信息技术与水利业务融合发展，为水治理体系和治理能力现代化提供强力驱动和有力支撑。

一、加快推进网信补短板

（一）补齐网信顶层设计短板

一是水利部印发《水利业务需求分析报告》《智慧水利总体方案》《加快推进智慧水利的指导意见》《水利网信水平提升三年行动方案（2019—2021年）》四份重要文件，系统谋划了水利网信发展的总框架、路线图、时间表、任务书。二是各流域、地方积极开展相关工作，黄委、珠江委编制智慧流域方案和三年行动计划，海委编制《智慧永定河技术方案》《北方流域智慧水利典型设计》，太湖局编制《智慧太湖技术方案》《南方流域智慧水利典型设计》并开展智慧太湖建设探索，水规总院编制《区域智慧水利典型设计》，辽宁、上海、浙江、安徽、福建、江西、宁夏等省（自治区、直辖市）和深圳市的水利部门也启动相关工作。

（二）补齐网络安全短板

一是提升网络安全防护能力，圆满完成重要时期网络安全专项保障任务，组织实施水利部机关网络安全能力提升工程，守住了网络安全底线。二是加强水利关键信息基础设施安全防护，制定《水利关键信息基础设施认定规则》，明确了水利关键信息基础设施识别方法和认定流程，确定了第一批水利关键信息基础设施。三是推进水利部密码应用，落实《水利部密码应用与创新发展实施方案（2018—2022 年）》，建成水利部密码基础设施并实现对全国河湖长制管理信息系统等重要系统的数据保护。

（三）补齐数据资源短板

一是制定《水利信息资源共享管理办法》，主要对水利信息资源共享行为及相关活动提出原则要求，针对组织机构、共享分类、目录编制、汇集更新、共享服务、安全保障、监督检查等水利信息资源共享各个环节作出了具体规范。二是正式发布了 2019 版“全国水利一张图”，数据不断丰富、功能持续强化、应用纵深推进、展现迭代优化，为业务司局、直属单位和地方水利部门提供超过 100 批次共计 100GB 数据支持与服务。三是大力推进数据校核与维护更新，拓展权威数据源。通过综合利用已有水利基础数据、大坝中心提供的小型水库数据，完成了全国 98832 座水库基础数据校核与更新。

（四）补齐重点工程短板

一是讲政治、顾大局，圆满完成电子公文系统试点工作。二是国家地下水监测工程（水利部分）建设任务全面完成，月站点到报率 97.8%，2019 年工程运维和水质监测工作圆满完成。三是国家防汛抗旱指挥系统二期工程完成全部 463 个单项工程、856 个标段的招投标和实施工作，进入项目验收阶段，28 个单位已完成本级验收。四是国家水资源监控能力建设项目基本完成，进入竣工验收准备阶段。五是安全生产监管信息化工程（水利部分）建成并发挥作用，系统用户近 6 万人，已成为全国水利系统安全生产监管工作主平台。六是生态环境保护信息化工程（水利部项目）取得阶段成果，完成设计报告调整和年度建设任务。七是全力推动水利部在线政务服务平台和“互联网+监管”系统建设。

二、支撑行业强监管实现突破

（一）网信自身强监管不断加强

一是健全水利行业网络安全保障体系，编制印发《水利网络安全管理办法》，建立及时发现漏洞、及时有效处置漏洞和严格责任追究三套机制。

二是编制完成《水利网信建设和应用监督检查办法》，针对水利网信建设和应用中存在的问题，形成一套从问题检查、问题定性到责任追究的完整监督制度。三是强化水利行业网络安全监管，水利部两次组织开展水利网络安全攻防演练和渗透测试，长江委、黄委、珠江委、山东省、贵州省、深圳市等相关单位也分别组织开展水利网络安全攻防演练，有效提高漏洞处置和风险应对能力；水利部副部长叶建春对检查和实战演习中发现问题较多单位负责人进行了两次集体约谈，共12人次，有关单位也相继开展逐级追责，累计约谈88人次，中央网信办充分肯定水利部对网络安全工作的强监管。

（二）支撑行业强监管有突破

一是支撑督查暗访。建成水利督查移动平台，支撑了2019年度小水库、水闸等15类业务的暗访督查及水利工程稽察工作；共有897个督查组、911人安装使用，累计发现并上传问题26952条，实现督查工作信息化突破。二是支撑河湖遥感监管。开展覆盖全国规模以上河流湖泊重点地物遥感调查，建成河湖治理保护本底数据库；初步构建基于遥感技术的“四查”（巡查、详查、核查、复查）平台，推进实现河湖等监管问题“查、认、改、罚”的全流程的有效衔接和闭环管理，有力支撑了全国河湖“清四乱”专项行动、长江干流违法违规岸线利用项目拆除取缔和京杭大运河、南水北调中线、京津冀“六河五湖”、山西“七河”等专项督查。三是支撑水资源管理。为华北地下水超采综合治理等评估工作提供3000多站次监测数据和分析成果。四是支撑水利工程管理监管。对全国4.9万余水利部门与单位的安全生产和建设市场1.9万家从业主体40万从业人员实现在线动态监管。五是支撑农村饮水安全工作。完成全国集中供水工程48.82万处的空间位置标绘和工程基础数据采集。六是支撑行政事务管理。建成水利部政务督办系统，为《水利部督办工作管理办法（试行）》的实施及政务监管工作提供了有力支撑。七是支撑政务服务。建设水利部一体化在线政务服务平台，初步实现与国家在线政务服务平台对接，实现水利政务服务事项“一网通办”；水利部与国办电子政务办公室联合印发了《国家政务服务平台电子证照取水许可证标准》并组织开发电子证照管理系统；水利部门户网站服务成效显著，在2019年第十八届中国政府网站绩效评估中位居国务院组成部门网站第四名，并荣登“搜索正能量　点赞2018”数字中国·政务搜索服务能力优秀榜，“网上答题、公众咨询”获政府网站政民互动类精品栏目荣誉。

三、行业管理不断加强

（一）明确水利网信年度工作

一是召开网信领导小组全体会议，贯彻落实2019年全国水利工作会议精神，明确年度水利网信工作要点。二是召开水利网信工作会议，强调坚守安全底线，务求实用突破，加快提升水利网信水平，为水利改革发展作出新的更大贡献。三是召开水利网络安全工作座谈会，强调要以落实《水利网络安全管理办法》为抓手，补齐网络安全突出短板，强化行业网络安全监管，牢牢守住水利网络安全底线。四是组织召开水利网信水平提升工作座谈会、水利通信座谈会、水利一张图和河湖遥感应用研讨会暨水利信息化专委会年会等，进一步统一了思想认识，理清了工作思路，营造了良好的水利网信工作氛围。

（二）科学谋划全局性重点工程

一是按照水利部统一部署，编制完成《“十四五”水利网信建设实施方案规划思路报告》并报部。二是编制水利大数据中心、水利部综合监管平台、水工程防灾联合调度系统等重点项目可行性研究报告，完成了水利部和7个流域管理机构网络安全能力提升与IPv6网络设备改造、多源空间信息融合的洪水预报设施平台建设、水利部监督举报平台、农村饮水安全非工程措施保障等补短板急需项目立项。三是完成技术试点方案、全国水利视频综合监测网初步方案以及相关基建项目、基建前期项目的编制申报，落实水利骨干网带宽扩容、卫星遥感影像服务、三峡库区视频监管等项目申报。

（三）不断完善水利信息化标准体系

一是结合水利技术标准体系修订，组织修订水利信息化标准体系。二

是开展了20余项标准制修订工作，《水利数据交换规约》正式发布，《国家水文数据库表结构及标识符》等2项标准即将发布，《水利对象分类与编码总则》等7项标准通过水利部审定，《水利对象基础数据库表结构与标识符》等9项标准已向水利部报批，《水利信息分类与编码总则》等6项标准通过送审稿或工作大纲审查，水利信息化标准的实施有力支撑了水利信息化资源整合共享和协同应用。三是完成《水利信息系统运行维护定额标准》修订，完成《小型水库安全监测预警设施建设技术指南》编制工作。

（四）积极开展水利网信宣传交流

一是发挥水利网信“一网（网站）、两信（微信、蓝信）、一报（简报）”宣传平台作用。二是组织开展水利网信发展情况调查，编写发布《2018年全国水利网信发展报告》。三是开展专题技术培训，加强行业专业人才队伍建设。

张阿哲　执笔
蔡　阳　审核

专栏五十二

智慧水利顶层设计工作进展

水利部信息中心

为贯彻落实“水利工程补短板、水利行业强监管”水利改革发展总基调和“安全、实用”水利网信发展总要求，2018年6月，水利部网信办会同有关司局、直属单位启动水利业务需求分析和智慧水利总体设计工作。2019年6月，《水利业务需求分析报告》（以下简称《需求分析报告》）、《加快推进智慧水利指导意见》（以下简称《指导意见》）、《智慧水利总体方案》（以下简称《总体方案》）、《水利网信水平提升三年行动方案（2019—2021年）》（以下简称《三年行动方案》）四项重要成果陆续以水利部文件印发。这四项成果在编制过程中，均坚持问题导向，运用“五个什么”工作思路，形成一个有机整体，即：通过《需求分析》梳理了“是什么”“差什么”“为什么”，通过《总体方案》设计明确了“抓什么”，并通过《三年行动方案》部署了“近期抓什么”，通过《指导意见》确定了“靠什么”。四项成果文件，系统谋划了水利网信发展的时间表、路线图、任务书，为当前和今后一段时期水利网信规划、设计、建设和应用奠定了坚实基础。

《需求分析报告》围绕洪水、干旱、水利工程安全运行、水利工程建设、水资源开发利用、城乡供水、节水、江河湖泊、水土流失、水利监督等业务，全面梳理了职能、用户、功能、性能和安全等需求，统筹提出了采集感知、网络通信、数据资源、应用支撑、业务应用、性能和安全等七个方面的建设需求，是当前和今后一段时期水利网信建设的出发点和落脚点。

《总体方案》在需求分析的基础上，深度融合遥感、云计算、物联网、大数据、人工智能等新技术，设计了智慧水利总体架构，确定了天空地一体化水利感知网、高速互联的水利信息网、智慧水利大脑、创新协同的智能应用、网络安全体系、保障体系等六项重要任务，明确了应用、数据、网络与安全、感知等四类十项重点工程，是智慧水利推进的顶层设计。

《三年行动方案》针对差距大、风险高的重点薄弱环节，提出了实施网络安全防护提升行动、水利网络畅通行动、水利大数据治理服务行动、水文监测能力提升行动、水旱灾害防御联合调度行动、水利工程管理水平提升行动、节约用水与水资源监控能力提升行动、河湖和水土保持遥感监测行动、水利监督执法能力提升行动、互联网+政务服务能力提升行动等十项行动25项具体任务。通过十项行动的实施，促进水利网信能力建设快速提档升级，以期达到水利网信水平短时间明显提升的目标。

《指导意见》在《总体方案》框架下，重点细化实化了推进智慧水利的保障措施，包括强化组织领导、健全制度体系、加大资金投入、完善标准体系、促进技术创新、加强队伍建设、开展先行先试等七个方面，是统筹推进智慧水利的指导性文件。

曾 焱 执笔

蔡 阳 审核

链接

广东省广州市：推广应用排水设施巡检 APP 开启智慧水务“精绣”时代

广东省广州市排水地下管线建设历史悠久，全市排水管网长度约 2.01 万 km，其中污水管网长度约 6015km、雨水管网长度约 8708km、合流管网长度约 5381km，排水检查井约 67 万个。由于排水管理单位多，部分管理边界不清晰、管理不到位，管理的规范化程度需进一步提高。市与区、区与区以及各级内部管理部门和人员间的传递效率都不够高，亟须一个切合管理实际需求、智能化决策水平相对较高的智慧排水管理信息系统。

作为城市智慧排水的一项重要内容，广州市水务部门推出排水设施巡检 APP+PC 系统，使城市排水管理和互联网有了一次“亲密接触”，这在全国排水行业尚属首家。

广州排水设施巡检 APP 主要有“即时通讯、工作台、日常工作、统计、我的”5 大功能。“即时通讯”模块，类似于简化版微信，可通过系统的排水管理通讯录选择联系人进行沟通联系，收发文字、语音、视频等，未来还将增加文档上传、下载、在线查阅功能，方便排水管理工作人员沟通交流；“工作台”模块，可实现巡检轨迹、巡检日志记录，排水设施数据新增、校核，问题上报、本地草稿缓存、历史记录查询等功能；“日常工作”模块，可实现日常事务的承接办理和新闻动态、通知公告、红黑榜等信息的公示，还包括数据新增校核、问题上报等快捷方式以及巡检动态实时展示等；“统计”模块主要是分区域、分事项、分时段地对业务运转情况动态进行考核，实时公示；“我的”模块包含个人或单位相关的事务，比如签到、数据上报以及系统相关设置等。

排水巡检APP借助信息化手段提升行业管理水平，花小钱办大事，既摸清了管网底数，为行业管理提供科学依据，也弥补了专业修补测的局限性，厘清管网权属，规范日常管养行为。同时，提高了排水行业间各类信息的传递效率，解决信息传递不及时、不严谨、不全面等问题，促进实现排水管理更规范、精细、高效、智能决策的管理目标。

目前，排水设施巡检APP+PC系统功能还在优化完善中，广州市计划将排水设施巡检系统建成全区域排水设施“一张图”智慧城市信息化标准产品，实现共享利用地理信息、供水、三防等大数据资源，实现全区域排水设施精细管理、动态更新、实时监测和智能控制，对污水流向和雨水流向全过程可视化查询、追溯与分析，同时为处置污水溢流、暴雨内涝等应急事件提供有效支撑。

赵雪峰　执笔

李顺卿　李　攀　审核

水利宣传教育与水文化建设扎实推进

水利部办公厅　水利部宣传教育中心　中国水利学会

2019 年，水利宣传教育和水文化工作高举习近平新时代中国特色社会主义思想伟大旗帜，紧扣“水利工程补短板、水利行业强监管”的水利改革发展总基调，围绕中心、服务大局，坚持正确政治方向、价值取向和舆论导向，为水利改革发展凝聚了强大精神动力，营造了良好舆论氛围。

一、2019 年工作情况

（一）习近平新时代中国特色社会主义思想宣传入脑入心

利用报、刊、网、官方微信、客户端等，对水利部党组学习贯彻习近平总书记“十六字”治水思路及部署要求进行广泛宣传。习近平总书记考察黄河并召开黄河流域生态保护和高质量发展座谈会后，鄂竟平部长在《人民日报》发表署名文章《谱写新时代江河保护治理新篇章》，水利部网站、官方微信以及中国水利网等行业媒体第一时间转发相关报道，制定宣传报道方案。

（二）水利改革发展总基调宣传落地见效

持续组织媒体加强正面宣传、舆论引导和负面警示，全年网上涉及“水利强监管”的信息约 105 万条，网上网下形成宣传声势。全国水利工作会议期间，协调媒体大力开展会议精神宣传，人民日报、新华社等中央主流媒体刊发《我国水利工作重心转为“工程补短板　行业强监管”》等会议稿件 20 余篇，转载近 600 篇次，在全社会唱响水利改革发展总基调。

（三）水利系统庆祝新中国成立 70 周年宣传氛围浓厚

通过充分调动中央媒体和行业媒体力量，浓墨重彩地展示了 70 年来水利改革发展的光辉历程、伟大成就和宝贵经验。《人民日报》在头版“礼

赞70年”栏目以图文并茂形式先后刊发《密云水库蓄水量创下本世纪新高》等4篇报道；水利报社推出《壮丽70年·奋进新时代》等专题专版；出版传媒集团策划《砥砺70年　奋进新时代——新中国水利70年》图书。

（四）节水宣传力度不断加大

“世界水日”当天，《人民日报》刊发鄂竟平部长署名文章。围绕节水重大政策、重点工作、显著成效等内容，向中央媒体提供新闻通稿，组织做好华北地下水超采综合治理、澜湄水资源合作部长级会议等宣传。策划“节水·在路上”“全国节约用水知识大赛”等一批节水宣传活动和产品。

（五）水旱灾害防御宣传力度不断加大

多次赴中宣部、新华社、中央广播电视总台等单位专项协调。中央广播电视总台全年对水利部防汛工作报道数量创新高，《新闻1+1》栏目对水利部进行“七下八上”防汛关键期水旱灾害防御安排部署深度采访报道，并首次实现六大流域“《人民日报》有文字、新华社有通稿、中央广播电视总台有画面”。

（六）三峡、南水北调等重大工程建设管理的宣传力度不断加大

跟进报道三峡后续工作规划实施进展，对三峡水库连续10年实现175m试验性蓄水目标进行宣传。南水北调东线一期北延工程开工及应急试通水期间两次组织媒体开展主题采访。2019年12月12日，在国务院新闻办召开新闻发布会，协调中央广播电视总台《新闻联播》《焦点访谈》栏目播出专题报道，《人民日报》《经济日报》等大篇幅刊发《南水北调：汩汩南水　奔流北上》等重头报道。

（七）水土保持工作宣传力度不断加大

召开发布会，发布全国水土流失年度动态监测成果，便于媒体和公众充分了解水土流失治理成效。挖掘并宣传基层水土保持典型事迹和生产建设项目水土保持守法典型，梳理各地在开展水土保持生态建设方面的有益经验。《人民日报》“大江大河·黄河”专栏连续2期推出报道，新华社推出《治黄70年：吕梁山区筑起“绿色长城”》报道。

（八）水利扶贫工作宣传力度不断加大

积极向中宣部提供决战脱贫攻坚大型主题宣传活动水利线索，中国水利网及其微信公众号等各类媒体刊发水利扶贫宣传报道超1000篇。组织中央媒体和行业媒体记者深入重庆武隆、江西赣州等水利扶贫一线采访，在水利部网站开设“实施水利扶贫三年行动　坚决打赢脱贫攻坚战”专题。

（九）水利系统党建及精神文明建设宣传力度不断加大

制定加强水利全面从严治党宣传工作方案，人民日报、新华社、中央广播电视总台等中央媒体对水利部开展“不忘初心、牢记使命”主题教育经验做法进行报道。协调媒体报道水利部党组落实中央脱贫攻坚专项巡视反馈意见整改情况。深入宣传各级水利部门集中整治形式主义、官僚主义取得的明显成效及贯彻落实中央八项规定精神、巩固拓展水利行业作风建设成果。充分利用研讨座谈、主题征文、演讲比赛、图书出版、文艺创作、网站专题等形式，做好新时代水利精神宣传。

（十）积极推动水文化建设传播

明确水文化工作机制和职责任务分工，编制完成《水文化传播与建设三年行动计划》（征求意见稿），报送《关于进一步推进水文化工作的请示》。制定《“讲好黄河故事”工作方案》，赴河南、山西、陕西、甘肃等省开展黄河流域水文化遗产调研活动，组织“水美黄河之延河篇”摄影及摄影作品征集活动，协助北京电视台开展《黄河安澜》纪录片前期调研和资料收集工作。开展《黄河水文化保护传承弘扬路径研究》相关工作，召开黄河文化座谈会暨水文化工作研讨会。

二、主要做法

（一）突出宣传水利改革发展总基调

制定“水利强监管”宣传方案，统筹中央媒体和行业媒体宣传资源，向社会释放水利严监管、严问责的强烈信号。适时组织中央媒体开展集中采访活动，如组织中央主要媒体和网络媒体记者赴河南、广东等地采访报道河湖“清四乱”成效。水利部网站、官方微信开设河湖问题曝光台，公

布农村饮水等监督举报电话，中国水利网平台推出《现在监督》等专栏。出版各类“强监管”图书，拍摄“强监管”警示教育片，扩大传播力和影响力。

（二）强化体制机制建设

为进一步理顺宣传工作体制机制，水利部办公厅会同有关司局和单位研究、明确了各宣传单位职责分工，做到“该管的管到位，不该管的不越位”。进行宣传工作“清单式”管理试点，全年制定（修订）关于水利行业政务新媒体矩阵管理、水利部门户网站管理等4个制度办法，建立了以“中国水利”微信公众号为龙头，整体协同、响应迅速的水利政务微信矩阵体系。

（三）强化统筹协调管理

制定2019年宣传工作要点和政务信息工作要点，围绕全国水利工作会议、“我和我的祖国”群众性主题宣传教育等制定21个专项宣传方案。全面加强水利宣传思想战线党的领导和党的建设，强化对水利出版、网站及新媒体、水情教育基地等各项管理，对水利部机关一楼大厅展陈进行严格把关。组织召开水利宣传工作会议和水利部新闻宣传工作例会，在宣传实践中不断增强脚力、眼力、脑力、笔力。

（四）强化新媒体应用

优化水利宣传和舆论引导格局，推进媒体融合发展，提升水利宣传的引导力和影响力。强化水利政务新媒体内容管理，在做好行业报刊和政府网站的同时，加大水利政务微博、微信公众号、客户端等平台的信息发布力度。加强与主流新媒体平台的沟通联动，广泛运用数说、图解、漫画、动画、音视频等方式开展宣传。

（五）主动开展新闻发布

全年举行7场新闻发布活动。全国“两会”期间，鄂竟平部长出席“部长通道”并答记者问，魏山忠副部长出席3场新闻发布会，田学斌副部长、蒋旭光副部长、叶建春副部长分别出席发布活动，加强政策解读和舆论引导。每季度在水利部机关进行信息发布，反响良好。

（六）注重发挥传统媒体作用

充分发挥传统媒体深度报道优势，通过组织中央媒体采访、刊发新闻通稿等形式，抢占主阵地，传播正能量，发挥主流传统媒体应有的作用和影响力。配合新华社《瞭望》周刊专访鄂竟平部长，协调《学习时报》在头版头条刊发鄂竟平部长关于新时代水利精神的署名文章，取得良好宣传效果。

李　洁　胡　邈　执笔

李晓琳　审核

专栏五十三

2019年水情教育活动进展情况

水利部宣传教育中心

2019年，水情教育工作取得新成效，活动形式及宣传手段进一步丰富和拓展。

一、实施《全国水情教育规划（2015—2020年）》中期评估

2019年5月开始，水利部办公厅与水利部宣传教育中心（以下简称宣教中心）通过“各地自评+选点复核+问卷调查”的形式对《全国水情教育规划（2015—2020年）》（以下简称《规划》）进行中期评估，共有31家省级水利部门提交了自评报告，组织专家组分别赴重庆、湖北、广东、江苏、海南、新疆、陕西、河南8个省（自治区、直辖市）进行复核调研，开展了公众水情教育问卷调查，收取2822份样本。经过综合分析总结，完成了《〈规划〉中期评估报告》，摸清了《规划》实施效果、存在问题，并提出了对策建议。

二、加强两类基地建设管理

（一）加强对教育部研学基地考核与指导

2019年，着力加强对水利系统21家教育部“全国中小学生研学实践教育基地”（以下简称“研学基地”）的管理与指导。4月28日，水利部人事司组织专家对2017年推荐的水利系统7家教育部研学基地进行绩效评价验收，其中，中国水利博物馆等5家评为优秀，2家为良好。8月27日，宣教中心在京召开座谈会，邀请教育部专家作专题授课，各基地代表对存在问题进行探讨分析并交流了成果经验，水利部人事司和宣教中心有关领导对抓好研学基地工作提出明确要求。

（二）加强国家水情教育基地建设指导与考核

为扩大国家水情教育基地覆盖面，2019年，宣教中心通过实地调研等多种方式对云南、青海、甘肃、海南、贵州等12个空白省份的水情教育基地建设工作进行督促指导。同时，为做好对国家水情教育基地的动态监督管理工作，2019年6月，宣教中心启动了对第一批8家基地的考核工作。

三、创新水情教育手段

在2019年"世界水日""中国水周"期间，宣教中心设计制作了多款主题鲜明、活泼实用的水情教育文创产品推广到各地；此外还制作了科普动漫微视频、节水iH5游戏等形式新颖、互动性强的水情教育产品，使水利宣教工作更加"接地气"。

四、开展丰富的水情教育活动

（一）组织基地参与"全国科技活动周"活动

在2019年全国科技活动周期间，宣教中心积极鼓励各基地开展"水利科技三进"活动，覆盖人数5.4万人，有效面向公众普及了水情教育知识。此外还组织3名基地讲解员代表水利部首次参加全国科普讲解大赛，水利部荣获优秀组织奖，个人荣获优秀奖。

（二）组织全国中学生水科技发明比赛

2019年5月，宣教中心联合生态环境部宣教中心举办了"第十七届全国中学生水科技发明比赛"活动，评选出特等奖1名、一等奖5名、二等奖9名。特等奖团队代表中国参加斯德哥尔摩青少年水奖全球总决赛，获得季军。

（三）组织水文化交流活动

2019年4月，宣教中心组织30名香港青年开展了内地与香港首次以水文化为纽带的交流活动。通过都江堰、苏东坡治水、乐山乌尤离堆

等水文化专题内容的实践安排，促进了香港青年对内地文化历史的理解认同。

邵自平　尹安宁　执笔

李国隆　周文凤　审核

专栏五十四

我国两处灌溉工程入选第六批世界灌溉工程遗产名录

水利部农村水利水电司

为深入挖掘宣传灌溉文化，2019年，我国择优推荐的内蒙古河套灌区和江西抚州千金陂灌溉工程成功入选第六批世界灌溉工程遗产名录，目前，我国已有19处古灌溉工程列入世界灌溉工程遗产名录，成为拥有世界灌溉工程遗产类型最丰富、效益最突出、分布最广泛的国家。

一、内蒙古河套灌区

河套灌区引黄灌溉可以追溯到秦汉时期，当时秦始皇、汉武帝为屯垦戍边，派兵移民到河套地区，拉开了河套地区引黄灌溉的序幕。河套灌区地处农耕文化与游牧文化交错带，由于特殊的地理位置，使得河套灌区的引黄灌溉在历史上多次兴废，交替成为灌区和牧区，也正因为这种转变，使河套灌区成为人类社会从游牧文明向农耕文明过渡转换的重要见证。现在河套灌区的所有13条干渠都是在100年前就规划开挖完成的，这体现了先人科学的规划思想。此外，河套灌区也是世界上多泥沙河流引水灌溉的典范，积累了丰富的治水、治沙，以及盐碱地治理经验。新中国成立后，我们对河套灌区进行了更新改造，提高了灌溉保证率，灌溉面积达到了近千万亩，成为祖国北疆的重要粮食产区和生态屏障，为保障国家粮食安全作出了重要贡献。

二、江西抚州千金陂

江西抚州千金陂始建于唐代咸通九年（公元868年），与中洲围构成

完整而独特的围田灌排工程体系，推动了抚州地区农业的发展，有力支撑了区域经济社会发展。千金陂位于抚州市城区东侧抚河与干港的分叉口处，与拟岘台隔河相望。它是一条用条石砌成的陂坝，陂坝挡水以抬高水位，减缓流速，将抚河水引入中洲围灌区。现存的千金陂为明代天启年间修建，长约1100m，顶宽10余m，是长江中游典型的具有灌溉、水运、排涝、防洪等多功能的大规模砌石结构水利工程。新中国成立后新建的金临渠覆盖了孝义港灌溉范围，但千金陂坚实的陂体仍矗立在抚河岸边，为抚州市的城市防洪继续发挥着重要作用。

党　平　执笔

倪文进　审核

流域管理篇

积极践行水利改革发展总基调
为流域高质量发展提供坚强水利支撑保障

——2019年长江流域重点工作进展与成效

水利部长江水利委员会

2019年，水利部长江水利委员会（以下简称“长江委”）坚持以习近平新时代中国特色社会主义思想为指导，贯彻落实习近平总书记治水管水重要论述精神，在水利部坚强领导下，积极践行水利改革发展总基调，各项工作取得新成效。

一、夺取水旱灾害防御新胜利

2019年长江流域入汛早、超警洪水多，湘江、赣江等部分支流洪涝灾害严重，中下游地区涝旱急转，发生罕见的夏秋冬连旱。长江委加强监测预警，加密会商研判，强化科学调度。长江流域水工程联合调度规模由40座水库扩展至100座水工程，调度范围由上中游扩展至全流域。有效应对长江1号洪水、长江上游及汉江秋汛，联合调度40座水库拦蓄洪量462亿m^3。开展了1998年洪水调度推演和丹江口水库应急抢险联合演练。全年综合会商92次，启动应急响应7次，下发调度令48个，派出工作组32个100余人次，督促指导地方水旱灾害防御工作，成功处置了荆江大堤黄林垱管涌险情和四川省龙潭水电站漫坝险情。汛末有序蓄水，上游控制性水库群蓄水总量483亿m^3，三峡工程连续第10年顺利实现175m试验性蓄水目标。强化三峡、丹江口等水库抗旱补水调度，汛后控制性水库群累计补水63亿m^3。

二、加快补齐水利工程短板

编制完成《长江委贯彻落实水利改革发展总基调工作方案》《长江委

治江事业发展顶层设计》。湘江、资水等流域综合规划获批，《赤水河流域综合规划环境影响评价报告》通过审查，《澜沧江流域综合规划》进入批复。修订《汉江流域综合规划》，完成《长江经济带水资源保护与利用空间布局方案》并通过审查，提出《长江流域（片）“十四五”水安全保障规划思路报告》《长江上游干流宜宾以下河道采砂管理规划（2020—2025年）》并报水利部。加快推进流域重大水利工程前期工作，完成《引江补汉工程规划》和《南水北调中线在线调蓄工程方案》编制及审查；编制完成《洞庭湖四口水系综合整治工程项目建议书》；加快长江中下游崩岸重点治理，协调推进三峡水运新通道建设有关前期工作；推进长江流域全覆盖水监控系统建设前期审查及立项。完成丹江口水库水流产权确权试点工作，配合完成三峡水利枢纽升船机工程通航暨竣工验收，组织完成长江干流重点水域采砂视频监控系统竣工验收，主持完成西藏自治区拉洛水利枢纽及配套灌区工程、贵州省平寨电站阶段验收，推进南水北调中线水源工程验收工作。开展病险水库除险加固遗留问题和中小河流治理专项整治。

三、全面开展水利行业强监管

举全委之力，全年派出督查组、暗访组 280 多个，累计 1600 余人次，圆满完成小型水库安全运行专项督查、农村饮水安全暗访、河湖管理督查等 21 项重大督查专项。督查小型水库 3168 座，检查农村饮水工程 375 个，开展西藏等 6 省（自治区、直辖市）51 个水毁修复项目暗访。加强行政许可监管，对重庆等 5 省（直辖市）开展双随机抽查和新许可项目检查，专项督办 2018 年未整改到位项目，通报 2019 年现场检查发现的 75 个问题。严格质量监督和稽察，对汉江孤山水电站等 8 个工程项目开展质量监督；对云南等 3 省（直辖市）河道整治、枢纽工程等 23 个建设项目进行稽察和复查。首次发布长江流域水土保持年度公告，开展长江经济带 5 省（直辖市）生产建设项目水土保持监督执法，实现水利部管辖项目监督检查全覆盖。完成 5 省（直辖市）15 个县坡耕地现场调研，开展长江经济带禁垦陡坡地范围划定与公告工作试点。强化农村水利强监管，开展西藏等 5 省（自治区、直辖市）49 个贫困县农村饮水安全暗访调研。开展长江经济带

小水电清理整改工作的技术指导与调研督导，对四川省、重庆市小水电脱水断流问题，组织两轮现场核查并指导完成整改。

四、加大水资源管护力度

配合开展金沙江、沅江流域水量分配方案的审批及协调工作，全面启动新一批14条跨省江河流域水量分配方案编制。持续推进汉江等8条河流水量统一调度，超额完成南水北调中线年度供水任务，全年向北方供水71.27亿m^3，其中向华北地区生态补水10.84亿m^3，水质稳定达到或优于Ⅱ类标准。实施流域内210个控制断面最小下泄流量动态监管，全年日均流量满足程度在90%以上断面共188个。开展长江流域取水工程（设施）核查登记工作，共核查上报25.98万个取水工程（设施）名录，登记入库18.68万个。编制完成《长江流域水资源管理工作方案》《长江流域取水许可禁限批指导意见》。全面完成6省（自治区、直辖市）用水定额评估，编制完成3项用水定额，组织完成长江流域节水战略与节水评价体系研究，开展36个县（区）节水型社会达标建设复核，完成6省（自治区、直辖市）水利厅（局）节水机关建设验收，长江节水机关建设通过水利部验收。开展全国重要饮用水水源地安全保障达标建设调查与评估，督导贵州省贵阳市等城市备用水源建设。开展全国重要水功能区、全国重要饮用水水源地等重点水域水质监测。编制《长江流域重点河湖水生态水环境监测方案》《还江于鱼工作方案》，开展赤水河等重要河湖水生态监测和沱江河湖健康评估。组织编制《长江流域生态流量管理全覆盖工作方案》，编制完成汉江、岷江等10条河流生态流量（水量）保障实施方案，确定了长江流域第一批重点河湖42个主要控制断面生态流量目标成果。

五、加强河湖岸线保护

深入推进与交通运输部长江航务管理局、农业农村部长江流域渔政监督管理办公室和水利部太湖流域管理局合作，与湖北省高级人民法院、中国节能环保集团有限公司、中国长江三峡集团有限公司、江苏省南京市人民政府签署合作文件。依托河湖长制平台开展河湖“四乱”问题清理整治督查，暗访河段、湖泊2200多个，复核“四乱”问题1030个，新发现问题291个，对中共中央纪律检查委员会督办的163个重点问题进行三轮督查，已督促地方完成6172个问题的整改，完成率99.9%。开展对江西、湖南等4省23个地级市的88个黑臭水体清淤疏浚工作的调研。督促长江经济带11省（直辖市）完成1376处固体废物清理整治。持续推进长江干流岸线清理整治，基本完成729个违法违规岸线利用项目的拆除取缔工作；印发整改规范类项目论证审查要求，完成833个项目的省级审查意见复核，督促指导地方完成1498个项目整改，完成率90.1%。对16个涉及水域岸线管理的问题进行4轮现场调研督导。

六、推进依法治江管水

配合提出《长江保护法》修改建议。推行“谁执法谁普法”责任清单，落实法律顾问制度，依法妥善应对行政诉讼和行政复议。持续深化“放管服”改革，完成在线政务服务平台建设与水利部、国家平台的对接，全年办结193项行政审批事项，满意率100%。湘桂边界和平隧洞引水工程水事矛盾得到化解。开展河湖违法陈年积案“清零”行动、长江经济带水土保持专项执法、水利工程建设监理和甲级质量检测单位“双随机、一公开”检查，对长江干流、丹江口水库、陆水水库等重点区域涉水活动进行全面排查，现场检查督办违法违规项目180个，挂牌督办丹江口水库淅川通用机场非法围垦等一批违法项目。加强对重点江段的在线实时监控，加强暗访巡查和执法打击，始终保持对非法采砂的高压严打态势，全年巡江执法1495次、7768人次，暗访巡查87次，巡查江段5万余km，开展全江统一清江行动、专项打击行动3次，督促各地加大对“三无”采砂船的拆解和非法改建采砂船的管控，实施长江河道砂石采运管理单制度，推动疏浚砂综合利用及水库清淤砂利用，深化采砂管理部门合作，采砂管理秩序保持总体可控稳定向好。

七、增强科技支撑能力

编印《长江治理与保护重大问题研究顶层设计（2020—2025年）》，

建立重大问题研究项目库，发布《长江治理与保护报告（2019）》和《长江中下游干流河道演变报告（2018）》。牵头联合48家单位成立长江治理与保护科技创新联盟。全年荣获国际菲迪克奖、省（部）级科技奖、行业科技奖以及勘测设计与咨询奖等重大科技奖励50余项，其中国家科技进步奖特等奖1项、二等奖2项。获批国家与省（部）级重大科技项目（课题）近30项，其中国家重点研发计划项目1项、国家重大科研仪器研制项目1项。制定修订水利技术标准17部，获授权各类专利和软件著作权253项。新获批组建省（部）级科技创新基地4个，2个部级创新基地被水利部评估为优秀。成功举办长江技术经济学会第五届会员代表大会暨学术研讨会、第13届中韩水技术交流会，协办亚洲水理事会第10次董事会。加快推进国际合作项目，完成中国-东盟海上合作基金“澜湄水资源合作项目”。新增全国工程勘察设计大师2名，2人被授予全国技术能手。推进长江流域控制性水利工程综合调度支持系统等项目建设，首个5G水文站亮相武汉光博会，制定水利基础数据“一数一源”清单，大力实施信息化与水利业务深度融合，“水利一张图”应用深入推进，网络安全保障能力不断提升。

八、纵深推进全面从严治党

扎实开展“不忘初心、牢记使命”主题教育。压实全面从严治党主体责任，分类制定党建和党风廉政建设责任清单，签订责任书、承诺书。强化思想理论武装，夯实基层基础，贯彻落实《中国共产党支部工作条例（试行）》，开展支部建设提升年活动，严格党员教育管理。深化党风廉政建设，集中整治形式主义、官僚主义，开展领导干部违规经商办企业问题等专项治理，强化廉政教育，深化风险防控。开展委内政治巡察，抓好巡视巡察整改落实。加强干部队伍建设，机关公务员队伍建设取得实效，职务与职级并行制度有序实施。民主党派、共青团基层组织建设不断夯实。稳步推进机构改革，完成长江委机关内设机构调整，组建河湖保护与建安中心，完成水土保持科研所隶属关系调整。健全政务督查机构和机制，全年重点督办事项办结率达90%以上。长江委属企事业单位发展势头持续向好。长江委内帮扶工作成效显著，离退休文体活动有声有色，大院整体面貌焕然一新。大力弘扬新时代水利精神和长江委精神，广泛开展庆祝新中国成立70周年活动，积极筹备建委70周年系列活动，成功举办第八届“长江之春”艺术节，组织完成全国引领性劳动和技能竞赛有关项目。郑守仁院士荣获“最美奋斗者”和“最美水利人”特别奖称号，杨光煦同志荣获“全国离退休干部先进个人”称号，多个集体或个人荣获全国人民满意的公务员集体、全国五一劳动奖状、全国水利系统先进工作者和劳动模范等荣誉。

徐　磊　邓涌涌　执笔

戴润泉　审核

专栏五十五

发挥强监管利剑作用
推进治江事业高质量发展

水利部长江水利委员会

2019年是全面落实水利改革发展总基调的第一年，在水利部坚强领导下，在流域各地方大力支持配合下，水利部长江水利委员会（以下简称“长江委”）积极践行水利改革发展总基调，开展了一系列前所未有的强监管行动，取得了显著成效。

一、着力健全监管机制

及时调整工作重心，在思想上、行动上、作风上积极践行水利改革发展总基调，明确了“抓保护促发展、补短板强监管”的新时期治江工作定位，切实把水利改革发展总基调全面落实到治江工作中。快速组建监管机构，成立长江委水利督查工作领导小组，设立监督局，组建河湖保护与建设运行安全中心，增设督查处，配齐配强班子，精心选配人员，及时形成精干高效、上下联动的督查机构和队伍。全面加强委内统筹，将强监管作为年度工作重点，制定了长江委水利监督工作方案，多部门多单位强化协作，委领导以上率下，带队参加暗访督查，有力推动了监管工作落实。

二、全力推进监管行动

落实专项督查任务，克服时间紧、任务重等多种不利因素，派出督察组、暗访组280多个，累计达1600余人次，通过明察暗访等方式，圆满完成农村饮水安全暗访调研、水库超汛限水位运行情况现场核查等21项重大专项督查年度任务。抓好发现问题整改，坚持问题导向，采取制定工作方案、建立项目台账、约谈通报、回头看等措施，有力推动一大批问题的整改落实。加强内部工作监管，以财务、政务、安全生产为重点，规范管理流程，强化责任落实。通过开展财务审计动态监控和专项检查，及时纠正违规行为，规范了资金资产管理；通过加强重点工作督办，及时跟踪检查考核，提高了政务工作实效；通过加强安全生产监督检查，及时消除问题隐患，确保了全年安全稳定局面。

三、全面增强监管保障

强化工作谋划，针对每一项专项督查任务，专门研究制定工作方案，搭建工作交流平台，规范统一各类工作表单，优化工作流程，明确工作要求，做好动员部署，开展工作培训，及时解决遇到的问题，确保了监管工作效率和质量。发挥人才优势，组建专家团队，开办技术讲座，合理调配专家进行现场指导，加强前后方密切配合，及时会诊监管难题，有力发挥了长江委科技人才优势。提升技术手段，积极探索运用遥感影像、无人机、视频监控等新技术手段，完善了“水利一张图”、水行政许可、水资源管理、岸线核查和水土保持监督等系统，开发了小水库“一库一表”系统，健全了以最小下泄流量监管为核心的河道内水量管控平台，加强了流域各方信息共享，为强监管高效开展提供了有力的技术保障。

张兆松　执笔

戴润泉　审核

坚定不移践行水利改革发展总基调
凝心聚力建设幸福河

——2019 年黄河流域重点工作进展与成效

水利部黄河水利委员会

2019 年是黄河治理保护历史上具有重要里程碑意义的一年。习近平总书记两次考察黄河，亲自擘画黄河流域生态保护和高质量发展重大国家战略。水利部黄河水利委员会（以下简称“黄委”）深受鼓舞，以习近平新时代中国特色社会主义思想和习近平总书记重要讲话精神为指引，积极践行水利改革发展总基调，各项工作均取得新进展。

一、坚决落实党中央重大决策部署

把学习贯彻落实习近平新时代中国特色社会主义思想和习近平总书记在黄河流域生态保护和高质量发展座谈会上的重要讲话精神作为首要政治任务，黄委党组（扩大）学习 28 次，副局级以上干部 833 人次参加，委领导带队到基层单位宣讲 26 次，组织机关部门、委属单位专题学习研讨 4000 余次。加强顶层设计，编制了“四个确保”规划要点和思路报告，完成《黄河流域生态保护和高质量发展规划纲要》中水利主要内容的编制。

按照中央统一部署，分两批开展“不忘初心、牢记使命”主题教育，982 个党支部、1.7 万余名党员全体参加，召开 8 次推进会，统筹推进 4 项重点措施，解决了一批突出问题。抓好形式主义、官僚主义问题集中整治工作，采取 16 条整改措施，促进了作风转变。

落实习近平总书记关于乌梁素海生态治理的指示精神，实施应急生态补水 6.15 亿 m^3，湖区水质整体达到Ⅴ类标准。通过引黄入冀提供生态水量 13.7 亿 m^3，有力地支持了白洋淀生态修复、雄安新区建设和华北地下水超采区综合治理。助力打赢脱贫攻坚战，圆满完成水利部下达的重庆市巫溪县扶贫和援藏援疆援青年度任务。开展黄河流域6省（自治区）农村饮水安全暗访26次，检查71个县农村饮水工程335处，完成50个村水质抽检，为群众喝上放心水提供了保障。

二、水利工程补短板扎实推进

不断完善规划体系，完成黄河流域（片）“十四五”水安全保障规划思路、下游生态廊道建设规划、重要河段河道采砂管理规划等编制，伊洛河等3条支流综合规划获批。重大项目前期稳步推进，古贤项目完成16项前期要件报告编制和19件要件办理，禹潼河段“十三五”治理可行性研究报告获国家发展改革委批复。下游引黄涵闸改建可行性研究前置条件全部办理完成，南水北调西线工程前期论证重大问题研究报告通过审查。黄河下游防洪工程安全监测系统项目转入可行性研究阶段。在建工程项目进展顺利，黄河下游防洪工程主体完工，沁河下游治理和东平湖蓄滞洪区防洪工程全面完成，河南省渠村等7座病险水闸除险加固工程通过竣工验收。黑河黄藏寺枢纽工程建设用地获自然资源部批复，大坝开始浇筑混凝土。信息化建设持续推进，完成《“智慧黄河”实施方案》和《近期治黄信息化补短板、强监管行动方案》编制，完成国家水资源监控能力建设二期项目及29座涵闸在线监测项目年度任务，初步搭建业务领域全覆盖的信息互通平台。

三、流域行业强监管全面发力

完善监管工作体系，印发监督管理办法，组建河湖保护与建设运行安全中心，“1+1+6”监督体系基本建成。圆满完成水利部下达的督查任务，派出110多个督查组500余人次，完成小型水库安全运行、农村饮水安全等9项综合监管任务。强化流域河湖监管，完成“携手清四乱，保护母亲河”专项行动，清理整治9336个“四乱”问题，开展清河行动、两轮河湖管理督查，完成东平湖和17个水管单位直管河道划界。强化水资源监管，建立115个重点监管取水口台账，完成784个取用水单位和项目监督检查。强化水利工程监管，实现在建项目巡查和重点项目“飞检”全覆盖，41家水管单位实现水利工程维修养护市场化，国家级水管单位达到26个。强化水土保持监管，完成103项国家水土保持重点工程督查和450座淤地坝安全度汛暗访，开展109个水利部管生产建设项目监督检查和验后核查，首次对5省（自治区）省级水行政主管部门水土保持监管履职情况进行督查。强化资金监管，初步实现企事业财务线上实时监管，开展企业重大经营项目巡回督查，强化资产管理事项跟踪检查问效。强化行政事务监管，开发督查考核和评价系统，实现382项重点任务实时督办和动态管理。

四、防凌防汛抗旱取得新胜利

精细调度骨干水库，适时组织应急分凌，确保了防凌安全。汛前，及早谋划、全面夯实备汛基础。汛期，面对全河持续大流量洪水过程造成的全线吃紧形势，按照“一高一低”水库调度思路，实施水库群水沙联合调控，龙羊峡水库高水位拦洪削峰，三门峡、小浪底水库提前预泄腾空防洪库容，成功应对4次编号洪水和台风影响，确保了防洪安全。三门峡、小浪底水库累计排沙8亿t。后汛期，实现防洪防凌无缝衔接，龙羊峡水库连续两年达到2600m正常蓄水位，干支流骨干水库增蓄水量57亿m^3，多座水库发电创历史纪录。

五、水资源节约保护和调度管理成效显著

坚持节水优先，建立节水评价机制，完成2省（自治区）用水定额评估和2项节水标准定额编制。高质量开展黄委节水机关建设，以优异成绩通过水利部验收。开展34个县域节水型社会达标建设复核。强化水资源保护，完成17个全国重要水源地保障达标建设评估，开展了重点河段河湖健康评估。持续推进干流水资源科学调度、精细调度，全年供水350亿m^3，实现黄河连续20年不断流。持续加大生态调度力度，下游及河口地区生态系统进一步修复。加强黑河生态调度，实现东居延海连续15年不干涸。严格落实水资源管理制度，渭河等5条支流水量分配方案获批，对接近分水

指标的省（自治区）取水进行预警和限批。

六、依法治河与科技兴河稳步推进

加快治黄法规体系建设，探索建立河道管理联防联控机制和“河长+警长”河道监管模式，组建黄委万家寨水政监察支队。严厉打击水事违法行为，现场制止违法行为1941起，移送检察机关处置1400余起，完成24起积案整改任务，解决了一批“老大难”问题。科技支撑不断强化，完成《“十四五”黄河流域水安全及重大问题科技需求重点项目建议》，牵头的6项国家重点研发计划进展顺利，2项成果分获省部级科技进步特等奖和一等奖。水文测报能力持续提升，研发同位素在线测沙仪等，激光粒度分析仪器实现国产化，建成水文测验数据处理系统，17站雷达在线测流系统等投入使用。

七、全面从严管党治党扎实推进

深入学习习近平新时代中国特色社会主义思想，切实强化理论武装，引导广大党员干部进一步树牢“四个意识”、坚定“四个自信”、做到“两个维护”。制定《黄委党组成员向党组报告履行全面从严治党主体责任的办法》，评选表彰第二批39个“黄河先锋党支部”。修订廉政风险防控手册，集中整治形式主义官僚主义。全河各级共开展巡察、巡察整改“回头看”等39次，委党组首次进行提级巡察，有力推动了全面从严治党向基层延伸。加大纪律审查和问责力度，发挥了震慑作用。制定干部选拔任用、培养、管理办法，调整优化27个委管领导班子，举办中青年干部培训班，选派一批干部立体交叉交流。顺利完成机关机构改革，全面实施公务员职务职级并行，有序推进养老保险制度改革。

八、单位自身建设不断强化

落实“争、挣、帮”举措，弥补事业单位经费不足，保障事业单位正常运行和队伍稳定。实施对口帮扶提升工程，建立“第一书记”制度，不断增强困难单位发展后劲。强化行政事务监管，确保了各项决策部署落地。完成各类审计项目 402 个，推进新一轮审计全覆盖。全面落实安全生产责任制，开展专项行动和督查暗访，保持安全生产形势平稳。多种形式庆祝新中国成立 70 周年，切实加强习近平总书记考察黄河等重大专题宣传。持续加力单位创建，黄委机关顺利通过全国文明单位复核，连续 3 年荣获河南省综治和平安建设工作优秀单位，4 个基层单位获“全国青年文明号”等称号，8 个集体和 12 名个人被授予“全国工人先锋号”“全国水利系统先进集体、先进个人”等荣誉称号。

2020 年是推进黄河流域生态保护和高质量发展的开局之年，是“十三五”规划的收官之年，黄委将以习近平总书记重要讲话精神为指引，全面落实“十六字”治水思路，积极践行水利改革发展总基调，统筹推进“四个确保”“一个传承”，切实抓好贯彻落实习近平总书记重要讲话精神顶层设计，持续推进规划体系、重大项目前期、重大工程建设管理、信息化建设等水利工程补短板，全面加强对河湖、水资源、水工程、水土保持、资金、政务等监管力度，全力做好水旱灾害防御、水资源节约保护与调度管理、依法治河和科技兴河等工作，确保黄河防洪安全、供水安全、生态安全。扎实推进全面从严治党，持续深化“规范管理、加快发展”，为把黄河建设成造福人民的幸福河而不懈奋斗！

向建新　张焯文　李　萌　执笔

苏茂林　审核

专栏五十六

黄河实现连续20年不断流

水利部黄河水利委员会

通过水量统一调度与管理，截至2019年8月12日，黄河成功实现连续20年不断流。

20年来，在水利部的有力领导下，水利部黄河水利委员会（以下简称“黄委”）协同流域各方综合运用行政、法律、工程、科技、经济5项措施，克服了来水持续偏枯、用水需求逐年增大、多次发生区域性严重干旱、电调与水调协调难度大、生态用水保障要求越来越高等困难和挑战，彻底扭转了下游频繁断流的局面，使黄河成为世界大江大河保护治理的生动范例。

20年来，黄河以占全国2%的河川径流量，养育了全国12%的人口，灌溉了全国15%的耕地。黄河还为60多座大中城市、340个县（市、旗）以及区内重要能源基地提供了水源保障，支撑流域经济社会发展，确保了流域供水安全、生态安全、粮食安全、能源安全。

20年来，黄河生态廊道功能进一步凸显，累计超过6000亿m^3的水量滋养了干旱缺水的西北华北大地，辐射流域面积75万km^2的绿水青山，固守了北方生态安全的屏障。黄河三角洲自然保护区湿地明水面积由原来的15%增加到现在的60%，自然保护区鸟类增加到368种。

20年来，通过引黄供水工程，黄河还为山东省青岛市、天津市、河北省等地区输送宝贵水资源累计160亿m^3。其中，引黄济青20次，累计送水39.75亿m^3，黄河水成为青岛市的主要用水来源，使高氟、咸水区的居民喝上了正常水；引黄济津7次，累计送水55.47亿m^3，保证了天津城市供水安全，改善了水生态环境；引黄入冀补淀17次，累计送水71.43亿m^3，“华北明珠”白洋淀再现烟波浩渺、荷红苇绿的胜景。

党的十八大以来，黄委认真落实中央“十六字”治水思路，积极践行水利改革发展总基调，在完善国家统一分配水量、省（自治区）负责配水用水、用水总量和断面流量双控制、重要取水口和骨干水库统一调度模式的同时，持续强化科学调度和监督管理，多次化解流域及相关区域旱情，为流域生态安全和高质量发展贡献“黄河担当”。2017 年起，黄委积极响应国家发展大计，持续通过引黄入冀补淀工程为雄安新区生态补水，有力助推了雄安新区水城共融、绿色发展。

2018 年 3 月 5 日，习近平总书记参加十三届全国人大一次会议内蒙古代表团审议时，做出加强呼伦湖、乌梁素海、岱海等重点湖泊污染防治的重要指示。同年，黄委开始向乌梁素海实施生态应急补水，2018—2019 调度年，黄委利用水情较好的有利条件，经水利部批准，首次专门分配了 20 亿 m^3 河道外生态用水，为实施向乌梁素海、白洋淀等河道外湖泊、湿地应急生态补水预留指标。截至 2019 年底，已向乌梁素海累计补水 12.09 亿 m^3，湖区水域面积扩大，水质明显好转；鱼类从前些年几乎绝迹恢复到目前的 20 余种，鸟类也达到 264 种，数量恢复至 600 余万只，疣鼻天鹅从 2000 年的 200 余只发展到现在的近 1000 只。

于松林　张　帆　执笔

苏茂林　审核

坚定不移践行水利改革发展总基调 奋力谱写新时代淮河保护治理新篇章

——2019 年淮河流域重点工作进展与成效

水利部淮河水利委员会

2019 年，在水利部党组的正确领导下，水利部淮河水利委员会（以下简称“淮委”）积极践行水利改革发展总基调，加快推进进一步治淮，持续强化流域水利监管，取得了淮河保护治理工作新成效。

一、全面推进重点工程建设，水利工程补短板取得突破性进展

聚焦加快补齐淮河保护治理短板，全力做好重大项目前期工作的审查、审批，淮河干流王临段、洪汝河治理等 4 项工程可行性研究获批，淮河入海水道二期工程可行性研究已通过国家发展改革委委托评估。强化对进一步治淮和节水供水重大水利工程监管，积极协调攻坚解决省界段工程矛盾，淮河干流正峡段等 8 项工程新开工建设，淮河流域 4 座在建大型水库全面建成，淮河干流蚌浮段主体工程基本完工，引江济淮主体工程全线推进。14 项工程完成竣工验收，14 项重大水利工程通过阶段验收。2019 年，进一步治淮 38 项工程可行性研究已批项目总投资新增 281 亿元，增幅 31.19%，可行性研究获批、新开工建设、验收数量均为近年来之最。进一步治淮工程已开工 32 项，其中 8 项全面完成、4 项基本完成、4 项竣工验收。

二、高度聚焦水利专项督查，流域行业强监管取得显著成效

启动淮河流域重要河道岸线保护与利用规划和采砂管理规划编制并完成初步成果，完成直管水利工程与河湖划界 2690km，不断夯实监管基础。圆满完成水利部交办的小型水库安全运行等 12 项重点领域督查暗访，扎实

开展了水土保持重点工程等 18 项业务领域监督检查。2019 年，淮委累计派出 244 组次、1364 人次开展各类督查，发现各类问题 9590 个，上报水利部督查成果 158 份，形成“一省一单”整改报告 11 份。扎实推进流域各省和直管河湖“清四乱”，流域 4 省共清理整治“四乱”问题 6040 个，直管河湖共清理整治“四乱”问题 2076 个，解决了一大批侵占河湖、破坏河湖的“老大难”问题。开展淮河干流及直管河湖采砂管理巡查 17 次，严肃调查处理“非法采砂”举报问题 6 起，沂沭泗直管河湖实施全线禁采，采砂管理持续稳定可控。着力抓好流域水事违法陈年积案“清零”行动，梳理建档陈年积案 139 起、完成督导整改 74 起。

三、主动服务国家重大战略和流域高质量发展，治淮对经济社会发展的保障能力得到新提升

全力推进、按期完成《南水北调东线二期工程规划报告》编制并通过水利部审查，及时成立淮委南水北调东线二期工程前期工作领导小组，积极推进可行性研究报告编制等前期工作。积极参与编制《南水北调中线在线调蓄工程方案》，深度参与、编制完成了大运河河道水系治理管护、长江经济带水资源保护与利用空间布局等重要规划和方案。成立淮委推动淮河生态经济带发展水利保障工作领导小组，印发水利重点任务工作方案，细化了 21 项重点任务。积极参与淮河生态经济带城市合作办公室、水利专业委员会等重要组织机构工作，为流域协调发展贡献淮委力量。研究提出“十四五”期间流域水安全保障的发展目标和主要任务，编制完成流域规划思路报告。扎实做好安徽省淮河行蓄洪区及淮河干流滩区居民迁建年度方案审核以及淮河干流峡涡段方案论证等相关工作，推动项目立项实施，积极寻求政策支持和财政支持，有效推动行蓄洪区安全建设，为行蓄洪区脱贫攻坚提供了坚实水利保障。

四、坚持“合理分水、管住用水”，水资源最大刚性约束作用愈加凸显

全面完成淮委节水机关建设任务并通过水利部验收，积极推动淮委系

统节水机关建设。完成对河南省、安徽省46个县域节水型社会达标建设复核。完成淮河流域第三批3条重要跨省河流水量分配方案编制并报送水利部，启动第四批5条重要跨省河湖水量分配方案编制，积极推动地方做好已批分配方案水量逐级分配和跨市县江河水量分配。持续加强南水北调东线一期工程水量调度监管，2019年度向山东省调水8.44亿m^3，6个年度累计调水超过40亿m^3，水质稳定保持地表水Ⅲ类以上标准。积极探索开展沂河、沭河水量调度试点，全面启动淮河、沙颍河等5条主要跨省河流及引江济淮工程水量调度方案编制。制定淮河流域县域水资源承载能力控制指标。持续加强流域地下水超采治理监督管理。启动流域主要跨省河湖取水工程（设施）核查，完成南四湖299处取水口门核查并登记入库。部署开展淮河等7条跨省河流重点取水口名录和台账建设工作，形成流域第一批197个重点监管取水口"一口一账"初始台账和动态台账。持续开展重要饮用水水源达标建设评估，深入推动重要饮用水水源地安全保障达标建设。继续实施生态流量试点跟踪评估，组织对"七河三湖"生态流量（水位）进行逐日监控，推动落实重要河湖生态流量（水量）保障工作。

五、坚守水旱灾害防御底线，防汛抗旱工作取得新成效

2019年，受台风"利奇马"强降雨影响，沂河、沭河分别发生编号洪水。淮委持续加强监测预报预警，滚动会商分析研判，及时启动应急响应，充分发挥沂沭泗河东调南下防洪工程作用，采取控、泄、分、蓄等综合措施，科学调度控制性枢纽工程。洪水到来前，提前开启刘家道口枢纽、大官庄枢纽、嶂山闸等预降河湖水位，把握防洪主动；洪水调度中，适时开启彭道口闸、新沭河闸东调洪水入海，有效减轻骆马湖及新沂河防洪压力；调度嶂山闸，合理控制骆马湖水位，确保了沂沭泗河洪水安全下泄。受降雨持续偏少影响，流域出现阶段性中旱—重旱、局地特旱，淮河中下游部分地区出现60年一遇气象干旱。加强水情、土壤墒情及旱情监测预警，派出工作组赴受旱地区检查指导抗旱工作，加强南四湖等重要湖泊用水监管，合理利用雨洪资源，骆马湖洪水调度兼顾向洪泽湖及周边地区

补水，汛期累计补水10.15亿m^3，有效缓解洪泽湖生态及周边地区抗旱用水压力。

六、持续深化综合管理与改革，流域行业能力建设进一步加强

印发实施《淮委工作规则》等18项重要制度，进一步提升淮委工作制度化规范化科学化水平。稳步推进参公人员职务与职级并行，进一步拓宽参公人员晋升渠道。深入开展干部监督专项整治集中检查，严格执行个人有关事项报告制度，进一步清理规范领导干部社团兼职，持续加强因私出国（境）管理。加大优秀年轻干部选拔力度，共提拔任用处级干部25名，其中40岁以下年轻干部占比36%。持续加大高层次创新人才培养，2人入选水利国际化人才合作培养项目。直属企业聚焦治淮中心，积极开拓市场，发展总体平稳。中水淮河规划设计研究有限公司等企业联合实现工程总承包业务重大突破；淮河水利水电开发有限公司积极参与“一带一路”沿线孟加拉国建设，海外业务实现零的突破；投资公司建设完成并上线运行电子招投标交易平台。

七、不断加强科技创新和对外交流合作，治淮支撑能力得到有效提升

积极跟进国家重点研发计划“淮河干流河道与洪泽湖演变及治理”等项目进展。编制完成《智慧淮河总体实施方案》，全面完成淮委国家水资源监控能力建设二期项目、淮委国家防汛抗旱指挥系统二期工程项目建设任务。完成淮委综合管理信息化资源整合与共享项目，建成信息化“五个一”应用服务体系。基本建成淮委综合应用门户，移动互联办公应用APP正式上线并运行稳定。完成网络安全能力提升与IPv6网络设备改造项目初步设计。组织召开淮河流域规划治理与展望座谈会，提出实现“六个淮河”的目标，形成了“合肥共识”。启动实施青年骨干出国培训和研修行动，首次选派16名青年技术人员赴荷兰进行水资源环境管理与灾害风险应对技术培训。

八、牢牢把握正确政治方向，全面从严治党呈现新气象彰显新作为

持续深化对“十六字”治水思路的认识，自觉把淮河保护治理放在党和国家工作全局中思考、谋划、推动和落实，确保了党中央各项决策部署在淮委落地生根，形成生动实践。制定印发淮委党组加强党的政治建设16项落实措施、全面从严治党主体责任清单等，进一步严明了党的政治纪律和政治规矩。抓实机构改革期间党建工作，全面完成基层党组织标准化建设验收。扎实开展“不忘初心、牢记使命”主题教育，共计102个基层党组织和1555名党员参加两批主题教育，深入开展形式主义官僚主义问题集中整治。举办践行新时代水利精神演讲比赛、余元君同志先进事迹报告会等系列活动，进一步弘扬了新风正气。

2020年，淮委将积极践行水利改革发展总基调，推动水利工程补短板再掀新高潮、水利行业强监管再上新台阶，为流域全面建成小康社会提供更加坚实的水安全保障。

郑朝纲　执笔

肖　幼　审核

专栏五十七

科学调度 全力防御2019年沂沭河洪水

水利部淮河水利委员会

受台风“利奇马”影响，2019年8月10—11日，淮河流域沂沭泗河水系普降大到暴雨，平均降水量141mm，占8月常年均值的85%。其中，临沂以上平均降水量224mm，沂沭河中上游、邳苍区平均降水量200mm以上。受强降雨影响，沂河、沭河分别发生编号洪水，沂河港上站、中运河运河镇站出现1974年以来最大洪峰，新沂河沭阳站出现超历史洪水水位。

水利部淮河水利委员会（以下简称“淮委”）认真贯彻落实中央领导指示批示精神，积极践行“十六字”治水思路和水利改革发展总基调，按照水利部部署，加强预测预报预警，强化会商分析研判，充分发挥沂沭泗河东调南下防洪工程作用，采取控、泄、分、蓄等综合措施，科学调度控制性枢纽工程，会同流域有关省成功防御了沂沭河洪水，最大程度保障了流域防洪安全。

一是密切监视、及时响应，全力做好应对防范。淮委密切监视台风“利奇马”动向，滚动会商分析，准确研判对流域沂沭泗河水系可能造成的影响，及时发布预警信息。及时启动应急响应，派出多个工作组赴一线检查指导台风强降雨防范和洪水防御工作。

二是加强监管、科学研判，提前预泄腾库迎洪。汛期，淮委强化对流域内323座大中型水库、沂沭泗直管河湖等汛限水位和调度运用监管，按规定严格控制湖库水位。沂沭泗河洪水到来前，通过加强监测预报、加密会商研判，提前开启沂河刘家道口枢纽、沭河大官庄枢纽、骆马湖嶂山闸等，预降河湖水位，迎接上游来水。

三是东调南下、合理分泄，有效减轻下游压力。视沂沭河来水情况，沂河洪水利用彭道口闸尽量东调，沭河与沂河东调洪水利用人民胜利堰闸控泄，尽量通过新沭河闸东调入海。通过调度，减少沂河洪水入骆马湖 1.12 亿 m^3，降低骆马湖起调水位 0.4m，有效减轻沂河下游及骆马湖至新沂河沿线防守压力。

四是综合协调、精准调度，合理控制骆马湖水位。提前预泄骆马湖洪水为沭河错峰，嶂山闸最大下泄流量 $5020m^3/s$，为 1974 年以来最大泄洪流量。受嶂山闸泄洪、沭河洪水及区间涝水共同影响，新沂河沭阳站出现超历史水位洪水，为减小新沂河行洪压力，分两次压减嶂山闸泄量至 $4000m^3/s$、$2000m^3/s$，进行削峰滞洪。通过精准调度嶂山闸，新沂河沭阳站最大流量 $5900m^3/s$，骆马湖最高水位 23.72m，实现了预期调度目标。

五是统筹兼顾、合理调配，有效利用雨洪资源。为缓解洪泽湖旱情，合理利用雨洪资源，骆马湖洪水调度兼顾向洪泽湖补水，汛期累计补水 10.15 亿 m^3，有效缓解洪泽湖生态及周边地区抗旱用水压力。

李开峰　执笔

肖　幼　审核

践行总基调　展现新作为
奋力谱写海河流域水利事业发展新篇章

——2019 年海河流域重点工作进展与成效

水利部海河水利委员会

2019 年，水利部海河水利委员会（以下简称“海委”）认真学习贯彻“十六字”治水思路和习近平总书记在黄河流域生态保护和高质量发展座谈会上的重要讲话精神，深入落实水利改革发展总基调，补短板、强监管全面发力，全面从严治党纵深推进，各项事业取得新成绩。

一、流域“强监管”有力有效

一是河湖监管持续发力。派出 15 组次、122 人次，开展了两轮督查，实现了京津冀晋 22 个设区市规模以上河湖全覆盖，发现问题 309 个，其中 51 个较严重问题以“一省一单”反馈地方整改，对河南省安阳市漳河峡谷湿地公园、河北省大沙河非法采砂、北京市永定河违建等 9 起河湖重大事件持续督导。着力解决直属河库管护重点难点问题，销号直属河库“四乱”问题 850 个。出台了京津冀省际边界河流水行政联合执法与巡查制度，深入开展违法陈年积案“清零”行动，坚决制止和查处各类水事违法行为。

二是水资源监管扎实有效。落实最严格水资源管理制度，制定了《海河流域水资源管理工作方案》，积极推进跨省河流水量分配，完成流域水资源监控管理信息平台试运行。开展了京津冀晋 2019 年水资源管理和节水监督检查，依法查处了河北省承德市宽城县城区水源建设工程违规取水案件。完成京津冀晋用水定额评估和 20 个县（区）节水型社会达标建设复核，扎实推进节水机关建设和高校合同节水，海委节水机关建设顺利通过水利部验收。

三是水利专项监管全面展开。构建了“1+1+N”的行业监督队伍体系，坚持“四不两直”“三自一包”，派出127组次、463人次，完成小型水库、水闸安全运行、农村饮水安全、山洪灾害防御、水毁修复等1346个项目的暗访督查，精准发现问题，有效传导压力，行业监管威慑力明显增强。深入开展流域重大水利工程建设和中小河流治理督导检查，督促项目法人依法依规、保质保量完成建设任务。强化水利部批准项目水土保持全过程监管，开展了津晋蒙水土保持监管履职督查，完成117个县水土流失动态监测，遥感影像监测精准度大幅提升。

四是资金和政务监管不断加强。全面实施《海委中央级预算项目实施方案》，将绩效管理贯穿于目标管理、运行监控、绩效评价全过程，进一步强化“用钱必问效、无效必问责”的硬约束。开展各类审计121项，加大问题通报力度，严控基层资金违规风险。印发《海委督办工作管理办法》等3项制度，全面建立“有机构、有制度、有举措、有考核、有奖惩”五位一体督办体系，9项水利部督办事项圆满办结，117项海委督办事项顺利完成。

二、流域“补短板”稳步实施

一是不断优化水资源配置。北京冬奥会水资源保障方案正式印发。编制了《南水北调东线二期工程规划》《南水北调中线在线调蓄工程方案》，推动南水北调东线一期工程北延应急供水工程开工建设。圆满完成流域第三次水资源调查评价，监督南水北调中线一期水量调度计划执行，全年向京津冀供水44.92亿m^3；强化海委所属工程水量调度管理，安全供水17.22亿m^3。

二是扎实推进水生态修复。积极推进华北地下水超采综合治理，推动实施滹沱河、滏阳河、南拒马河地下水回补试点，累计回补地下水13亿m^3；圆满完成南水北调东线一期北延应急试通水工作，补水6868万m^3；启动了华北地下水超采综合治理信息管理系统建设。积极推进实施永定河综合治理与生态修复年度任务，组织两次向永定河下游生态补水，累计补水3.31亿m^3，水头到达卢沟桥以下14km。编制了白洋淀、七里海和滦河、永定河、卫河生态水量保障实施方案，深入推进了潘家口、大黑汀、岳城水库水源地保护工作。

三是着力提升防洪排涝能力。编制了《海河流域防汛抗旱水利提升工程实施方案》，持续推进永定河、大清河、北运河等15条骨干河道治理，加大蓄滞洪区建设、中小河流治理、病险水闸除险加固等推进力度，四女寺北闸除险加固工程、大江大河水文监测系统（一期）开工建设，卫运河治理工程竣工验收，卫河干流治理工程正式立项，海河防潮闸除险加固、漳河上游石梁下交漳至观台河段水毁及控导治理工程等项目前期工作进展顺利。

四是加快网信事业发展。深入落实“七个一”总目标，编制了智慧永定河技术方案和北方地区智慧流域典型设计，启动编制“智慧海河”方案。积极推进永定河实时监控与调度系统、海委网络安全能力提升等项目建设，与华为技术有限公司签署了框架合作协议。出台了《海委网络安全管理办法》，建立了网络安全责任人名录和漏洞隐患发现、处置、问责工作机制，实施“僵尸系统”清理整治，网络安全防范能力大幅提升。

三、水旱灾害防御工作全面加强

深入落实国家防总部署，组织召开2019年海河防总工作会议，压实工作责任。启动海河防总防汛应急响应3次，会商21次，派出工作组8个，成功应对了“利奇马”等强台风和暴雨考验。编制《2019年雄安新区起步区安全度汛方案》并获批，确保雄安新区度汛安全。严格水库汛限水位监管，首次实现流域32座大型水库检查全覆盖。与中国气象局、天津市气象局签署了战略合作协议，印发了《海河流域汛期水文应急测报预案》，不断提升“以测补报”能力。推进水工程防灾联合调度系统建设，编制了大型水库调度运用计划、主要河系洪水调度方案，开展了漳卫河系防洪调度演练，水旱灾害防御能力进一步提升。

四、能力建设显著提升

落实“放管服”改革要求，修订《海委实施水行政许可工作管理规定》，优化行政许可流程，完成各类许可事项78项。进一步深化水管体制改革，50%的水管单位开展了维修养护市场化招投标。有序推进海委所属企业改革。实施参公机关职务与职级并行，选拔首批8名专业技术领军人才和13名青年拔尖人才，启动了第三批干部双向交流，充分利用援藏、援疆、扶贫等渠道培养锻炼优秀年轻干部。在水利部大力支持下，防汛调度楼修缮全面完工，机关面貌一新，办公环境显著改善。全面落实了医疗、养老保险并轨，推进机关食堂服务提档升级。《海委志》编纂完成，圆满完成水利部进驻式保密检查。内部运行机制不断完善，离退休服务管理进一步加强，青年、工会和妇女组织发挥作用明显，水利宣传、档案管理、信息通讯、后勤服务保障有力。

五、全面从严治党纵深推进

按照中央和水利部党组部署，分两批次开展“不忘初心、牢记使命”主题教育，范围涵盖海委党组和184个基层党组织、2315名党员。海委党组率先垂范，坚持“学、研、查、改”，取得了显著实效。狠抓主体责任落实，层层传导压力，及时提醒纠偏，确保基层单位主题教育不偏、不空、不虚。出台了全面从严治党主体责任清单，完成形式主义、官僚主义等26项问题整改。再次修订落实中央八项规定精神实施办法，对领导干部经商办企业进行全面排查。召开廉政警示教育大会，通报违法违纪问题，依规公开相关信息。出台海委党组、纪检组《关于加强沟通协调形成全面从严治党合力的意见》，推动主体责任和监督责任同频共振、同向发力。充分发挥巡察利剑作用，开展了形式主义、官僚主义问题专项巡察，实现首轮政治巡察全覆盖。综合运用监督执纪“四种形态”，14名党员干部受到党纪政纪处分，18名党员干部受到批评教育、谈话提醒，持续推进管党治党从“宽松软”到“严紧硬”。

2020年，海委将以习近平新时代中国特色社会主义思想为指引，认真落实全国水利工作会议部署，牢牢把握“十六字”治水思路，坚定不移贯彻落实水利改革发展总基调，统筹谋划好“十四五”流域水利改革发展任务，在“强监管”上集中发力，在“补短板”上提质升级，不断推动海河水利改革发展取得新成效，为流域高质量发展、全面建成小康社会提供坚实的水安全保障。

魏广平　执笔

王文生　审核

专栏五十八

《海河流域水安全保障方案》落实成效初显

水利部海河水利委员会

2019 年4 月26 日《海河流域水安全保障方案》印发以来，水利部海河水利委员会会同流域各地深入推进各项任务落实，取得显著成效。

一是华北地区地下水超采综合治理全面展开。《华北地区地下水超采综合治理行动方案》正式印发，京、津、冀 3 省（直辖市）围绕“节、控、调、管”，有力推动各项任务落实。据统计，中央财政安排资金 42.8 亿元，京、津、冀 3 省（直辖市）自筹资金 27.47 亿元，全力推进华北地区地下水超采综合治理。圆满完成了南水北调东线一期工程北延应急试通水工作，补水 6868 万 m^3。开展了河湖地下水回补试点，滹沱河补水约 8.1 亿 m^3、滏阳河补水约 3.5 亿 m^3、南拒马河补水约 1.6 亿 m^3。

二是重点河湖综合治理与生态修复成效显著。永定河综合治理与生态修复取得阶段性成效，两次实施向官厅水库生态补水，实现了黄河与永定河的历史性“牵手”，累计补水 3.46 亿 m^3，水头到达卢沟桥以下 14km 处，生态补水规模和河段通水长度达到近年之最。南水北调中线一期工程全年向京津冀安全供水 44.92 亿 m^3。《白洋淀生态环境治理和保护规划（2018—2035 年）》和《白洋淀生态环境治理和保护条例（草案）》出台。开展了引黄入冀补淀工作，白洋淀水位最高达 7.3m，淀区面积恢复到 311km^2，水生态环境明显改善。

三是南水北调后续工程建设全面提速。南水北调东线一期工程北延应急供水工程正式开工建设。编制完成了《南水北调中线在线调蓄工程方案》，《南水北调东线二期工程规划》通过水利部水利水电规划设计总院技术审查。根据最新规划成果，南水北调东线二期工程覆盖海河流域京、津、冀、鲁的 7 个地级市及 64 个县（区、市），多年平均可净增调水量

36.36 亿 m^3。

四是重点区域防洪体系建设加快推进。北京城市副中心防洪工程建设进展顺利，北运河通州段综合治理工程开工建设，温榆河综合治理工程、宋庄蓄滞洪区二期建设工程加快推进。南拒马河防洪治理工程开工建设，白沟引河右堤防洪治理工程、新安北堤防洪治理工程、萍河左堤防洪治理工程、新盖房枢纽改扩建工程进入施工准备。北京新机场防洪工程包括北小埝加高加固、东张务湿地蓄滞洪区建设、新机场雨洪蓄滞工程、天堂河扩挖、天堂河改道段右堤加高加固等，全面完成并通过竣工验收。

五是流域重点基础工作不断夯实。海河流域庆云闸、献县闸、新盖房闸和团泊洼等 4 座基岩标顺利建设完成，108 处重要水工建筑物校测完成。海河流域 32 个代表站径流系列延长和设计径流计算、60 个代表站常规设计洪水修订、16 个代表站下垫面变化对设计洪水影响修订全面完成并通过水利部水利水电规划设计总院审查。海河流域第三次水资源调查评价完成初步成果。

魏广平　执笔
王文生　审核

全面践行水利改革发展总基调 开创珠江治水兴水新局面

——2019 年珠江流域重点工作进展与成效

水利部珠江水利委员会

2019 年，在水利部党组的坚强领导下，水利部珠江水利委员会（以下简称“珠江委”）以党的建设为引领，深入学习习近平总书记治水重要论述精神，全面落实水利改革发展总基调，凝心聚力、务实奋进，为助推流域高质量发展提供坚实的水利支撑和保障。

一、坚持党建引领，贯穿一条主线

以习近平新时代中国特色社会主义思想为指引，以加强党的建设为主线，推动党建与业务工作深度融合。深入开展形式主义、官僚主义集中整治，认真落实水利部党组第二巡视组巡视整改要求，扎实开展“不忘初心、牢记使命”主题教育。学习贯彻习近平总书记治水重要论述精神，全面践行水利改革发展总基调，紧密联系流域治水实际，开展水灾害、水资源等新老水问题调研，提出落实大保护大治理等 4 大工作举措，进一步理清思路，谋划流域治理保护的顶层设计。

二、强化履职尽责，突出三个重点

（一）水旱灾害防御工作扎实有效

2019 年珠江共发生 32 场次强降雨，2 个台风正面登陆，呈现“东多西少”、旱涝并存、局地强降雨突出、中小河流洪水多发的特点。面对严峻的水旱灾害形势，珠江委切实做好监测预报预警、工程调度和防汛抢险技术支撑等各项工作，确保防洪安全。强化应急值守和预报预警，先后发布洪水预警20次，发送防汛及预警信息20万余条，启动应急响应7次，派出15个工作组。强化水库群科学调度，累计拦蓄洪水120亿m^3，有效应对了西江、韩江4次编号洪水，保障大湾区防洪安全和大藤峡水利枢纽工程施工度汛安全。强化水库安全度汛监管，对流域内807座大中型水库进行实时监控，对违规超汛限运行的水库及时督促整改，确保水库安全。

（二）着力抓好粤港澳大湾区水安全保障

抓好顶层设计，编制完成粤港澳大湾区水安全保障规划，科学谋划未来一个时期大湾区水安全保障的目标任务。2019年是澳门回归祖国20周年，保障澳门供水安全意义重大，精心组织开展珠江枯水期水量调度，连续第15年确保供水安全。编制完成2019年粤港澳大湾区防洪安全保障方案，建立流域预报预警和调度协调机制，确保重点保护对象防洪安全。

（三）大藤峡水利枢纽工程成功实现大江截流

围绕大藤峡水利枢纽工程大江截流目标，珠江委举全委之力指导督促广西大藤峡水利枢纽开发有限责任公司做好各项工作。一是督促加快左岸主体工程和右岸施工准备工程建设进度，细化实化截流前各项施工准备，确保大江顺利截流；二是指导编制年度施工度汛方案，压实各方责任，确保工程度汛安全；三是加快推进法人验收及质量评定，科学编制截流及蓄水方案，做好突发状况应急预案，确保工程安全。2019年10月26日，大藤峡水利枢纽提前1个月成功实现大江截流，黔江水流由已建成的左岸泄水闸平稳下泄，标志着大藤峡水利枢纽工程一期主体工程按节点完成、二期工程正式启动。

三、推进水利改革发展总基调落地生根，抓实六个方面

（一）行业监管全面加强

珠江委把落实强监管作为首要任务，创新督查工作方式方法，建立自主督查工作机制，加强督查队伍建设。开展各类督查任务17项，派出督查组296组次，督查各类水利工程2514处，暗访行政村426个，暗访贫困户415户，督查河段湖片1338个，发现各类问题5266项。流域水利工程管理面貌逐步好转，地方“强监管”氛围日益浓厚。

加强宣贯，准确把握水利改革发展总基调。为进一步深化对水利改革发展总基调的理解认识，举办专题学习讲座，传达水利部专题培训班精神，围绕水资源管理、监督检查、工程建设等 9 个方面，提出珠江流域贯彻落实水利改革发展总基调的思路举措，取得良好效果。

重拳出击，河湖监管动真格。加大对河湖违法项目的查处力度，强力督促拆除柳江河段 12 栋水上别墅和港湾人家饭店等违法建筑。通过柳江拆除行动，进一步强化水利行业强监管的社会共识，对流域河湖管理起到示范效应。

推进智慧监管，打造水土保持监管利剑。在全国率先开展水利部管在建生产建设项目“天地一体化”技术监管示范工作，实现项目施工过程水土流失、水土保持措施实施情况全过程监管，提升了检查深度和工作效率。

（二）水资源刚性约束不断强化

落实水资源刚性约束要求，编制完成《珠江委落实“把水资源作为最大的刚性约束”实施意见》，提出流域水资源管控目标和主要措施。

坚持节水优先。全面落实国家节水行动，制定珠江委落实国家节水行动工作方案，完成珠江委节水机关创建工作并通过水利部验收，探索总结了南方地区可推广可复制的节水机关建设模式。

推进合理分水。以落实跨省河流水量分配和水量统一调度为抓手，全面启动已批准水量分配方案的 6 条跨省河流水量调度，启动第三批 5 条跨省河流水量分配方案编制。西江水量分配方案即将获批。

切实管住用水。严格取水许可审批，加大对违规取水行为的查处力度，坚决抑制不合理用水需求，真正做到以水定需。完成云南、贵州、广西、广东、海南 5 省（自治区）用水定额评估。

落实“重在保护”。强化水资源监测，完成重要饮用水水源地水质监测，特别是对港澳供水的 2 个重要饮用水源地的全年逐月监测。研究确定东江、韩江主要控制断面生态流量，提出生态流量管控目标和保障措施。

（三）水利工程补短板稳步推进

加快大藤峡水利枢纽工程建设，推进流域其他节水供水重大工程建

设，25 项流域节水供水重大工程已开工 23 项。指导地方加快珠江三角洲水资源配置工程建设，组织广西壮族自治区、广东省加快环北部湾水资源配置工程前期工作，促进澳门有关方面加快完成澳门内港挡潮闸前期工作。稳步推进省界水资源监测站网、磨刀门出口水域模拟试验设施等项目实施。

（四）珠江水量调度条例立法取得重大进展

《粤港澳大湾区发展规划纲要》明确要求，要加快制定珠江水量调度条例，严格珠江水资源统一调度和管理。为此，珠江委全力推进珠江水量调度条例立法工作，成立立法工作小组，开展立法调研、专家咨询、征求意见等，并多次召开主任办公会审议，完成条例草案及立法必要性与可行性报告等多个专题并报水利部，配合做好征求意见稿的修改和解释工作。

（五）流域与区域水利发展协作迈上新台阶

组织召开第八届泛珠三角区域水利发展协作会议，联合“9+2”各方签署行动倡议，并就有关制度达成共识。以韩江流域作为试点，推进探索建立跨省河流河长联席会议机制。积极主动参加广东广西推进珠江-西江经济带发展规划实施联席会议、2019 年泛珠三角区域合作行政首长联席会议等，加强汇报沟通，协调推进涉水各项工作，扩大流域管理机构影响力。

（六）水利发展基础支撑进一步夯实

开展“十四五”水安全保障规划编制，推进流域重要规划审查报批，《珠江-西江经济带岸线保护与利用规划》已由水利部印发实施。开展珠江三角洲及河口同步水文测验工作。思贤滘生态控导工程总体方案、珠江河口综合治理规划（2021—2035 年）、河口原型观测试验站二期等前期和基建项目通过立项。

2020 年，珠江委将深入学习贯彻习近平总书记治水重要论述精神，坚定不移践行水利改革发展总基调，加快推进水利治理体系和治理能力现代化。一方面，抢抓机遇补短板。深入研究谋划补短板的阶段目标、总体布局和重点任务，建立工程补短板清单。抓紧完善粤港澳大湾区水安全保障规划，加快大藤峡水利枢纽工程建设，推进环北部湾水资源配置工程以及粤港澳大湾区思贤滘生态控导工程等重点项目前期工作，推动珠江流域水安全保障智能化监控与调度工程立项建设。另一方面，持续发力强监管。监管并重，切实解决好水资源短缺、水生态损害、水环境污染等群众反映强烈的民生问题。一是落实“重在保护、要在治理”战略要求，科学谋划未来一个时期流域水安全保障的重点任务，把“幸福珠江”具体化、落到实处。二是落实水资源刚性约束重要原则，抓好江河分水、水量调度、用水定额、节水评价、生态流量、水文支撑等工作，强化社会管理。三是落实制度治水管水，推进珠江水量调度条例立法，启动百色库区管理办法、韩江水量调度管理办法立法调研，建立健全监管体系。四是以更昂扬的气势践行和宣传水利改革发展总基调，尤其是要充分利用河湖长制平台，大力推动强监管成为各级地方政府的行动自觉和社会共识，确保水利改革发展总基调在珠江流域落地生根。

袁建国　吴怡蓉　执笔

王宝恩　审核

专栏五十九

全力保障粤港澳大湾区水安全

水利部珠江水利委员会

2019年，《粤港澳大湾区发展规划纲要》印发后，水利部珠江水利委员会（以下简称“珠江委”）认真贯彻落实纲要要求，聚焦薄弱环节和关键短板，科学谋划未来一个时期粤港澳大湾区水安全保障的目标任务，全力提升大湾区水安全保障能力。

一是编制保障规划，强化流域区域顶层设计。粤港澳大湾区地处珠江流域下游，滨江临海，既存在洪（潮）涝灾害频发的老问题，又面临经济社会发展过程中暴露出的水资源供需矛盾、水生态损害、水环境污染等新问题。珠江委紧紧围绕纲要对水资源安全保障、水生态文明建设等提出的要求，编制完成《粤港澳大湾区水安全保障规划》上报水利部，并明确了下阶段需重点推进的目标、任务和措施。规划从打造一体化高质量供水保障网、安全可靠防洪减灾网、全区域绿色生态水网、现代化智慧监管服务网4个方面，统筹解决水资源、水生态、水环境、水灾害问题，切实增强大湾区水安全保障能力。

二是实施统一调度，确保澳门等地供水安全。粤港澳大湾区地处珠江流域尾闾，当地水资源严重不足，蓄水工程供水量仅占20.4%，澳门超过90%以上用水来自西江、北江。21世纪以来，受来水偏枯、用水增加和河道下切等因素影响，珠江河口咸潮上溯严重。为保障澳门、珠海等地供水安全，珠江委已连续15年成功组织实施珠江枯水期水量调度，取得显著的社会效益、经济效益和生态效益。2019年是澳门回归祖国20周年，保障澳门供水安全意义重大。珠江委精心组织开展2019—2020年珠江枯水期水量调度，不断滚动优化调度方案，有效压咸补淡。在调度关键期，珠江委组织召开流域水库群联合调度工作座谈会，加强沟通协调，严肃调度纪律，确保澳门等地供水量足质优，努力实现多方共赢。

三是科学防御调控，有效保障防洪安全。珠江上中游水库众多，下游大湾区水系复杂，防洪调度要求高、任务重。珠江委统筹谋划，会同广东省、广西壮族自治区水利厅组织编制粤港澳大湾区2019年度防洪安全保障方案，在粤港澳大湾区各地落实防洪度汛措施的基础上，立足流域层面，建立流域有效的预报预警和调度协调机制。2019年汛期，珠江委做好会商研判和水雨情预测预报预警，科学组织水库群联合调度，充分发挥水工程拦洪削峰错峰作用和河道泄洪能力，尽可能减轻大湾区防洪压力，减少灾害损失，确保了重点保护对象的防洪安全。

袁建国　吴怡蓉　执笔

王宝恩　审核

深入落实水利改革发展总基调
助力东北全面振兴全方位振兴

——2019年松辽流域重点工作进展与成效

水利部松辽水利委员会

2019年，水利部松辽水利委员会（以下简称“松辽委”）坚持以习近平新时代中国特色社会主义思想为指导，积极践行“十六字”治水思路，深入落实水利改革发展总基调，深入贯彻全面从严治党要求，为推进流域全面建成小康社会提供了坚实水安全保障。

一、补齐补强水利工程短板，水利基础设施保障水平不断提升

一是规划战略引领作用充分发挥。积极推进松辽流域“十四五”水安全保障、跨界河流等规划编制工作，不断完善三大工程体系建设，重点推进大伙房水库输水二期二部等水资源调蓄工程、辽河干流治理等防洪保安工程、阿什河等水生态修复与治理工程，严格规划同意书水行政许可审查，以高水准的规划引领流域水利事业高质量发展。积极谋划推动引嫩济锡等流域引调水工程，逐步完善流域水利基础设施网络。

二是技术审查和工程监管等职能持续强化。积极发挥流域管理机构前期工作审查把关和工程监管等作用，完成黑龙江省、吉林省界河治理工程共39项前期工作审查。针对病险水库除险加固遗留问题和中小河流治理专项整治情况，派出4个督导检查组开展督导检查，全力确保工程安全。完成内蒙古自治区阿伦河治理和满洲里市防洪工程等自主稽察，进一步规范水利工程建设管理行为。

三是信息化和基础设施建设水平逐步提升。搭建水旱灾害防御智能办公平台、综合政务管理平台，强化信息技术与水利业务深度融合。全面完

成察尔森水库除险加固工程竣工验收，大力推进尼尔基左副坝下游浸没问题处理、移民搬迁和多年信访问题有效解决。继续实施嫩江白沙滩、林家村等省界断面水文站建设，完成遥感遥测监控工程和水政监察基础设施建设，基础设施建设管理水平不断增强。

二、着力加强流域重点领域监管，水利行业强监管能力显著提升

一是监督工作体系进一步完善。组建以水政与安全监督处+河安中心+各职能部门的“1+1+N”督查队伍，形成松辽委党组统一领导，督查办公室统筹协调，相关部门、单位共同参与的监督管理模式。制定松辽委水利监督工作管理办法，印发推进流域水利监督工作的意见，就落实监管责任、建立统一标准等提出意见建议。开展集中培训和现场培训，提升督查人员能力。利用远程监测、卫星遥感等信息化手段，对工作成果进行统计分析，为准确发现问题、促进成果运用提供有力支撑。

二是水资源管理和节约保护持续加强。严格落实节水评价制度，开展黑龙江省用水定额评估，实施县域节水型社会达标建设年度复核、水利行业节水机关建设和高校合同节水督导，引导促进全社会形成节水型生产生活方式。积极推进洮儿河、音河等 15 条跨省江河流域水量分配，开展 11 条河流水量调度方案编制，着力构建流域水资源统一调度网络。科学实施嫩江和洮儿河流域水量统一调度，有效满足沿岸各业用水需求。严格取水许可审批和用水行为监管，全年准予取水许可 13 项，对松辽委管理的取用水单位开展事中事后监管，进一步规范取用水行为。积极开展内蒙古自治区西辽河流域量水而行、以水定需试点工作和专题研究，为全面治理提出总体思路、管控目标、治理举措和保障措施。扎实做好河湖生态流量管控基础性工作，完成流域重要河湖、跨省江河以及重要控制断面生态水量保障情况调查评估，制定嫩江、第二松花江和东辽河生态流量保障实施方案，跟踪监督 14 条重要河流生态流量实际保障情况，科学调度察尔森水库非灌溉期生态放流，保障下游河道生态用水安全。

三是河湖和水土保持监管力度不断加大。对 2313 个河段湖片开展河湖

管理督查，对问题实行销号管理和跟踪督办，推动流域河湖面貌持续改善。开展诺敏河等河流健康评估调查监测，建立流域重要河湖健康状况台账，实地核查 26 个全国重要饮用水水源地达标建设情况，实现抽查检查 3 年全覆盖。组织开展河湖违法陈年积案“清零”行动，全面实施 119 条省际河流水事矛盾纠纷集中排查化解活动。组织对流域内 50 个国家水土保持重点工程治理成效进行评估，实现对水利部管理的生产建设项目监督检查全覆盖，开展 87 万 km^2 国家级重点防治区和 10 个典型监测点水土流失动态监测，持续改善东北黑土区水土流失状况。

四是水利工程监管成效逐步显现。充分发挥“四不两直”监督暗访利剑作用，派出督查组 107 个，出动督查人员 359 人次，圆满完成 10 项水利部督查暗访任务。结合流域管理实际，自主开展小型水库超汛限水位运行、山洪灾害监测预警设备和平台、在建堤防工程安全度汛 3 批次暗访督查和 2 批次稽察。针对汛期流域部分小型水库长时间超汛限水位运行突出问题，抽取 10 座典型水库进行现场核实，对查实的溢洪道泄流不畅等问题责成省（自治区）立即整改，及时消除安全隐患。

五是水旱灾害防御工作扎实开展。组织召开松花江、辽河流域防汛抗旱指挥机构、松辽委水旱灾害防御工作会议以及直调水库安全度汛工作会议，周密部署重点工作。认真开展东辽河重点防洪部位等汛前检查，重新编制丰满、白山水库防洪联合调度方案并获批复，组织开展松花江防洪调度等演练，扎实做好各项汛前准备。针对汛期流域受强降雨和台风影响造成超警河流多、持续时间长的严峻形势，切实发挥流域管理机构协调指导监督作用，加密预测预报和防汛会商频次，及时启动应急响应 3 次，发布调度令 7 次，派出 13 个工作组奔赴地方指导强降雨防御工作。充分发挥尼尔基、丰满、白山等骨干水库联合调度优势和拦洪削峰作用，有效减轻流域防洪压力。在应对松花江流域严重春旱时，调度尼尔基、丰满水库向下游补偿供水 19.2 亿 m^3，有力保障沿江各业用水需求。

六是强监管支撑保障能力不断增强。有序推进流域专业专项规划，第三次水资源调查评价工作全面完成。深化“放管服”改革，精简优化行政许可办理流程，实现取水许可政务服务平台“一网通办”，全年审批水行政许可28项。开展“世界水日”“中国水周”系列宣传活动，积极营造良好法治氛围。深入贯彻创新驱动发展战略，推进松花江流域粮食生态安全水供求若干关键技术等专题研究，与中国水利水电科学研究院签订战略合作框架协议，促进科技资源共享和成果转化。积极开展国境界湖勘测合作，参加中朝界河水文合作协定修订工作。全面落实安全生产责任，积极开展水利安全风险分级管控、生产安全事故隐患排查治理和应急管理。持续加大水利援疆、援藏和对口扶贫工作力度，切实提高支援和帮扶实效。

三、深入落实全面从严治党各项要求，党风政风呈现新面貌

一是强化理论武装站稳政治立场。加强《中国共产党问责条例》等党规党纪的学习，引导教育广大干部职工在思想上政治上行动上同党中央和水利部党组保持高度一致。强化思想政治建设，开展党组中心组集体学习24次。扎实推进思想政治工作理论研究，着力提高党员干部思想政治水平。严格落实“三会一课”、民主生活会、组织生活会和民主评议党员等制度，进一步严肃党内政治生活。

二是全面从严治党主体责任有效落实。全年定期和专题议党22次，完善党组工作规则等管党治党制度10余项，压实主体责任和监督责任。着力强化党内监督，每季度召开纪检专责监督工作座谈会，开展尼尔基公司“四资一项”专项巡察。

三是“不忘初心、牢记使命”主题教育扎实开展。按要求分两批次开展主题教育，60个基层党组织、536名党员参加。松辽委党组开展19次扩大学习研讨，委领导带头谈学习体会，90余人次进行交流发言。党组成员结合分管领域和基层联系点深入开展调研，收集各类意见建议100余条，并提出整改具体思路举措。松辽委党组检视问题26个，各部门单位检视问题270余个，查找的问题全部整改到位。

四是党风廉政建设深入推进。加强权力运行和制约，修订松辽委党组全面从严治党主体责任清单，开展落实党风廉政建设责任等方面的日常监督检查和集体约谈，强化压力传导。深入整治形式主义、官僚主义，开展领导干部违规专项检查，时刻防范“四风”隐形变异新动向。

五是基层党组织建设进一步加强。扎实推进党支部标准化规范化建设，54 个基层党组织通过吉林省五星基层党组织测评。围绕强化党支部组织力建设，开展支部书记、纪检干部培训，系统提升党务干部思想意识和业务能力。

2020 年，松辽委将坚持以习近平新时代中国特色社会主义思想为指导，认真落实水利部各项决策部署，加快补齐补强流域水利基础设施体系短板，持续加强水资源、河湖、水生态保护、水旱灾害防御、水利工程运行监管，着力提升依法治水管水能力水平，持之以恒深化全面从严治党，以坚如磐石的信心、敢于担当的勇气、更加扎实的举措，努力把践行水利改革发展总基调推向纵深，奋力谱写新时代松辽流域水利改革发展新篇章。

高海菊　王　勇　种立博　执笔

齐玉亮　审核

专栏六十

坚持强监管主调 助力松辽流域管理高质量发展

水利部松辽水利委员会

2019 年，水利部松辽水利委员会（以下简称“松辽委”）紧扣“强监管”主调，强化组织领导和观念引领，高效完成重点督查任务，创新开展自主督查，不断完善监督体系建设，持续提升监督监管能力，为流域管理工作高质量发展提供了有力保障。

一、监督工作基础进一步夯实

从监督体制、机制和能力建设入手，着力构建务实高效管用的监管体系。一是强化队伍建设，组建以监督处+河安中心+各职能部门的“1+1+N”督查队伍，形成松辽委党组统一领导，督查办公室统筹，相关职能部门、技术单位参与的监督管理模式。二是强化制度保障，制定水利监督工作管理办法，对全委监督工作的职责、内容、程序、成果等多个环节作出明确规定；印发推进流域水利监督工作的意见，就落实监管责任、建立统一标准、实现信息互通等提出意见建议，推动构建具有流域特色的监管机制。三是强化能力提升，开展基础数据平台建设，利用远程监测、卫星遥感和无人机监测等信息化手段，对工作成果进行统计分析，为督查发现问题和成果运用提供有力支撑。

二、督查“规定动作”高效完成

全力完成水利部安排部署的督查任务，累计派出 107 个督查组、359 人次。一是加强水资源管理和节约用水监管，对黑吉辽 3 省 15 个县 6 个全国重点水源地、75 个取水口、75 家用水单位开展监督检查，跟踪监督 14 条重要河流生态

流量保障情况，下力气规范取用水行为。二是按照河湖“清四乱”专项行动要求，对989条河流的1593个河段和677个湖泊开展督查督办，推动流域河湖面貌持续改善。三是强化水土保持监管，深入督查10个项目县重点工程，对22个水利部管理的生产建设项目进行监督检查，黑土区治理成效逐步扩展。四是围绕脱贫攻坚重点领域，开展农村饮水安全暗访，累计走访用水户2269户，查访工程511处，针对用水户反映的问题，对21个县进行了靶向核查，拨打电话1045户，现场复核66户，为完成流域农村饮水安全脱贫攻坚任务发挥重要作用。五是围绕小型水库运行管理薄弱环节和突出问题，对222座小型水库进行暗访，对1230个问题提出针对性整改措施，切实强化隐患排查治理。

高度重视督查质量提升，促进督查问题有效解决。在小型水库暗访督查工作中，松辽委狠抓责任落实，认真总结和梳理小型水库运行中存在的普遍问题，通过组织4省（自治区）水利厅进行现场观摩和交流座谈，与各省（自治区）就加强小型水库运行管理达成了共识，并从6个方面提出关于加强流域小型水库运行管理的意见，扭转小型水库运行管理重视不够、办法不多的被动局面。

三、积极主动开展自主专项督查

坚持问题导向、靶向治理，自主开展多批次督查，为实现防洪安全提供有力支撑。一是针对汛期小型水库超汛限水位运行问题突出的实际情况，选取10座典型水库开展督查，针对发现的问题，向省（自治区）发出整改通知，督促及时消除水库安全隐患、化解险情。二是针对台风“利奇马”带来的强降雨影响，提前做好山洪灾害防御工作，对辽宁省、吉林省20个村开展山洪灾害预警设备和平台暗访，确保山洪灾害监测设备和系统正常运行，为辽宁省、吉林省20余万群众及时转移提供了保障。三是针对临近汛期个别河段堤防水毁治理工程建设缓慢的问题，对在建堤防工程开展督查，通过督促相关单位迅速落实建设资金、制定度汛方案，有力保障工程度汛安全。

高海菊　王　勇　种立博　执笔

齐玉亮　审核

积极践行新时期水利改革发展总基调 全力支撑长三角一体化高质量发展

——2019 年太湖流域重点工作进展与成效

水利部太湖流域管理局

2019 年，在水利部坚强领导下，水利部太湖流域管理局（以下简称“太湖局”）坚持学习贯彻习近平新时代中国特色社会主义思想，积极践行水利改革发展总基调，全力支撑长三角一体化高质量发展。

一、完善监管体系，形成特色模式，水利行业监管工作扎实有力

主动扛起“行业强监管”主体责任，成立督查工作领导小组，组建专职督查队伍，强化能力建设，完善制度体系，编制试行《太湖局水利监督管理办法》，基本建成专职监督部门牵头，专职单位具体实施，专业部门、技术支撑单位同频共振、协同发力的“1+1+N”监管体系。以保证工作质量、任务指标超量、时间节点超前为目标，累计派出 58 个工作组、258 人次，高质量完成水利部部署的农村饮水安全、小型水库安全运行等 12 项暗访督查任务，发现问题 2202 个。主动加强职责范围内的行业监管，探索开展规划实施情况专项检查等工作。初步探索形成具有太湖特色的“三一四化”水利监督管理模式，助推流域片形成行业监管整体强劲有力的良好局面。

二、突出政策指导，创新体制机制，有力支撑长三角一体化发展国家战略实施

把支撑服务国家战略作为重中之重，按照找差距、补短板、谋思路的

要求，开展多层次调查研究，深入研讨交流，广泛凝聚共识。联合苏浙沪皖水利部门印发《落实长三角一体化发展国家战略　推进太湖流域水利高质量发展指导意见》，指导流域各地完善工作思路、找准行动方向。《长江三角洲区域一体化发展规划纲要》印发后，主动商长江委、淮委，推动联合编制长三角一体化水安全保障规划。按照急用先行的原则，联合长三角区域合作办公室和长三角一体化发展示范区3省（直辖市）水利部门共同开展长三角一体化发展示范区水利专项规划编制。牵头建立涉水信息共享机制，搭建水环境综合治理信息共享平台，与苏浙沪水利、环保部门联合签署的《太湖流域水环境综合治理信息共享工作备忘录》成为长三角体制机制创新的“破冰之举”。目前共享平台运行平稳有效，首次实现水利、环保部门水资源水环境水生态重要监测信息跨区域、跨行业在线共享。

三、坚持以防为主，科学精细调度，夺取水旱灾害防御重大胜利

2019年初流域发生历史罕见冬汛，2月24日太湖水位涨至3.61m，居新中国成立以来同期第1位；汛期降雨较常年偏多14%，梅雨偏多27%，“利奇马”等台风接连带来严重风雨影响；汛后流域降雨偏少5成，东南诸河安徽省黄山市等部分地区发生明显旱情。面对不利气象条件，组织开展汛前检查，完善调度方案预案，进行防洪调度演练，累计会商120次，启动应急响应10次，派出13个工作组赴地方指导防汛抗旱工作。强化风险管理，汛初及时预降太湖水位至防洪控制水位以下。统筹骨干工程调度，协调运用望虞河蠡河船闸、苏州河河口闸等工程，强化水库、水闸调度运用监管，科学调控使梅雨和“利奇马”台风期间太湖水位未超警，保障了太湖安澜、人民群众生产生活安定有序。

密切关注重要水源地水质和太湖蓝藻水华状况，在确保防洪安全的前提下，6次启用太浦河泵站，有效保障太浦河下游水源地供水安全。汛后科学开展引江济太调度，调引长江水10.8亿m^3，入太湖5.6亿m^3，有效增加了枯水期进入太湖和河网的优质水资源量，保障了流域秋冬季节供水

安全。

四、搭建协作平台，深化河湖管理，持续推动河湖长制从“有名”到“有实”

创新跨省湖泊湖长协作机制，联合苏浙沪3省（直辖市）召开太湖淀山湖湖长协作会议，将地处长三角一体化发展示范区核心区域的淀山湖纳入跨省湖泊协商议事范畴，建立太湖淀山湖湖长协作机制，为深入推动湖长制落地见效、提升河湖治理水平提供同向发力的协作平台。聚焦重要河湖开展“清四乱”专项行动，加强跟踪问效。开展浙江省、上海市、福建省359条河流、85个湖泊两轮河湖管理督查，发现问题471个，积极推动整改，销号率超99%。督促长江经济带生态环境警示片有关问题整改，已完成省级销号验收。实施河湖违法陈年积案“清零”行动，自查案件提前半年完成，苏浙两省结案率分别达到75%、100%，共恢复太湖水域面积约70万m^2。

五、强化顶层设计，加快工程建设，流域水利基础设施网络持续完善

全面总结评估水环境综合治理实施情况，协调推进新一轮水环境综合治理总体方案编制工作。编制完成《太湖流域片“十四五”水安全保障规划思路报告》。强化技术论证与协调指导，加快推进流域骨干工程前期工作，太浦河后续工程方案已经水利部水利水电规划设计总院审查；望虞河拓浚工程可行性研究已上报水利部；吴淞江工程上海省界段可行性研究已批复，江苏段可行性研究已经水利部水利水电规划设计总院审查；江苏省环太湖大堤剩余工程已开工建设。指导地方加强水利基础设施网络建设，加快推进上白石水利枢纽等重大水利工程立项。

六、坚持节水优先，严格资源管理，协同构建共保联治新格局

落实国家节水行动方案，太湖局节水机关建设在水利系统名列前茅，

推动完善用水定额体系，助推建成37个县域节水型社会，完成流域片水利行业节水机关建设督查验收。编制完成太湖、新安江、黄浦江和晋江生态流量（水位）保障实施方案，协调推进太湖、新安江水量调度方案，提出《对太湖流域水资源配置影响较大的水工程名录》。首次编制《主要入太湖河道控制断面水资源质量状况通报》，分送地方人民政府。全面完成流域取水工程核查登记，实现与上海市规模以上取水户监测信息互通共享。深化省际边界地区水葫芦防控机制，在关键节点联合省（直辖市）开展2019年“清剿水葫芦，美化水环境”专项整治攻坚战，为第二届中国国际进口博览会提供优美的水环境保障。

七、强化科技引领，攻坚“智慧太湖”，流域水利工作现代化水平不断提高

强化“智慧太湖”顶层设计，编制完成《智慧太湖技术方案》《南方地区智慧流域典型设计》。全力推进预警系统、资源整合共享两大重点项目建设，完成项目法人验收。流域“水利一张图”、水量水质预警模型等正式投入运用，涵盖水旱灾害防御、水资源管理、水环境保护等的水利业务应用系统初步建成，基本实现“智慧太湖1.0”。持续推动太湖流域水科学研究院规范、顺畅、高效运行，研究提出太湖流域水利科技工作顶层设计报告，围绕太湖蓝藻水华发生机理及防治、治太历史方略等重点热点问题开展深入研究。

八、夯实基础工作，用心优化服务，流域综合管理能力稳步提升

深入落实“放管服”改革，完善执法制度体系，修订行政执法职权分解和责任规定等4项工作制度，做好水工程建设规划同意书等行政许可工作。创新环太湖城市水利工作联席会议机制，吸纳上海市嘉定区、江苏省昆山市和吴江区、浙江省嘉善县等新成员加入，进一步凝聚治水兴水合力。全面完成第三次水资源调查评价等重要水利基础工作。通过人才援助、技术帮扶、业务培训等多种形式，完成年度水利扶贫、援疆、援藏各

项工作任务，为对口地区、单位提供了有力帮助。推动“一网一微”融合发展，围绕水利工作重点抓宣传策划，为全面开启流域水利现代化建设新征程营造良好舆论氛围。

2020 年，太湖局将继续坚持以习近平新时代中国特色社会主义思想为指导，坚定不移深入践行水利改革发展总基调，奋力全力谱写流域水利事业新篇章。紧盯风险点和关键环节，突出抓好水资源、河湖、水土保持、水旱灾害防御、水利工程、水利规划等重点领域专项监管，筑牢流域水利行业监管工作基础，着力提升流域水利监管水平。坚持问题导向，突出规划引领，聚焦防洪除涝、供水、水生态、水环境、水利信息化等关键领域和薄弱环节，因地制宜补齐水利工程体系的突出短板，加快完善流域综合治理格局，进一步提升流域水安全保障能力。持续着力推进全面从严治党向纵深发展，不断加强党的建设，推进党建与业务工作深度融合、相互促进。

邵潮鑫　执笔
林泽新　审核

专栏六十一

太湖淀山湖湖长协作机制建立

——助力长三角一体化发展的创新举措

水利部太湖流域管理局

2019年12月14日，水利部太湖流域管理局（以下简称“太湖局”）联合苏浙沪3省（直辖市）在浙江省长兴县召开太湖淀山湖湖长协作会议，太湖、淀山湖及主要出入湖河道的湖长、河长们共同见证了太湖淀山湖湖长协作机制的建立，这是继太湖湖长协作机制后，太湖流域在落实河长制湖长制方面的又一重大创新举措。

作为太湖流域第二大跨省湖泊的淀山湖，与太湖水系相连互通，长期以来其治理与保护一直是江苏省、上海市的工作重点，但一直缺乏有效的议事协商平台凝聚治水合力。2019年10月，国家发展改革委印发了《长三角生态绿色一体化发展示范区总体方案》，提出以淀山湖等湖泊为关键节点完善区域水利发展布局，打造环淀山湖区域创新绿核。以此为背景，太湖局联合流域省（直辖市）在太湖湖长协作机制的基础上，拓展建立太湖淀山湖湖长协作机制，将地处示范区核心区域的淀山湖纳入跨省湖泊协商议事范畴。

协作机制的主要任务是加强太湖、淀山湖沿湖地区间、河湖长间的协调联动，统筹推进太湖、淀山湖以及入湖河道和周边陆域的综合治理和管理保护，协调解决跨区域、跨部门的重大问题，确保太湖淀山湖湖长制工作取得更大实效。协作机制成员主要由江苏省、浙江省省级太湖湖长，江苏省、上海市省级淀山湖湖长；江苏省苏州市、无锡市、常州市和浙江省湖州市市级太湖湖长，苏州市、上海市青浦区市级淀山湖湖长；主要出入湖河道所在县（市、区）的县级河长；太湖局和江苏省、浙江省、上海市省级河长制办公室及长三角区域合作办公室有关负责同志，以及苏州、无锡、常州、湖州、青浦市（区）级河长办公室有关负责同志组成。根据太湖流域跨省河湖特点，协作机制下设太湖组、淀山湖组和省际边界河湖组3个工作组，分别由江苏省、上海市和太湖局牵头，在增加机制灵活性的同时，也有利于不同工作组聚焦目标、重点突破、更好地发挥作用。

太湖淀山湖湖长协作机制是对跨区域湖泊议事协调机制的丰富完善，是推动河长制湖长制从“有名”到“有实”的重要抓手，是水利助推长三角一体化高质量发展的创新举措，是太湖流域积极践行习近平生态文明思想的一次生动实践。下阶段，将充分发挥协作机制作用，深入落实河长湖长主体责任，按期划定河湖管理范围，持续加大河湖监管力度，积极谋划新一轮太湖淀山湖水环境综合治理，大力推进控源截污、节水减排、生态修复等工作，以河长制湖长制工作新成效为长三角区域一体化高质量发展提供更加坚实的支撑和保障，让太湖淀山湖成为造福流域人民的幸福湖。

邵潮鑫　执笔

林泽新　审核

党的建设篇

持续推进全面从严治党向纵深发展

水利部直属机关党委

2019 年，水利部全面落实新时代党的建设总要求，推动全面从严治党高质量发展取得重要突破，为贯彻落实水利改革发展总基调提供了保障。

一、全力抓好“不忘初心、牢记使命”主题教育，推动党的政治建设和思想建设落地见效

坚持把高质量开展主题教育作为 2019 年水利部机关党建工作的首要任务，大事大抓、合力推进。一是坚决贯彻落实习近平总书记重要指示和中央部署要求。两批主题教育期间，习近平总书记每发表重要讲话、作出重要指示，部党组都在第一时间组织学习、贯彻落实，先后组织召开 40 多次会议，及时、全面、准确地领会把握中央精神，研究有关工作，确保了主题教育始终聚焦主题主线。二是坚持把务实的态度贯穿主题教育始终。部党组先后开展 29 次集体学习，各级普遍采取集中研讨人人讲、班子带中层、支委带党员、党员带群众的学习方式。普遍采取“四不两直”的方式到基层一线、矛盾问题突出的地方调研，县处级以上领导班子成员共形成调研报告 2500 余份。坚持“横不攀、竖不比、刀尖向内扎自己”，检视问题 1400 余条。持续用力抓整改整治，制定整改措施 2100 多条。部党组派出 12 个巡回指导组，各级派出 180 个指导组，从严从实加强督导、传导压力。三是持续深化主题教育整改整治成果。制定关于加强党的政治建设的贯彻落实措施，配合中央和国家机关工委开展党的政治建设重点督查，实施党员干部大学习大培训和青年理论学习提升工程，启动创建“让党中央放心、让人民群众满意的模范机关”活动，深化政治巡视，抓好中央脱贫攻坚专项巡视问题整改。主题教育取得了一大批实践成果和制度成果，得到了中央主题教育领导小组和中央指导组、督导组的肯定，《中央主题教

育简报》《中央纪委国家监委简报》《人民日报》、新华社、中央广播电视总台等刊播水利部信息 25 篇。

二、集中整治形式主义、官僚主义，推动部风行风明显好转

集中整治形式主义、官僚主义，是部党组确定的年度重点工作，是推进部风行风建设的有力抓手。开展形式主义官僚主义问题大排查大整治，组织各司局、直属单位在深入调查研究基础上，制定专门工作方案，开展“四上四下”深入讨论，共认领查找问题 3200 多个、制定整改措施 2100 多条，研究制定纠治会议、文件简报、干部教育培训、干部担当作为、督查检查考核、调查研究等 6 个方面形式主义官僚主义问题正面引导和负面鞭笞的措施办法，推动形成干部职工说话做事实实在在、有根有据的务实作风。深化水利廉政风险防控工作，召开水利廉政风险防控座谈会，指导部机关司局单位共排查出廉政风险点 11000 个，制定防控措施 15000 条，50 多个司局单位编制修订了廉政风险防控手册。组织专项检查整治，开展违反中央八项规定精神突出问题专项整治、对党员领导干部利用名贵特产特殊资源谋取私利问题、领导干部违规经商办企业问题等进行督查，调研督查脱贫攻坚领域作风和腐败问题，对 19 家直属单位纪委执纪审查工作进行专项检查。从严监督执纪，召开部属系统警示教育大会通报典型案例和部党组巡视发现的共性问题，组织开展党日活动、参观廉政教育基地、观看警示教育片，引导党员干部知敬畏、存戒惧、守底线。2019 年，驻部纪检监察组和水利部直属机关纪委共处置问题线索 198 件，立案处分 22 名党员干部，其中司局级干部 17 人、处级干部 5 人。

三、大力宣传新时代水利精神，激发凝聚广大干部职工精气神

坚持用新时代水利精神引领新风正气、凝聚奋进力量，是推进水利改革发展的重要举措。一是抓深度宣传。在全国水利系统正式公布“忠诚、干净、担当，科学、求实、创新”的新时代水利精神，制定并组织实施“十个一”宣传贯彻工作方案，组织全方位、多层次、立体式宣传，扩大了新时代水利精神传播力影响力。开展“我心中的新时代水利精神”全国

巡回讲演 33 场次，1.7 万干部职工现场观看，组织演讲比赛、主题征文、原创歌曲歌词征集、文学作品创作等活动，深化水利系统干部职工认知认同。二是抓典型引领。成功推动余元君同志为“时代楷模”“最美奋斗者”等全国重大典型，举办 10 场先进事迹巡回报告会，广泛开展向余元君同志学习活动。从中华民族悠久治水史中推出大禹等 12 位历史治水名人。开展第二届“最美水利人”推荐活动，选树了郑守仁等一批践行新时代水利精神的先进典型。三是抓活动熏陶。结合庆祝新中国成立 70 周年，开展丰富多彩的群众性精神文化活动，加强党史、国史、改革开放史、社会主义发展史和水利史宣传教育，举办“关爱山川河流·保护湖泊”志愿服务暨公益宣传活动，推动水利文明单位创建、职业道德建设、诚信建设、志愿服务等工作制度化规范化常态化。

四、夯实制度机制支撑，推动机关党建补短板强监管工作全面加强

认真落实部党组把 2019 年作为“党建制度建设年”的要求，推动党建体制机制和制度建设实现重要突破。制定《中共水利部党组全面从严治党主体责任清单》，把主体责任明细为 7 大类 61 条，确保知责明责、规范履责。印发《关于加强党支部标准化规范化建设暨创建“水利先锋党支部”的实施意见（试行）》，完善“四强”引领、“三个规范”支撑的支部工作机制。制定《水利部党建考核办法（试行）》，实现党建考核范围“全员覆盖”、党建考核与年度考核“一同进行”、考核评价“党建优先”，充分发挥党建考核的指挥棒作用。制定《水利部党建督查工作办法（试行）》，建立以“四不两直”为主的党建督查制度，选拔组建了专业化督查工作队伍，有效解决党建工作“上热、中温、下凉”问题。修订《中共水利部党组贯彻落实中央八项规定精神实施办法》，制定《关于进一步规范部直属系统出差人员交纳伙食费和市内交通费的通知》，细化具体化纪律要求和刚性约束。修订《水利部直属机关纪律检查委员会工作规则》，印发《水利部直属机关执纪审查工作程序清单》《水利部直属机关执纪审查工作职责清单》《关于违反执纪审查有关规定的处理办法》，形成执纪审查

全过程闭环链条，从制度上为加强和规范直属机关执纪审查工作提供了有力遵循。针对京外直属单位党建工作失管漏管、党建和业务容易脱节等问题，调研形成“双重领导、划清权责，加强协调、形成合力”的推进方案，并已取得初步突破。

五、着眼稳人心暖人心聚人心，推动群团服务保障工作整体跃升

着眼激发和调动广大干部职工干事创业的积极性主动性，认真做好教育人、引导人、鼓舞人、鞭策人和尊重人、理解人、关心人、帮助人的工作。一是真心实意做好事办实事解难事。深入开展干部职工思想状况调研，修订《水利部直属机关工会经费收支管理实施办法（试行）》，规范职工福利发放工作，举办寒暑假期职工子女爱心托管班，完善健身房配套设施，建立机关哺乳室，做好困难职工慰问、互助医疗保险、劳模疗养休养等工作，增强干部职工归属感。二是广泛开展群众性文化体育活动。组队参加中央和国家机关职工运动会获优秀组织奖，举办乒乓球、羽毛球、游泳比赛及健步走等群众性体育活动，组织“青春心向党·建功新时代”青年理论学习成果交流展示活动、“水利巾帼风采录”展示活动、“节水我先行”主题家庭日活动，丰富活跃机关文化生活。三是积极做好侨联和统战工作。首次举办部直属机关党外人士归侨侨眷专题培训班，组织归侨侨眷开展“南水北调中线工程和永定河生态河流考察”主题实践活动，夯实共同奋进的思想政治基础。

2020 年，我们将深入学习贯彻习近平总书记关于党的建设重要论述特别是在中央和国家机关党的建设工作会议上的重要讲话精神，按照部党组指示要求，主动担当作为、忠实履行职责，努力推动直属机关党建工作走在前、做表率，为建设让党中央放心、让人民群众满意的模范机关贡献力量。

何仕伟　李　敏　执笔

王卫国　审核

专栏六十二

坚决整治形式主义官僚主义

水利部直属机关党委

一、全面调研部署

为了全面准确掌握水利部机关及直属单位存在的形式主义、官僚主义问题，2018 年 3—11 月，水利部党组、驻部纪检监察组组成 18 个调研组，先后开展 4 轮多层面、大范围的专题调研，个别访谈 598 人、问卷调查 3059 份，形成 8 个方面 225 个突出问题清单。制定印发《集中整治形式主义官僚主义问题的实施方案》，召开部属系统集中整治形式主义官僚主义突出问题动员部署大会，原汁原味通报基层反映的问题，对开展集中整治工作进行了全面部署。

二、深入查找问题

为了进一步把问题找准找实，部党组审定印发了《集中整治形式主义、官僚主义查找问题阶段工作流程》。各司局各单位在深入学习、深化思想认识的基础上，结合职责任务和自身实际，对基层反映的 225 个问题清单进行了主动认领、深入查找，形成本司局单位的问题清单。鉴于各司局单位查找问题进展不平衡、差距较大，部党组根据时间服从质量的原则，对查找问题阶段工作进行再动员再部署。各司局各单位通过“四上四下”深入讨论，共查出问题 3233 条次，其中拟重点解决的问题 108 个。

三、狠抓整改落实

为了切实抓好问题整改，部党组审定印发了《关于做好集中整治形式主义官僚主义整改落实阶段工作的通知》。各司局各单位针对查找出来的问题，深入剖析原因，共制定整改措施2134条次，明确了整改时限和责任人，并按照部党组规定的时间节点要求，向部党组报告了本司局本单位集中整治工作整改落实情况。

四、建立长效机制

为确保集中整治工作取得实效，部党组召开党建工作联席会议和党风廉政建设领导小组会议，总结集中整治工作，围绕会议、文件简报、干部教育培训、干部担当作为、督查检查考核、调查研究等6个方面问题，制定纠治形式主义官僚主义问题的措施办法。

中央办公厅、中央纪委、中央和国家机关工委对水利部集中整治工作充分肯定，专程到水利部调研集中整治形式主义官僚主义工作，《人民日报》、新华社、中央纪委网站多次报道水利部集中整治工作成效。通过开展集中整治工作，部直属系统形式主义官僚主义突出问题得到了有效遏制，干部职工说话做事有根有据、务实管用的风气逐步形成，为推动“水利工程补短板、水利行业强监管”水利改革发展总基调落实落地提供了有力保证。

李　磊　执笔
王卫国　审核

深入开展“不忘初心、牢记使命”主题教育

水利部直属机关党委

在中央的坚强领导和中央第二十四指导组、中央第十一巡回督导组的有力指导下，水利部党组和部属系统58个司局、直属单位共计2810个基层党组织和45000多名党员分两批扎实开展了“不忘初心、牢记使命”主题教育。

一、开展主题教育的基本情况

（一）不折不扣落实习近平总书记重要指示和中央部署要求

中央主题教育工作会议后，部党组连续3天集中学习习近平总书记重要讲话和中央意见精神，研究贯彻措施，第一时间组织学习贯彻总书记最新重要讲话、重要指示；结合重温总书记“3·14”重要讲话，摘编党的十八大以来总书记关于治水重要论述和指示批示，逐条学习并对贯彻落实情况“回头看”；总书记在黄河流域生态保护和高质量发展座谈会上发表重要讲话后，部党组立即开展3次集中研讨，组织部属系统围绕5个专题、集中两个月时间深入学习，制定分工方案。对中央主题教育领导小组文件和中央指导组、督导组25次深入水利部督促指导提出的意见要求，迅速传达学习贯彻，确保主题教育扎实展开。

（二）把真心务实的态度贯穿始终

一是坚持把集中研讨作为深化学习的重要方法。在个人自学的基础上，部党组先后开展29次集体学习，每次学习研讨时班子成员都发言，并随机抽点列席会议的司局单位负责同志现场发言。各级普遍采取集中研讨人人讲、班子带中层、支委带党员、党员带群众的方式，有效提升了理论学习的活力和质量。二是坚持把“四不两直”作为调查研究的主要方式。部党组和各司局单位普遍采取“四不两直”方式，到基层一线、矛盾问题突出的地方开展调研，既减轻了基层负担又掌握了真实情况。三是坚持把“横不攀、竖不比，刀尖向内扎自己”作为检视问题的明确要求。各单位领导班子普遍召开3次检视问题专题会议，下功夫找“自个儿”的问题、找“大个头”的问题、找普遍性的问题。四是坚持把“一锤接着一锤敲”作为整改整治的基本遵循。部党组针对23项专项整治任务和35项整改措施，逐条明确整改要求、责任领导、整改时限，并持续推进、定期调度、确保“明码结账”，整改整治任务已全部完成。

（三）各项重点措施联动发力

一是坚持学做结合，把系统学习习近平新时代中国特色社会主义思想同深入贯彻习近平总书记关于治水工作重要论述结合起来，同推动党的建设高质量发展、落实水利改革发展总基调结合起来，切实把学习成果体现到推动工作上来。二是坚持查改贯通，从主题教育一开始就建立问题清单，并跟进学习教育、调查研究、检视问题“做加法”，即知即改、边查边改。三是坚持上下联动，两批主题教育单位同步跟进学习有关规定内容，第一批单位主动认领“表现在基层、根子在上面”的问题，第二批单位按上下贯通要求抓好专项整治。

（四）层层压紧压实责任

部党组强化组织领导和督促指导，以上率下，压紧压实各级党组织的主体责任、主要负责同志的第一责任、班子成员的“一岗双责”。部党组带头深化学习研讨、开展暗访调研、检视整改问题，先后10余次专题研究主题教育工作，20多次深入基层单位调研督导。主题教育办公室既协助部党组开展主题教育又加强面上指导，还直接开展了近20次暗访督导、查漏纠偏。驻部纪检监察组多次暗访督查，提出整改意见。两批主题教育，部党组共派出12个巡回指导组，各级共派出180个指导组，从严从实督导。第二批主题教育充分运用第一批主题教育的有效做法，督促有关单位抓好贯彻落实，防止和克服“上热、中温、下凉”现象。

二、主题教育取得的主要成效

（一）学习贯彻科学理论、做到“两个维护”更加自觉坚定

通过个人自学和集中研讨，广大党员干部进一步增强了对习近平新时代中国特色社会主义思想的认同。通过对贯彻落实习近平新时代中国特色社会主义思想和党中央决策部署存在的问题的专项整治，广大党员干部进一步增强了树牢“四个意识”、坚定“四个自信”、坚决做到“两个维护”的能力。通过对照党中央决策部署、党章党规、人民群众新期待、先进典型和身边榜样找差距、摆问题，开展“让党中央放心、让人群众满意的模范机关”创建工作，广大党员干部信仰之基更加牢固、精神之钙更加充足。

（二）整改整治取得重要实践成果和制度成果

围绕激励干部担当作为，制定《水利部年度考核办法（试行）》《水利部机关公务员轮岗交流工作实施暂行办法》等制度，建立了“三次党组会酝酿动议决定干部任免事项”的制度，推动形成健康选人用人生态。围绕整治违反中央八项规定精神问题，修订部党组《贯彻落实中央八项规定精神实施办法》和《关于进一步规范部直属系统出差人员交纳伙食费和市内交通费的通知》等制度，给予21人纪律处分或诫勉提醒。围绕整治形式主义官僚主义，各司局单位深入查找问题3200多个、制定整改措施2100多条，部党组研究制定6个方面的纠治办法。围绕整治领导干部违规经商办企业问题，开展全面自查、重点核查，整改退出133人。围绕整治软弱涣散基层党组织，对部属系统党组织进行全面“体检”，出台党支部标准化规范化建设意见。围绕整治漠视侵害群众利益，解决了73万贫困人口饮水安全问题，恢复正常供水工程1860处、受益人口138万人，清理河湖“四乱”问题1931个，移交涉黑涉恶线索489条，赢得广大群众点赞。

（三）机关党的建设质量明显提升

深入学习贯彻习近平总书记在中央和国家机关党的建设工作会议上的重要讲话精神，健全党建责任传导机制，逐级制定全面从严治党主体责任清单，构建起党建业务齐抓共管的大格局。制定《关于加强党支部标准化规范化建设暨创建“水利先锋党支部”的实施意见（试行）》，建立起了“四强”引领、“三个规范”支撑的支部工作机制。制定《水利部党建督查工作办法（试行）》，建立起以“四不两直”为主要方式的党建督查制度，组建了专业化的督查工作队伍。制定《水利部党建考核办法（试行）》，实现了党建考核“全员覆盖”、党建与年度考核“一同进行”、考核定等“党建优先”。调研明确了对京外直属单位党组织“双重领导、划清权责，加强协调、形成合力”的工作机制。开展庆祝新中国成立70周年系列活动，弘扬“忠诚、干净、担当，科学、求实、创新”的新时代水利精神，持续开展党规党纪警示教育，进一步增强了广大党员干部守初心、担使命的思想自觉和行动自觉。

（四）水利改革发展取得重要进展

部党组以主题教育为动力，把主题教育同贯彻落实党中央决策部署结合起来、同破解水利改革发展突出问题结合起来，下大气力整治与习近平总书记关于治水重要论述、与新机构新要求不相适应的顽瘴痼疾，推动践行“十六字”治水思路、落实水利改革发展总基调实现重要突破，长期形成的“重建轻管”水利发展模式得到根本扭转，水利行业不敢管、不愿管、不会管的积弊加快破除，河湖面貌、水资源管理面貌、水利工程面貌发生多年未有的大变化，各方面对水利工作的认可度明显提升。

三、下一步巩固深化主题教育的思路举措

水利部将紧扣全面加强党的建设和水利改革发展实际，继续抓好主题教育成果的巩固深化：一要把“不忘初心、牢记使命”作为加强党的建设的永恒课题和全体党员干部的终身课题，不断深化对水利工作“守初心、担使命”意味着什么、应该怎么做等实践问题的认识，着力推动形成“不忘初心、牢记使命”的长效机制。二要坚持不懈用习近平新时代中国特色社会主义思想统一思想和行动，及时跟进学习习近平总书记最新重要讲话和指示批示精神，深入学习总书记关于治水重要论述精神，推动理论武装真正走深、走心、走实。三要以正视问题的勇气和“刀刃向内”的自觉不

断推进自我革命，持续深入抓好整改整治，坚持上下联动，确保整改落实到位。四要把初心使命转化为在水利改革发展中锐意进取、开拓创新的精气神和埋头苦干、真抓实干的原动力，在坚定不移践行水利改革发展总基调中担当作为、攻坚克难。

严丽娟　执笔

王卫国　审核

专栏六十三

大力宣传贯彻新时代水利精神

水利部直属机关党委

一、抓全面部署，推动落地落实

2019年1月15日，全国水利工作会议确定新时代水利精神为“忠诚、干净、担当，科学、求实、创新”。印发《水利部关于印发新时代水利精神的通知》和《新时代水利精神宣传贯彻工作方案》。水利系统各单位认真贯彻落实部署要求，组织开展专题学习、主题征文、演讲比赛、文艺创作等多种活动，使新时代水利精神融入各单位整体建设、融入干部职工工作生活全过程。

二、抓深度宣传，放大传播声量

在《学习时报》头版头条刊发水利部党组书记、部长鄂竟平署名文章《弘扬新时代水利精神 汇聚水利改革发展精神力量》。在水利系统新闻媒体中开展新时代水利精神集中宣传工作，《中国水利报》、中国水利官微、水利部网站推出专栏专题，全方位、立体式进行宣传。设计制作新时代水利精神张贴画，在水利系统各单位重要场所、醒目位置悬挂张贴，扩大了新时代水利精神传播力、影响力。

三、抓典型引领，激发效仿意愿

成功推动余元君同志为“时代楷模”“最美奋斗者”等全国重大典型，在水利系统广泛开展向余元君同志学习活动，举办10场先进事迹报告会，组织新闻媒体持续宣传余元君同志先进事迹。开展第二届“最美水利人”推荐活动，从全国百万水利工作者中推选出一批践行新时代水利精神的杰出代表，使水利系统干部职工学有榜样、赶有目标。

四、抓历史传承，激励担当作为

组织历史治水名人推选工作，开展“历史治水名人”网上投票，广泛征求水利系统各单位和广大干部职工意见建议，从中华民族悠久治水史中推选出大禹等12位历史治水名人，通过他们的治水实践和治水精神激励水利系统干部职工干事创业、担当作为。历史治水名人发布后，《人民日报》、新华社、央视新闻、《光明日报》等多家主流媒体微博、微信公众号转载报道，引发社会公众热烈讨论。

五、抓活动熏陶，深化认知认同

举办全国水利系统“我心中的新时代水利精神”演讲比赛，组织“我心中的新时代水利精神”全国巡回讲演活动。该活动共举办33场巡演，实现全国31个省（自治区、直辖市）全覆盖、1.7万余名干部职工现场观看，近百家媒体对活动进行宣传报道，在水利系统引起强烈反响。开展主题征文、原创歌曲（歌词）征集、文学作品创作等活动，有力深化了水利系统干部职工对新时代水利精神的认知认同。

六、抓实践融合，促进同频共振

将宣传贯彻新时代水利精神作为加强水利系统作风建设和群众性文明创建活动的重要内容，在“改进文明单位创建”调研中设置有关专题，在水利文明单位考核中列为考评内容，在水利系统文明单位创建工作培训班中邀请专家解读，在“关爱山川河流·保护湖泊”志愿服务活动中扩大宣传，推动水利系统形成了弘扬新时代水利精神的良好导向和氛围。

罗晓旭　执笔

王卫国　审核

链接

安徽省阜阳市颍州区：“四强化、四常态”推动落实新时代水利精神

安徽省阜阳市颍州区水利局为宣传弘扬新时代水利精神，着力加强干部队伍建设，积极采取“四个强化”，推动形成“四种常态”，把“忠诚、干净、担当，科学、求实、创新”真正落实到岗位上、体现到日常工作中、转化为高度的行为自觉。

强化干部教育，使理论学习成为常态。积极创新多种干部教育模式，通过收看红色电影、读红色书籍、看腐败官员忏悔录电教片、邀请专家讲课、赴革命教育基地和市廉政教育基地接受正反教育等多种形式，教育广大党员干部职工时刻警钟长鸣、严于律己。修订党员干部职工学习制度，把每周五下午作为集中学习日，通过班子成员轮流上党课，并邀请市委、区委讲师团专家专题授课，系统学习党规党纪等党内法规以及习近平新时代中国特色社会主义思想。

强化层层负责，使工作落实成为常态。日常工作中推行“三层负责制”，要求全系统党员干部职工就日常工作和个人廉洁自律情况向局属单位负责人负责，局直部门负责人就负责的部门工作和本人廉洁自律情况向分管的局班子成员负责，班子成员就所分管工作和个人廉洁自律情况向局党组书记、局长负责，并记录在案。“三层负责制”推动了水利建设各个项目的有效衔接，保障了各个岗位和环节的廉洁性，促进了水利事业的健康发展。

强化谈话制度，使廉政提醒成为常态。建立分级廉政谈话制度，局属单位负责人和本单位干部职工谈，分管领导和分管单位负责

人谈，局主要领导和班子成员谈，局领导根据需要随时约谈局属单位负责人。谈话内容视谈话对象和谈话情况而定，主要是遵守党纪条规和履职尽责情况。通过廉政谈话这种形式，及时提醒，早打招呼，做到清醒就任、清正履职、廉洁从政。

强化督促检查，使追责问责成为常态。进一步加强对“八项纪律”和“五种主义”落实情况的监督检查，成立作风效能建设工作督查组，由局负责纪检工作的班子成员协调区纪委派驻纪检组不定期开展督查。如果出现工作不落实、个人或者部门违纪违规的，严格按照“一岗双责”和“一案双查”的要求，在处理当事人的同时，严肃追究部门负责人和分管领导的责任。

肖　龙　执笔

李顺卿　李　攀　审核